집단상담

- 이론과 실제 -

김헌수 | 장선철

태영출판사

머리말

집단상담에 대한 관심이 날로 높아져 가고 있다. 여러 유형의 집단상담 학회가 결성되었고 학술행사나 워크숍마다 수십 명에서 수백 명이 넘는 참여자들로 차고 넘친다. 이는 집단상담이 지닌 매력 때문이기도 하다. 집단상담은 개인상담의 여러 한계를 극복할 수 있고, 그 나름의 독특한 치료적 장점을 갖고 있다.

무엇보다도 사회적 존재인 인간은 집단적 상황에서 자기의 모습을 더욱 정확하게 지각하고, 집단원들과의 상호작용과 피드백을 통해서 자신의 다양한 모습들을 만나고 변화를 가져온다. 또한 집단상담은 무엇보다도 경제적인 장점이 있다.

특히 학교, 청소년 상담실 등 및 다양한 기관에서는 한정된 시간 내에 많은 사람들을 상담해야 하므로 개인상담만으로는 충분한 총체적 휴먼서비스를 제공할 수가 없다.

이렇듯 집단상담의 수요는 늘고 있는데, 적절하게 훈련된 상담자가 부족한 것 또한 우리의 현실이다. 이러한 여러 현실적인 어려움을 감안할 때 집단상담에 대한 이론과 실제를 담은 책은 아무리 많이 발간되어도 부족할 것이다.

이런 취지에서 이 책은 집단과정에서의 기본 쟁점들과 핵심개념들을 개관하고 다양한 집단들을 대상으로 작업하는 데 있어서 집단상담자들이 이런 개념들을 어떻게 적용할 수 있는가를 보여주기 위해 집필하였다.

모두 2부로 구성되어 있는 이 책은 1장에서 5장까지는 집단상담의 이론편이고 6장에서 10장까지는 실제편이다. 제1장에서는 집단상담의 의미, 목표, 원리, 장단점 등 집단상담의 개념을, 제2장에서는 집단의 개념, 조건, 유형, 변화 촉진 요인 등 집단역동을 살펴보았다. 집단상담의 밑그림이 되는 정신분석, 인간중심, 행동주의, 현실치료 상담이론을 제3장에서, 제4장에서는 집단상담의 준비, 초기, 중기, 종결 단계 등 집단상담의 진행과정을 분석하였다. 제5장에서는 집단상담의 윤리, 그리고 집단상담자와 집단원의 기능을 살펴보았다. 제2부 6장에서 10장까지는 초등학생, 청소년, 대학생, 교사, 부모 등 대상별 집단상담 프로그램을 게재하였다.

힘든 과정이었지만 막상 탈고를 하고 나니 미진하고 부족한 부분이 너무 많아 아쉬움이 남는다. 이런 부분은 판을 거듭하면서 계속해서 수정하고 보완하리라 다짐한다. 이 책이 나오기까지 물심양면으로 많은 도움을 주신 태영출판사의 김현태 사장과 제작팀들에게 감사드린다. 무엇보다 미완성의 책이지만 이 책을 통해 독자들이 집단상담을 이해하고, 심리적 도움을 필요로 하는 많은 사람들이 실제적인 도움을 받을 수 있기를 진심으로 바라마지 않는다.

2006. 7

2006년 무더운 여름에

저자 씀

차 례

제 1 부 집단상담의 이론

제 1 부

집단상담의 이론

제 1 장

집단상담의 개념

집단상담은 참여자들의 성장과 발달을 돕는 집단활동이다. 집단상담자의 관심은 집단상담의 참여자들이 자신과 타인에 대한 인식변화와 행동변화를 도모하도록 격려하며 일상생활에서 만나는 문제들에 대해 새로운 방식으로 대처하도록 돕기 위해 본 장에서는 집단상담의 의미, 대상, 목표, 원리에 대해 살펴본다.

1. 집단상담의 의미

최근에 집단상담을 활용하여 개인의 심리적 문제를 해결 또는 예방하고자 하는 활동이 활발히 진행되고 있다. 효과적으로 집단상담을 수행하기 위해서는 집단상담 이론에 대한 이해가 필수적이다. 왜냐하면 집단상담 이론은 참여자의 행동을 이해하는 체계적인 방법과 집단에서의 상담자의 행동을 위한 지침을 제공해 주기 때문이다.

그렇다면 집단상담이란 무엇인가? 집단상담에 대한 몇 가지의 정의를 살펴본 후, 공통적인 요소를 이끌어 내어 집단상담의 개념을 정의해 보자.

Gazda, Duncan와 Meadows(1967)은 집단상담이란 역동적인 인간관계의 과정으로서, 의식적 사고와 행동에 주의를 집중하고 허용성, 현실과 정화 및 상호 신뢰의 지향, 보살핌, 이해 그리고 지지 등의 치료적 기능을 포함하는 것으로 보았다. 이들 치료적 기능은 소집단에서 동료 구성원 및 상담자와 함께 개인적인 관심사를 서로 공유함으로써 창조되고 육성된다. 집단상담의 대상은 근본적인 성격의 변화를 필요로 할 만큼 심각한 문제를 갖고 있지 않은 기본적으로 다양한 관심을 지니고 있는 정상적인 개인이어야 한다. 집단구성원은 집단 상호작용을 활용해서 가치와 목표를 이해하고 수용하는 능력을 증대시키며 새로운 태도와 행동을 학습하고 이미 낡은 것에 대해서는 탈학습이 이루어진다.

Ohlsen(1975)은 집단상담이란 비교적 건강한 사람들이 그들을 괴롭히는 문제들을 서로 털어놓고 토의하도록 돕고, 치료의 목표를 행동적인 용어로 정확하게 정의하도록 도우며, 스스로의 진전을 측정하는데 사용할 수 있는 기준을 발달시켜 나가는 과정이라고 보았다. 즉, 집단상담은 내담자로 하여금 다른 대치 행동들을 탐색하고 가장 적절한 대안을 선택하여 자신감을 기르고 또한 선택한 해결방법을 실제로 적용하는 기술을 발달시키도록 돕기 위하여 고안된 것이다.

Hansen, Warner와 Smith(1980)는 집단상담이란 한 사람의 상담자와 몇 사람의 구성원들이 관련을 맺고 태도와 행동을 변화시키려는 의도에서 그들 스스로와 그들의 조건을 탐구·조사하는 하나의 인간관계 과정으로 보았다.

이형득(1992, 1995)은 집단상담은 비교적 적은 수의 정상인들이 한두 사람 전문가의 지도 아래 집단 혹은 상호연계성의 역학을 토대로 하여 신뢰할 만하고 수용적인 분위기 속에서 개인의 태도와 행동의 변화 혹은 한층 높은 수준의 개인적 성장 및 인간관계 능력의 발달을 위해 노력하는 역동적인 대인관계의 과정이라고 정의하였다.

이장호·김정희(1992)는 집단상담은 생활 과정상의 문제를 해결하고 보다 바람직한 성장·발달을 위하여 전문적으로 훈련받은 상담자의 지도와 동료들의 역동적인 상호교류를 통해서 각자의 감정, 태도, 생각 및 훈련양식 등을 탐색하고 이해하여 보다 성숙된 수준으로 향상시키는 과정이라고 설명하고 있다.

이상에서 인용한 정의들을 일괄해 보면, 집단상담의 과정에 포함된 몇 가지 공통된 요소를 확인할 수 있다.

첫째, 집단상담은 비교적 정상적인 범위의 적응 수준에 속하는 소수의 사람들을 대상으로 한다. 집단상담에서는 구성원들이 개개인의 관심사나 대인관계 문제와 관련된 감정, 사고, 행동양식 등을 비교적 솔직하게 이야기할 수 있어야 한다. 따라서 정신병자, 신경증 환자, 성격장애자와 같이 심각한 개인적 문제를 지니고 있거나 집단의 응집력을 파괴할 위험이 있을 정도로 왜곡된 사람은 집단상담의 대상에서 제외해야 한다. 그리고 집단상담은 최소한 4명의 구성원이 있어야 가능하며 구성원의 숫자가 많아지면 개개인의 참여 및 자기표현 기회가 줄어들어 그만큼 상담의 효과가 감소하기 쉽다. 집단상담자들은 대체로 6명에서 10명 정도가 이상적인 규모라고 생각한다.

둘째, 집단상담의 목표는 개인의 태도와 행동의 변화 혹은 생활과정에서 발생하는 문제의 해결을 통한 개인의 성장과 인간관계 능력의 발달에 있다. 그것은 일차적으로 개개인이 자기이해와 대인관계의 능력을 향상시키고 생활환경에 보다 건전하게 적응할 수 있도록 도와 주는 과정이다. 따라서 집단상담은 내담자로 하여금 근본적인 성격의 변화나 심각한 정서적 문제의 해결을 요하는 병리적인 문제보다는 대인관계에 관련된 개인의 태도, 정서, 의사결정, 가치문제 등에 초점이 맞추어진다. 그리고 다루어지는 문제는 주로 구성원들이 자발적으로 드러내는 것에 국한하고 상담자의 해석을 최소한으로 줄일 필요가 있다. 집단상담은 치료보다는 성장과 적응에 강조점을 두기 때문이다.

셋째, 집단상담 지도자는 전문적인 훈련을 받은 한두 명의 상담자가 맡는다. 개인상담의 능력이 곧 집단상담 전문가의 자격을 말해 주는 것은 아니다. 집단상담 지도자는 집단을 책임 있게 이끌어 가기 위해서 필요한 전문적인 능력을 갖추어야 한다. 다시 말해서 집단상담자는 개인상담에 대한 성공적인 경험, 인간의 성격과 집단역동에 대한 광범위한 이해, 그리고 타인과의 정확한 의사 및 감정소통 능력 등을 갖춘 사람이어야 한다. 이러한 전문적인 능력을 갖추기 위해서는 자격과 경험을 갖춘 선배 집단상담자의 지도 하에 실습 및 수련 과정을 거치는 것이 필요하다. 또한 경우에 따라서는 한 사람의 지도자보다는 두 사람의 지도자가 한 집단을 이끄는 것이 도움이 된다. 한 지도자가 직접 개입하고 있는 동안에 다른 지도자는 집단의 역동을 관찰할 수 있고, 또 때때로 두 사람의 상호작용을 통하여 시범을 보일 수 있기 때문이다.

넷째, 집단상담은 하나의 역동적인 대인관계의 과정이다. 집단상담의 기초가 되는 것은 '상호관계성의 역학' 혹은 '역동적인 상호교류'이며, 이는 곧 집단 속에 있는 개개인 사이에는 물론 개인 내부에서 끊임없이 진행되고 있는 지속적인 상호작용의 관계를 뜻한다. 이러한 상호교류를 통해서 집단상담의 기본이라 할 수 있는 수용적이고 문제해결을 지향하는 집단

분위기가 형성되고 개인의 바람직한 성장·발달을 촉진시키는 데 필요한 집단의 응집력이 발달하게 된다. 또한 계속적인 상호관계의 역동을 통하여 개인은 학습하고 적응을 하게 된다. 즉, 인간은 타인과의 의미 있는 상호관계를 경험함으로써 삶의 의미를 체득하게 된다.

다섯째, 집단상담은 신뢰할 만하고 수용적인 분위기 속에서 이루어져야 한다. 의미 있는 성장이나 행동 변화가 이루어지기 위해서는 집단구성원들이 그들의 속성에 관계없이 하나의 존엄성을 가진 인간으로 받아들여지고 있다는 느낌을 가져야 한다. 따라서 구성원 상호간의 무조건적 수용은 효과적인 집단상담의 필수조건이다. 이러한 무조건적 수용의 분위기에서 구성원들은 있는 그대로 자기를 노출할 수 있고, 자기를 발견하며, 자신의 느낌과 신념과 행동을 받아들이게 된다.

마지막으로, 집단상담은 구성원 각자의 대인관계와 관련된 감정과 반응양식, 특히 사회적 태도가 집중적으로 탐색되고 명료화되고 수정되며 또한 그 결과가 확인되는 절차와 과정들로 이루어진다. 이러한 과정에서 구성원들은 각자의 감정, 태도, 생각, 행동양식 등을 탐색하고 이해하게 된다. 여기서 중요한 것은 이러한 탐색과 명료화 및 수정의 절차가 집단상담자의 안내에 따라 구성원들에 의해서 제기되고 검토된다는 사실이다.

이렇듯 집단상담은 집단을 구성하는 각각의 참여자들에게 일상생활 속에서는 경험하기 어려운 기회를 제공해 준다는 점에서 다음과 같은 의미를 찾아볼 수 있다.

첫째, 집단상담은 참여자들이 집단에 가져오는 문제나 관심사에 대해 동료들과 상호작용할 수 있는 현실적인 사회적 상황을 제공하며, 참여자들에게 자신의 발달적 욕구, 관심 그리고 문제에 대해 탐색할 기회를 제공한다.

둘째, 집단상담은 참여자에게 자기 자신의 감정이나 행동에 대해 통찰할 수 있는 기회를 제공한다.

셋째, 집단상담은 참여자에게 다른 사람과 긍정적이고 자연스러운 관계를 형성할 기회를 제공한다.

넷째, 집단상담은 참여자가 자신 및 타인에 대한 책임을 학습할 기회를 제공한다.

2. 집단상담의 목표

집단상담은 목적 달성을 위한 집단활동이다. 집단상담은 내담자가 고통을 받고 있는 문제에 초점을 맞추고 문제를 해결할 힘을 길러 다른 문제까지도 해결할 수 있도록 돕는다. 또한 부정적인 인간특성을 제거하거나 약화시키고 긍정적 인간 특성을 형성하고 강화한다. 그러므로 집단상담을 통해 자신을 보다 낫게 이해하고 새로운 환경에 적응하는 것, 자신을 수용하는 것, 사회성 기술을 발달시키는 것, 새로운 기술을 익히는 것, 대인관계를 원만히 하는 것, 다른 사람들과 친밀한 인간관계를 맺고 유지하는 방법을 배우는 것, 자신의 행동에 새로운 통찰력을 얻는 것, 새로운 가치를 발견하는 것, 자신감과 자존심을 회복하는 것, 외로움과 고립감을 극복하는 것, 다른 사람들과 의미 있는 대화 방법을 배운다.

집단 참여자들이 일반적으로 공유하는 목표는 다음과 같다.

① 자신과 타인을 신뢰하는 것을 배운다.

② 자신에 대한 지식을 증가시키고, 자신의 공통성을 인식하며, 욕구와 문제의 보편성을 이해한다.

③ 참여자들의 욕구와 문제의 공통성을 인식하고 욕구와 문제의 보편성을 이해한다.

④ 자신에 대한 새로운 관점을 갖기 위하여 자기수용, 자기계발 및 자기실현을 증가시킨다.

⑤ 정상적인 발달 문제를 다루고 갈등을 해결할 수 있는 대안적인 방법을 찾는다. 즉 자신에게 관심 있는 문제를 해결하는 과정에서 새로운 관점을 발달시키고, 자유롭고, 충분히 융통성이 있도록 돕는다.

⑥ 자기방향성, 자율성 및 자신과 타인에 대한 책임을 증가시킨다.

⑦ 선택은 본인이 한다는 사실을 깨닫고 지혜롭게 선택한다.

⑧ 행동이 변화되기 위한 구체적 계획을 수립하고 그 계획에 전념한다.

⑨ 좀더 효과적인 사회활동 기술을 습득한다.

⑩ 다른 사람들의 요구와 감정에 좀더 민감해진다.

⑪ 애정을 가지고 정직하고 솔직하게 그리고 직접적으로 타인을 직면하는 방법을 배운다.

⑫ 단순히 타인의 기대를 충족시키려는 것에서 벗어나 자신의 계획대로 살아가는 것을 배운다.

⑬ 자신의 가치를 명료화하고 이것을 변화시킬 것인지, 변화시킨다면 어떻게 변화시킬 것인지를 결정한다.

3. 집단상담의 원리

집단상담이란 건전한 자아형성을 통한 참여자의 점인적인 성장을 돕는 전문적인 활동이기 때문에 일정한 원리에 바탕을 두어야 한다.

1) 개별화의 원리

개별화는 참여자의 독특한 성질을 알고 이해하는 일이며, 적응을 잘 할 수 있도록 각 개인을 조력하는데 있어서 상이한 원리나 방법을 활용하는 것이다. 즉 집단상담자는 개인의 개성과 개인차를 인정하는 범위 내에서 집단상담을 전개하여야 한다. 따라서 이 원리가 지켜지려면, 상담자는 편견이나 선입관으로부터 벗어나 인간행동의 유형과 원리를 전문적으로 이해하며 참여자의 말을 경청하고 주의 깊게 관찰하여 참여자의 보조에 맞추어 진행할 수 있어야 한다.

이와 같은 전제에서 개별화를 위한 구체적 방법은 다음과 같다.

① 집단상담의 시간이나 환경 분위기에 세밀한 배려를 한다.

② 상담실을 이용함으로써 비밀준수와 신뢰감을 의식하도록 한다.

③ 약속시간을 엄수하되 만약 어겼을 때는 납득할 수 있는 이유를 제시하고, 설명한다.

④ 충분한 사전 준비를 한다.

⑤ 참여자 자신의 활동을 적극 권장시켜야 한다.

⑥ 지도방법에 융통성을 갖는다.

2) 의도적 감정표현의 원리

의도적 감정표현은 참여자가 그의, 특히 부정적 감정을 자유롭게 표현하려는 욕구에 대한 인식이다. 집단상담자는 참여자가 가지고 있는 감정을 자유롭게 표현하도록 온화한 분위기를 조성해야 한다.

의도적 감정 표현의 원리는 다음과 같다.

① 참여자가 긴장을 풀 수 있도록 제반 조치를 강구한다.

② 허용적 태도 조성을 위하여 참여자의 감정표현을 경청한다.

③ 참여자의 감정 표현을 적극적으로 자극하고 격려한다.

④ 적절한 속도로 상담을 이끌어 간다.

⑤ 비현실적인 보장이나 너무 빠른 초기의 해석을 삼가야 한다.

3) 수용의 원리

집단상담자는 참여자에게 따듯하고 친절하며 수용적이어야 한다. 즉 구성원의 관점에서 그들의 진정한 욕구와 권리를 존중하며 감정이나 태도를 적극적으로 이해할 수 있어야 한다. 수용의 대상은 선한 것만이 아니고 진정한 것, 있는 그대로의 현실이어야 한다.

수용의 목적은 치료적인 데 있기 때문에 다음과 같은 측면이 구비되어야 한다.

① 상담은 구성원 중심으로 진행되어야 한다.

② 구성원의 자조의 욕구와 권리를 존중해야 한다.

③ 상담자는 기꺼이 자기 행동을 관찰하며, 직업적인 이해와 책임에 비추어 평가해야 한다.

④ 상담자의 수용 반응이 상담실의 기능에서 적절하게 이루어져야 한다.

반대로 수용의 원리에 장애가 되는 요소는 다음과 같다.

① 인간의 행동양식에 관한 소양이 불충분하다.

② 상담자의 해결되지 않은 갈등이 있으면 구성원의 갈등을 처리할 수 없다.

③ 상담자의 감정을 참여자에게 역전이 하는 현상이 나타난다.

④ 상담자가 편견이나 선입견을 없앤다.

⑤ 보장할 수 없으면서도 말로만 안심시킨다.

⑥ 수용과 동의를 혼동한다.

⑦ 참여자에 대해 상담자가 경멸적인 태도를 보인다.

⑧ 과잉 동일시 한다.

4) 비심판적인 태도의 원리

비심판적인 태도라는 것은 상담자가 참여자의 태도 · 행동 · 가치관 등에 대해서 옳다, 그르다, 책임을 져야 한다, 나쁘다 등의 과격한 언어로 다루어서는 안 되며 객관적으로 판단해야 한다는 것이다. 집단상담자가 이와 같은 비심판적인 태도를 지니기 위해서는 다음과 같은 자세가 견지되어야 한다.

① 상담자는 선입관의 지배를 받아서는 안 된다. 그러므로 상담자는 선

입관을 버리고 참여자를 주관적으로 보지 않도록 노력해야 한다.

② 참여자의 발언을 가로막거나 성급한 결론으로 이끌어서는 안 되며 구성원의 보조에 맞추어 상담을 해야 한다.

③ 참여자를 어떤 유사한 경우의 구성원과 분류화, 범주화시키려는 자세를 취해서는 안 된다.

④ 참여자의 부정적인 표현을 수용할 수 있어야 하며, 구성원의 문제에 대해 객관적으로 바라볼 수 있어야 한다.

5) 자기결정의 원리

집단상담 과정에서 상담자는 참여자의 결정을 존중해야 하며 이를 위해서는 다음과 같은 원칙을 지켜야 한다.

① 참여자가 자기수용을 할 수 있도록 도와 주어야 한다.

② 구성원의 장점과 능력을 발견·활용함으로써 인격적 성장을 도모할 수 있도록 자극해 주어야 한다.

③ 참여자에게 광범한 사회적 자원을 알게 함으로써 자기선택·자기결정의 참고자료로 삼도록 해야 한다.

④ 참여자가 자기 결정을 할 수 있도록 분위기를 조성해 주어야 한다.

⑤ 집단상담자는 문제해결을 위한 중요한 책임을 지고, 참여자에게는 사소하고 부차적인 역할만을 하도록 허용해서는 안 된다.

⑥ 참여자가 바라는 서비스는 무시한 채 구성원의 사회적·정서적·생활에 대한 사소한 조사까지 강행하려는 자세는 금물이다.

⑦ 참여자를 직접·간접으로 조종해서는 안 된다.

⑧ 강제적으로 설득해서는 안 된다. 왜냐하면 참여자의 선택의 자유·권리·욕구 등을 무시함은 그와 같은 능력의 함양을 약화시키기 때문이다.

6) 비밀보장의 원리

집단상담은 본질적으로 참여자가 상담자를 신뢰하고 믿는데서 이루어진다. 따라서 어떠한 경우라도 상담자는 비밀을 지켜 줄 의무가 있다.

4. 집단상담의 대상

집단상담의 대상에는 크게 보면 아동, 청소년, 대학생, 지도자, 부모 등이 있다.

1) 아동을 위한 집단상담

아동은 가족과 또래집단 내에서 상호작용을 통해 자아정체감을 발달시키고, 생활에 필요한 기술을 배우는데 성장함에 따라 점차로 가족의 의존에서 벗어나 또래집단에서 자아욕구를 충족하는 것은 지극히 자연스러운 발달과정이다.

아동이 자아를 성취하는 정도는 주로 아동 초기에 가족과 또래집단 내에서 경험하는 긍정적인 상호작용에 달려 있다. 자신과 주변에 있는 중요한 사람들을 가치 있다고 생각하는 아동은 '집단에 잘 적응'하며, 소속감과 안정감을 얻는다. 아동은 일생동안 여러 집단에 자신을 성공적으로 적응하는데 필요한 기술을 배워야 한다. 그러나 여러 이유 때문에 이러한 기술을 제대로 획득하지 못하는 아동을 위하여 치료적 또는 예방적 조치로써 집단상담 프로그램이 효과적이다.

또한 학교에서의 집단상담은 심각한 정서문제나 부적응 문제를 가질 가능성이 있는 아동을 발견할 기회를 제공한다.

집단상담의 상황은 아동의 실제 세계를 축소해 놓은 것으로 아동들은 서로 대화를 나누고 또래로부터 자신의 감정, 행동에 대한 피드백을 받으면서 상호작용을 한다. 이러한 집단의 상호관계를 통해서 아동은 자신의 효과적이거나 비효과적인 사회적 기술을 확인하기도 하고, 다른 아동들이 자신을 어떻게 지각하는지를 이해함으로써 자신에 대해서도 배울 수 있다.

이러한 아동을 위한 집단상담은 아동들이 앞으로 일어날 수 있는 개인의 문제를 잘 처리할 수 있도록 돕는 성장중심 집단상담과 아동 개개인의 계속적인 발달을 저해하는 개인적 위기에 대처할 수 있도록 돕는 문제중심 집단상담으로 구분할 수 있다.

2) 청소년을 위한 집단상담

청소년기는 성인으로서 자아정체성을 추구하여 나가는 동시에 경제적인 면에서는 여전히 의존적이며, 부모를 포함한 주변의 어른들로부터 정서적 지지를 바라는 반면에 충고나 정보를 거절할 줄 아는 존재로 이해받고자 하는 시기이다. 즉, 주변과의 인격적인 상호관계를 원한다.

청소년들은 일상생활에서 대인관계와 자아개념의 변화를 통하여 성장하고 발달한다. 그러므로 이들을 위한 집단상담은 성장과 발달을 돕는 집단활동이라 할 수 있다. 따라서 청소년 집단상담은 청소년들이 자신과 타인에 대한 인식 변화와 행동변화를 꾀하도록 격려하며 일상생활에서 만나는 문제들에 새로운 방식으로 대처할 수 있도록 돕는다. 집단상담에 참여한 청소년들은 서로 격려하고, 수용하며, 이해하는 가운데 친밀해지며, 정보도 주고받으며, 충고하고, 서로 믿고 협동한다. 그러는 동안 그들은 성장과 발달에 필요한 새로운 통찰과 지식과 기술을 얻으며, 한편으로는 성장과 발달에 장애가 되었던 부정적 심리 상태에서 벗어나 밝고 현실적인 미래의 목표를 설계하고 노력할 수 있게 된다.

집단상담은 특히 청소년에게 적합하다. 그 이유는 청소년들은 부모나 상담자와 같은 사람들로부터 이질감을 느끼는 반면 동료들로부터 많은 영향을 받기 때문이다. 집단상담에서 경험하는 다른 동료 참여자들의 피드백은 자신을 이해하는 데 큰 영향을 미친다. 특히 그들의 공통 관심사이며 발달 과업인 자아정체감 성취에 크게 기여할 수 있다.

3) 대학생을 위한 집단상담

대학생은 연령적으로 정체감, 인생관, 사회적 가치관 등이 확립되는 청년기에 속한다. 민주시민으로서 성취적인 일을 하는 시기는 장년기이지만, 장년기 활동의 기반은 청년기인 대학생 시절의 정체감·인생관·가치관 등이다. 일반적으로 대학생활은 진리탐구 및 교양교육과 아울러 보다 좋은 직업과 사회적 지위를 위한 준비기간이다. 그러나 이러한 대학생들의 희망과 사회적 기대는 많은 좌절을 겪고 있다. 그 이유는 고등학교의 주입식 교육으로 인한 미흡한 사회적 적응력, 전공에 대한 불만, 사회적 가치관 및 행동 방향의 혼란 등이다. 그러므로 대학에서의 집단상담은 학생 개개인의 적응문제를 다루는 '치료적 모형'이나 문제의 예방과 발달의 촉진을 도모하는 '학생발달 모형' 또는 대학 전체의 체제 및 사회환경과의 건전한 상호작용에 초점을 맞추는 '생태체제적 모형'의 어느 한쪽에 치우쳐서는 완전할 수 없다.

우리나라 대학생을 위한 집단상담은 중등학교에서 해결·통합되지 못한 채 대학에 입학한 학생들의 심리적·사회적 적응문제를 해소·감소하기 위한 (1) 심리 치료적 집단 (2) 대학에서의 학습과제의 성취도를 향상시키기 위한 "학습 향상 집단지도" (3) 대인관계, 사회적 정체감 및 가치관 형성을 위한 "인간관계 훈련" 집단 및 "가치관 형성지도 집단", 그리고 졸업 후의 진로계획준비를 위한 "진로집단"의 유형으로 그 성격을 대별하여 접근하여야 한다.

대학생 집단상담의 주요 가치는 진로결정, 남녀관계, 정체감 문제, 소외감, 자율성 등과 같은 문제를 다룰 수 있는 기회를 제공해 준다는 것이다.

4) 지도자를 위한 집단상담

지도자를 위한 집단상담으로는 감수성 훈련과 인간 잠재력 계발훈련을 들 수 있다. 이들 프로그램으로 지도자는 '나', '너' 그리고 '나'와 '너'의 관계에 관한 감수성을 계발함으로써 내면 세계에 대한 보다 정확한 인식과 조화를 기하고 조직 속에서 보다 협동적이며 생산적으로 인간관계를 발전시켜 나갈 수 있다.

'나'와 타인, 그리고 타인과의 관계에 대한 정확한 인식이 필요한 이유는 피상적이거나 지적인 인식만으로는 결코 타인과 행복할 수 없고, 신뢰로운 인간관계나 집단 속에서의 지도자적인 위치를 유지할 수 없기 때문이다. 즉, 나와 타인의 감정을 인식하고, 나와 타인과의 상호관계에서 나타나는 감정 및 마음의 흐름을 예민하게 감지하며, 상황에 적절히 대처함으로써 인간관계와 집단조직을 생산적으로 이끌 수 있다. 그러므로 감수성 훈련은 감정적 경험의 탐색과 표현, 그리고 정리를 통한 일종의 '정서교육'이라 할 수 있다.

또한 잠재력 계발 훈련에서는 사회적 기능이나 객관적인 평가에서는 별다른 문제가 없는 것처럼 보이지만 자기 스스로의 평가에서 뭔가 부족하고 불만족스럽다고 자각하는 사람들을 훈련의 대상으로 하여 그들이 지닌 능력을 자각하고 발휘할 수 있도록 이끌어 준다. 인간잠재력 계발훈련에서 보편적으로 알려진 개념은 '절정경험'과 '생활력'이며, 개인의 긍정적인 성장을 위해서라면 어떠한 창조적 접근이나 기법도 마다하지 않는다.

5) 부모를 위한 집단상담

부모와 자녀는 한가족 공동체 안에서 살고 있으므로, 서로의 마음을 이해하고, 필요한 도움을 적절히 제공하는 것이 필요하다. 그러나 부모 자신의 갈등이 해결되지 않은 상태에서는 그러한 갈등이 자녀와의 문제를 유발할 수 있다. 이를 효과적으로 해결하기 위해서 부모를 위한 집단상담 이 필요하다. 대부분의 아동문제는 아동의 정신의학적인 문제보다는 부모와 자녀간의 인간관계에서 발생한다. 그러므로 이런 문제의 해결을 위해서 발달심리를 기초로 부모와 자녀간에 일어나는 여러 환경적인 요인을 분석한 뒤 대화기술을 익히는 등 부모와 자녀간의 갈등을 해결하기 위한 부모를 위한 집단상담이 필요하다.

5. 집단상담의 장 · 단점

집단상담은 개인상담에 비해서 여러 가지 이점과 가치를 지니고 있다. 그러나 또한 상담자는 집단상담이 지니고 있는 나름대로의 한계와 제한점을 유념할 필요가 있다. 이와 같이 집단상담의 장·단점을 파악하는 일은 집단상담의 성격을 좀더 정확하게 이해하는데 도움이 된다.

1) 집단상담의 장점

개인상담에 비해서 집단상담이 좀더 유용한 것으로 지적될만한 특수한 상황은 많다. Shertzer와 Stone(1980)은 집단상담의 장점으로 세 가지를 들고 있다. 첫째, 집단상담에 참여하는 것은 현실적으로 생생한 상황에서 서로 상호작용의 발달을 촉진한다. 둘째, 집단구성원은 어떤 생각이나 안건을 타인이 제안하면 거부하는 경우라도 동료가 제안하면 수용할 수가 있다. 셋째, 집단상담은 시간과 비용면에서 경제적이고 효율적이다.

또한 Ohlsen(1977)은 청소년이 집단상담에서 얻을 수 있는 이점을 세 가지로 제시하였다. 첫째, 그들은 자신의 문제를 개인상담보다 집단상담에서 터놓고 토의하는 것이 좀더 쉽다고 느낀다. 둘째, 그들은 집단상담자에 의해서 부모나 교사가 바라고 있는 것을 하도록 조종당하거나 압력을 받고 있다고 생각하기보다는 자신들에게 귀를 기울이고 스스로 해결책을 발견하도록 도움을 받고 있다고 생각한다. 셋째, 그들은 다른 구성원이 자신의 문제를 터놓고 논의하는 것을 관찰하고 또한 그렇게 하는 사람을 수용한다는 것을 감지할 수 있다. 넷째, 그들은 다른 구성원으로부터 피드백을 소중히 여긴다.

곽준규(1993)는 여러 학자의 견해를 종합하여 집단상담의 장점을 7가지로 정리하였다.

① 집단상담은 우선 경제적으로 효율적이어서 시간과 비용을 절약한다.

② 집단상담은 다양한 자원과 관점을 제공한다.

③ 집단상담은 구성원에게 보편적인 경험을 제공한다.

④ 집단상담은 구성원에게 소속감을 주고 친근감 및 관계 욕구를 충족시킨다.

⑤ 집단상담은 새로 학습한 기술을 연습할 기회를 제공한다.

⑥ 집단상담은 구성원에게 현실검증의 기회를 제공한다.

이상의 여러 학자의 의해서 제안되고 있는 집단상담의 장점을 크게 네 가지 측면으로 나누어 정리하면 다음과 같다.

(1) 경제성

집단상담은 개인상담에 비하여 짧은 시간에 많은 사람에게 상담서비스를 제공할 수 있어서 시간과 노력을 크게 줄일 수 있다. 집단상담은 여러 학자에 의해서 경제적 효율성이라는 측면에서 추천되고 있는 방법이다. Pascale는 개별적인 상담은 비용이 비싸고 시간 소모적이라고 지적하고 집단상담이 가능한 곳에서는 언제든지 사용할 것을 제안하였다. 그는 집단상담의 본질을 상담자가 좀더 오랜 시간 동안 보다 많은 학생을 상담할 수 있도록 하는 것으로 보았다. Dyer와 Yriend(1980)는 학교교육에서 상담자들이 책무성을 다하지 못하고 있다고 주장하고, 모든 학생에게 상담 기회를 제공하기 위해서 집단상담을 제안하였다.

이와 같은 집단적 접근방법은 상담자가 제한된 시간 내에 적은 비용으로 보다 많은 내담자에게 접근하는 것을 가능하게 한다. 집단상담 기간 동안 상담자는 적게는 4, 5명에서 많게는 10, 20명의 내담자를 동시에 면접할 수 있다. 이것은 특히 도움을 원하는 사람은 많은데 비해서 전문가의 수가 부족한 상황에서는 매우 큰 장점이 될 수 있다. 뿐만 아니라 내담자는 집단 과정을 통해서 좀더 다양한 접촉을 갖고 정보를 수집할 수 있으며 유료 상담의 경우 비교적 저렴하게 상담을 받을 수 있다. 그러나 집단상담의 효과는 이러한 경제성보다는 상담목표의 효율적인 달성 여부에 의해서 판단되어야 할 것이다.

(2) 실제성과 현실성

집단상담은 개인상담에 비해서 실제 생활에 보다 근접한 사회 장면을 제공한다. 그것은 특히 학교 학급이나 직장 부서의 실제 상황과 좀더 닮은 특성을 지니고 있다. 같은 학급의 학생이나 같은 부서의 동료로 구성된 집단상담에서도 비교적 실제적인 생활 장면에 근접한 대인관계의 요소를 반영할 수 있다. 이러한 현실적인 사회 관계는 집단상담자에게는 집단구성원의 사회적 상호작용 양상에 대한 이해를 돕고, 집단구성원에게는 사회적 상호작용을 통하여 사회화를 이루는 기회를 제공한다.

상담자는 개인상담의 면－대－면 접촉에서 내담자에 관해서 상당한 정보를 얻을 수 있을지라도 내담자가 일상 생활에서 대체로 보여주는 사회적 상호작용의 모습을 있는 그대로 봄으로써 내담자의 사회적 측면에서 인성 작용에 대한 보다 합당한 통찰을 얻을 수 있다. 집단상담의 형태는 특히 사회적인 문제로 고통을 겪고 있는 내담자들(가령, 파괴적, 수줍어하고 위축된, 신경증적인 성격장애, 공격적인 내담자)에게 필요하며, 이들은 전형적인 내담자 모집단에서 높은 비율을 차지하는 것으로 알려져 있다.

집단경험은 또한 집단의 구성원에게 사회화를 촉진하는 기술을 향상시키고 개선하도록 하는 사회학습의 일부분이다. 집단상담에서 구성원이 경험하는 현실적인 사회관계는 참여자의 집단에 대한 저항을 줄이고, 책임감과 참여의식을 고취하며, 또한 개인적 습관, 태도, 사고 방식 등을 사실적으로 평가하거나 수정하는데 유용하다. 먼저 집단상담의 참여자들은 같은 내용이라도 개인적인 조언은 거부하지만 집단 경험으로부터 도출된 동료의 공통 의견은 잘 받아들이는 경향이 있다. 인간은 집단 상황에서 활동하는 일에 익숙해 있어서 어느 정도 집단 의존적이거나 집단 지향적 성향을 드러내기 때문이다.

또한 집단상담의 참여자는 집단 경험을 통해서 자기 자신과 타인에 대하여 책임을 지는 태도를 기를 수 있다. 집단에 참여하는 것은 그에 필요한 책임을 지는 것이며, 같은 의견이나 결정이라도 동료집단의 강화에 의해 이루어지면 보다 큰 책임감과 참여의식을 갖는다. 집단구성원은 집단의 상호작용에 기여하거나 집단 과제를 수행함으로써 자신의 행동에 대한 책임을 회피하는 습관을 고칠 수 있다. 더욱 집단상담은 참여자에게 문제해결 행동을 보다 구체적으로 계획하고 실천할 수 있게 한다.

(3) 수용성과 촉진성

내담자들은 개인상담보다 집단상담을 좀더 쉽고 편안하게 받아들이는 경향이 있다. 개인상담에서 내담자는 자기의 문제가 실제보다 더 심각하거나 심지어 '비정상적'이라고 믿어 성격 발달에 부정적인 영향을 미칠 수 있으나, 집단상담에서는 다른 참여자와 함께 함으로써 자기 자신만이 특별히 다르다거나 이상하다고 생각하는 경향이 줄어든다. 집단구성원은 집단상담에서 보편적인 경험을 제공받으며, 이러한 경험을 통해서 구성원 모두 비슷한 문제를 가지고 있다고 자각하고 느끼며 서로를 좀더 신뢰한다. 특히 청소년의 경우에는 성인 상담자와의 면－대－면 관계보다는 동료집단에서 훨씬 편안함을 느낄 수 있다. 개인상담에서는 상담자를 무엇인가 높은 위치에 있는 사람으로 보기 쉬운 반면, 집단상담에서는 구성원 상호간에 동등한 느낌을 갖게 한다. 그래서 구성원이 서로 좀더 쉽게 마음의 문을 열고 수용할 수 있으며, 평온한 마음으로 스스로 문제를 털어놓고 다룰 수 있게 된다.

집단상담은 또한 참여자들 사이에서 서로의 관심사나 감정을 터놓고 이야기하도록 촉진하기 때문에 쉽사리 소속감과 동료의식을 발달시킨다. 비록 모든 구성원이 동일한 문제를 갖고 있지는 않을지라고 최소한 다른 사람들도 제 나름의 문제를 가지고 있다는 사실을 발견할 때 이에 대한 감정을 털어놓고 이야기한다. 그 결과 그들은 자신만이 유일하게 문제를 가진 존재가 아니라는 사실을 인식하고 소속감을 갖고 친근감과 관계유지의 욕구를 충족하며 자신이나 타인을 보다 더 깊이 이해한다. 효과적인 집단에서는 항상 직접적인 대인관계 교류가 있으며, 이것이 개인의 자기탐색을 도와 인간적 성장과 발달을 촉진한다. 사회적 욕구는 개인의 생존을 가능하게 하는 기본적인 욕구로서 대인관계 속에서 충족된다.

(4) 다면성과 생산성

집단상담은 서로 다른 배경과 폭넓은 다양한 성격 그리고 경험을 가진 구성원들이 자리를 함께 함으로써 참여자에게 풍부한 학습 경험을 제공할 수 있다. 개인상담에서는 상담자가 한 사람뿐이지만 집단상담에서는 지도자와 구성원을 포함한 만큼 상담자의 수가 많다. 특히 집단상담이 중반기 이후로 진전되었을 때에는 상담자의 지시나 조언이 없이도 참여자 상호간에 깊은 사회적 교류를 경험한다. 집단구성원들이 서로 경청하고 수용하고 지지하고 맞닥뜨리고 해석해 줌으로써 서로가 상담자의 역할을 감당한다.

이러한 상호교류는 아무리 유능하고 경험이 풍부한 상담자라도 혼자서는 도저히 제공할 수 없는 통찰과 지각 그리고 정서적 반응을 제공한다. 이것은 확실히 집단 경험이 갖는 치료적 장점의 한 가지이며, 특히 연령층, 성장 배경, 사회 경제적 지위, 관심, 문제 유형을 다양하게 지니고 있는 개개인으로 구성된 집단일수록 더욱 현저하다.

집단상담은 또한 참여자에게 다양한 자원과 관점을 제공하고 그의 연령과 욕구에 부합하는 조력을 제공한다. 집단상담은 초·중·고·대학 등 각종 교육기관에서는 물론이고 정신건강센터, 약물이나 알코올 중독 치료센터, 작업소개소와 같은 광범위한 복지 환경에서 적용이 가능하다. 또한 다양한 구성원이 제시하는 다양한 욕구와 관점 그리고 가치관 등을 집단이 공유할 수 있게 해줌으로써 행동변화를 위한 자원으로 활용이 가능하다. 집단경험의 맥락 안에서 참여자는 대개 직관적으로 촉진적이라고 느끼는 반응을 쫓지만 어떤 경우에는 상담자가 구성원에게 도움이 되도록 이와 같은 반응을 조장하기도 한다. 개별적인 만남에서는 오직 상담자의 감정, 지각, 경험만을 이용할 수 있는 반면에 집단 상황에서는 가능성의 범위가 좀더 폭넓게 존재한다.

2) 집단상담의 단점

집단상담은 개인상담에 비해서 여러 가지 장점을 가지고 있지만 또한 몇 가지 불리한 점을 지니고 있다. Shertzer와 Stone(1980)은 때로 어떤 개인은 집단구성원으로서 기능을 수행할 수 없기 때문에 집단과 관계를 맺고 상호작용할 수 있으려면 성숙한 개인과 관계를 경험해야 한다고 주장하였다. 그는 이밖에도 집단상담이 갖는 제한점을 다섯 가지로 제시한다. 첫째, 상담자의 작업이 산만해져서 개개인과의 접촉이 희박해짐으로 구성원들이 수용적이고 이해하는 사람이 되기가 어렵다. 둘째, 집단의 보편적인 문제에 집중되어 구성원의 개인적인 문제가 부차적인 것으로 소홀해지기기 쉽다.

셋째, 때로 어떤 구성원이 부정적인 감정이나 태도 혹은 수용할 수 없는 행동을 드러내야 할 경우 동료가 오히려 위협적으로 느껴질 수 있다. 넷째, 집단구성원은 때로 전에 어떤 규범을 습득했을 때처럼 아무런 의심 없이 집단규범을 수용할 수 있다. 다섯째, 어떤 사람은 집단 활동에 참여하는 것에 매료된 나머지 집단 경험 그 자체를 목표로 삼는 경우가 있다.

또한 Peterson과 Nisenholz(1991)는 집단상담의 단점을 다음과 같이 여섯 가지로 요약한다.

① 집단에서는 상담자의 상황을 제대로 통제할 수 없다.

② 개인상담에 비해서 비밀유지가 어렵다.

③ 구성원의 자유에 대한 욕구와 집단의 구조화에 대한 필요성간에 균형을 유지하기가 어렵다.

④ 집단구성원이 부당한 집단 압력에 희생될 우려가 있다.

⑤ 집단은 때로 특정 구성원을 희생양으로 삼으려는 경향이 있다.

⑥ 집단상담이 적합하지 않은 개인이나 상황이 있을 수 있다.

상담자가 집단을 지도할 때 특히 유념해야 할 제한점을 세 가지로 나누어서 정리하면 다음과 같다.

(1) 그릇된 인식

첫째, 집단상담은 개인의 행동을 변화시키는 만병통치약이 아니다. 어떤 사람은 집단상담을 인간의 행동을 변화시키는 절대적인 수단으로 보는 경향이 있다. 즉, 그들은 짧은 기간의 집중적인 집단 경험을 통해서 인생을 새롭게 만들 수 있다고 믿는다. 그러나 상담이나 심리치료는 그리 쉬운 것이 아니며, 더욱이 지름길이 있을 수 없다. 집단상담은 인간의 행동을 변화시키는 여러 가지 접근 가운데 하나이며, 적지 않은 실패와 부작용도 있음을 유념해야 한다.

둘째, 모든 사람이 집단상담에 모두 접합한 것도 아니다. 어떤 사람은 집단상담이 누구에게나 가능하다는 그릇된 생각을 가지고 있다. 그러나 집단상담은 모든 사람을 대상으로 할 수도 없으며 더욱 개인상담을 대치할 수 없는 경우도 많다. 집단의 역동을 피하거나 집단에 노출될 수 없는 문제로 고통받는 사람들도 있고 또한 집단 경험으로부터 그 어떤 것도 배우기 힘든 사람들도 있다. 흔히 뇌손상이나 급성정신질환 혹은 자살증후군으로 고통을 겪고 있는 환자, 심한 정서적 장애(가령, 우울증이나 공포증)나 성격적 장애(가령, 자폐증이나 심약증)를 겪고 있거나 지나친 적대감정에 사로잡힌 사람은 집단상담의 대상으로는 적합하지 않다.

셋째, 집단상담에서 구성원은 집단 경험 그 자체를 목적으로 삼아서는 안 된다. 그러나 어떤 구성원은 집단상담을 인간 성장을 위한 실험실 혹은 바람직한 행동을 학습하는 장소로 활용하기보다는 오히려 집단 경험 그 자체에 매료된 나머지 이 집단에서 저 집단으로 계속해서 옮겨 다니는 경우가 있다. 이들에게는 집단상담의 경험이 개인적인 성장과 발달에 도움이 되기보다는 오히려 현실도피의 기회가 될 소지가 많다고 볼 수 있다. 따라서 집단상담은 집단 경험 그 자체가 목적이 되어서는 안 된다.

(2) 집단의 구조적 취약성

첫째, 집단상담에서 흔히 지적되는 문제점은 상담자가 집단 상황을 제대로 통제할 수 없다는 점이다. 집단상담은 개인상담과는 달리 여러 사람들이 개입하기 때문에 여러 가지 문제가 발생한다. 상담자는 집단상담에서 일어나는 모든 사건에 일일이 주의를 기울여야 하지만 그것은 쉬운 일이 아니며, 이와 같은 노력이 자칫 집단구성원 각자에게 기울여야 할 관심을 감소시키는 요인이 되기도 한다.

둘째, 집단상담에서는 특정 내담자의 문제를 충분히 다루지 못할 가능성이 많다. 이것은 집단상담이 한 참여자의 개인적인 문제를 깊이 다루기 보다는 전체 집단의 공통적 관심사나 혹은 다른 참여자의 문제에 대한 논의가 전반적으로 이루어지기 때문이다. 이 경우 집단상담이 장기간 지속되지 않는 한 참여자가 개개인의 문제를 그들이 원하는 만큼 철저히 탐색, 분석되지 않는 것이 보통이다.

셋째, 집단상담은 개인상담에 비해서 비밀 유지가 어렵다. 비밀유지는 내담자에게 자기노출의 위험을 감수하도록 하는 중요한 요소이며, 또한 내담자의 자기노출은 행동 변화나 성장의 경험에 필수적이다. 그러나 집단 상황에서는 구성원 각자의 사적인 경험을 구성원 모두가 공유할 수밖에 없으며, 이는 곧 구성원의 자기노출을 감소시키는 원인이 될 우려를 안고 있다.

넷째, 집단상담에서는 집단구성원의 자유에 대한 욕구와 집단 구조화의 필요성을 위해서 개인의 희생이 불가피한 경우가 있으며, 반대로 개인의 욕구가 무시되면 집단의 존재가 또한 무의미해진다. 집단의 존재는 어디까지나 개인의 성장과 변화에 그 의의가 있으므로 집단상담자는 개인 대 집단, 자유에의 욕구 대 구조화의 필요성간에 균형을 유지하려는 노력이 있어야 한다.

다섯째, 집단상담에는 구성원이 부정적인 집단 압력에 의해서 희생될 우려가 있다. 집단구성원으로부터의 동조 압력에 대한 강제 등 집단 압력은 집단상담에서 불가결한 요소로 작용한다. 이러한 집단사고의 과정은 집단의 규범을 제정할 때처럼 때로는 도움이 되는 경우도 있으나, 개인의 주도성, 자율성, 창의성을 억제시킬 수 있다. 특히 집단구성원이 마음의 준비가 되기도 전에 참여자 대부분이 자기노출을 하는 경우에는 "자기 마음 속을 털어놓아야 한다"는 집단 압력 때문에 심리적 갈등을 유발할 수 있다. 물론 집단이 시작될 때에 "누구나 자신이 말하고 싶지 않은 것은 말을 할 필요가 없고 말하도록 강요받지도 않는다"는 기본 약속을 다짐하지만, 집단상담이 진행되면서 이러한 약속은 잊혀진 채 구성원으로부터 "왜 감추려고만 하느냐?"라든가 "우리를 불신하지 마라!"는 압력을 받기가 쉽다. 비록 이러한 압력이 구체적으로 표현되지 않더라도 당사자가 스스로 말하지 않으면 불안해서 견디지 못하는 심리상태가 될 수도 있다. 또한 어떤 참여자가 "남들은 모두 이야기하는데 나만 못하는구나!"라는 개인적인 패배감을 갖게 될 경우, 상담자의 적절한 개입이 없는 한 집단 경험에서 실질적인 이득을 얻지 못할 수도 있다. 더욱 어떤 집단이 왜곡되었거나 부적절한 규범을 갖고 있는 경우에는 집단구성원을 오도할 가능성이 매우 커진다. 특히 집단이 개인의 생각보다 집단의 생각을 중요하게 여길 경우, 친밀하고 부드러운 관계를 원하는 개인적 특성은 독선적인 집단사고, 즉 경쟁이나 집단의 일체감을 강조하는 것과 같은 집단 규범에 희생될 가능성이 크다.

마지막으로, 동질집단으로 구성된 집단상담은 대체로 유익한 것으로 알려져 있으나 정반대의 경우가 생길 수 있다. 즉, 집단이 비슷한 연령과 생활배경을 가진 사람들로 구성될 경우, 참여자의 공통적인 문제가 주로 논의되기 쉬우며 다른 참여자로부터 다양한 유형의 자극을 받거나 여러 수준의 내용을 경험할 기회가 줄어든다. 같은 수준의 참여자는 서로 비슷한 표현력과 사고방식을 가지고 있기 때문에 새로운 경험의 기회가 그만큼 적어지는 것이다. 반대로, 너무 이질적인 사람들로 구성된 집단은 집단상담 초반부에 원활한 상호교류와 공감대를 형성하기가 쉽지 않고 집단의 응집력이 약해지는 제한점을 갖기 마련이다.

(3) 집단상담자의 역량부족과 부적절한 지도

첫째, 체계적인 훈련이나 교육경험이 부족한 지도자가 집단상담을 하기 때문에 오히려 피해를 주는 경우가 있다. 집단상담은 개인상담과 집단 과정에 관한 충분한 지식과 경험을 가진 상담자가 진행해야 한다. 그러나 어떤 사람은 정식 훈련이나 교육의 경험이 없이도 집단상담에 몇 번 참여하고서 곧 바로 집단상담의 지도자가 되려는 경향이 있다. 적절한 훈련이나 경험 없이 집단상담을 지도할 때에는 자신과 타인에게 해를 끼칠 가능성이 많기 때문에 조심해야 한다.

둘째, 집단상담을 통하여 어떤 구성원은 개인생활의 혼란을 경험할 수도 있다. 집단상담은 독특한 감정표현과 사고방식을 조장하는 경향이 있으며, 이러한 행동 양식의 변화가 개인의 삶을 불안정하게 하거나 파괴할 수도 있다. 더욱 왜곡된 집단 경험은 오히려 현실에 대한 불안을 증가시키고 부적응 행동을 초래하는 경우도 있다. 이와 같은 집단구성원은 집단 경험을 통해서 어느 정도 생활양식과 가치관이 변화되기 때문에 안정감을 상실할 수 있다. 집단상담에 참여하기 전에는 현실에 잘 적응해서 살았으나 그것을 경험한 후에는 비록 일시적이긴 하지만 현재의 생활 양식이나 가치관에 만족할 수 없어서 심리적인 갈등을 느끼고 변화하려는 노력을 기울이는 경우이다.

마지막으로 집단상담은 특정 구성원에게로 향해진 집단 적개심을 제대로 감지하지 못하여 그 사람에 대한 집단적 공격을 적절히 처리하지 못하는 경우가 있다. 이 때 집단은 흔히 나약해 보이거나 집단 규범에 잘 부합되지 않는 특정 구성원을 희생양으로 삼는 경향이 있는데, 이러한 현상은 매우 파괴적인 결과를 유발하여 집단이 효과적으로 기능할 수 없도록 한다. 따라서 집단상담자는 특정 구성원이 집단 압력이나 집단공격에 의해서 희생되는 일이 없도록 집단을 적절히 통제할 수 있어야 한다.

참고 문헌

곽준규(1993), 집단상담, 대한상담학회(편).

이장호 · 김정희(1992), 집단상담의 원리와 실제, 서울 : 법문사.

이장호 · 김정희 공역(1992), 현대심리치료, 서울 : 중앙적성출판사.

이형득(1992, 1995), 집담상담의 실제, 서울 : 중앙적성출판사.

Dyer, W. & Yriend, J. (1980) Group counseling for personal mastery. New York : Sovereign Books.

Gazda, G. M., Duncan, J., & Meadows, M. (1967). Counseling and group procedure s : Report of a survey. Counselor Education and Supervision, 6, 305-310.

Hansen, J. C., Warner, R. W., & Smith, E. J (1980). Group counseling Theory and process. Boston : Houghton Mufflin Company.

Ohlsen, M. (1975). Group leader preparation. Counselor Education and Supervision, 14(3), 215-216

Ohlsen, M. (1977). Group counseling. New York : Holt, Rinehart and Winston, Inc.

Pascale, A. C. (1968). Enhancing the counseling services through the utiliation of group counseling. The School Counselor, 16, 136-139.

Peterson, J., & Nisenholz, B. (1991). Orientation to counseling(2nd ed.). Needham Heights, MA: Ally & Bacon.

Shertzer, B., & Stone, S. C. (1980). Fundamentals of counseling(3rd ed.) Boston: Houghton Mifflin.

제 2 장
집단역동

인간은 사회적 동물, 즉 집단지향적 존재이다. 개인은 집단에서 태어나 다른 사람들과의 관계 속에서 도움을 주고받고 욕구를 충족하기도 하면서 삶을 영위한다. 이러한 점에서 가정, 학교, 지역사회에서 다양한 형태로 관계를 맺게 되는 사람들은 개인의 삶에 중요한 일부가 된다. 집단은 이처럼 인간의 삶에 필수적이다 (Forsyth, 1999).

개인의 독특한 특성은 부모, 형제, 친척, 친구 등과의 관계를 통해 형성된 산물이다. 이러한 점에서 집단은 개인의 성장, 학습, 가치관, 행동, 대처양식, 직업적 잠재력, 적응기술의 개발 등에 큰 영향력을 미친다. 이 장에서는 한 개인의 자아의 발달과 성장이 이루어지는 집단역동을 살펴본다.

1. 집단의 개념

'집단'이란 용어는 영어로는 'group'이라고 표현하고, 한자로는 '集團'이라고 쓴다. 최근에는 순수한 우리말로 '모듬' 또는 '모둠'이라고 부르기도 한다. 사전적 정의로는 '모임, 떼' 등으로 설명하고 있다.

여기에서는 자신들의 어떤 목적을 관철시키기 위한 두 사람 이상의 모임을 집단이라 정의하고 있다. 그러므로 단순한 불특정 다수나 무작위의 다수를 의미하지 않는다(홍경자 외, 2002). 따라서 집단이 되기 위해서는 일정한 조건들을 갖추어야 한다.

2. 집단의 조건

두 명 이상의 사람들의 집합체가 집단이 되기 위해서는 그에 상응하는 조건이 충족되어야 한다. 집단의 조건에는 다음 다섯 가지, 즉 심리적 유의성, 직접적 의사소통, 유의한 상호작용, 역동적 상호관계, 생산적 상호 의존이 포함된다(강진령, 2005).

1) 심리적 유의성

집단의 첫 번째 조건은 심리적 유의성(psychological significance), 즉 집단이 집단원들에게 심리적으로 의미 있는 특성을 지녀야 한다는 것이다. 이는 사회적 집단과 차별화되는 특성이다. 집단원들은 집단의 규준을 준수하면서 서로의 가치관을 비교해 보기도 하고, 당연시하던 신념과 습관적인 행동에 대해 새로운 각도에서 조망해 보며, 생산적인 변화를 시도하기도 한다. 이처럼 집단원들이 심리적 유의성을 갖기 위해서는 집단이 최소한 자기 지도(self-guidance) 능력을 갖춘 사람들로 구성되어야 한다. 자기 지도 능력이란 자율적이고 독립적인 생활을 영위할 수 있을 정도의 지적 수준과 정신상태, 기본적인 위생 관리 능력 따위를 말한다.

2) 직접적 의사소통

두 명 이상의 모임이 의미 있는 심리적 집단이 되기 위해서는 집단의 구성원들이 서로 의사소통(communication)을 해야 한다. 효과적인 의사소통은 직접적인 방식으로 이루어진다. 집단 내의 의사소통 역시 집단상담자를 비롯한 다른 사람(들)을 통해 간접적으로 이루어지는 것이 아니라, 당사자들 간에 면－대－면(face-to-face) 상태에서 직접적인 방식으로 이루어지는 특징이 있다.

의사소통은 일반적으로 제한된 시간에 이루어지며 집단원들에게 심리적인 의미를 부여하는 역할을 한다. 그러므로 주어진 시간 내에 집단원들이 생산적인 대화를 나눌 수 있도록 돕는 것이 집단상담자의 중요한 임무이다. 효과적인 의사소통은 원만하고 촉진적인 인간관계의 기초가 되고 지속적인 성장과 발전으로 이어진다. 간단명료하게 자신의 의사를 전달할 수 있는 능력은 인간관계의 형성과 유지에 직접적인 영향을 미치기 때문이다. 따라서 의사소통을 효과적으로 할 수 없다는 것은 그만큼 다른 사람들과의 원만한 인간관계 형성은 물론 인간적 성장에도 문제가 될 수 있다는 것을 의미한다.

3) 유의한 상호작용

집단에는 일정한 사회체제를 갖춘 집단구성원들 사이에 유의한 상호작용(significant interaction)이 있어야 한다. 상호작용이란 둘 이상의 사람들이 서로 영향을 주고받는 방식으로 교류하는 것을 말한다. 심리적 상호작용은 집단원들 사이에 공유된 정체감, 즉 '우리(we-ness)'라는 집단의식이 있어야만 이루어질 수 있다. 여기서 집단의식을 갖는다는 것은 집단원 자신을 집단의 구성원으로 규정짓고 다른 구성원들에게 인정받으며, 최소한 집단의 규칙에 따르기 위해 노력하는 것을 포함한다. 집단의식은 집단원들이 공통적으로 가지고 있는 문제 해결 및 개인의 요구를 충족시키기 위해 필요한 요소이기도 하다.

그러므로 집단 참여에 관심이 있는 사람은 자신의 욕구가 집단의 목적과 부합하는가를 면밀하게 고려해야 한다. 집단은 집단원 각자가 그 집단의 목적에 관한 어떤 공통적인 태도와 가치관들을 충분히 발전시킬 때까지 지속되어야 한다. 이 기간 동안 집단원들은 생산적인 집단이 될 수 있도록 자신에게 적합한 역할을 수행하며 유의한 상호작용을 계속하게 된다.

4) 역동적 상호관계

집단의 네 번째 조건은 두 명 이상의 사람들의 집합체가 서로 역동적 상호관계(dynamic interrelations)를 형성하는 것이다. 역동적 상호관계는 집단원들의 집단 참여 수준에 직·간접적으로 영향을 주기도 하고 받기도 한다. 집단원들은 자발적이고 적극적인 태도로 집단에 참여함으로써 신뢰를 바탕으로 역동적 상호관계를 형성한다.

역동적 상호관계는 구성원들의 명확한 위치와 역할 관계를 토대로 구성되고, 각 집단원의 행동을 조절하는 일련의 가치관이나 규준이 있는 집단의 구조에서 형성된다. 이렇게 형성된 상호관계는 집단원들의 집단 참여에 원동력이 된다.

5) 생산적 상호의존

집단은 두 명 이상의 상호 독립적인 사람들이 상호 의존적(interdependent)일 때 구성된다. 따라서 구성원들은 집단에서 상호 의존적인 관계 속에서 공통 목적을 가지고 함께 모여 지속적으로 생산적인 변화를 꾀하는 활동을 하게 된다.

3. 집단의 유형

집단전문가협회(The Association for Specialists in Group Work : ASGW)는 일반적인 집단작업에 핵심이 되는 일단의 능력들을 밝혀 놓았다. 여기에는 핵심능력에 숙달되었다고 해서 어떤 집단작업 전문영역에 있어서 독자적으로 활동할 수 있는 자격이 집단종사자에게 부여되지 않는다는 점을 명시하였다. 즉, 집단상담을 실시하는 사람은 특정 영역의 집단작업에 알맞은 고등 능력을 갖추고 있어야 한다.

집단은 그 목표, 사용된 기법, 리더의 역할, 훈련의 필요조건 및 관련된 사람의 유형에 따라 다르다. 특정한 집단전문화에 관한 정의가 ASGW (1991)와 Conyne, Wilson, Morran 및 Ward, 1993에 의해 제시되었다(김명권 외 역, 2004에서 재인용).

1) 과제/작업 집단

과제/작업(task/work) 전문가들은 특별수사대, 위원회, 계획입안 집단, 공동체 조직, 토론집단, 공부모임, 학습진단 및 그 외 유사집단과 같은 집단들을 도와 그들의 기능을 수정하거나 개발시킨다. 집단역학의 원리와 과정을 적용시켜 업무를 개선하고 확인된 작업목표의 성취를 촉진하는 데 초점을 둔다.

과제/작업 집단의 발달과 기능을 촉진하는 일을 전문으로 하는 집단종사자들은 이들 집단을 도와 그들의 수행을 증진 또는 수정한다. 이러한 집단전문가는 또한 조직평가, 훈련, 프로그램 개발, 자문 및 프로그램 평가기술을 개발할 수도 있다.

과제집단을 위한 훈련에는 조직개발, 자문, 경영이라는 광범위한 분야에서의 교육과정이 포함된다. 과제/작업 집단 분야의 전문가 훈련은 과제/작업 집단을 단독으로 혹은 공동으로 이끈 지도・감독을 받은 경험이 최소 30시간이 요구된다(45시간을 추천하고 있음).

2) 생활지도/심리교육 집단

현대 상담자에게는 교육과 예방이 결정적으로 중요한 목표가 된다. 생활지도/심리교육 집단(guidance/psychoeducational groups) 전문가는 비교적 잘 기능하고 있지만 특정 분야에서 정보가 부족할 수 있는 집단원들을 교육시키려 한다. 전문가는 위험에 처해 있기는 하지만 잠재적 위협(AIDS 같은), 생애발달 사건(변화 시점 같은), 혹은 당면한 생의 위기(사랑하는 사람의 자살 같은)를 극복하는 방법에는 현재 영향받고 있지 않은 집단참여자들을 교육시키기 위해 집단이라는 매개를 이용한다. 목표는 일련의 교육적, 심리적 장애를 예방하는 것이다.

생활지도/심리교육 집단을 위한 전문가 훈련에는 지역사회 심리, 건강증진, 판매, 자문, 집단훈련 방법 및 교과과정 계획이라는 광범위한 분야에서의 교육과정이 포함된다. 이들 전문가는 자신이 일하고자 하는 주제 분야에서 유용한 지식을 지녀야 한다(예를 들어, 약물남용 예방, 스트레스 관리, 부모 효율성 훈련, 자기주장 훈련, AIDS). 이런 전문직에는 현장실습에서 생활지도 집단을 이끌거나 공동지도한 내용을 지도・감독받았던 최소 30시간(45시간을 추천함)의 추가 경험이 요구된다.

3) 상담/대인문제해결 집단

상담/대인문제해결(counseling/interpersonal problem-solving)을 전문으

로 하는 집단상담자는 대인문제와 문제해결을 통해서 통상의 그러나 종종 힘겨운 삶의 문제들을 집단참여자들이 해결하도록 돕고자 한다. 그 외의 목표로는 참여자의 현존하는 대인문제해결 능력을 개발시켜 미래에 닥칠 유사한 성격의 문제들을 보다 쉽게 처리할 수 있도록 돕는데 있다. 부담이 적은 진로(nonsevere career), 교육, 개인적, 사회적, 발달적 관심을 자주 다룬다.

상담/대인문제해결 집단을 위한 전문가 훈련은 가능하면 집단상담에 필요한 만큼의 교육과정을 거쳐야 하지만 적어도 한 과목은 일반상담자 수준을 능가해야 한다. 집단상담자는 인간발달, 문제확인, 삶에서 흔히 일어나는 개인적, 대인적 문제 치료와 같은 광범위한 분야에 대한 지식이 있어야 한다. 이 전문과정에는 지도・감독 하에서 상담집단을 이끌거나 공동지도한 경험의 최소 45시간(권장사항 60시간) 필요하다.

4) 심리치료/성격 재구성 집단

심리치료/성격 재구성(psychotherapy/personality reconstruction)을 전문으로 하는 집단상담자는 각 집단원의 심층 심리적 문제들의 재조정을 돕는다. 뚜렷한 고통, 기능의 저하 혹은 이 모두의 문제를 보이는 급성 혹은 만성의 정신적, 정서적 장애를 가진 개인에게 활동 범위를 맞춘다. 심리장애의 심도와 범위가 중요하기 때문에 성격의 주요차원을 재구성하는 데 있어 개개인을 돕는 것이 목표이다.

심리치료/성격 재구성 집단을 위한 전문가 훈련은 장애가 심한 집단을 대상으로 작업할 수 있는 능력을 보장하기 위해 심리학, 정신병리학, 진단평가의 과목에 중점을 둔다. 이 전문과정에는 지도・감독 하에서 치료집단과 작업한 경험이 최소 45시간(권장사항 60시간) 필요하다.

5) 집단치료

제2차 세계대전 중 개인치료를 실시할 수 있는 훈련된 인력이 부족한 결과 집단치료가 생겨났다. 처음에 집단치료가들은 전통적인 치료 역할을 하였고 흔히는 동일한 문제를 가진 소수의 내담자들을 대상으로 일하였다. 점차로 리더들은 색다른 역할과 다양한 접근법을 실험하기 시작하였다. 시간이 지남에 따라 이들의 발견한 사실은 집단이라는 장면이 독특한 치료적 가능성을 제공한다는 것이다. 치료집단 집단원들간의 교류가 변화를 일으키는 데 도움이 된다고 여겼다. 이러한 상호작용은 지지, 보살핌, 직면 및 개인치료에는 찾을 수 없는 그 외 특성들을 제공하였다. 집단환경에서 집단원들은 새로운 사회적 기술을 연습할 수 있었고 자신들의 새로운 지식의 일부를 적용할 수 있었다.

사람들은 일반적으로 우울, 성적 장애, 불안 및 정신지체 장애와 같은 특정한 증상이나 심리적 문제들을 완화시키려고 집단치료에 참여한다. 어떤 치료집단들은 사람들의 정상기능을 방해하는 특정의 정서적 혹은 행동적 장애를 수정할 목적으로 조직되었다. 그러므로 이들 집단에 속하는 상당수의 사람들에게는 발달적, 예방적 작업보다는 교정 치료가 필요하다. 집단치료의 관심은 무의식적 요소와 개인의 과거, 성격의 주요 측면의 재구성에 있다. 그러므로 치료집단은 보통 대부분의 다른 유형의 집단들에 비해 그 기간이 길다.

치료집단을 이끌 때는 다양한 방법들이 사용되는데 생애초기 경험으로 퇴행을 유도하는 기법, 무의식적 역동을 다루는 방법, 외상적 상황을 재경험하도록 집단원들을 도와 카타르시스가 일어날 수 있게 하는 것이 목적인 절차들이 포함된다. 보통 치료자의 관심은 문제영역의 이해와 탐구를 조장하는 분위기를 만드는데 있다. 과거경험에 뿌리를 둔 심리적 장애를 해결하는 과정은 종종 꿈을 탐구하고, 저항을 해석하며, 일어나는 전이를 처리하고, 집단원들로 하여금 중요한 타인과의 "미해결의 문제"를 새로운 시각으로 보도록 돕는 것을 포함하고 있다.

집단치료의 미래에 대한 글에서 Dies(1992)는 단기간 자립 접근의 확대 적용, 치료전략을 내담자의 요구에 맞추는 일의 개선, 치료양상의 더욱 효과적인 통합으로 나아가는 일들이 집단치료 작업을 위한 계획에 포함된다고 주장하였다. 다중양식과 더불어 단기 집단치료 접근 추세는 계속될 것이라는 것이 다이스의 예상이다. 그는 여러 가지 요인들 때문에 집단치료가들의 정신건강 분야에서 계속 중추적 역할을 할 것이라는 것에는 의심의 여지가 없다고 적고 있다.

6) 집단상담

상담집단의 초점은 보통 특정 유형의 문제인데 이는 개인적, 교육적, 사회적, 직업적인 것이 될 수 있다. 이는 학교, 대학상담실, 지역사회의 정신건강소 및 진료소와 같은 기관에서 종종 실시된다. 이 유형의 집단은 의식적인 문제를 다루고 주된 성격 변화를 그 목표로 삼지 않으며, 보통 특정의 단기 문제들의 해결에 치중하며 보다 심각한 심리적, 행동적 장애의 치료에는 관심을 두지 않는다는 점에서 치료집단과 다르다.

집단상담은 치료적 목적뿐 아니라 예방적, 교육적 목적을 가지고 있다. 집단에는 의식적인 사고, 감정 및 행동을 강조하는 대인과정 문제해결 방략이 포함된다. 집단의 관심은 종종 광범위한 성격 개조가 필요치 않은, 역할을 기본적으로 잘 수행하면서 인생의 발달단계와 관련된 문제를 안고 있거나 상황적 위기의 스트레스에 대처할 수단을 찾고 있는 집단원들에 의해 결정된다. 이 집단은 성장 지향적이라는 특징을 가지고 있으며 개인적 힘의 내적 자원을 발견하고 최적의 발달을 가로막은 장애를 건설적으로 다루는 것을 강조한다. 집단원들은 현재의 곤란과 미래에 닥칠 문제 모두에 더 잘 대처하게 만드는 대인기술을 개발시킬 수 있다. 집단은 솔직한 자기 탐색에 필요한 지지와 도전을 제공한다.

상담집단은 비교적 건강한 사람들이 대인관계 수준에서 더 잘 기능하도록 돕는 목적으로 집중경험을 제공한다. 그런 집단들은 성격문제를 치유하려는 목적이라기보다 생애 발달적인 특성을 갖는데 생애의 여러 변화시기에 대부분의 사람들이 분투하는 개인적인 문제들을 이들 집단이 탐구한다는 점에서 그렇다. 집단이 제공하는 지지와 도전은 솔직한 자기평가를 하고 자신들의 사고, 감정, 행동 양상을 변화시키는 특정한 방식을 결정하도록 참여자들을 도와 준다는 것이 이들 집단의 이론적 근거이다. 타인에게 받는 피드백이 참여자들에게 도움을 줄 수 있지만 어떤 변화를 원하는가를 결정하는 것은 결국 자신들의 몫이다. 참여자들은 스스로에 대한 지각과 타인이 자신에 대해 갖는 지각을 비교한 후에 이런 정보를 갖고 자신이 무엇을 할 것인가를 스스로 결정할 수 있다.

상담집단은 참여자들이 집단의 방향을 결정하는 개방적 구조를 지닌 집단에서 특정상황을 중심으로 성격이 규정되는 집단에 이르기까지 다양하다. 그러나 이들 모두는 다음과 같은 공통의 목표를 갖는다.

① 보다 긍정적인 태도와 개선된 대인기술을 갖도록 돕는다.

② 행동변화를 촉진하는 방식으로 집단과정을 이용한다.

③ 집단에서 새롭게 습득한 기술과 배운 행동을 실생활에 응용하도록 돕는다.

집단의 활동을 구성하고, 생산적인 활동에 적합한 분위기가 유지되는지를 살펴보고, 집단원들의 상호작용을 촉진시키고, 자신들의 행동양식의 대안을 살피도록 집단원들을 도울 수 있는 정보를 제공하고, 자신들의 통찰을 구체적인 행동계획으로 바꾸도록 집단원들을 격려하는 것이 집단상담자의 일이다. 넓은 범위에서 집단상담자는 집단원들이 현재, 여기에 초점을 맞추어 집단에 방향을 제시해 줄 개인적 목표를 수립하도록 교육시킴으로써 이런 역할을 수행한다.

집단상담의 참여자는 종종 대인관계의 성격을 지닌 문제들을 안고 있는

데 이는 집단상황에서 이상적으로 탐구된다. 집단원들은 상담집단에서 자신들의 눈앞에 일상적인 문제들이 재연되는 것을 볼 수 있다. 집단은 구성원이 다양하지만 공통의 문제들을 갖고 있는 사회의 축소판이다. 집단과정을 현실의 표본을 제공하며 사람들이 집단에서 경험하는 갈등은 일상의 갈등과 유사하다. 피드백을 통해서 다른 사람들이 그렇듯이 스스로를 관찰하도록 격려된다. 집단원들은 자신의 부모 형제들과 겪었던 갈등을 재연하면서 어린 시절 가족 안에서처럼 자신들을 경험할 기회를 갖는다. 새로운 행동양식을 연습할 기회 또한 갖게 되는데 다른 집단원들로부터의 공감과 지지가 자신이 변화시키길 원하는 것이 무엇인지 또 변화를 일으킬 방법은 무엇인지 알 수 있도록 돕기 때문이다. 참여자들은 문화와 가치의 차이를 존중하는 것을 배울 수 있으며 깊은 수준에서 자신들은 다르지 않고 같다는 것을 발견할 수 있다. 각자가 처한 환경이 다를 수는 있지만 고통과 몸부림은 보편적인 것이다.

7) 구조화된 집단

특정한 주제에 초점을 맞추어 구성된 집단들이 정부기관, 학교, 대학상담소에서 점점 더 많이 이용되고 있다. 특정의 주제는 리더의 관심과 집단의 구성원에 따라 달라지지만 이런 집단들은 집단원들에게 인생의 어떤 문제를 더 잘 인식하게 하고 이들에 더 잘 대처할 수 있는 수단을 제공한다는 공통의 목표를 갖는다. 일반적으로 볼 때, 상담기간은 매주 약 2시간, 4~15주 걸린다. 집단에 따라서 어떤 집단은 30~45분 정도로 짧은데 특히 어린이를 대상으로 하거나 주의를 기울일 수 있는 시간이 짧은 내담자인 경우에 그렇다.

이런 구조화된 집단의 초기에는 보통 문제시되는 영역을 얼마나 잘 처리하고 있는가를 측정하는 질문지를 완성하도록 한다. 이런 집단들은 구조화된 연습문제, 읽을거리, 숙제, 약속을 이용한다. 집단이 끝날 때는 집단원들의 향상 정도를 측정하는 다른 질문지를 사용한다. 참고로 학자별 집단 유형의 분류를 제시하면 다음의 〈표 2-1〉과 같다.

〈표 2-1〉 학자별 집단 유형의 분류

학자명	연도	집단 유형의 범주
Jacobs, Masson, & Harvey	1998	· 지지집단(support groups) · 교육집단(education groups) · 토론집단(discussion groups) · 과업집단(task groups) · 성장·경험집단(growth & experiential groups) · 치료집단(therapy groups) · 자조집단(self-help groups)
Trotzer	1999	· 생활지도·생활기술 집단(guidance & life skill groups) · 상담집단(counseling groups) · 심리치료 집단(psychotherapy groups) · 지지·자조집단(support & self-help groups) · 자문집단(consultation groups) · 성장집단(growth groups)
Gladding	1999	· 집단지도(group guidance) · 집단상담(group counseling) · 집단 심리치료(group psychotherapy)
Toseland & Rivas	2001	· 처치집단(treatment groups) - 지지집단(support groups) - 교육집단(education groups) - 성장집단(growth groups) - 치료집단(therapy groups) - 사회화 집단(socialization groups) · 과업집단(task groups)

4. 집단과정과 역동

집단 활동은 크게 두 가지 측면, 즉 '집단은 현재 무엇에 대하여 토의하고 있는가?'라는 내용적 측면과 '집단은 현재 어떤 방식으로 의사소통을 하고 있는가?, 누가 얼마나 많이, 그리고 누구에게 말하고 있는가?'라는 과정적 측면으로 나뉜다.

집단은 흔히 내용적 측면에 더 치중되기 쉬우나, 집단의 발달에는 과정적 측면이 오히려 더 중요한 역할을 한다(강진령, 2005).

1) 집단과정

집단과정(group process)은 집단이 거치게 될 발달단계의 기능으로 집단 내에서 발생하는 변화의 추이를 말한다. 집단 내에서 발생하는 집단역동은 집단과정에서 직·간접적으로 영향을 미친다. 집단과정이 어떻게, 또한 어떤 이론적 배경을 토대로 이루어져야 하는가에 대해서는 전문가들의 의견이 다양하다.

Dyer & Vriend(1980)나 Perls(1969)는 상담자가 집단상담과 개인상담을 통해 내담자를 상담함으로써 더 폭넓게 관찰할 수 있도록 하는 방법이 효과적이라고 주장한다. 또한 집단상담자와 집단원의 역할이나 집단에서 상담이론의 적용에 대한 의견도 전문가들 간에 상당한 차이가 있다. Rogers(1970)와 Yalom(1995)은 집단원들이 집단을 주도적으로 이끌어 나가야 하고, 집단상담자는 단지 지지와 격려를 하며 집단원의 통찰을 위해 간헐적인 질문으로 탐색과 직면을 담당해야 한다고 강조한다.

다른 한편에서는 개인상담 이론을 집단에도 적용하여 철저하게 한 가지 이론적 접근을 따라야 한다고 강조한다. 이에 반해 개인상담 이론을 집단의 이론적 토대로 간주하지 않는 전문가들도 있다.

특히 Yalom(1995)은 집단원들에게 변화를 가져다 주는 힘이 어떤 특정한 이론을 적용하는 데서 나오기보다 집단의 상호작용, 즉 서로 지지하고 자기 개방을 통해 서로 나누고 관여하며 '우리'라는 집단의식과 소속감을 갖게 되는 것에 의해 나타난다고 강조하였다.

2) 집단역동

집단역동(group dynamics)은 집단원들 사이, 집단상담자와 집단원들 사이에 발생하는 지속적인 상호작용과 상호관계(interrelationships)를 말한다. 여기서 상호작용(interaction)은 의식과 무의식적인 힘과 에너지의 기능이다. 이는 집단의 구조, 이론적 접근, 집단구성원들의 독특한 성격, 성별, 연령, 문화, 욕구 등과 같은 복잡한 요인들에 영향을 받는다.

(1) 집단역동의 관찰

집단역동은 '집단역학(集團力學)' 또는 '집단 역동성(集團 力動性)'이라고도 한다. 집단 운영에서 집단상담자의 중요한 역할 중 하나는 집단원들과 집단의 발달에 영향을 주는 집단의 흐름을 면밀하게 관찰하여 집단의 역동을 촉진하는 것이다. 집단에서 생성되는 힘과 에너지는 관찰 가능한 것과 그렇지 못한 것이 있다. 그러므로 집단역동을 파악하기 위해서는 집단원들 사이에 주고받는 언어적 행동(대화 내용)과 비언어적 행동에 주의를 기울여야 한다.

[1] 관찰 내용

집단역동을 파악하기 위해서는 집단상담자에 대한 집단원들의 신뢰수준, 집단원 간의 신뢰와 갈등, 집단원의 참여도, 힘의 대결, 소집단화, 주의를 끌기 위한 행동, 소모적인 게임 등을 관찰하여야 한다. 그 구체적 내용은 다음과 같다.

① 서로 어떻게 반응하는가?
② 누가 주로 말하고 누가 주로 듣는가?
③ 집단원들은 집단에 대해 소속감을 가지고 있는가?
④ 집단원들은 집단 참여에 대해 어떻게 느끼는가?
⑤ 집단원들은 집단의 목적을 잘 인식하고 있는가?
⑥ 집단상담자는 집단원들에게 어떤 반응을 보이는가?
⑦ 누가 누구에게, 얼마나 자주 길게 말하는가?
⑧ 집단원들은 집단상담자에게 어떠한 태도를 보이는가?
⑨ 집단원들은 자신들에 대해 어떤 느낌을 갖고 있는가?
⑩ 집단원들은 다른 집단원들에게 어떤 감정을 느끼고 있는가?

2 촉진방법

집단의 초기 단계에서는 대화의 방향이 집단상담자에게 집중되거나 일부 집단원들 사이에서 전개되는 경향이 있다. 이러한 경우 집단상담자는 적극 개입하여 집단의 역동을 촉진시키는 역할을 한다. 그러다가 집단원들 사이에 교류가 활성화되면 집단상담자는 점차 개입의 빈도수를 줄여간다. 또한 집단원들의 현재 감정을 탐색하고 상호작용 방식을 관찰·분석함으로써 집단역동을 촉진하기 위한 지료로 활용한다.

(2) 집단역동의 영향 요소

집단역동에 영향을 주는 요인들, 즉 집단원들을 변화시키고 성장을 촉진하는 요소로는 집단원의 배경, 집단 목적의 명료성, 집단의 크기, 집단 회기의 길이, 집단 모임 장소, 모임의 빈도수, 모임 시간, 집단 참여 동기가 있다.

[1] 집단원의 배경

집단원의 배경에는 집단원의 성별, 연령, 출신지역, 학력, 결혼상태, 직업, 사회경제적 지위, 종교 그리고 인종이나 민족이 포함된다.

[2] 목적의 명료성

'집단상담자와 집단원들이 집단의 목적을 명확하게 이해하고 있는가'는 집단의 역동에 영향을 미친다. 집단의 목적과 관련 없는 주제에 초점을 맞추고 작업을 하는 것은 시간과 노력낭비 일뿐만 아니라 집단원들에게 실망과 좌절감을 안겨주게 된다. 그러므로 집단상담자는 항상 자기 자신과 집단원들이 집단의 목적에 적합하게 집단에 참여하고 있는가에 대해 지속적으로 평가해야 한다.

[3] 크기

너무 많은 집단원으로 구성되는 경우, 개인에게 주어지는 시간이 너무 적은 것에 대해 불만을 나타내거나, 집단의 상호작용이 원활하지 못하고 산만해질 수 있어 결국 집단의 응집력에도 부정적인 영향을 줄 수 있다. 이와 반대로 집단의 크기가 너무 작은 경우에도 집단원들은 집단 참여에 대해 부담을 갖게 되어 종종 지나치게 소극적인 태도를 보이기도 한다. 이처럼 집단의 크기는 집단의 역동에 지대한 영향을 미치므로 집단상담자는 사전에 집단의 크기를 고려해야 한다.

대개 교육 집단의 경우에는 참석자 수가 다소 적거나 많아도 비교적 큰 문제가 되지 않으나 상담집단, 치료집단, 성장집단, 자조집단은 일반적으로 5~8명 정도로 집단원 수를 제한하는 것이 바람직하다. 그러나 상황에 따라서는 3~12명 정도도 집단의 크기로 큰 무리가 없다.

4 회기의 길이

새로 구성되어 첫 회기를 갖게 되는 집단과 계속 모이고 있는 집단의 역동은 차이가 있다. 만일 집단 회기의 길이가 지나치게 짧아서 집단원 개개인이 참여할 수 있는 시간이 부족하다면 집단역동에 부정적인 영향을 끼치게 된다. 집단 회기의 길이는 집단원 개개인이 자신의 관심사를 심도 있게 다룰 수 있을 만큼 충분하지는 않더라도 최소한 이에 대해 언급할 수 있을 정도는 되어야 한다.

그러므로 상담집단, 치료집단, 성장집단, 자조집단의 회기 길이는 적어도 1~3시간이 일반적이다. 그렇지만 상담집단이나 성장집단에서 마지막 회기를 마라톤 회기로 갖게 되는 것처럼 필요하다면 함께 밤을 지새우면서 집단 작업을 지속적으로 가질 수도 있다. 집단 회기의 길이는 또한 연령이나 기능 수준에 따라 달라질 수 있다. 초등학교 저학년 아동들로 구성되는 집단은 보통 30분에서 40분이 적당하지만, 고학년의 경우에는 40분에서 1시간 정도가 알맞다.

5 모임 장소

집단 모임 장소와 관련해서 집단의 역동에 영향을 미치는 첫 번째 요소는 접근의 용이성(accessibility)이다. 집단 참석이 편리한 곳은 그만큼 집단원들의 참석률을 높일 수 있다.

집단의 역동에 영향을 미치는 모임 장소의 두 번째 요소는 집단원들의 말소리가 새어 나가지 않을 만큼 방음시설이 잘 되어 있는 곳인가 하는 점이다. 방음이 제대로 되지 않는 장소에서 진행되는 집단은 집단원들의 비밀보장에 대한 확신을 줄 수 없다. 비밀보장이 가능한 공간을 확보하는 것은 집단의 역동에 긍정적인 영향을 줄 수 있는 중요한 요소이다.

집단역동에 영향을 미치는 모임 장소의 세 번째 요소는 집단원들이 편안하고 안전함을 느낄 수 있는 공간인가 하는 점이다. 집단상담실의 장식과 채광(採光) 상태와 조명, 집단원들이 앉는 의자의 편안한 정도와 배열 상태 등은 집단 과정과 역동뿐만 아니라 집단의 성과에도 직접적으로 영향을 미친다.

집단의 모임 장소와 관련하여 집단의 역동에 영향을 줄 수 있는 요소에는 탁자의 사용 여부가 포함된다. 구조화 집단에서는 집단원들이 글씨를 쓴다거나 그림을 그리는 등의 활동을 위해 탁자가 반드시 필요한 경우를 제외하고는 탁자를 가급적 사용하지 않는 것이 좋다. 왜냐하면 탁자는 자칫 집단원들 사이를 가로막게 되어 원활한 심리적 상호작용에 장애가 되기 때문이다. 또한 집단원들의 한정된 비언어적 행동, 즉 상체 부분의 신호만을 관찰할 수 있다는 한계가 잇다.

그 밖에 집단의 역동에 영향을 미치는 요소로는 집단원들이 앉는 형태를 들 수 있다. 서로 몸 전체가 잘 보일 수 있는 원형이 가장 바람직하다. 집단 회기가 시작되면서 집단상담자는 집단원들이 서로 잘 보이도록 앉았는가를 먼저 확인하여 필요한 경우 앉은 위치를 조정해야 한다.

6 모임의 빈도수

집단 회기를 얼마나 자주 갖는가는 집단의 역동에 영향을 준다. 집단 회기를 너무 자주 갖는 경우에 집단에는 생소함을 느낀다.

일반적으로 초・중학생 집단의 경우에는 일주일에 1～2회기가 적절하지만 고등학생, 대학생, 성인 집단의 경우에는 일주일에 1회기 정도가 적당하다. 성인이라도 정신 기능 수준이 낮은 사람들로 구성되는 치료집단의 경우에는 하루에 1회기 또는 일주일에 2～3회기를 갖기도 한다. 통원치료를 받는 사람들로 구성되는 집단의 경우에는 일주일에 1～2회기로 모임을 갖는 것이 일반적이다.

7 시간

집단의 모임을 하루 중 어느 시간대에 갖는가는 집단의 역동에 영향을 미친다. 대학생이나 일반 성인들로 구성되는 집단의 경우, 일과가 끝나는 늦은 오후나 저녁 시간으로 정하는 것이 일반적이다. 한편 초·중·고교에서 학생들을 대상으로 집단이 이루어지는 경우, 집단의 모임 시간을 수업 시간을 할애해서 갖는 것과 방과 후에 갖는 것 사이에는 집단의 역동에 많은 차이가 있다. 그러므로 집단상담자는 이러한 점들을 충분히 고려해서 집단원들에게 가장 효과적이면서 소속기관의 상황에 적절한 시간대를 선정해야 한다.

⑧ 참여 동기

집단 참여의 동기, 즉 집단 참여가 자발적(voluntary)으로 이루어졌는가, 강제 조치에 의해 비자발적(involuntary)으로 이루어졌는가에 따라 집단의 역동은 달라질 수 있다. 일반적으로 집단원 스스로 필요에 의해 자발적으로 집단에 참여하는 것이 바람직하다. 그러나 학칙을 위반한 학생들, 초범 또는 경미한 범죄를 저지른 미성년자들, 교정기관이나 행형시설에 수용된 사람들이 교정을 목적으로 반강제적으로 참여하게 되는 경우, 집단 참여의 동기 수준은 차이가 날 수 있다.

비자발적으로 집단에 참여하는 사람들로 구성된 집단을 이끌게 된 집단상담자는 이러한 집단의 독특한 집단역동을 잘 이해해야 한다.

5. 집단의 변화 촉진 요인

긍정적이고 생산적인 방향으로 집단원 개개인의 변화를 유발시키는 주요 요인에는 수용, 응집력, 보편성, 피드백, 희망감, 책임감, 모험심, 감정 정화, 새로운 행동과 기술의 실험, 유머, 자기 개방, 모방 학습이 있다(강진령, 2005).

1) 수 용

집단의 첫 번째 변화 촉진 요인은 수용(acceptance)이다. 수용이란 집단원 개개인을 있는 그대로 받아들이고 인정하는 것을 말한다. 수용은 다른 사람에 대한 깊은 수준의 공감적 이해를 가능하게 하고, 과거 경험을 통해 형성된 방어벽을 허물게 한다. 또한 자신이 약점으로 여기거나 노출을 꺼려 했던 사실과 감정을 토로할 수 있게 함으로써 변화의 계기를 마련한다. 이러한 과정을 통해 집단원은 자신을 더 명확하게 탐색하게 되고, 심리적인 고통이나 어려움의 원인을 발견하고 치유하게 되며, 나아가 변화와 성장을 이루게 된다.

집단 과정을 통하여 집단원들은 흔히 수용과 거부의 양극단을 왕복하곤 한다. 집단 초기에 대부분의 집단원들은 거부되는 것에 대한 두려움으로 집단에 소극적으로 참여하는 경향이 있다. 이런 이유로 집단원들은 자신이 집단에서 아무런 조건 없이 수용되는 것에 대해 처음에는 놀라워하기도 하고 불편해 하거나 부담스러워 하기도 한다. 그러나 두려움의 원인이 비현실적이고 불인정과 거부하는 주체인 자기 자신이라는 점을 깨닫게 되면서 집단원은 변화와 성장의 계기를 마련하게 된다.

2) 응집력

집단의 두 번째 변화 촉진 요인은 집단원들 사이의 응집력(cohesiveness)이다. 집단의 응집력이란 집단원들이 '우리'라는 의식을 가지고 집단 내에서 적극적으로 일체화하려는 정도를 말한다. 혼자가 아니라는 의식은 집단원들에게 집단 참여의 용기를 주며 집단 발전의 촉매 역할을 한다. 응집력이 높은 집단은 중도이탈자(drop-outs)가 적고, 집단의 안정성이 응집력을 증대시키며, 더 많은 개방, 모험, 집단 갈등을 기꺼이 표출하여 건설적인 방법으로 해결한다. 또한 '여기 지금(here-and-now)'에 초점을 맞추는 집단은 거의 변함없이 활기차고 응집력이 높은 반면, '거기 그때(there-and-then)'에 초점을 맞추고 과거의 집단 밖에서 일어난 사건에 대한 이야기를 주로 다루는 집단의 응집력은 그리 높지 않다.

(1) 응집력이 높은 집단의 특성

집단의 응집력이 높은 집단은 회기가 지속됨에 따라 다음과 같은 특성을 보인다.

① 자기 자신을 개방하고 자기 탐색에 집중한다.
② 고통을 함께 나누며 해결해 나간다.
③ 자유스런 분위기에서 집단 활동에 적극적으로 동참한다.
④ 즉각적으로 자신의 느낌과 생각을 표현한다.
⑤ 서로 보살피며 있는 그대로 수용한다.
⑥ 정직한 피드백을 교환한다.
⑦ 건강한 유머를 통해 친밀해지고 기쁨을 함께 한다.
⑧ 깊은 인간관계를 맺는다.

(2) 응집력이 낮은 집단의 특성

응집력이 낮은 집단은 앞서 열거한 높은 집단과 상반되는 특성을 보인다. 집단원들이 편안함에 안주하려고 하거나, 상호 신뢰감의 부족으로 피상적인 상호작용만을 교환하거나, 부정적인 감정의 표현을 억제한다.

3) 보편성

보편성(universality)이란 집단원이 집단에 참여하면서 얻게 되는 통찰의 일종으로 문제를 겪고 있는 사람이 자기 혼자가 아니라는 점과 다른 사람들도 자신과 비슷한 생각과 감정을 갖고 있다는 사실, 즉 공통점(commonality)을 깨닫는 것을 말한다. 이러한 의식은 대부분의 사람들에게 유익하고 치료적인 효과를 지니는 것으로 보통 개인상담에서는 찾아보기 어려운 요인이다.

집단의 회기가 거듭되면서 집단원들은 상호교류를 통해 서로에 대해 이해하게 되며, 자연스럽게 인생 문제의 보편성을 깨닫게 된다. 신뢰 형성 단계에서 집단원들은 서로 다른 점을 발견하게 되면서 이질감을 느끼기도 한다. 그러나 집단의 응집력이 높아짐에 따라 집단원들은 서로 차이점 보다는 공통점에 대해 더 관심을 갖게 되고, 결국 '우리'라는 의식이 싹트게 된다. 따라서 집단상담자는 집단원들이 관심을 갖는 주제에 초점을 맞춤으로써 보편성을 깨닫게 함은 물론 집단 응집력을 높이는 효과를 얻을 수 있다. 다른 집단보다 더욱 강한 변화 촉진 요인으로서 보편성을 갖게 되는 집단의 예는 다음과 같다.

① 이혼한 가정의 자녀
② 임신한 십대 미혼모
③ 학칙위반으로 처벌받은 학생
④ 자살을 계획하거나 시도한 사람
⑤ 약물을 상습적으로 남용하는 사람

4) 피드백

집단 장면에서 피드백이란 다른 집단원의 행동, 사고, 감정에 대한 반응으로 자신의 생각과 감정을 되돌려 주는 것을 말한다. 솔직하고 구체적인 피드백은 집단원의 행동이 다른 구성원들에게 어떤 영향을 주었는가를 알게 하고, 대인관계에서 어떤 변화가 필요한가를 깨닫게 한다.

집단원들은 우호적인 피드백과 비우호적인 피드백을 교환해 봄으로써 인간관계에 어떤 영향을 미치는가를 경험해 볼 수 있다. 언제 어떤 종류의 피드백을 제공할 것인가에 관한 선택은 결국 다른 사람과의 관계 형성에 대한 변화의 책임이 바로 집단원 자신에게 있다는 것을 가르쳐 준다. 적어도 집단의 초기에는 집단원들이 더 생산적인 선택을 할 수 있도록 집단상담자가 직접 시의적절한 피드백을 제공함으로써 집단원들이 이를 모방·실천할 수 있도록 한다.

집단상담에서 피드백은 개인상담에 비해 더 강력한 힘을 발휘한다. 한 사람이 제공하는 피드백에 비해 여러 사람들의 공통 견해는 무시하기 어렵기 때문이다. 자기 자신을 비현실적으로 인식하는 집단원은 다른 집단원들의 피드백을 통해 자기 이해의 폭을 넓히면서 동시에 자신을 다른 각도에서 조망하게 된다. 솔직한 피드백을 통해 집단원들은 자신과 타인을 진정으로 수용하는 방법을 배울 수 있게 된다.

5) 희망감

희망(hope)은 변화의 가능성에 대한 믿음이다. 즉, 집단원은 과거의 희생물이 아니라 변화를 위해 새로운 결정을 내릴 수 있는 능력이 있는 존재임을 의미한다. 희망은 집단원 개개인에게 변화를 위한 힘이 있다는 점을 일깨워 준다. 정신적으로 어려움을 겪는 사람은 자신을 통제할 수 없는 외부 환경의 희생자로 여기는 경향이 있다. 그러나 인생을 효율적으로 통제하기 위해 노력하고 방법을 찾는 사람들을 집단에서 만나고 상호 교류함으로써 지금까지 불가능하게만 여겨졌던 인생이 새롭게 변화될 수 있다는 희망을 얻게 된다. 이처럼 희망은 집단원이 변화하고 성장하는 데 의지와 용기를 주는 중요한 치료적 요인이다.

6) 책임감

책임감(responsibility)이란 집단원 자신의 선택에 대한 결과를 스스로 맡는 것을 말한다. 정신적으로 건강한 사람은 자신을 외적 요인의 희생자로 보지 않고 자신의 행동에 대한 책임을 수용한다. 따라서 집단원에게 자신의 선택에 대해 책임지도록 하는 것은 치료적인 효과가 있다.

이처럼 외부 요인, 즉 주위 사람들이나 상황이 변하기를 기다리는 것과 같은 실현 불가능한 일을 기대하기보다는 집단원 자신이 먼저 변화함으로써 외부 요인들이 변할 수 있다는 원리를 터득하게 하는 것이 바로 집단상담자의 임무이다.

집단원의 선택에 대해 내린 책임은 스스로 변화에 대한 결심, 즉 실천을 할 수 있게 한다. 자율적으로 내린 결단은 집단에 적극적으로 참여하게 되는 동기가 되고, 이에 따라 변화와 성장의 가능성은 높아지게 된다.

7) 모험심

모험심(risk-taking)이란 자신의 약점을 기꺼이 공개하고 인정하며 변화를 시도하는 것을 말한다. 이러한 모험은 다른 사람들을 얼마나 신뢰하느냐에 달려 있다. 신뢰감은 그 자체가 치료적이어서 자신을 기꺼이 개방하게 하고 새로운 행동을 시도할 수 있는 용기를 북돋아 주는 역할을 한다. 모험심은 집단원이 스스로를 통제하고 되풀이해 온 방식을 포기하며 순간순간을 자발적으로 선택하게 하는 효과가 있다. 모험심은 과거에 말로만 다짐하고 실천하지 못하던 행동들을 기꺼이 실행에 옮길 수 있는 용기와 자신감으로 이어진다는 점에서 집단의 중요한 변화 촉진 요인이다.

8) 감정정화

감정정화(catharsis)란 내면에 누적되어 있는 감정을 표현함으로서 감정이 해소되는 상태를 말한다. 내재된 감정을 외부로 표출하는 것은 위협적인 느낌을 속박하고 있던 힘과 굴레에서 벗어날 수 있게 한다. 이처럼 감정 표현은 개인상담 뿐만 아니라 집단상담에서도 기본적인 치료적 요인이고 집단원 간의 신뢰감과 응집력을 높인다.

그러나 직접적인 표현을 통해 감정을 정화하는 작업 자체는 상담의 궁극적 목표가 아니다. 단순히 자신의 감정을 인식하고 토로했다고 해서 경험을 통해 학습한 것을 통합하고 새로운 행동을 실천할 수 있는 것은 아니기 때문이다. 집단 경험에서 이익을 얻기 위해서는 집단원들이 그들의 '여기 지금'의 경험을 조망하도록 하는 인지적 구조가 필요하다. 즉, 통찰을 명백히 하고 문제해결을 위한 방법과 전략을 강구하고 실천하는 것은 감정 표현보다 훨씬 더 중요하다.

9) 새로운 행동과 기술의 실험

집단은 새로운 기술과 행동을 연습할 수 있는 안전한 공감을 제공한다. 그러므로 집단원은 안전하고 수용적이며 지지적인 분위기에서 새로운 행동과 기술을 실천해 볼 수 있다. 여기서 습득한 것을 실생활에 적용해 봄으로써 집단원은 자신감을 얻게 되고 다른 상황에도 일반화하여 삶의 효율성을 높일 수 있게 된다. 집단에서 실험해 볼 수 있는 새로운 행동과 기술의 예는 다음과 같다.

① 자기 주장을 위한 역할 연습
② 배우자, 부모, 자녀, 교사 등과 같은 중요한 타인들과의 의사소통
③ 감정과 인정 표현
④ 애정 표현
⑤ 적극적 경청
⑥ 성에 관한 이야기
⑦ 평소에 잘 이야기하지 않는 사적인 부분의 개방
⑧ 다른 사람의 의견에 반대되는 의견 제시해 보기
⑨ 시선 접촉을 유지하며 이야기 나누기

⑩ 미소짓기, 주의 기울이기와 같은 비언어적 행동 연습

이 밖에도 집단원들이 감추어 왔던 자신의 단면을 과장되게 표현해 볼 수도 있다. 예를 들어, 지나치게 조용하고 말이 없는 사람을 말을 더 많이 해 본다거나 소극적이고 비사교적인 집단원은 적극적이고 사교적인 집단원의 역할을 시연해 보고 나서 다른 집단원들의 피드백과 자신의 소감을 나누어 볼 수 있다. 새로운 행동을 실험한 후 집단원들은 얼마나 자신의 행동을 변화시킬 것인가를 결정한다.

10) 유 머

집단의 열 번째 변화 촉진 요인은 유머(humor)다. 집단상담이 아무리 진지한 과정이라고 해도 항상 심각해야 할 필요는 없다. 유용하고 효과적인 피드백은 유머를 통해서도 얼마든지 가능하기 때문이다. 자신의 사고와 행동에 대해 박장대소(拍掌大笑) 함으로써 자신을 새로운 각도에서 조망해 본다는 사실만으로도 진정 치료적인 효과가 있다. 유머는 집단의 초기에 자칫 경직되고 어색한 분위기를 부드럽고 안전하게 바꾸어 놓을 수 있는 힘을 지니고 있다. 집단 회기가 거듭되고 신뢰감이 쌓여 가면서 유머는 뛰어난 치료 효과를 갖게 된다. 유머는 상대방에 대한 애정과 보살핌을 전제로 이루어져야 한다. 결코 다른 사람의 인격을 모독하거나 비하하거나 약점을 공격하거나 비아냥거리는 수단으로 사용되어서는 안 된다.

11) 자기 개방

자기 개방(self-disclosure)은 '자기 노출', '자기 공개' 또는 '자기 폭로'라고도 한다. 이는 개인적인 문제와 관심, 욕구와 목표, 기대와 두려움, 희망과 좌절, 즐거움과 고통, 강함과 약함, 개인적 경험 등에 대해 털어놓는 것을 말한다. 자기 개방은 개인적인 관심을 털어놓는 것에 한정되지 않고 다

른 집단원과 집단상담자에 대해 지속적으로 반응하는 것을 포함한다.

사람들은 흔히 거부에 대한 두려움으로 자신을 잘 드러내지 않으려는 경향이 있다. 자기 이해의 지름길은 다른 사람들에게 자신을 있는 그대로 드러내는 것이다. 인간적 성장을 위해서는 기꺼이 자신을 개방하고 다른 사람들을 더 깊게 알고 이해해야 한다. 자기 개방을 토대로 이루어지는 인간관계와 상호작용은 개인의 관심사나 문제에 대한 통찰을 얻게 하고 자아의 성장과 발달을 촉진하기 때문이다. 자기 개방은 자칫 집단원들의 오해를 불러일으키곤 한다.

12) 모방학습

집단에서의 모방학습(modeling)은 매우 중요한 치료적 요인이다. 집단원들은 서로에 대한 관찰과 상호작용을 통해 서로 학습한다. 조용하고 말이 없는 사람도 다른 사람들의 문제해결 과정을 지켜봄으로써 대리학습(vicarious learning) 효과를 얻는다. 집단의 형태와 관계없이 집단원들은 다른 집단원들이 자신에게 소중하고 의미 있는 존재라는 사실을 깨닫는다. 이는 다른 집단원들의 무조건적인 수용과 지지 때문만이 아니라 그들의 문제나 관심사가 자신의 것과 흡사하거나 자기 개방을 통해 간접적인 학습이 일어나기 때문이다.

효율적인 집단과 비효율적인 집단을 비교하면 다음의 〈표 2-2〉와 같다.

〈표 2-2〉 효율적인 집단과 비효율적인 집단의 비교

효율적인 집단들	비효율적인 집단들
· 개인적인 목표들과 집단의 목표가 최대한 결합되도록 목표들을 명료하게 하고, 협동적으로 정한다. · 의사소통이 양방향이며, 개념들과 감정들을 모두 열려진 상태에서 정확하게 표현하는 것을 강조한다. · 참여와 지도력이 모든 참여자들 사이에 분배된다. 목표 성취, 내부 유지, 그리고 발달적인 변화가 강조된다. · 능력과 정보가 영향력과 힘을 결정한다. 개인의 목표들을 확실히 하기 위해 계약들이 세워지고 욕구가 충족된다. 힘이 균등하게 분배된다. · 의사결정 절차가 상황과 연결되어 있다. 중요한 결정에 대해 합의를 하며, 참여와 집단 토의를 격려한다. · 참여자의 참여, 결정의 질과 창의성을 친밀감 있는 집단환경의 조성을 위해 필요한 긍정적인 열쇠로 여긴다. · 집단 간의 행동들이 강조된다. 높은 수준의 수용, 애정, 지지 그리고 신뢰를 통해 응집력이 향상되어 개별성이 인정된다. · 문제해결 능력이 높다. · 참여자들이 집단의 효율성을 평가하고 그 기능을 개선시킬 방법을 결정한다. 목표성취, 관계유지 그리고 성장·발달이 모두 중요하게 고려된다. · 개인간의 효율성, 자기실현 그리고 창의성이 격려된다. · 참여자들은 부과된 목표들을 받아들인다. 목표들이 경쟁적으로 만들어진다.	· 의사소통이 일방적이며, 단지 생각들만 표현되고 감정들은 억압되거나 무시된다. · 지도력은 위임되며, 권위에 기초한다. 참여자가 고루 참여하지 못하고, 권위를 가진 참여자가 주도한다. 목표성취만이 강조된다. · 위치에 의해 영향력과 힘이 결정된다. 힘이 권위적 위치에 있는 사람에게 집중되며 권위에 대한 복종이 규칙이다. · 항상 최고의 권위자가 의사결정을 하며 참여자들의 참여가 미미하다. · 논쟁과 갈등이 무시되고, 부정되고, 회피하거나 억압된다. · 참여자들에 의해 수행되는 기능들이 강조된다. 응집력이 무시되고, 참여자들은 힘에 의해 통제되며 경직된 복종이 장려된다. · 문제해결 능력이 낮다. · 최고의 권위자가 집단의 효율성을 평가하고 어떻게 목표성취를 향상시킬지를 결정하며 안정성이 강조된다. · 질서, 안정성, 구조를 바라는 수동적 태도가 격려된다.

참고 문헌

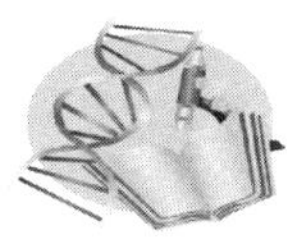

강순화 외(2004). 상담전문가 11인의 만남과 치유. 서울 : 학지사.

강진령(2005). 집단상담의 실제. 서울 : 학지사.

김명권, 김창대, 박애선, 전종국, 천성문 역(2001). 집단상담 과정과 실제. 서울 : 시그마프레스.

김형태(2001). 집단상담의 이론과 실제. 서울 : 동문사.

이장호, 김정희(1998). 집단상담의 원리와 실제. 서울 : 법문사.

이재규(2005). 학교에서의 집단상담. 서울 : 교육과학사.

이형득 외(2002). 집단상담. 서울 : 중앙적성출판사.

장선철, 문승태(2003). 상담심리학. 서울 : 동문사.

홍경자, 김창대, 박경애, 장미경(2002). 청소년 집단상담의 운영. 서울 : 한국청소년상담원.

홍경자, 남상인(1996). 청소년 집단상담. 서울 : 청소년대화의 광장.

제 3 장

집단상담의 이론

이론은 방향을 결정한다. 이론은 무엇을 어떻게 할 것인가를 결정한다. 또한 이론은 과연 얼마만큼이라는 측정의 잣대가 된다. 따라서 집단상담 이론은 집단상담의 전체 과정에 대한 밑그림을 제공해 준다. 집단상담이 어떤 인간관에서 출발해 상담의 목표와 기법, 그리고 사후 피드백 등의 틀을 제시한다. 여기에서는 정신분석, 인간중심 행동주의, 현실치료의 집단상담의 이론을 살펴본다.

1. 정신분석 집단상담

1) 인간관

Freud의 인간본성에 대한 기본 가정은 당대의 심리학적인 지적 전통과는 매우 다르다. Freud는 인간을 합리적 존재로 간주하던 당대의 지적 분위기에 저항하여, 인간을 의식의 영역 밖에 존재하는 비합리적이고 통제할 수 없는 무의식적 본능의 지배를 받는 존재로 보고 있다. Freud는 인간의 모든 행동, 사고, 감정은 신체적 긴장상태에 의해 유발되는 무의식적인 성적 본능과 공격적 본능에 의하여 결정된다고 하며, 인간은 이러한 본능적 긴장을 해소하기 위하여 행동을 한다고 보고 있다. 즉, 인간은 성장이나 자아실현을 추구하기보다는 거대한 빙산에 비유되는 무의식적 본능에 의해 야기된 긴장상태를 해소하여 '긴장 없는 열반상태(nirvana)'에 이르기 위하여 행동한다는 것이다. 따라서 Freud는 인간의 자유의지, 책임감, 자발성, 자기결정과 선택을 할 수 있는 능력, 즉 인간의 자유를 인정하지 않았으며, 인간의 모든 행동은 무의식적인 힘에 의하여 결정되고, 인간은 이런 힘의 지배를 받는 수동적 생활인이라고 보고 있다.

이와 같은 인간본성에 대한 비합리적인 관점과 생물학적 결정론은 인간의 성격에 대한 불변성의 신념과 연결되어 있다. Freud는 인간의 기본적 성격구조는 초기 아동기 특히 만 5세 이전에 어떠한 경험을 하였는가에 따라 결정되며, 이러한 기본적 성격구조는 성인기가 되어서도 변하지 않고 지속된다고 보고 있어 현재보다는 과거를 중시한다. 따라서 Freud는 '현재는 과거의 축적물에 불과하므로, 현재를 바꾸기 위해서는 과거를 변화시켜야 한다'는 가정 하에 정신분석상담에서 개인의 기본적 성격구조를 변화시키고자 하며, 그 중에서도 초기 아동기의 경험을 재구성하는 것이 필수적이라고 보고 있다.

2) 기본가정-정신적 결정론과 무의식

Freud에서 시작된 정신분석 이론은 인간에 대해 기본적으로 결정론과 무의식이라는 두 가지 개념을 가정하고 있다. 정신분석 이론은 Freud에 의해 시작된 이후 100여 년 동안 계속 발전해 다양한 분파가 생기고 있으나, 그의 이론은 인간행동의 기본적 동기로 사회적 동기보다는 개인적 동기의 중요성을 강조한다는 점에서 관계중심의 이론을 비롯한 후기 다른 이론들과 구별된다.

정신분석 이론의 두 가지 특성 중에서 첫째, 정신적 결정론은 현재 인간의 행동은 과거 어렸을 때의 경험에 크게 좌우된다는 것으로 생후 약 5년간의 경험이 인간행동 및 성격을 좌우한다고 본다. 정신분석 이론에 의하면 이 시기의 아이들은 세상에 대한 신뢰문제, 분노나 적대감 같은 부정적 감정, 실수에 대한 수용, 그리고 성적인 문제 등의 영역에서 중요한 갈등을 경험하게 된다. 그런데 이러한 갈등의 경험과 처리는 한 개인에게 전형적인 경험(paradigmic experience)으로 기능하며 그 이후 인간이 살아가는 과정에 필요한 자신과 환경에 대한 기본적인 태도를 형성한다. 이를테면 자신과 주변 세계에 대한 신뢰감, 실수를 허용하고 수용하는 태도, 자신을 독립적이고 개별적인 존재로 경험하는 것, 기본적인 가치관 형성 등에 매우 중요한 역할을 한다.

이런 의미에서 볼 때 인간의 겉으로 드러난 감정과 행동, 그리고 생각들은 어떤 원인에 의해 미리 결정되어진 것이다. Freud에 따르면, 아무런 원인도 가지지 않는, 즉 저절로 발생하는 현상이란 없다. 그 어떤 힘(즉, 원인)이 작용했기 때문에 사람들은 기쁘고, 슬프고, 괴롭고, 분노하는 것이다.

다른 상담이론에서는 사람들의 희로애락(喜怒哀樂)을 결정하는 것은 외부의 환경적 조건이라는 견해를 가진다. 하지만 Freud는 이와 정 반대의 입장을 유지했다. 사람들의 일거수 일투족을 결정하는 것은 외적인 환경적 조건이 아니라 내적인 그 무엇이라는 것이다. 즉, 사람들을 웃게도 하고, 울게도 만드는 것은 사람들 마음 속에 존재하는 정신적 과정인 것이다. 이를 정신적 결정론(psychic determinism)이라 한다.

정신적 결정론의 관점에서 보면, 사람들이 겪는 심리적 문제는 사람 내부에 존재하는 어떤 정신적 원인이 작용한 결과이다. 그 원인이 멈추지 않는 한 결과(즉, 심리적 문제)는 멈추지 않으며, 그 원인이 멈출 때에야 비로소 사람들은 심리적 건강을 되찾을 수 있다. 인간에 대한 이러한 관점은 우리들에게 주어진 어떤 현상을 있는 그대로 이해하는 것에서 한 걸음 더 나아가 이면의 그 무엇을 발견하려는 '분석적 태도'를 유지할 것을 요구한다. 즉, 적적하고 타당한 이해를 얻게 될 때까지 '원인이 무엇인가?'라는 질문을 끊임없이 던지는 자세가 필요하다는 것이다. 원인을 추구하는 것, 그것이 바로 정신분석이다.

우리들은 의식을 흔히 '빙산의 일각에 불과하다'라는 말을 자주 쓴다. 즉, 바다에 떠 있는 빙산은 극히 일부분만 겉으로 드러나 있다. 밖에서 보기에 그것이 전부인 것 같지만, 실제로는 빙산의 거의 대부분은 수면 밑에 가라앉아 있다. 우리들의 눈에는 밖으로 드러난 것만 보이고 속에 숨겨진 것은 보지도 못하고 알지도 못한다. Freud는 인간의 마음 또한 그러하다고 생각했다.

정신분석 이론에 따르면 인간은 바로 무의식적인 존재이다. 사람들은 자신에 관해 극히 일부분만을 깨닫고 있을 따름이며, 깨어 있는 의식은 무의식의 지배를 받는다. 사람들이 겪는 심리적 문제는 무의식이 작용한 결과이다. 무의식의 저장고에 있어야 할 고통스런 기억들이 마음의 방어력이 약해진 틈을 타고 의식 상태로 올라오려 하는 과정에서 심리적 증상이 형성된다. 이런 의미에서 심리적 증상은 무의식의 활동 결과이다. 정신분석은 무의식에 대한 건강한 깨달음을 추구한다. 더 이상 무의식에 지배당하지 않고 우리의 마음이 견딜 수 있는 한도 내에서 조금씩 그러나 꾸준히 무의식에 접근해 나가는 것, 그것이 정신분석이다.

3) 주요개념

(1) 삶의 본능과 죽음의 본능

Freud는 인간의 모든 행동은 본능의 지배를 받으며, 정신 에너지를 발산하는데 그 목적이 있다고 보고 있다. 신체적 긴장상태에 의해 만들어지는 정신 에너지는 어떤 형태로든 이용 가능하며, 폐쇄체계이기 때문에 이용 가능한 에너지의 양은 고정되어 있다. 정신 에너지의 배분은 생리적 욕구, 개인의 발달단계, 과거의 경험, 현재의 환경 등과 같은 복잡한 요인들에 의해 결정(정옥분 역, 1991)되는데, 고정된 양의 정신 에너지가 삶의 본능(eros)과 죽음의 본능(thanatos)에 어떠한 비율로 배분되는가에 따라 각 개인이 보이는 행동은 달라진다고 보고 있다.

삶의 본능은 성, 배고픔, 갈증 등과 같이 생존과 번식에 목적을 둔 신체적 욕구의 정신적 표상으로서, 생명을 유지, 발전시키고, 친밀하고 유쾌한 신체적 접촉을 갖고, 타인과 사랑을 나누며, 개인의 창조적 발전을 도모하는 본능이다. Freud는 그의 초기 이론에서 이러한 삶의 본능 중에서 성적 에너지를 리비도(libido)라고 하였으며, 점차 그 개념을 확대하여 삶의 본능 전체를 의미하는 것으로 보았다.

죽음의 본능은 불변의 무기질 상태로 회귀하려는 충동으로, 여기에서는 공격욕, 파괴욕 등이 포함된다. 즉, 죽음의 본능 때문에 인간은 살아있는 동안에 자기 자신을 파괴하고 자학하며, 타인이나 환경을 파괴하며, 생명을 외부의 자극에 의하여 생긴 긴장상태로 보고 생명의 종식을 고하고 초기의 침정(자학) 상태로 되돌아간다. 죽음의 본능은 파괴적 및 공격적 행동의 근원이라고 도식화할 수 있다. 만약 한 개인에게 죽음의 본능이 너무 강하게 나타나면 자학적 행위, 살인, 강도 등을 일으키기도 하지만 국가적 차원에서는 잔인한 전쟁을 일으키기도 한다.

(2) 내 마음의 지형도(의식, 전의식, 무의식)

Freud는 정신 세계를 심층적으로 분석했다. 그는 정신분석학 이론을 정립하는 과정에서 지형학적인 모형(topographical map)을 가지고 정신 세계와 성격구조를 설명하려고 했다. 인간의 정신, 즉 마음을 지형학적인 모형에 따라 지도로 나타내어 체계적인 분석을 하려고 시도한 것이다. 지형학적 모형에 따르면 정신 세계는 의식, 전의식, 무의식의 세 가지 수준으로 구분된다.

1 의식(consciousness)

어떤 순간에 사람들이 알거나 느낄 수 있는 모든 경험과 감각을 포함한다. Freud는 정신 생활의 극히 일부분만이 의식의 범위에 포함된다고 보았다. 사고, 지각, 느낌, 기억 등이 의식에 속한다. 의식은 사람들이 생리적 욕구나 심리적 욕구, 또는 외부 자극이 있을 때 그 대상에 집중함으로써 발생하는 것이다. 이런 경험은 잠시 동안일 뿐, 사람들이 주의를 다른 곳으로 바꾸면 의식은 빨리 전의식이나 무의식으로 사라져 버린다.

2 전의식(preconsciousness)

어느 순간에는 의식되고 있지 않지만, 조금만 노력하면 곧 의식될 수 있는 정신세계를 말한다. 그래서 전의식을 '이용 가능한 기억'이라고도 한다. 길을 가다 우연히 만난 고등학교 동창생에 대한 기억과 같이 조금만 신경 쓰면 알 수 있는 정신 세계를 전의식이라고 부른다. Freud는 전의식이 무의식과 의식 영역을 연결해 주는 다리 역할을 한다고 보았다. 예를 들어, 정신 요법에서는 무의식 내용이 전의식으로 나오고, 또 그 다음에 의식이 된다. 반대로 일상 생활에서의 의식은 주의가 집중되지 않으면 전의식으로 사라지고, 그 다음에 더 깊은 무의식으로 된다.

③ 무의식(unconsciousness)

인간 정신의 가장 깊고 중요한 부분이다. 프로이드는 사람들의 의식밖에 있는 무의식이 정신 세계의 대부분을 차지하며, 사람들의 행동을 지배하고 행동 방향을 결정한다고 믿었다. 무의식이란 말 그대로 자기 자신에 대한 인식이 없는 상태이다. 그러므로 꿈, 실수, 실언, 신경증, 환상 등을 분석함으로써 그 내용을 파악할 수 있다.

또 무의식적 내용들은 위장되고 상징화된 형태로 나타나기 때문에 정신분석을 통하지 않으면 알 수가 없다. 프로이드는 이러한 사실을 어떻게 알아냈을까? 환자들에 대한 임상 경험과 자신을 분석하는 자기 분석을 통해서였다. 무의식의 내용과 그 과정을 분석하는 것은 정신분석의 핵심이다. 또한 그러한 관점은 사람들의 정신과 행동을 이해하는 데 가장 중요한 수단이기도 하다.

이처럼 Freud는 정신 세계를 층으로 구분하고, 가장 깊은 곳에 있는 무의식을 강조했기 때문에 Freud의 정신 분석을 심층 심리학(depth psychology)이라고 부르기도 한다.

(3) 성격의 구조(원초아, 자아, 초자아)

정신분석 이론에서 성격 구조를 이해하기 위해서는 크게 두 가지가 전제되어야 한다. 인간의 성격은 원초아(id), 자아(ego), 초자아(superego)의 세 가지 요소로 구성되어 있다는 점과, 인간은 에너지 보존의 법칙이 적용되는 하나의 에너지 시스템이라는 점이다.

이러한 성격의 구조는 각기 다른 독특한 기능과 속성을 지니고 있지만, 이들 부분이 상호작용하여 전체 성격체제를 구성하고, 각각의 하위체계는 개인의 행동에 각기 다른 영향을 미친다. 성격구조의 각 부분은 실존하는 것이 아니며 개념화된 것이다.

1 원초아(id)

원초아는 인간의 모든 본능적 욕구들이 자리잡고 있는 곳으로서 사람이 태어나는 순간부터 존재하는 것으로 먹고, 마시고, 자고 하는 본능들을 의미한다. 원초아는 성격의 원형이며 본질적인 체계로서 본능을 포함하고 있어, 출생시부터 타고나는 것이며, 정신에너지의 저장고이다. 원초아는 신체과정들과 직접적으로 접촉할 수 있다. 생리적 긴장상태에 의해 야기된 본능적 충동은 원초아 속에 내재되게 된다. 이러한 충동은 긴장상태를 만들어내고 개인으로 하여금 이러한 긴장상태를 감소시키기 위하여 행동하게 만든다. 원초아는 단지 활동이나 꿈, 환상과 같은 상상에 의하여 긴장을 해소시키려고 한다.

원초아에 자리잡은 본능적 욕구들은 한 가지 독특한 원리에 따라 작동하게 되는데 그것이 바로 '쾌락의 원리'이다. 본능적 욕구들이 지체 없이 그리고 직접적으로 만족될 수 있을 때 쾌감이 온다. 반면 본능적 욕구의 만족이 지연되거나 간접적으로만 충족된다면, 그리고 더 나아가 욕구의 충족이 완전히 봉쇄된다면 심리적으로 아주 강한 긴장이나 불쾌감을 경험한다. 원초아는 이를 참아내지 못하며, 따라서 끊임없이 긴장과 불쾌감을 해소하려 든다. 이런 의미에서 원초아는 맹목적이며, 사람들이 처한 현실적 상황과 어울릴 수 없다. 왜냐하면 현실에서는 본능적 욕구를 있는 그대로 충족시키기 곤란한 상황들이 대부분이기 때문이다.

2 자아(ego)

자아는 외적 세계의 직접적 영향에 의해 수정된 원초아의 일부(Freud, 1960)이다. 성격의 조직적이고 합리적이며 현실 지향적 체계로서, 성격의 집행자이며 경영자이다. 자아는 열정을 내포하고 있는 원초아와는 달리 이성, 상식이라고 불리는 것들을 내포하고 있다. 자아에 배분된 에너지는 원초아에서 유래된 것이긴 하지만 이러한 에너지는 초자아와 원초아 사이의 갈등을 조정하고 원초아를 통제하는데 사용하게 된다. 자아는 개인이 객관적인 현실세계와 상호작용을 할 필요성이 있을 때 원초아에서 분화되기 시작한다. 자아는 유전과 같은 선천적 요인과 환경과 같은 후천적 요인이 상호작용하여 정교화되어 간다.

자아는 본능적 충동을 충족시킬 수 있는 바람직한 대상과 방법이 발견될 때까지 정신에너지의 맹목적인 방출을 지연시키고 만족을 지연시킨다. 즉, 자아는 쾌락원칙이 아니라 현실원칙에 입각하여 작동된다. 그러나 현실원칙의 사용으로 쾌락원칙이 포기되는 것이 아니며 쾌락의 획득이 일단 유보되는 것이며, 결국에는 쾌락을 획득한다. 사회적으로 바람직한 또는 수용될 수 있는 방출방법이 발견될 때까지 긴장을 참아내고 실제적인 만족을 얻어내는 것이 자아의 기능이며, 이것을 현실원칙(reality principle)이라고 한다.

3 초자아(superego)

초자아는 자라나는 과정에서 부모로부터 영향을 받은 전통적인 가치관과 사회적인 규칙들, 그리고 도덕과 양심이 자리잡은 곳이다. 무엇이 옳고 그른지, 어떤 일을 해야 하고 어떤 일은 하지 말아야 하는지 등을 판단하는 것은 모두 초자아의 임무이다. 사람들이 무언가 잘못된 행동을 했을 때 수치와 죄책감을 느끼는 것은 모두 초자아의 활동 결과이다.

아동은 부모의 도덕적 권위를 동화하여 자신의 내적인 권위로 변화시켜 나간다. 즉, 부모를 동일시(identification)하는 과정에서 초자아를 형성한다. 이 때 아동의 초자아에는 부모의 실제 행동이 아니라 부모의 초자아가 반영되어 있다. 즉, 부모의 말이나 행동 등에 담겨져 있는 사회적 가치를 내면화하여 초자아를 형성하는 것이다.

초자아는 자아이상(ego ideal)과 양심(conscience)이라는 두 개의 하위체계로 구성된다. 자아이상은 부모가 도덕적으로 바람직한 것이라고 간주하는 것으로서, 부모의 칭찬에 의해 형성되는 부분이다. 이에 반해 양심은 부모가 도덕적으로 나쁘다고 간주하는 것으로서, 부모의 처벌에 의해 형성된다. 이와 같이 초자아는 긴장을 감소시키는 물리적 및 심리적 보상, 긴장을 증가시키는 처벌이라는 두 가지 요인에 의해 발달한다.

원초아가 쾌락을 지향한다면, 초자아는 '완전과 완벽'을 지향한다. 또한 자아가 현실을 추구한다면 초자아는 '이상'을 추구한다. 따라서 초자아는 도덕이나 가치에 위배되는 원초아의 충동들을 견제하며, 자아의 현실적 목표들을 도덕적이며 이상적인 목표로 유도하려 한다. 만일 사람들에게 초자아가 없다면, 세상은 파렴치한 범죄꾼들로 들끓을 것이다. 하지만 반대로 초자아가 너무 강하면 사람들의 행동은 위축되고 활기가 없어진다.

Freud의 정신분석 이론에서는 각 개인에게는 제한된 양의 심리적 에너지가 있으며, 성격구조의 세 가지 요소 중 개인이 가진 에너지에 대해 어느 요소가 통제력을 더 많이 가지고 있는지에 따라 인간의 행동특성이 결정된다. 예를 들면, 자아나 초자아보다는 원초아가 한 개인의 심리적 에너지를 좌우하는 경우, 그 사람은 논리적이거나 현실적 또는 규범적이기보다는 욕망의 충족에 더 관심을 가지고 소망의 만족이나 긴장과 고통을 즉각적으로 해소시키려는 방식으로 행동하는 경향을 보일 것이다. 반면 초자아가 심리적 에너지를 상대적으로 많이 좌우하는 경우, 그 사람은 소망의 만족이나 현실적인 대안을 선택하기 보다 완전성을 추구하고 사회적 규범에 맞는 행동을 하려는 경향이 있을 것이다.

(4) 방어기제

원초아, 자아 그리고 초자아의 세 가지 성격 구조들은 서로 담고 있는 내용과 추구하는 바가 다르다. 원초아는 본능적 욕구를 직접적으로 충족하려고 하고, 자아는 현실에 비추어 이를 저지하며, 초자아는 원초아와 자아가 이상과 도덕에 위배되는 행위를 하는지 항상 감시한다. 정신분석학적 입장에서 볼 때 정신적 갈등이란 바로 이 세 가지 성격 구조들의 갈등을 의미하며 심리적 문제의 근원이 되는 것이다. 즉, 자아와 원초아, 그리고 초자아간에 서로 조화를 이루지 못하는 것이 심리적 증상 형성의 출발점이 된다.

세 성격 구조들이 갈등을 일으킬 때 중요한 것은 자아의 역할이다. 성격 구조들간의 갈등을 중재하고 조정하는 역할을 수행할 수 있는 것은 자아뿐이다. 자아가 이런 역할을 제대로 할 수 있는 한 아무런 문제가 생기지 않는다. 그러나 자아의 힘이 약해지면 사람들은 심리적 문제를 경험하게 된다. 자아는 정신적 갈등에 대처하기 위하여 방어기제를 사용한다. 방어기제는 자아를 보호하기 위한 심리적 기제이다. 방어기제란 원초아의 요구와 초자아의 명령을 나름대로 다루기 위해 사용되는 수단인 셈이다. 자아가 보호되지 못하는 한 인간은 현실에 적응할 수 없다. 왜냐하면 원초적 본능들이 현실을 전혀 고려하지 않고 행동으로 옮겨지게 되기 때문이다.

[1] 높은 적응 수준

이 수준의 방어기능은 스트레스 요인을 다루는 과정에 매우 적응적인 결과를 초래한다. 이러한 방어기제는 한 개인의 만족을 최대화하고 감정, 생각 및 방어기제 사용 결과에 대해 의식적으로 알 수 있다. 이 방어기제들은 서로 갈등하는 동기들 사이에 적절한 균형을 촉진한다. 이 수준의 방어기제에는 다음과 같은 것들이 있다.

① **예견**(anticipation) : 감정적 갈등이나 스트레스 요인에 대해, 또는 미래의 가능한 사건에 대해 미리 감정반응을 경험하거나 결과를 예측함으로써 현실적인 대안이나 해결책을 고려하는 것을 의미한다.

② **승화**(sublimation) : 승화는 원초적이고 용납되지 않는 충동을 적절히 억압할 수 없을 때 사회적으로 용납되는 다른 형태로 전환하여 표출하는 경우를 말한다. 즉, 그 충동에 수반되는 에너지를 사회적으로 용납되는 건설적이고 유익한 목적을 달성하는 방향으로 전환시켜 표출하는 기제로서, 가장 건전하고 바람직한 기제이다. 예를 들어, 예술은 성적 욕망을, 종교는

막강한 아버지를 찾는 의존심을, 의사가 되는 길은 잔인한 충동을 승화시키는 길이다.

③ **억제**(suppression) : 괴롭히는 문제나 욕구, 감정 또는 경험들을 의식적으로 생각하지 않는 것으로 감정적 갈등이나 내외적인 스트레스를 처리한다. 예를 들어, 실연, 창피를 당한 기억들을 머리에서 지우려 하는 경우를 말한다.

[2] 정신적 억제 수준

이 수준의 방어기능은 잠재적으로 위협을 줄 가능성이 있는 생각, 감정, 기억, 소망, 또는 공포 등을 의식하지 못하도록 하는 것이다. 그 예는 다음과 같다.

① **전치**(displacement) : 한 대상에 대한 느낌이나 반응을 다른 대치대상(일반적으로는 덜 위협적인 대상)에 전이함으로써 감정적 갈등이나 내외적인 스트레스를 처리한다. 이것은 직장에서 상사에게 꾸중을 듣고는 집에 와서 아이들에게 화풀이하는 경우에 관찰할 수 있다.

② **해리**(dissociation) : 의식, 기억력, 자신과 환경에 대한 지각, 감정, 행동의 통합된 기능을 파괴함으로써 감정적 갈등이나 내외적인 스트레스를 처리한다. 해리는 규정하기 가장 어려운 방어기제 중 하나이며, 일종의 신경증적 부정(neurotic denial)으로 외적인 현실을 부정하는 정신병적 부정(psychotic denial)과는 달리 내면적인 현실이나 감정을 부정하는 것이다. 예컨대, 한 번도 술을 마셔본 적이 없는 청소년이 처음 술을 마시게 될 때 어떤 일이 생길지 모르기 때문에 생기는 불안이나, 자신이 가지고 있던 규범을 깨뜨리는 것 때문에 생기는 불안에 대해 '눈 딱 감고' 술을 마시는 것과 같은 상태를 의미한다.

③ **주지화**(intellectionalization) : 불편한 감정을 조절하거나 최소화하기 위해 지나치게 추상적으로 사고하거나 일반화함으로써 감정적 갈등이나 내외적인 스트레스를 처리한다.

④ **반동형성**(reaction formation) : 반동형성은 어떤 충동을 의식에서 추방하는 것이다. 즉, 용납할 수 없는 생각이나 감정을 감추고 정반대의 행동이나 생각, 감정들로 대치함으로써 감정적 갈등이나 내외적인 스트레스를 처리하는 것을 말한다. 이러한 반동형성의 방어기제는 '미운 놈에게 떡 하나 더 준다'는 속담에 잘 반영되어 있다. 예를 들면, 자기를 학대하는 남편 앞에서 매우 사랑하는 것처럼 행동하는 것, 어떤 사람에 대해 지독한 증오심이 있음에도 예의 바르게 행동하고 걱정해 주고 관심을 보여주는 태도 등이다.

⑤ **억압**(repression) : 억압은 갈등을 해결하기 위하여 가장 흔하게 사용되는 무의식적 정신기제이다. 억압을 통해 자아는 고통스럽거나 위협적인 충동, 감정, 소원, 환상, 기억 등을 무의식 속으로 추방시켜 의식화되는 것을 막아준다. 특히 죄책감이나 수치심 또는 자존심을 상하게 하는 경험일수록 억압되기 쉽다. 그 전형적인 예가 기억상실이며, 하기 싫고 귀찮은 과제를 하지 않고 '깜박 잊었다'고 말하는 경우가 여기에 해당된다. 이 기제는 Freud가 제시한 방어기제 중에서 가장 중요한 것으로 다른 방어기제의 기초가 된다. 억제가 의식적인 과정인 반면, 억압은 무의식적인 과정이다. 아버지에 대한 분노를 인식하지 못하거나 충격적인 경험을 기억하지 못하는 것 등이 이에 속한다.

⑥ **복구**(undoing) : 용납될 수 없는 생각, 감정, 또는 행동을 무효화하거나 상징적으로 수정하려는 말이나 행동을 통해 감정적 갈등이나 스트레스를 처리한다. 자녀를 충분히 돌보지 못한 부모가 선물 공세를 함으로써 자신의 죄의식을 씻으려는 것이나, 성적 학대나 자위 때문에 스스로 더럽혀졌다고 생각하는 사람이 어떤 의식이나 강박적 행동에 빠짐으로써 자신의 죄의식이나 더럽혀진 느낌을 씻으려는 행동 등에서 관찰할 수 있다.

3 가벼운 이미지 왜곡 수준

이 수준의 방어기제는 자신의 자긍심을 유지하기 위해 자기(self)와 신체,

그리고 타인에 대한 이미지를 왜곡하는 것을 의미한다. 그 예를 들면 다음과 같다.

① **평가절하**(devaluation) : 과장되게 부정적인 것들을 자신이나 타인 탓으로 돌림으로써 감정적 갈등이나 내외적인 스트레스를 처리한다. 실제 현실적인 판단을 내리기보다 '그것은 모두 나 때문이야.'라고 쉽게 인정함으로써 타인과 빚는 갈등이나 불안을 피하려는 경우다.

② **이상화**(idealization) : 긍정적인 점들을 과장해서 타인에게 돌림으로써 감정적 갈등이나 내외적인 스트레스를 처리한다. 생전에 갈등이 많아 아버지를 미워하던 아들이 아버지가 죽자 갑자기 아버지를 이상화하는 경우, 또는 남편에게 학대를 당하면서도 남편의 어느 한 부분을 극도로 이상화함으로써 자신의 내적 고통에 직면하지 않으려 할 때 관찰된다.

[4] 부인하는 수준

이 수준의 방어기제는 외적인 요인에 대해 잘못을 탓하건 하지 않건 불쾌하고 받아들일 수 없는 스트레스 요인, 충동, 생각, 감정, 또는 책임 등을 의식하지 못하게 하는 것을 의미한다. 그 예는 다음과 같다.

① **부정**(denial) : 타인에게도 분명하게 비치는 외부 현실 및 주관적인 경험의 고통스러운 면을 인식하기를 거부함으로써 감정적 갈등이나 내외적인 스트레스를 처리한다. 이것은 마치 '한쪽 눈을 감아버리는' 것 같은 기제로 전쟁이나 다른 고통스러운 사건이 있을 때, 그 일이 너무 고통스러워 마치 그런 일이 없는 것처럼 현실에 대해 눈을 감아버리는 것을 의미한다. 이러한 방어기제의 예는 어머니가 사망했음에도 불구하고 돌아가신 것이 아니라 며칠 동안 딴 곳으로 갔다고 하는 경우, 암환자가 자기의 병을 부정하는 것, 불치병으로 죽어가면서도 명랑하게 미래를 계획하는 환자의 경우에서 흔히 볼 수 있다.

② **투사**(projection) : 개인이 용납할 수 없는 자신의 감정이나 충동, 사고 등을 부당하게 타인의 탓으로 돌림으로써 감정적 갈등이나 내외적인

스트레스를 처리한다. 이것은 어떤 남자가 여자에게 매력과 성적인 충동을 느끼고서도 여자가 자신을 유혹했다고 주장하는 경우에 관찰할 수 있는 기제이다. 예를 들어, '잘못되면 조상 탓한다' 라는 우리 속담이 바로 여기에 해당한다. 이러한 투사의 예로는 어떤 사람을 미워할 때, 그 사람이 자기를 미워하기 때문에 자신도 그 사람을 미워한다고 말하는 경우와 부도덕한 성적 충동을 강하게 억압하고 있는 부인이 '남자는 모두 도둑이다' 라고 말하는 경우 등을 들 수 있다.

③ **합리화**(rationalization) : 합리화는 아주 빈번히 사용되는 방어기제로서 우리가 의식하지 못하는 동기에서 나온 용납할 수 없는 충동이나 행동에 대해 지적으로 그럴듯한 설명이나 이유를 대는 것이다. 예를 들어, 친구의 잘못을 선생님께 보고하는 것은 내가 그렇게 해야 할 의무 때문이었다고 이유를 대지만 친구와의 경쟁에서 이기려고 하는 욕망이 실제적인 이유인 것이다.

이러한 합리화의 방어기제에는 첫째, 어떤 목표를 달성하려 했으나 실패한 사람이 자신은 처음부터 그것을 원하지 않았다고 변명을 하는 신 포도(sour grapes)형, 둘째, 자기가 현재 가지고 있는 것이야말로 바로 그가 원하던 것이라고 스스로 믿는 달콤한 레몬(sweet lemon)형, 셋째, 자신의 결함이나 실수를 자기 이외의 다른 대상에게 책임을 전가시키는 투사(projection)형, 넷째, 원하는 일이 마음대로 되지 않을 때 자신의 능력에 대해 허구적 신념을 가짐으로써 실패의 원인을 합리화시키는 망상(delusion)형 등이 있다.

5 주요 이미지 왜곡 수준

이 수준의 방어기제는 자신이나 다른 사람의 이미지를 전반적으로 왜곡하거나 잘못 지각하는 것을 의미한다. 그 예는 다음과 같다.

① **투사적 동일시**(projective identification) : 용납할 수 없는 감정이나 충동, 또는 생각들을 부당하게 남의 탓으로 돌림으로써 감정적 갈등이나

내외적인 스트레스를 처리한다. 단순한 투사와는 달리 투사한 것에 대해 전적으로 부인하지는 않는다. 반면 자신의 감정이나 충동에 대해 알고 있으면서 그것을 타인에 대한 정당한 반응이라고 생각한다. 또한 처음에 타인들에게 있었다고 잘못 믿었던 바로 그러한 감정이 타인들에게서 일어나도록 자극하고 조종함으로써 처음에 누가 누구에게 무엇을 했는지 밝히기 어렵게 만드는 경우가 많다. 예를 들면, 강한 공격적 충동을 억압하고 있는 사람이 강력하고 공격적인 히틀러와 같은 사람과 동일시하거나, 아버지를 무서워하는 아들이 그 아버지를 닮아가거나, 강한 성적 욕망이 있는 여자가 화려한 여배우와 동일시하는 것 등이다.

어떤 이상과 공생하려고 노력함으로써 권력을 쥐고 있다는 느낌을 얻기 위해 애쓰는 경우가 있는데, 이를 병적 동일시라 한다. 그 대표적인 예로는 어렸을 때 부모의 충격적인 이별을 경험한 사람이 부모역할에 대해 병적 동일시를 형성하여 자기 자녀들에 대해 지나치게 걱정하는 태도를 볼 수 있다.

② **자신이나 타인에 대한 이미지의 분열**(splitting of self-image or image of others) : 감정적 갈등이나 내외적인 스트레스를 처리할 때 정반대의 감정을 구획화(compartmentalizing)하거나 자신이나 타인의 긍정적 및 부정적 요소들을 응집된 이미지로 통합시키지 못한다. 자신이나 타인에 대해 조화된 관점이나 기대를 가지기보다는 자신과 대상에 대한 이미지가 양극단으로 왔다갔다한다. 즉 전적으로 사랑스럽고 힘이 있으며 가치롭고 보호적이며 친절한 이미지에서, 전적으로 나쁘고 미우며 화가 나고 파괴적이며 거절적이고 무가치한 이미지로 왔다갔다한다.

6 행동 수준

이 수준의 방어기제는 내적 또는 외적인 스트레스 요인을 행동화나 철회를 통해 다루는 것을 의미한다. 그 예는 다음과 같다.

① **행동화**(acting out) : 개인은 반성하거나 느끼기보다는 행동으로 대응

함으로써 감정적 갈등이나 내외적인 스트레스를 처리한다. 이것은 정신 치료에서 전이나 소망의 행동화라는 개념보다 더 넓은 개념을 포함하며, 전이관계 내부와 외부에서 생기는 행동들을 모두 포함한다. 방어적 행동화는 '나쁜 행동'과 동의어가 아니다. 왜냐하면 여기에서의 행동화는 행동이 감정적 갈등과 관계 있을 때를 의미하기 때문이다.

② **수동 공격성**(passive aggression) : 타인에게 간섭적이거나 비공격적으로 공격성을 표현함으로써 감정적 갈등이나 내외적인 스트레스를 처리한다. 은밀한 저항이나 분노, 또는 적대감을 감추고 표면적으로는 복종을 나타낸다. 수동 공격성은 흔히 독립적인 행동이나 수행을 요구받을 경우 의존적 욕구가 충족되지 않았을 경우에 나타나지만, 이는 종속적인 위치에서 자신의 주장을 공공연히 표현할 수 없는 위치에 있는 사람에게는 적응적인 표현방법일 수 있다.

방어기제에 대한 이해는 정신분석적 상담이나 인간의 정서적 변화를 꾀하는 상담에 많은 것을 시사한다. 방어기제는 한 개인이 자신의 의식적·무의식적 갈등과 그로 인한 불안 및 우울을 피하기 위해 채택하는 방식이다. 따라서 상담자는 내담자가 방어기제에 대해 통찰하도록 함으로써 자신의 불안 및 우울과 직면하여 새롭게 처리하는 대안적이며 적응적인 방식을 채택하도록 도울 수 있다. 상담자는 내담자가 가진 방어기제의 부적응적 측면이 발견될 경우 그것의 변화를 통해 내담자의 부정적 정서를 변화시킬 수 있다.

4) 발달단계

정신분석적 관점에 기초한 성격의 형성 및 발달이론에서 인간의 행동 및 성격적 특성 중에서 건강한 삶을 영위하는 데 중요한 것으로는 자신과 주변환경에 대한 신뢰감과 사랑, 공포나 두려움 없는 인간관계의 형성, 독립과 개인적 통제력의 습득, 분노를 비롯한 부정적 감정의 자연스러운 수용, 성적인 욕구와 감정의 처리 등이다. 이렇게 적응적인 특성을 가지고 있을 때 개인은 사회에서 건강한 생활을 영위할 수 있지만, 이러한 특성을 형성하지 못했을 때는 적응하기 어렵다.

한 개인이 적응적인 행동 및 성격적 특성을 형성할 것인지, 아니면 부적응적 행동 및 성격을 형성하게 될 것인지는 어렸을 때의 경험에 의해 결정된다. 특히 생후 5년간의 경험은 그 사람에게 매우 중요하다. 그 까닭은 그 시기에 경험하는 갈등과 그 갈등을 해결하는 과정은 전형적인 경험이 되며, 그러한 경험을 통해 습득한 자신 및 세계에 대한 관점과 태도는 나중에 성인이 되어서까지 무의식 세계 속에서 유지되기 때문이다. 한 사람이 태어나서 어느 단계에 어떤 중요한 갈등을 경험하고 그러한 갈등의 경험과 해결과정이 그 개인의 행동 및 성격발달과 어떤 관련을 맺고 있는지에 대해 정리한 것이 Freud의 성격 발달이론이다.

Freud는 인간의 성격발달단계를 5단계로 나누어 설명한다. 개인의 성격은 유아기의 여러 경험에 의해 그 기본구조가 5세 이전에 형성되어 그 후 정교화되는 과정을 거친다. 성욕의 에너지(Libido)가 출생시부터 단계를 거쳐가며 발달하는 것이다.

(1) 구강기(구순기, oral stage)

출생시부터 1세 반 정도까지의 시기이며, 리비도가 입 근처에 집중되어 마음 속에서 입이 차지하는 비중이 다른 어느 신체부위보다 큰 시기이다. 본능적 욕구로서 입으로 빠는 행동, 즉 먹는데 쾌감을 느낀다. 이 시기는 엄마의 젖가슴, 엄마의 얼굴, 엄마의 목소리를 듣고 즐긴다는 데에서 눈과 귀도 중요하며, 이 때의 입·혀·눈·귀와 기타 기관들을 통하여 혼자의 능력으로 즐길 수 있다는 뜻에서 이들 신체부위를 자동색정발생지역(autoerotogenous zone)이라고도 부른다. 즉, 수용적이며 대상에 대한 개념이 없어 자기애(autoeroticism)와 자기도취(narcissism)가 특징적으로 나타난다. 그 예가 손가락 빨기로 나타난다. 이때 느끼는 감각은 젖을 빠는 즐거움, 포만감, 배고픔, 삼키는 것 등이다.

구강적 공격성(oral aggression)은 이 시기의 후반에 나오는데, 아기는 엄마 젖이나 우유병 꼭지를 깨물고, 음식을 씹고, 침과 음식을 뱉고, 우는 것 같은 행동으로 스스로를 단련하고 또 그 공격성의 행동화를 통해 긴장완화를 도모한다. 이 때 나오는 행동으로, 분할 때 운다든지, 싸우다가 지면 상대방을 깨무는 것 같은 것을 본다.

이 구강기를 어떻게 보내느냐에 따라 그것은 장차의 성격기반(character trait) 형성에 큰 영향을 준다. 이 시기에 고착된 성격형태를 구순적 성격(oral character)이라고 하는데, 이 시기에 젖을 만족하게 먹을 수 있고 구강 쾌락을 즐길 수 있으면 성격은 낙천적이며 식도락을 즐기는 자가 되며, 반대로 욕구좌절의 쓴맛만을 과도하게 본 아이는 의존성과 비꼬기를 잘하고 언쟁을 즐기는 성격이 된다. 즉 지나친 과잉충족의 경험, 과잉욕구불만, 과잉충족과 욕구불만의 교차와 동시에 만족과 불만이 있을 때 지나친 낙관주의, 자기애, 염세주의, 의존성, 자기중심, 미숙, 수동성, 주는 것 보다 받는 것을 좋아하기, 선망과 질투, 불평・불만・요구의 증대, 먹거나 마시거나(알코올중독 등) 술・담배・과식・껌씹기・말하는 행동에 치중하는 것 같은 입놀림의 증가 형태의 특징이 온다. 이 시기를 적절히 지낸다면 그는 자신감・관대함・자급자족・주고받음・타인신뢰와 독립적인 성격기반을 가질 수 있다.

(2) 항문기(anal stage)

1세 반부터 3세까지로서 항문기라 부르는 시기이다. 리비도가 항문 근처에 집중되어 있는 본능적 욕구로서 배변, 배뇨행동이 주된 관심의 대상이며 쾌감의 근원이 되는 시기이다. 즉, 자신의 신체근육의 조종과 통제가 중요한 행동요인이다. 그리고 그에 따른 칭찬과 징벌은 중요한 결정인자이다. 이 때 대소변을 눌까 참을까를 놓고 부모와 투쟁을 벌이면서 부모에 대한 애증이 한데 얽힌 감정, 즉 양가감정(ambivalence)이 생기고, 부모에게서의 독립이냐 아니면 부모에게의 예속이냐 하는 것을 놓고 고민에 싸인다.

항문기에서는 인간의 공격성이 더 강해진다. 어린이는 대변을 확 누는 것으로 폭격・폭발과 연관된 환상을 한다. 이 시기의 공격성은 과도한 방출적 행동화 또는 극단적 보존의 형태로 나타난다. 이 시기를 원만하게 넘기는 아이는 장차 자주적이고, 앞장서며, 자기 판단과 결정으로 머뭇거림없이 행동하며, 협조심 많고, 긍지와 자존심이 높은 성격기반을 가질 확률이 높다. 반대로 욕구의 과잉충족이나 과잉좌절을 계속 맛본 아이는 부모에게 야단맞을까 겁내고 한편 칭찬받으려고 기를 쓰면서 잘해서 장차 질서정연함・강박성・완벽주의・죄책감・완고함・인색함의 성격 특징을 가질 확률이 높다.

(3) 남근기(phallic stage)

3~6세의 시기이며 남근기라 부르는데, 이 시기에는 리비도가 성기에 집중되는 시기이다. 남녀 어린이 모두에게 음경(penis)이 관심의 주가 된다. 즉, 성적인 관심・자극・흥분이 성기가 있는 신체부위에 집중하는 것이다. 본능적 욕구로서 성기가 주된 관심의 대상 내지 쾌락의 근거가 된다. 남자아이들은 자신의 성기를 힘과 우월성의 상징으로 보고 여자 아이들은 그것이 없다는 점에서 남근선망(penis envy)과 더불어 열등감을 가진다.

이 시기의 남아들은 이성의 부모인 어머니를 사랑하면서 아버지를 경쟁상대로 삼는다. 남아들의 성기에 리비도가 집중되면 성 충동이 강해지고, 남아들은 어머니와의 근친 상간적인 상상을 하면서 어머니를 사랑한다. 그러나 자신보다 어머니의 사랑을 독차지한 아버지를 질투한다. 그 결과 소년들은 어머니를 독차지하려는 욕망으로 아버지를 살해하려는 적의를 품기도 한다. 이런 현상을 Freud는 외디푸스 콤플렉스(Oeidipus complex)라고 불렀다.

점차 아이들은 이러한 욕망과 적대행동에 대해 죄책감을 느끼고, 부모와의 동일시를 통해 이 갈등들은 동성의 부모를 닮으면서 점차 해소된다. 이 동일시(identification) 과정을 통해 부모의 규범과 그가 속한 사회의 규범을 내재화하면서 자아와 초자아가 발달한다. 즉, 근친상간의 심적 갈등을 성공적으로 해결하며 아이는 초자아가 발달한다.

일반적으로 남자는 이런 콤플렉스를 잘 억압하기 때문에 초자아가 강하고, 여자는 덜 억압하기 때문에 초자아가 상대적으로 약하다고 해석한다. 왜냐하면 여자에게서는 남자에 비해 이 콤플렉스가 완전하게 해소되지는 않는다. 그래서 청소년기 이후 자기에게는 음경에 대신할 질이 있음을 확인한 뒤에야, 또는 결혼하고 나서 자기에게는 남자에게 없는 출산능력이 있음을 확인하고 나서야 완전 해소되며, 일부 여자에게서는 평생 미해소 상태로 남아 있는 경우도 있다.

(4) 잠재기(latency stage)

7~12세의 시기로 잠복기라고 한다. 이 때는 리비도가 잠시 잠재되어 외부적으로 성적·공격적인 욕구나 충동이 잘 제어되고 있는 것처럼 보이는 시기이다. 즉, 본능적 욕구가 잠재되어 이성에 대한 관심은 줄어들고 동성의 아이들과 잘 어울리는 때이다. 이 시기에는 공상·환상·놀이·장난으로 본능적 욕구를 많이 발산한다. 그래서 이 동무관계(peer relationship)의 대인관계는 이후 사회성 발달에 중요한 기초가 된다.

종전까지 끓던 욕구의 제어에 주로 쓰였던 정신적 에너지가 이제는 여분이 생김으로 이를 개인적 유능감 발달을 위해 전용한다. 즉, 학업에 관심을 쏟고 사회생활에 필요한 기술을 습득하고 연마하여 적응능력을 함양한다. 또는 이 관심이 가족들에서 밖으로 뻗어나가 친구들과 선생님, 기타 사람들에게 크게 확대된다.

이 시기가 성공적인 어린이는 적응능력이 높아져 유능감이 발달하며, 학업·대인관계의 원만함에서 오는 자신감이 높아진다. 그렇지 않고 만일 아직도 그 전단계의 과제들이 미해결 상태로 남아 있어 성적·공격적 충동이 잘 제어되지 못한다면 학습적응에 지장을 받아 열등감 속에 빠진다. 또 내부의 그 충동들을 과도하게 제어한다면 이는 도리어 성격발달을 일찍 정체시켜 외견상 조숙한 듯하나 실은 심히 강박적인 성격으로 되어갈 소지가 크다.

(5) 성기기(생식기, genital stage)

13~18세까지로 보통 청소년기를 말하며 생식기라고도 한다. 성기기는 남녀간에 성기가 성적 즐거움의 중심처로 올바르게 이해되는, 또는 성기가 남녀간의 성생활 도구로서 올바르게 이해된다는 뜻에서 지어진 이름이다. 이 시기는 본능적 욕구 특히, 성적 욕구와 충동이 심해지는 시기이고, 지금까지 지내온 정신성적 발달과정에서 해결되지 못한 채로 남았던 문제들이 재연되는 시기이다. 이 때 신체적 발달과 더불어 다시 성인들과 같은 의미의 성기에 관심이 집중되고 성적 욕구가 쾌락의 근거가 된다. 부모에게서 정신적 자주독립, 근친상간적이 아닌 성숙한 이성관계의 수립, 개인적 정체감 형성, 그리고 성인으로서 발달과업을 수행하는 시기이다. 이 시기가 원만하면 정체감을 지닌 길을 걷는다. 그렇지 못한 경우는 과거의 잘못된 발달에 고착되어 그 영향을 받는 성격의 소유자가 되며, 정체성의 혼돈(identity confusion)이 된다.

그러나 성격의 발달은 여기서 그치는 것도 아니고 단순히 이렇듯 쉽게 결정되는 것도 아니다. 다만 성격의 기반 대부분이 완성된다는 것이고 그런 기반 위에서 전체로서의 성격은 청년기를 넘어서 거의 평생을 두고 계속 발전하고 조금씩 수정·변화해 나간다.

5) 상담의 적용

(1) 심리적 건강한 상태

Freud의 이론에서 심리적 건강은 이상에 불과하다. Freud는 대부분의 개인은 완전한 정신적 성숙에 도달할 수 없으며, 설사 그렇게 되더라도 심리적 갈등을 겪을 수밖에 없다고 보았다. Freud의 관점에서는 정신병리는 본능적 충동의 양과 질, 자아방어의 충동표현 조절능력, 개인의 방어적 기능의 성숙 수준, 그리고 초자아의 승인 또는 죄의식의 정도와 밀접하게 관련되어 있다. 병리는 충동이 과도하게 좌절되거나 과도하게 충족되었을 때 그리고 발달단계에서 외상을 입었을 때 발생한다. 따라서 아동기 초기에 해결되지 않은 무의식적 갈등은 성인의 심리적 문제의 중요한 원인이 된다.

Freud는 성인기에 정신 건강을 성취하기 위해서는 최소한의 긴장과 갈등을 경험하면서 성공적으로 심리성적 발달단계를 통과하는 것이 필수적이라고 하였다. 이와 같이 심리성적 발달단계를 성공적으로 통과하기 위해서는 많지도 적지도 않은 적절한 양의 만족이 필요하다. 고착은 에너지가 다음 단계로 전환되는 것을 방해하기 때문에 성장을 방해한다. 모든 개인은 본능적 충동을 억압하기 위하여 어느 정도 정신 에너지를 사용하며, 어느 정도는 고착되어 있다. 그리고 모든 개인은 퇴행한다고 알려지고 있다.

Freud에 따르면 이전에는 잘 기능하던 성인도 심한 스트레스를 받으면 퇴행하지만 시간이 지남에 따라 이전의 적응적 상태를 되찾게 된다고 보았다. 상대적으로 건강한 개인들에게 있어서는 성격부분들이 조화를 이루고 있으며, 외부세계와 적절한 교류를 할 수 있고, 방어를 효과적으로 사용하고, 만족을 지연시키고, 자신의 성적 및 공격적 충동을 통제하는 능력을 가지고 있다. 만약 엄격한 초자아가 개인의 본능을 통제하고 있는 경우에는 다른 부분에서 많은 대가를 치러야 한다. 이 경우 본능을 통제하는데 많은 정신 에너지를 써야 하기 때문에, 현실을 다루는데 쓰여질 에너지가 거의 없다. 따라서 상담자는 집단구성원들이 보다 현실적인 균형을 성취할 수 있도록 조력하여야 한다.

(2) 상담의 목표 및 진행과정

정신분석 집단상담은 비정상적 행동이나 증상의 원인을 파악하고 이를 제거하는 상담적 절차이다. 일반적으로 정신분석 집단상담은 내담자의 과거에 대한 감정을 재구조화하여, 현재의 어려움에 대한 통찰을 얻게 하고 이를 수정하려고 한다. 정신분석 집단상담의 목적은 개인의 내적인 심리적 조직을 재구조화하여, 보다 융통성 있고 성숙하게 만드는 것이다. 이러한 목적을 성취하기 위하여 정신분석 집단상담에서는 무의식적 정신과정에 대한 의식적 통제력을 증진시키기 위하여 자아를 강화한다.

이러한 상담목표를 좀더 구체적으로 기술하면, 자아를 강화하고, 자아를 초자아에 덜 의존적이게 만들고, 자아의 지각의 장을 확대하고, 자아의 조직을 복구하고 증축하여 원초아가 자아가 되도록 하는 것(윤순임, 1995)이라 할 수 있다. Mertens(1990)는 정신분석 상담의 목표를 부적응적 행동을 변화시키고, 증상을 제거하며, 심리장애로 인해 중단 또는 지연되었던 발달과정을 재구성하는 것이라고 하였다.

한편, 정신분석 집단상담에서 상담자는 내담자가 과거의 경험과 그때 그때의 감정들을 거리낌 없이 자유롭게 털어놓도록 격려한다. 아무리 사소하더라도 내담자의 마음에 떠오르는 것은 무엇이든지 말하도록 하는 것이 중요하다. 그 과정에서 상담자는 내담자의 증상과 관련된다고 여겨지는 무의식적 자료들을 하나씩 이끌어 내어 그 의미를 해석해 준다. 이러한 해석을 통해 내담자는 이제까지는 몰랐던 무의식의 내용들을 이해하게 되며, 이렇게 얻은 통찰은 증상을 극복하는 원동력으로 작용한다.

정신분석 집단상담의 진행과정은 내담자의 문제 및 상담자의 접근 방법에 따라 다양하나, 그 진행과정의 특징을 요약하면 다음과 같다.

① 참여자가 갈등·부정적 감정(불안이나 죄의식 등) 등 도움을 필요로 하는 심리적 불편을 말하기 시작한다.

② 상담 장면의 행동에서 참여자가 신경증적 증세를 보인다.

③ 상담자는 자유연상, 꿈의 분석, 최면 등을 통해 참여자의 신경증적 갈등을 탐색한다.

④ 상담자가 참여자의 언어 내용에서 갈등의 핵심, 주제 내용과 관련된 행동 측면을 추리한다.

⑤ 상담자는 전이현상에서 참여자의 갈등이 표면화되도록 한다.

⑥ 상담자는 참여자의 저항적 언어반응을 해석한다.

⑦ 상담자는 그러한 해석에 대한 집단구성원의 반응 및 수용을 격려한다.

⑧ 신경증의 감소 및 제거가 시작된다.

⑨ 집단구성원의 부정적 감정이 해소되고 정신 에너지가 해방된다.

⑩ 참여자로부터 보다 적절한 언어 반응은 물론 자아 통찰이 생긴다.

(3) 상담자의 역할

상담자와 집단구성원의 치료적 관계는 '전이(transference)'라는 개념으로 설명된다. 전이란 내담자가 과거의 중요한 인물에 대한 감정을 상담자에게 투사하는 현상으로서 이 전이 현상의 해소는 정신분석 치료의 핵심이다. 치료 과정이 깊어지면서 내담자의 어린 시절의 경험과 갈등들이 무의식 속에서 표면 위로 떠오르기 시작한다. 따라서 내담자는 신뢰와 불신, 독립과 의존, 사랑과 증오, 그 밖의 여러 가지 상반되는 감정에 대한 갈등을 회상하게 되고, 그 때의 감정들을 상담자를 대상으로 재경험한다. 이 때에 전이가 발생한다. 가령 과거에 엄격하고 권위적이었던 아버지, 혹은 매정했던 어머니에 대해 맺혔던 감정이 상담자에게 옮겨져 내담자의 눈에는 상담자 역시 똑같은 대상으로 보이게 된다.

한편 상담자가 내담자와의 관계에서 갈등을 느끼고 내담자를 싫어하거나 좋아하게 되는 수가 있다. 이러한 현상을 '역전이'라고 한다. 역전이가 일어나면 상담자가 자신의 감정이 부각되므로 집단상담에 방해가 된다. 따라서 상담자는 참여자에 대한 자신의 감정에 주의를 기울이면서, 역전이가 일어나지 않도록 조심해야 한다. 그러나 상담자도 인간인 이상, 과거의 미련이나 무의식적 갈등에 의한 영향을 받지 않을 수 없으므로 역전이는 상담과정 중에 필연적으로 일어날 수 있는 현상이라고 하겠다. 이러한 가능성을 다소나마 줄이기 위해 정신분석 상담자는 수련기간 중에 개인적 교육분석을 받는다. 이러한 수련과정을 통해 상담자는 자신의 주요한 갈등을 해결하고, 자신의 욕구나 문제를 치료 상황에서 분리해 낼 수 있게 된다.

(4) 상담기법

정신분석 상담의 접근 방법은 자유연상・꿈의 분석・해석 등으로 분류될 수 있으며, 이들 방법에 공통적으로 적용되는 기본적인 기법은 무의식적 동기에 대한 해석이다.

① 자유연상(free assosiation)

자유연상이란 어떤 대상과 관련하여 마음에 떠오르는 생각, 감정, 기억들을 아무런 수정도 가하지 않고 이야기하도록 하는 것이다. 자유연상은 정신분석 상담의 핵심기법으로 자유연상을 하는 동안 내담자는 보통 긴 안락의자에 눕고 상담자는 그 옆이나 뒤에 앉는다. 내담자의 주의를 분산시켜 생각과 감정이 자유롭게 떠오르는 것을 방해하지 않기 위해서이다. 자유연상을 해나가는 과정에서 증상과 관련된 과거의 경험이나 기억들이 차츰 드러나게 되며, 상담자는 이를 통해 내담자의 증상이 무의식적으로 어떤 의미를 지니는지 이해할 수 있게 된다.

자유연상을 통해 내담자는 어린 시절의 경험이나 잊혀진 장면, 사건을 떠올릴 수 있게 된다. 이러한 것을 회상하며 격한 감정, 도덕적 갈등, 자책감, 처벌받을 것에 대한 공포 등을 유발할 수 있다. 이러한 경험은 생생하게 남아 있기 때문에 신경증 발생의 가능성을 만들게 된다. 내담자들은 실제로 이러한 기억을 떠올리는 것을 매우 싫어하는데, 나중에 이러한 저항이 내담자 자신도 의식하지 못하는 정신적 힘에 의해서 이루어진다는 것을 알게 된다.

[2] 꿈의 분석

내담자의 무의식적 자료는 자유연상 외에 꿈을 통해서도 얻을 수 있다. 잠을 자는 동안에는 무의식에 대한 자아의 방어가 약해지므로 억압된 욕구와 본능적 충동들이 의식의 표면으로 보다 쉽게 떠오른다. 따라서 내담자가 꾼 꿈은 깨어 있을 때보다 훨씬 더 많은 무의식적 자료를 포함한다. 이러한 꿈의 의미를 분석하고 해석함으로써 상담자는 내담자에게 무엇이 문제인지를 이해해 나갈 수 있다.

Freud는 '꿈은 무의식에 이르는 왕도'라고 했다. 그만큼 꿈 속에는 무의식적 소망과 욕구 및 공포가 표현되기 때문이다. 자아가 용납할 수 없는 욕구는 위장되고 상징적 형태로 꿈 속에서 표현된다. 따라서 꿈의 내용에는 꿈에 나타난 그대로의 현재몽과 그 현재몽이 상징하고 있는 잠재몽의 두 가지가 있다. 자아가 의식하기에는 너무나 고통스럽고 위협적인 잠재몽을 덜 고통스럽고 비위협적인 현재몽으로 바꾸는 작업을 '꿈의 작업'이라고 한다. 따라서 상담자의 임무는 현재몽 속에 상징적으로 감추어진 잠재몽의 정체를 밝혀 내는 것이다. 현재몽의 내용에 대해 내담자에게 자유연상을 시킴으로써 잠재몽의 내용에 빨리 접근할 수도 있다.

③ 해석

해석은 상담자가 꿈, 자유연상, 저항, 전이 등의 의미를 내담자에게 지적하고, 설명하고, 가르치는 것이다. 이러한 상담자의 해석을 통해 참여자들은 이전에는 몰랐던 무의식적 내용들을 차츰 의식적으로 이해하고 받아들일 수 있게 된다.

해석은 다음과 같은 원칙들에 따라 이루어져야 한다. 첫 번째 원칙은 해석을 시도하는 시기의 적절성이다. 왜냐하면 적절하지 못한 때에 해석을 하면 내담자가 거부 반응을 일으킬 수 있기 때문이다. 우선 해석하려는 내용이 내담자의 의식 수준 가까이 왔을 때 하는 것이 원칙이다. 두 번째 원칙은 내담자가 소화해 낼 수 있을 정도의 깊이까지만 해석해야 한다는 것이다. 해석의 세 번째 원칙은 저항이나 방어의 저변에 깔려 있는 무의식적 감정 및 갈등을 해석하기에 앞서 그 저항과 방어를 먼저 지적해 줄 필요가 있다는 것이다.

(5) 정신분석 집단상담자의 유의 사항

집단지도자는 집단구성원들이 상담자를 아버지, 혹은 권위자로 보고 있으므로 그들이 적개심을 나타내거나 칭찬 등을 할 때 능히 이를 잘 감당해야 한다. 그는 집단구성원의 갈등을 원만히 해결하기 위해서 여러 가지 문제의 심층에 깔린 역할을 이해하고 적절히 해석해 줄 수 있는 능력을 가져야 한다. 또한 집단구성원에게 권위적이거나 독단적인 태도를 취해서는 안 된다. 정신분석 집단상담을 이끌 때 집단상담자가 고려해야 할 사항은 다음과 같다.

첫째, 집단이 뚜렷한 목적이나 결론이 없이 지나치게 피상적인 대화의 수렁에 빠져 있을 때 이들의 밑바탕에 깔려 있는 숨은 주제를 지적해 주어야 한다.

둘째, 집단이 억압, 저항, 정서적 피로, 혹은 흥미 상실로 인해서 무감각 상태에 빠졌을 때 이들이 활기를 되찾을 수 있도록 보다 능동적인 질문을 하고, 앞서 토의한 생각들을 환기시켜 준다.

셋째, 집단이 의사소통이나 상호작용에 있어서 한 영역에 고착되어 있을 때, 이를 확장시켜 준다. 이런 작업을 위해서 '돌림 차례법(go-round technique)'의 자유연상법을 이용할 수 있다. 이것은 집단구성원들 중에 한 사람씩 택하여 그를 볼 때 생각나는 것을 돌아가면서 차례로 말하도록 하는 것이다. 또한 집단 내에서 떠오르는 생각이나 감정을 자유롭게 토의하도록 돕기 위하여 '자유 집단 연상'이라고 불리는 방법도 활용할 수 있다. 이는 집단 토의 내용이나 전후의 관련성 또는 논리성에 관계없이 어떠한 사상이나 감정이라도 아주 자유롭게 표현하도록 허용하고 격려한다.

넷째, 집단구성원이 상담자를 어떻게 지각하고 있는가를 살펴 적절한 해석을 해준다. 만약 상담자를 어렵고 두려운 존재로 보고 있다면 혹시 자기 부모와 상담자를 무의식적으로 동일시하여 투사하고 있지는 않는지를 상담자는 확인해 보고, 구성원들이 보이는 전이 현상에 대한 해석을 직면화(confrontation)의 형식으로 제공해 줄 필요가 있다.

2. 인간중심 집단상담

1) 인간관

Rogers는 오랜 임상경험을 바탕으로 하여 인간은 기본적으로 자유로우며 자신의 행동에 책임을 지고, 유목적적이며, 합리적이고 건설적인 방향으로 지속적으로 성장해 나가는 미래지향적 존재라고 보고 있다. 인간은 스스로 자신의 문제를 이해하고 해결할 수 있는 능력을 가지고 있으며 또한 사람의 발달은 고정된 것이 아니라 되어 가고 있는 진행 중으로 보고 있다. 따라서 이러한 선천적 잠재력을 발휘할 수 있는 조건들이 적절히 갖추어진다면 인간은 무한한 성장과 발전이 가능하다고 결론지었다. 이러한 Rogers의 인간관을 자세히 살펴보면, 자유, 합리성 그리고 자아실현의 경향이 서로 연결되어 있다.

먼저 Rogers는 인간의 삶은 자신이 통제할 수 없는 어떤 힘에 의해 조종당하는 피동적인 삶이 아니라 각 개인의 자유로운 능동적 선택의 결과라고 보았다. 모든 인간은 자신의 과거와 현재의 생활상태를 정확히 인식할 수 있기 때문에 자신의 삶과 미래를 능동적으로 선택할 수 있다. 즉, 인간은 선천적으로 타고난 성장 가능성을 실현하는 과정에서 자신의 인생목표와 행동방향을 스스로 결정하고 이러한 결정에 따르는 책임을 수용하는 자유로운 존재로 규정하고 있다. 이러한 인간본성에 대한 강한 자유론적 관점과 아울러 Rogers는 인간을 합리적인 존재로 규정한다.

Rogers는 모든 인간이 자신의 내부에 자기이해, 자기개념과 기본적 태도의 변화 및 자기 지향적 행동을 위한 거대한 자원을 갖고 있다고 하였다. 이러한 선천적 능력의 표현이 바로 자아실현 경향이다. Rogers는 자아실현 경향을 자기충족, 성숙의 방향을 지향하는 모든 동기를 포함하는 각 개인의 진보적인 추진력이라고 규정하였다. Rogers는 이러한 자아실현의 경향을 성취하기 위하여 인간은 항상 노력하고 도전하고 어려움을 극복함으로써 진정한 한 개인이 되어 간다고 보고 있다.

그러나 Rogers는 이러한 자아실현을 완전히 최종적인 것으로 간주하지 않았으며, 인간은 항상 발전하고 성장할 수 있는 창조성이 무한히 잠재되어 있다고 본다. 이와 아울러 Rogers는 인간을 통합적 존재로 규정한다. 이러한 Rogers의 인간에 대한 전체주의적 관점은 그의 자아개념에 잘 반영되어 있다. Rogers는 자아는 항상 더 원대한 전체성으로 이동해 간다고 하였다. 즉, 인간의 발달은 유아의 미분화된 현상학적 장에서 출발하여, 자아개념의 발달로 그 장이 자아와 환경으로 분화되고, 각 개인이 자아일치성을 계속 추구하는 데서 발달의 최고 정점에 이를 수 있다. 이와 같이

Rogers는 인간을 항상 전체성과 통합성을 향하여 발전해 가는 존재로 보고 있다.

2) 기본가정

Rogers의 인간행동에 대한 기본가정은 그의 주관적 경험론에 입각하고 있다. Rogers는 다른 현상학적 심리학자들과 마찬가지로 모든 인간에게 있어서 객관적 현실세계란 존재하지 않으며 주관적 현실세계만이 존재한다고 보고 있다.

모든 인간은 자신의 사적 경험체계 또는 내적 준거체계와 일치하는 방향으로 객관적 현실을 재구성하며, 이러한 주관적 현실에 근거하여 행동하는 것이다. 즉, 모든 인간행동은 개인이 세계를 지각하고 해석한 결과이다. 예를 들어, 사막에서 길을 잃고 목마른 사람은 신기루로 나타난 연못을 보고 그것이 진짜 연못인 것처럼 필사적으로 달려간다. 그러므로 이러한 인간행동을 정확히 이해하기 위해서는 각 개인의 내적 준거체계를 정확히 이해하여야만 한다. 즉, 한 개인이 생각하고 느끼고 행동하는 고유한 방법을 이해하기 위해서는 그가 객관적 현실을 어떻게 지각하고 해석하는지를 알아야만 하는 것이다.

Freud는 인간행동의 기본동기를 긴장 감소에 두고 있으나, Rogers는 이와 정반대의 입장을 취하고 있다. 즉, Rogers는 모든 인간은 내적 긴장이 증가하더라도 자아실현을 위하여 그 고통을 감내하고 행동한다고 본다. 이러한 Rogers의 인간행동의 동기에 대한 기본가정이 바로 인간행동의 미래지향성으로서, 인간의 본질적 가치와 성장 가능성에 대한 Rogers의 신념에서 유래된 것이다.

인간의 행동은 현재 존재하는 환경에 대한 개인의 주관적 이해방식에 따라 달라지지만, 모든 행동은 궁극적으로 그들 자신의 능력을 증대시키고 그들 자신을 실현하려는 목적을 지니고 있다. 만약 인간에게 이러한 자아실현의 경향이 없다면, 현재의 현실이 고통을 야기할 것으로 지각되고 경험될 경우 이에 직면하기 위한 행동보다는 이를 회피하려는 행동을 선택할 것이다. 그러나 모든 인간은 긴장과 고통을 감소시켜 내적 평형상태에 안주하려는 욕구보다는 내적 긴장이 다소 높아지더라도 성장과 발달을 추구하려는 욕구가 더 강하다. 따라서 인간은 자아실현을 위한 끊임없는 도전과 투쟁의 과정에서 발생하는 고통을 감내하는 것이다. 그러므로 인간의 자기실현 경향, 즉 미래지향성은 인간행동의 가장 기본적인 동기라고 할 수 있다.

3) 주요개념

(1) 현상학과 현상적 장(phenomenal field)

눈에 보이는 객관적 세계가 아니라 어떻게 받아들이는가의 주관적 세계가 행동의 원천이 된다고 보는 견해를 현상학이라고 하고 그런 주관적 세계가 '현상적 장'이다. 즉, 현상학적 장이란 경험적 세계(experiential world) 또는 주관적 경험으로도 불리는 개념으로 특정 순간에 개인이 지각하고 경험하는 모든 것을 의미한다.

Rogers는 동일한 현상이라도 개인에 따라 다르게 지각하고 경험하기 때문에 이 세상에는 개인적 현실(individual reality), 즉 현상학적 장만이 존재한다고 본다. 특히 Freud가 과거 경험이 인간의 행동을 결정하는 요인이라고 본 점에 대항하여, Rogers는 현재 행동을 결정하는 것은 과거 그 자체가 아니라 과거에 대한 각 개인의 현재의 해석이라고 할 정도로 현재의 현상학적 장을 중시하였다.

이러한 현상학적 장에는 개인이 의식적으로 지각한 것과 지각하지 못하는 것까지도 포함되지만, 개인은 객관적 현실이 아닌 자신의 현상학적 장에 입각하여 재구성된 현실에 반응한다. 따라서 동일한 사건을 경험한 두 사람도 각기 다르게 행동할 수 있고, 이러한 속성 때문에 모든 개인은 서로 다른 독특한 특성을 보이는 것이다. 그리고 Rogers는 인간이 자극에 단순히 반응하는 존재가 아니라 전체적으로 조직화된 체계(total organized whole)로 보고 있기 때문에, 이러한 현상학적 장, 즉 현실에 대한 지각도표(perceptual map)에 따라 행동하고 생활할 때, 모든 개인은 조직화된 전체로서 반응한다고 보고 있다.

이와 같이 Rogers는 인간행동에 대한 현상학적 관점을 강하게 주장함과 아울러 전체론적인 관점(holistic view)을 고수하고 있다.

(2) 자기(self)

'자기'란 개인 자신의 존재각성 또는 기능작용의 각성을 의미한다. 자아발달을 통해서 개인은 자기에게 속한 것 혹은 자기의 일부와 자신이 지각하는 다른 모든 대상들 사이를 구별한다. 자기는 Rogers의 인본주의 이론의 가장 중요 부분이며, 'I'나 'me'에 대한 의식적 지각과 가치를 포함하는 것으로 보았다. 자기개념은 현재 자신이 어떤 존재인가에 대한 개인의 개념으로, 자기 자신에 대한 자기상(self image)이다.

Rogers는 자기개념을 현재 자신의 모습에 대한 인식, 즉 현실자기(real self)와 앞으로 자신이 어떤 존재가 되어야 하며, 어떤 존재가 되기를 원하고 있는지에 대한 인식인 이상적 자기(ideal self)로 구성되어 있다고 본다. 이상적 자기란 한 개인이 가장 많이 소유하고 싶어하고 가장 높은 가치를 부여하는 특성들에 대한 자기개념을 의미한다. 예를 들면, 성격적 특성·진로·학업 등의 영역에서 자신이 스스로에게 바라는 모습 등을 포함한다. 이상적 자기는 자신의 진정한 모습을 토대로 하여 현실적으로 규정하기도 하지만, 많은 경우에는 주위의 중요한 타자들이 자신에게 거는 기대나 사회적 기대에 의해 형성되기도 한다.

Rogers의 자기개념은 심리학에서 말하는 지각의 일반법칙을 따르고 있으며 형태적인 특성을 지니는 것으로 보고 있다. 그러므로 한 개인의 자기가 유동적이고 새로운 경험에 의해 항상 변화한다고 할지라도 그것은 언제나 정형화된 특성을 지닌다. 즉, 시간이 지남에 따라 각 개인이 많이 변화하더라도 그는 자신이 이전과 같은 사람이라고 느낄 수 있는 내적 감정을 보유하고 있다.

그리고 이러한 자기는 '두뇌 속의 작은 인간'으로서 인간의 행동을 통제하는 것이 아니라 개인이 경험하는 주관적 세계를 상징화하고 조직화해 나가는 역할을 한다고 본다. 또한 Rogers는 자기는 각 개인이 의식할 수 있는 것이며, 무의식적 정신작용까지도 통합하는 기능을 수행하는 것으로 보고 있다.

(3) 자기실현 경향(self actualization)

Rogers는 인간에게는 많은 욕구와 동기가 있지만 그것들은 단지 하나의 기본적 욕구의 일부분에 지나지 않는다고 하였다. 그 기본적 욕구가 바로 자기를 유지하고, 증진하며 실현하려는 욕구이다. Rogers는 이러한 욕구를 하나의 용어로 규정할 수 없다는 점을 지적하면서, 자기유지, 자기향상, 자기실현이 모두 포함된 것으로 이해하여야 한다고 보았다. Rogers는 모든 인간은 자신을 유지하려는 경향과 성장잠재력을 선천적으로 지니고 태어났다고 보고 있다.

인간은 음식물을 섭취하여 필요한 자양분을 공급받고, 위험에 직면하여서는 방어적으로 행동함으로써 자기 유지의 목적을 성취하려는 성향을 지니고 있다. 그리고 성숙을 지향하고 상향 이동하려는 경향을 가지고 있다. 이러한 상향 이동의 경향 속에는 자기실현의 경향을 포함하는데, 인간은 자기 기능의 분화를 통하여 이런 경향을 실현하려고 한다. 즉, 인간은 외적인 힘에 의해 통제를 받고 의존하기보다는 독립성, 자기 책임성, 자기 규제, 자율성, 자아통제의 수준이 높은 수준으로 나아가려는 속성을 지니고 있다.

Rogers는 모든 인간은 성장과 자기증진을 위하여 끊임없이 노력하며, 그 노력의 와중에서 직면하게 되는 고통이나 성장방해 요인에 직면하여 극복할 수 있는 성장지향적 유기체라고 보고 있다. 특히 이러한 자기실현의 동기는 성장과 퇴행 중에 어느 하나를 선택해야 하는 상황에 처하게 되면 더욱 강하게 작용한다. 그러나 현실지각이 왜곡되어 있거나 자아분화의 수준이 낮은 개인의 경우에는 퇴행적 동기가 더 강하게 작용하여 유아적 수준의 행동을 나타내는 경우도 있다.

그러나 Rogers는 모든 인간이 퇴행적 동기를 지니고 있으나 그보다는 성장지향적 자기실현 욕구가 기본적인 행동 동기라고 보았다. 그리고 자기실현의 과정은 자신을 창조하는 과정이기 때문에, 이러한 과정을 통하여 모든 인간은 삶의 의미를 찾고 주관적인 자유를 실천해 감으로써 점진적으로 완성되어 간다고 보았다.

(4) 지금-여기

사람의 행동을 결정하는 것은 무엇인가? 정신분석에서는 과거의 경험이 현재의 행동을 결정하는 것으로 간주하지만, 인간중심 이론에서는 그렇게 여기지 않는다. Rogers는 지금-여기에서 사람이 어떻게 생각하고 느끼느냐가 행동을 결정하는 유일한 요소로 보았다. 과거는 과거일 뿐 현재와는 다르다. 여기에서 중요한 것은 사람이 항상 같을 수 없다는 점이다. 바로 어제까지 세상에 대해 온갖 비관적인 생각으로 가득 차 있었다 하더라도, 오늘은 세상이 희망차게 보일 수 있다. 어제는 어제이고, 오늘은 오늘이다. 오늘의 나, 즉 현재의 나를 결정짓는 것은 어제 가졌던 비관적인 생각들이 아니라 바로 지금의 현상적 장에서 가지고 있는 세상에 대한 희망이다.

인간중심 이론에서 존재의 의미는 '그때-거기(there-and-then)'에 있는 것이 아니라 '지금-여기(here-and-now)'에 있다. 현재의 자기 속에서 참된 가치와 의미를 발견하는 것이 중요하지 과거는 별로 상관이 없다는 것이다. 다만, 지금－여기에서 사람들이 발견하는 의미가 그가 원래부터 가지고 태어나 실현 경향성과 부합하는 것일 때 발전과 성장이 가능하다. 반대로 지금－여기에서 발견하는 의미가 실현 경향성과 일치하지 않으면 발전은 고사하고 심리적 문제가 발생한다.

4) 상담의 적용

(1) 심리적 건강과 증상

Rogers(1980)는 모든 내담자는 자아인식을 얻으려는 동일한 욕구를 가지고 상담을 받으려 온다고 하였다. 즉, Rogers는 모든 내담자들이 공통적으로 '나는 누구인가? 나의 겉으로 드러난 행동의 근거가 되고 있는 현실자아(real self)를 어떻게 발견할 수 있을까? 어떻게 해야 진정한 나 자신이 될 수 있을 것인가?' 라는 의문을 가진다고 보았다. 이와 같이 부적응적인 개인은 자기 이미지와 현실 사이에 괴리가 심하며, 이로 인하여 높은 수준의 불안을 경험하는 존재이다.

Rogers에 따르면, 사람들의 심리적 문제는 스스로 타고난 가능성과 잠재력을 발견하지 못하고 외적으로 부여된 가치 조건들에 맞추려고 할 때 생겨난다. 즉, 외적으로 부여된 가치 조건에 따라 형성된 자기개념이 지금－여기에서의 경험을 부정하고 왜곡하면 심리적 문제가 발생한다는 것이다. 이 과정을 그림으로 제시하면 다음과 같다.

한편, Rogers는 적응적 개인을 건강한 사람으로 보고, 건강한 사람이란 실제적으로 행동하고, 생각하고, 경험하는 방식에 대해 보다 정확한 지식을 갖고 있는 사람이라고 하였다. 그러나 이러한 적응적 개인이라고 하여 반드시 자아실현을 완성할 수 있는 것도 훌륭한 삶을 사는 것도 아니라고 하였다. 그 이유는 인간이란 완성의 존재가 아니라 '되어 가는 존재'이기

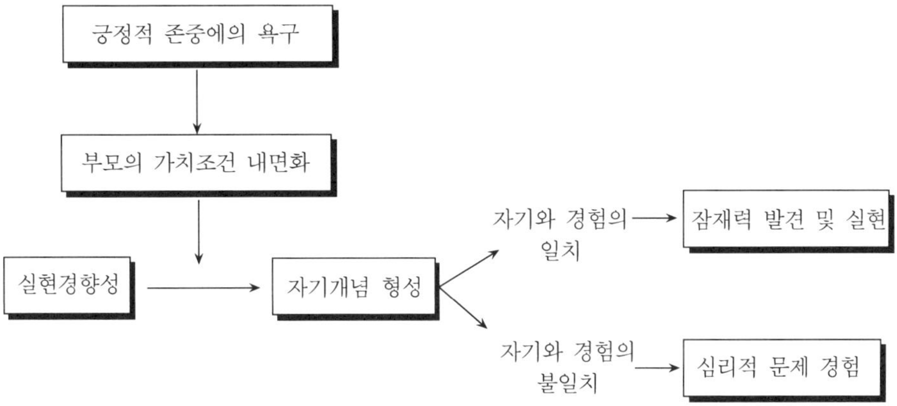

때문에, 자아인식을 갖고 자아실현을 했다고 해서 완성상태에 도달한 것은 아니며, 지속적으로 보다 나은 삶을 획득하기 위하여 자신의 잠재력을 계발해 나간다. 따라서 훌륭한 삶이란 상태가 아니라, 과정이며, 목적이 아니라 방향을 의미하는 것이다.

Rogers는 훌륭한 삶을 살아가는 사람을 완전히 기능하는 사람이라고 규정하고, 이런 사람들의 공통적인 특성을 다음과 같이 5가지로 제시하였다.

첫째, 경험에 대한 개방성을 지니고 있다.

둘째, 실존적 삶을 살아가는 사람이다.

셋째, 자기 자신에 대해 신뢰하는 사람이다.

넷째, 자유의식을 지니고 있는 사람이다.

다섯째, 창조적인 삶을 사는 사람이다.

(2) 상담의 목표

인간중심 상담의 목표는 내담자가 자기를 실현하도록 돕는데 있다. 이러한 점에서 인간중심 상담은 다른 상담이론들이 내담자가 호소하는 심리적 문제를 해결하는데 초점을 맞추는 것과는 달리 내담자 자체에 초점을 맞춘다. 달리 말하자면, 단순히 내담자의 문제를 해결하는 것이 아니라 내담자가 현재 직면하고 있는 문제들과 앞으로의 문제들을 극복할 수 있도록 그들의 성장과정을 촉진시켜 주는 것이다. 이러한 목표의 기저에는 성장을 촉진하는 적절한 환경을 만들어 주면 스스로 문제를 해결할 수 있다는 내담자에 대한 신뢰와 믿음이 깔려 있다. 즉, 내담자들이 자신의 경험을 부정하거나 왜곡하지 않고 있는 그대로 수용할 수 있게 되면 심리적 문제는 저절로 해결된다는 것이다.

이를 위해서는 무엇보다 내담자가 사회화의 과정을 통해 발달시킨 '가면'을 벗어야 한다. 성장 과정에서 가치 조건에 물들어져 위축되고 왜곡된 자기개념을 보다 확정하고 융통성 있게 변화시켜야 한다는 것이다. 이렇게 될 때 내담자는 현실의 장에서 일어나는 모든 경험들을 위협이나 불안감 없이 자신의 것으로 받아들일 수 있다. 바로 지금－여기에서 진행되는 모든 내적인 경험들을 왜곡 없이 수용할 수 있을 때, 비로소 내담자는 자신의 참모습을 발견할 수 있는 것이다.

외적으로 규정된 모습으로 살아가게 된다면 진실한 자기를 발견할 수 없다. 내담자가 자기의 진실한 모습을 발견하고 거기에서 참다운 의미를 발견할 수 있기 위해서는 자신에게 부여된 가치 조건들을 벗어내야 한다. 그러나 이러한 가치 조건들은 오래전부터 수많은 습관화의 과정을 거쳐 왔기 때문에 혼자 힘으로 벗어 던지기에는 힘들 수도 있다. 바로 이 시점에서 상담자의 '촉진'이 필요하다.

상담자는 아무런 가치 조건도 부여하지 않고 내담자를 있는 그대로 존중하고 수용함으로써 내담자에게 부여된 가치 조건들을 해제해 나간다. 그 어떠한 예외도 없이 상담자가 이러한 태도를 흔들림없이 유지할 때 내담자는 비로소 참다운 자기를 발견하고 거기에 의미를 부여해 나갈 수 있다.

(3) 상담의 진행과정

인간중심 상담은 시종일관 내담자의 경험을 강조한다. 왜냐하면 내담자의 내면에서 진행되는 경험 속에 문제해결을 위한 답이 있다고 보기 때문이다. 성장을 위한 열쇠 또한 내담자의 경험 속에 있다. 내담자가 자신의 내면적 경험을 보다 정확히 지각하고 그것들을 부정하거나 왜곡하지 않고 있는 그대로 수용할 수 있을 때, 심리적 문제의 해결은 물론이고 건설적인 성격변화까지 가능하다.

내담자가 경험에 대해 좀더 개방적이 되기 위해서는 상담자의 역할이 중요하다. 상담자는 내담자가 자신의 내면에서 진행되는 경험과 접촉할 수 있도록 돕는데 상담의 초점을 맞춰야 한다. 이를 위해 상담자는 내담자의 현재의 의식 내면에서 진행되고 있는 감정을 반영해 주는 것이 중요하다. 내담자는 이제까지 자신의 자기개념과 불일치하는 내적인 감정들을 명료하게 깨닫지 못하고 부인하거나 왜곡해 왔기 때문에, 이렇게 자신의 감정을 명료하게 인식하는 것은 문제의 해결과 인간적 성장을 위한 첫걸음이 된다. 그러나 내담자가 자신의 감정을 인식할 수 있게 된다 하더라도 그것으로 상담이 끝나는 것은 아니다. 내담자로서는 자신의 감정을 인식하는 데에서 더 나아가 그것을 부정하거나 왜곡하지 않고 자신의 것으로 받아들일 수 있어야 한다.

대개 내담자들이 어떤 감정을 받아들이지 못하는 것은 성장하는 과정에서 부여된 가치 조건에 강하게 구속되어 있기 때문이다. 즉, 내담자가 어떤 감정이나 생각들을 부인하거나 왜곡하는 것은 그것이 가치 조건에 들어맞지 않기 때문이며, 따라서 그것을 인정하고 받아들일 경우 위협을 느끼기 때문이다. 자신이 가치로운 존재가 되기 위해서는 부모들이 제공한 가치 조건들에 부합되는 방식으로 살아야 하며, 그렇지 못하면 무가치한 존재라는 잘못된 믿음이 자신의 경험을 있는 그대로 수용하지 못하게 된다.

상담자로서는 이러한 가치 조건들을 상담장면에서 해제해 주어야 한다. 내담자의 경험을 비판하거나 잘못을 지적하는 것이 아니라, 전적으로 내담자의 입장에서 이해하고 공감해 주는 것, 그리고 내담자의 내면 경험을 판단하는 것이 아니라 무조건적으로 수용하고 존중해 주는 것이 가치 조건

해제에 핵심적 역할을 한다. 상담자의 이러한 조력에 힘입어 내담자가 자신을 의미있게 만드는 것은 외적인 가치 조건들이 아니라 바로 자기 자신이라는 것을 깨닫게 된다. 이에 따라 이제까지 부정했던 자신의 경험들이 전혀 새로운 의미로 다가오며, 거기에 긍정적인 의미를 부여하게 된다. 그 결과 내담자는 어떠한 외적인 구속도 받지 않고 자신이 스스로에게 부여하는 의미에 따라 자기를 형성시켜 나갈 수 있는 참된 성장의 길로 나아가게 된다.

이와 같이 인간중심 상담이론은 그 특성상 집단상담 과정이 명확히 구분되어지지 않는다. 단지 편의상 아래와 같이 12단계로 구분지어 이해하고 있다.

① 개인은 도움을 청하러 온다.

② 조력상황이 설정된다. 여기서 상담자는 내담자로 하여금 조력을 얻어 문제를 해결해 나갈 수 있는 소지를 제공해 줄 것이라는 사실을 이해시켜야 한다.

③ 상담자는 내담자가 문제에 대한 자유로운 감정 표현을 할 수 있도록 격려한다. 이는 상담자의 우호적이고 수용적인 태도와 상담자의 숙련된 기술에 의해서 조성된다.

④ 상담자는 내담자의 부정적인 감정들을 수용하고 인식하며 명료화한다. 여기서 중요한 것은 내담자가 말한 내용에 반응하는 것이 아니라 그러한 내용의 기초가 되는 감정들에 대해 반응해야 한다.

⑤ 내담자의 부정적인 감정들이 충분히 표현되고 나면 성장을 위한 긍정적인 충동들이 약하지만 표현된다.

⑥ 상담자는 부정적인 감정을 수용하고 인식했던 태도와 마찬가지로 표현되는 긍정적인 감정을 수용하고 인식한다. 이 과정에서 통찰과 이해가 이루어진다.

⑦ 이러한 통찰, 자기이해, 자기수용은 전체 상담과정에서 두 번째로 중요한 측면이다.

⑧ 가능한 결정과 행동을 명료화하는 과정은 이 통찰의 과정과 혼합되어 있다.

⑨ 아주 작지만 매우 의미가 있는 적극적인 행동이 나타난다.

⑩ 앞의 단계가 잘 달성되면 자기의 행위를 더 깊이 보는 용기를 가짐에 따라 더 완전하고 정확한 자기이해를 할 수 있게 된다.

⑪ 내담자는 점점 더 통합된 긍정적 행동 등을 한다.

⑫ 조력의 필요성이 감소되고 상담관계를 끝내야겠다는 생각을 내담자가 갖게 된다.

(4) 상담자와 내담자의 관계형성 기법

인간중심 상담에서는 상담기법보다는 상담자의 철학이나 태도를, 그리고 상담자의 언행보다는 오히려 상담관계를 강조한다. 즉, 상담자가 어떠한 태도로 내담자와 관계를 맺어나가느냐 하는 것이 내담자가 문제를 해결하고 심리적 성장을 이루는 핵심적 관건이 된다.

Rogers는 긍정적 성격 변화를 이루는 필요충분조건으로 다음과 같은 세 가지의 상담자 태도를 강조했다. 공감적 이해, 무조건적 긍정적 존중, 진실성이다. 따라서 Rogers는 내담자의 심리적 무게의 해결과 인간적 성장을 위해서는 상담자의 이러한 세 가지 태도들이 필요하며, 상담자가 내담자와의 관계에서 이러한 세 가지 태도를 일관적으로 유지해나갈 때 내담자의 긍정적인 성격 변화가 충분히 일어난다고 본 것이다. 이제 이 세 가지 태도들에 대해 자세히 알아보기로 하자.

1 공감적 이해

내담자의 내면 세계를 이해하기 위해 상담자가 활용하는 방법 중 가장 중요한 것이 공감적 이해이다. 공감적 이해는 무조건적 긍정적 존중, 진실성과 더불어 바람직한 상담관계의 형성에 기여하는 핵심 기제로 다루어져

왔다. 사실 상담관계에서 뿐 아니라 일상적인 대인관계에서도 공감적 이해는 매우 중요한 역할을 담당한다. 상대방의 내면 세계에 대해 역지사지(易地思之)하는 자세는 그를 보다 깊게 이해하도록 도우며 심리적 공감대를 형성함으로써 관계를 부드럽게 하는 데 이바지한다.

공감적 이해 또는 공감에 대한 정의는 수를 헤아리기 어려울 정도로 많다. Rogers는 '공감이란 다른 사람의 내적인 준거틀을 정확하게, 그것의 감정적인 요소와 거기에 관련된 의미를 마치 자신이 그 사람인 것처럼 지각하는 상태이다'라고 설명하고 있다. 박성희(1998)는 보다 쉬운 용어로 공감적 이해를 정의하고 있다. '공감적 이해는 쉽게 말해 상대방의 눈으로 보는 것처럼 보고, 귀로 듣는 것처럼 듣고, 코로 냄새 맡는 것처럼 냄새 맡고, 혀로 맛보는 것처럼 맛보고, 피부로 감각하는 것처럼 감각하는 것을 말한다. 자신을 잠시 젖혀 놓고 상대방의 내면 속으로 들어가 마치 자신이 상대방인 것처럼 생각하고 느껴 보고 행동하는 것이다. 그러기 위해서 모든 선입견과 선지식을 버리고 순수한 마음으로 상대방의 이야기를 경청하고 그 속으로 뛰어들어가야 한다. 그러다 보면 그 어느 한 순간 메아리가 되돌아오듯, 울림판이 공명하듯 하나가 된 느낌이 들고, 아울러 내담자의 문제해결에 대한 통찰을 얻게 된다'고 설명한다.

공감에 대한 두 사람의 정의 속에는 한결같이 생각, 느낌, 행동에서의 '하나됨'을 강조하고 있다. 치료를 위한 통찰 획득 이전에 어떤 방식으로든 반드시 내담자와 하나되는 체험이 있어야 한다는 것이다. 물론, 마치 ~인 듯이(as if)라는 대리조건이 붙고 결국 자신의 참조체제로 돌아와야 하지만 하나로서 함께 하는 과정은 공감의 필수불가결한 요소이다.

공감적 이해는 상담자와 내담자가 상호작용하는 동안에 발생하는 내담자의 경험들과 감정들, 그리고 그러한 경험과 감정들이 상담의 과정 순간순간에서 내담자에게 갖는 의미를 민감하고 정확하게 이해하는 노력이다. 따라서 정확한 공감적 이해는 내담자로 하여금 있는 그대로의 자신에게 보다 더 가깝게 접근해 갈 수 있도록 격려하고, 보다 깊이 있게 그리고 강한 경험을 할 수 있도록 도와서 내담자가 자신 내에 존재하는 자기와 유기체적 경험간의 불일치성을 인지하고 해결할 수 있도록 하는 것이다.

이렇게 보면 공감적 이해가 무척 어려운 개념으로 느껴진다. 공감의 의미를 보다 쉽게 이해하기 위하여 다음의 예화를 들어 본다. 예화의 성격상 이야기가 급진전되거나 논리의 비약이 발견되지만, 짧은 글 속에서 공감적 이해의 핵심 사항을 파악할 수 있으므로 공감적 이해를 좀더 구체적으로 이해하는데 도움이 될 것이다.

달과 공주

옛날 어느 나라에 어린 공주님이 살고 있었다. 공주는 왕과 왕비의 사랑을 듬뿍받으며 아름답고 건강하게 잘 자라고 있었다. 그러던 어느 날 공주는 하늘 높이 금빛을 내며 떠있는 달을 보고 갑자기 그 달을 가지고 싶은 마음이 들었다. 그리하여 공주는 부모님께 달을 따다 달라고 보채기 시작했다. 왕과 왕비는 공주에게 달은 따올 수 없는 것이라고 열심히 타일렀다. 그러나 공주는 들은 체, 만 체 여전히 달을 따다 달라고 졸랐다. 공주가 쉽게 물러서지 않자 왕은 유명하다는 학자들을 불러들이고, 의원도 불러들이는 등 온갖 노력을 다하였다. 그들은 한결같이 공주에게 달은 따올 수 없는 것이라고 말하였다.

'공주님, 달은 너무 멀리 있어서 가까이 다가갈 수도 없습니다. 달을 따온다는 것은 불가능합니다', '공주님, 달은 너무 커서 가까이 갔다 하더라도 따올 수는 없습니다', '공주님, 달에 대해 너무 많이 생각하셔서 병이 든 것 같습니다. 제발 더 이상 달 생각은 하지 마십시오.'

그러나 공주는 자기의 뜻을 굽히지 않았다. 달을 따다 달라는 요구를 들어주지 않자 드디어 공주는 단식투쟁에 들어갔다. 왕과 왕비는 속수무책 설득과 협박을 반복했지만 공주는 서서히 말라가기 시작했다. 이 때 공주와 친하게 지내던 광대가 나타났다. 전후 사정을 잘 알고 있는 광대는 공주를 만나자 몇 가지 질문을 던졌다.

광대 : 공주님, 달은 어떻게 생겼나요?
공주 : 달은 동그랗게 생겼지 뭐.
광대 : 그러면 달은 얼마나 큰가요?
공주 : 바보, 그것도 몰라? 달은 내 손톱만하지. 손톱으로 가려지잖아.
광대 : 그럼 달은 어떤 색인가요?
공주 : 달이야, 황금빛이 나지.
광대 : 알겠어요, 공주님. 제가 가서 달을 따 올테니 조금만 기다리세요.

공주의 방을 나온 광대는 왕에게 아뢰고 손톱 크기만한 동그란 황금 구슬을 만들어 공주에게 가져다 주었다. 공주는 뛸 듯이 기뻐하였다. 단식투쟁까지 하면서 그렇게 원하던 '달' 드디어 손에 넣은 것이다. 기뻐하는 공주를 바라보며 광대는 슬그머니 걱정이 되었다. 달을 따왔는데 마침 보름달인 오늘밤 달이 또 뜨면 공주가 뭐라고 할까 염려가 된 광대가 공주에게 말을 건넸다.

광대 : 공주님, 달을 따왔는데 오늘밤 또 달이 뜨면 어떻게 하지요?
공주 : 이런 바보, 그것을 왜 걱정해. 이를 빼면 새 이가 또 나오지? 그것과 같은 거야. 달은 하나를 빼오면 또 나오게 되어 있어. 그리고 달이 어디 하나만 있니? 달은 호수에도 떠 있지, 물컵에도 떠 있지, 세상 천지에 가득 차 있어. 하나쯤 따온다고 문제될 게 없지.

2 무조건적 긍정적 존중(수용)

인간중심 상담에서는 사람의 성장을 촉진하는 핵심 관계 조건의 하나로서 무조건적 긍정적 존중을 들고 있다. 공감적 이해 및 진실성과 더불어 무조건적 긍정적 존중이 그만큼 중요하다는 것이다. 특별한 기법이 아니라 상담자와 내담자가 구성하는 관계의 질에 의해 상담의 효과가 결정된다는 입장에서 무조건적 긍정적 존중의 가치를 높게 평가한 것이다.

무조건적 긍정적 존중이란 상담자가 내담자를 평가 · 판단하지 않고 내담자가 나타내는 어떤 감정이나 그 밖의 행동 특성들도 그대로 수용하며 그를 소중히 여기고 존중하는 태도이다. Rogers는 내담자가 어떤 상태에 놓여 있는 존재이든 간에 자신을 향한 무조건적 긍정적이고 수용적인 태도를 경험하면, 행동의 변화가 일어날 가능성이 더 커진다고 주장한다.

다소 장황하지만 무조건적 긍정적 존중을 좀더 자세히 이해하기 위해서 우리는 이 단어가 품고 있는 의미를 세부적으로 나누어 살펴보아야 한다.

① **비소유적 :** 흔히 우리는 누군가를 좋아하면 그를 소유하려고 한다. 좋은 물건이 있으면 갖고 싶어하는 것과 마찬가지로 마음에 드는 사람이 있으면 그를 자기 것으로 만들거나, 자기 뜻에 부합되도록 만들어야 속이 시원하다. 그러나 어떤 상대방을 자신의 소유로 만들려는 순간, 상대방은 나와 분리된 독자적인 인격체로서의 가치를 상실한다. 그는 다른 대상과 마찬가지로 나의 욕구를 충족시키는 하나의 도구이자 수단으로 전락한다. 이렇게 되면 자신의 목적을 위해 상대방을 쉽게 조작하고 이용한다. '나와 너'의 관계가 '나와 그것'의 관계로 전락하면서 상대방의 인격에 대한 고려는 실종된다.

문제는 이 같은 소유욕이 무의식적, 비자발적으로 일어난다는 데 있다. 대부분의 부모들은 자녀를 소유하고 있지 않다고 말하며, 자신이 자녀의 인생에 간섭한다고 생각하지 않는다. 그러나 실제로 자녀에게 행하는 부모의 행동은 자녀를 자신의 소유물 또는 자신의 연장으로 보고 있음을 드러난다. 자녀의 적성이나 소망을 무시하고 판·검사나 의사의 길을 강요하는 부모, 자신이 소시적에 이루지 못한 꿈을 자녀들을 통해 완성시키기 위해 혹독하게 자녀를 몰아치는 부모, 자녀를 위해서라면 지옥까지 가서라도 원하는 모든 것을 채워 주려는 부모, 우리 사회에서 이상 과열 현상을 보이는 학부모들의 교육열은 소유욕이 표출되는 방식을 잘 보여주는 예들이다. 물론 소유적인 관계를 유지하는 것은 부모－자녀 뿐이 아니다. 우리 사회의 도처에서 이루어지는 각종 사회적 관계들은 대부분 소유적이다. 교사－학생의 관계, 상사－부하의 관계, 남편－아내의 관계, 동료－동료의 관계에서 비소유적인 나와 너의 관계를 찾기란 그리 쉽지 않다.

소유적인 관계가 문제가 되는 것은 상대방이 하나의 살아 있는 인격체로 대우받지 못한다는 데에 있다. 비인격적인 대접을 받으면, 사람들은 상처를 입고 마음의 문을 닫는다. 마음의 문을 닫은 상태에서 일어나는 모든 인간관계는 피상적이고 파괴적인 것일 수밖에 없다. 상황이 그러니까 어쩔 수 없이 관계 속에 있기는 하지만, 적당한 시간이 오면 그런 관계는 비극으로 끝난다. 비인격적 대접을 받은 사람에게 일어날 수 있는 또 하나의 결과는 건강한 생활을 영위하기 어려워진다는 점이다. 왜곡된 인간관계를 경험할수록 다른 사람들에 대한 신뢰감이 무너지고 결국은 개인의 정신건강을 해친다. 상담자를 찾는 많은 내담자들이 소유적인 인간관계의 희생양임을 상기해 볼 필요가 있다.

비소유적이라는 말은 자신이 하나의 인격체로서 소중한 것처럼 다른 사람도 동일한 가치와 대우를 받을 만한 하나의 독립된 인격체로 인정한다는 뜻이다. 나에게 소망이 있는 것처럼 상대방에게도 그의 소망이 있고, 내게 좋고 싫음이 있는 것처럼 상대방에게도 그 나름대로 좋고 싫음이 있으며, 내게 장점과 단점이 있는 것처럼 상대방에게도 그 나름대로 장점과 단점이 있다는 것을 받아들이는 것이다. 비록 내 마음에 들지 않더라도 상대방은 자신의 고유한 세계를 가지고 있고 그 속에서 자신을 누리고 향유할 권리가 있음을 인정하고 존중해야 한다. 나의 팔처럼 강하지는 않지만, 자식의 여린 두 팔에도 힘과 가능성이 있음을 인정하고, 답답하더라도 현재 내담자의 상태를 인정하고 그 상태에서 내담자 스스로에게 어울리는 방식으로 성장할 수 있도록 지켜보고 조력하는 것이 상담자의 임무이다. 비록 아프고 힘들지만 내담자 스스로 자신의 고통을 통과함으로써 얻는 성장의 경험이야말로 내담자의 삶에 깊은 뿌리를 내릴 수 있다. 내담자의 이런 성장 경험은 참고 기다릴 줄 아는 상담자의 비소유적인 존중을 통해 비로소 가능해진다.

② **무조건적 :** 무조건적으로 존중하고 수용한다는 것은 그리 쉬운 일이 아니다. '무조건'이라는 말은 그야말로 아무런 조건이 없다는 말이다. 아무런 조건 없이 사람들을 수용한다는 것은 과연 가능할까? Rogers도 인정하듯 완전한 '무조건적' 존중은 이론에서나 가능한 개념이다. 그러나 상담의 과정 중에 무조건적 존중이라고 부를 수 있는 순간들이 있는 것도 부인할 수 없다. 특히 성공하는 상담의 경우 조건적 수용의 사이사이에 무조건적 수용이라고 불릴 수 있는 순간들이 자주 발견된다. 따라서 무조건적 존중을 관계의 질을 드러내는 개념으로 사용해도 무방할 것이다.

앞에서도 언급한 바 있지만, 사람들은 태어나면서부터 조건화라는 굴레에 시달려 왔다. 때로는 적응이라는 이름으로, 때로는 성장이라는 이름으로, 때로는 사회화라는 이름으로 사람들은 끊임없이 조건지워져 왔다. 따라서 아무런 조건 없이 자신이나 남을 수용한다는 것은 상상하기가 쉽지 않다. 특히 부정적인 행동이나 특성을 조건 없이 수용한다는 것은 사람으로서는 불가능해 보일 때가 많다.

그러나 원래 수용이라는 말은 긍정적이고 밝은 측면보다는 부정적이고 어두운 측면과 연관되어 있다. 잘생긴 자기 얼굴을 수용한다는 말보다는 못생긴 자기 얼굴을 수용한다는 말이 더 어울린다. 사실 자신의 좋은 측면, 바람직한 측면, 내세우고 싶은 측면을 수용하지 못할 것은 없다. 문제는 무엇인가 부족하고 모자라고 피하고 싶은데도 그것을 받아들여야 한다는 데 있다. 진정한 수용은 바로 이처럼 자신의 그늘지고, 어둡고, 숨기고 싶고, 바꾸고 싶고, 없애고 싶은 부분들을 받아들이는 것이다. 자신에 대해서는 물론 타인에 대해서도 마찬가지다. 상대방의 긍정적 측면을 수용하는 것은 그리 어렵지 않다. 하지만, 상대방이 파괴적으로 행동하고, 범죄를 저지르고, 남에게 피해를 주는 등의 부정적인 행동을 했을 때에도 그를 수용할 수 있을까? 수용의 원래 의미의 중요성은 나쁜 행동조차도 받아들이는 태도, 그것이 바로 진정한 수용이라는 점이다. 이런 측면에서 '무조건적'이라는 용어는 수용과 잘 어울린다. 상대방 행위의 옳고·그름이나, 좋고·

나쁨에 상관없이 그를 하나의 인격체로 인정하고 받아들이는 것이 바로 무조건적 수용이다. 따라서 어떤 기준을 세워 판단하거나 평가하지 않고 상대방의 느낌, 행동, 생각들을 하나의 전체로서 받아들이는 순간이 바로 무조건적 수용이 작동하는 순간이라고 할 수 있다.

③ **온정 어린 :** 수용에는 따스함이 배어 있다. 이 따스함은 정상적인 부모가 자녀에 대해 느끼는 기본 감정과 매우 유사하다. 부모는 기본적으로 자기 자녀에 대해 따뜻한 감정을 가지고 있다. 자녀가 부모의 기대를 충족시키는 경우는 물론, 어긋나고 잘못된 길을 가더라도 자녀에게 향하는 부모의 관심과 애정은 변함이 없다. 행위의 자잘못을 떠나서 부모는 항상 자녀를 인정하고 받아들일 준비가 되어 있다.

상담자의 온정 어린 따뜻한 배려는 내담자에게 동일한 기능을 수행한다. 상담자의 따뜻한 받아들임은 내담자가 편안함을 느끼도록 해 주고, 마음의 안식처를 찾았다는 분위기를 제공한다. 상담자가 제시하는 따뜻한 관심은 내담자에게 성장의 밑거름으로 작용한다. 상처 입고 아픈 마음을 치료하기 위해 먼저 필요한 것은 새로운 목표를 향해 다그치고 몰아가는 것이 아니다. 무엇보다도 상처를 감싸고 위로하는 일이 선행되어야 한다. 상처가 아물면서 내담자는 자연스럽게 자기 탐색을 시작하고 새로운 목표를 향하여 성장한다. 물론 상담자의 온정 어린 수용은 상담의 시작부터 끝까지 상담의 전 과정에 일관성 있게 깔리는 기본 전제가 되어야 한다.

수용은 사람을 변화시키는 커다란 영향력을 지니고 있다. 그리고 이러한 영향력은 생활의 곳곳에서 발견할 수 있다. 이제 다음의 예화를 분석하면서 수용의 힘과 특성을 점검해 보자.

장발장과 주교

다음날 아침, 미리엘 주교는 여느 때처럼 일찍 이러나 정원을 거닐고 있었습니다. 그때, 마글루아르가 숨을 헐떡이며 달려왔습니다.

"주교님, 은식기와 은촛대가 보이질 않아요! 주교님께서 어디 다른 곳에 두셨어요?"

"아니, 난 모르는 일이오."

"그럼 역시 도둑맞은 것이 분명하군요. 그 남자예요. 바로 그 남자가 훔쳐 갔다구요!"

정원의 화초가 누군가의 발에 의해 무참하게 짓밟혀 있었습니다. 주교가 그것을 애처로운 눈길로 쳐다보고 있는데 마글루아르가 다시 돌아와 말했습니다.

"그 남자는 없어요. 도망가 버렸어요. 저길 보세요. 저기에서 담을 넘어간 것이라니까요."

담에는 누군가가 넘어간 자국이 선명하게 나 있었습니다.

주교는 한동안 잠자코 있다가 이윽고 부드러운 목소리로 이야기했습니다.

"도대체 그 은식기가 원래 우리들의 것이었다고 할 수 있을까요? 아무래도 내가 잘못 생각하고 있었던 것 같군요. 그것은 우리들과 같은 사람들의 것이 아니라 더욱더 가난한 사람들이 가져야 할 것이었다는 생각이 드는군요. 어젯밤의 그 남자도 그렇게 가난한 사람들 중의 한 사람이었으니까요."

마글루아르는 놀란 얼굴로 주교를 향해 말했습니다.

"어떻게 그런 말씀을 하실 수가 있어요, 주교님? 앞으로 식사를 하실 때는 어떻게 하지요?"

"아니, 난 나무 그릇만 있으면 그것으로 충분해요."

세 사람이 식탁에 앉았을 때, 누가 현관문을 두드리는 소리가 들렸습니다.

"예, 들어오세요." 하고 주교가 대답하자 문이 거칠게 열리며 헌병처럼 보이는 세 남자가 한 남자의 목덜미를 잡고 들어왔습니다. 붙잡혀 온 사람은 바로 장발장이었습니다.

그 중에 계급이 높은 헌병이 무엇인가 이야기를 시작하려 했을 때, 주교는 벌떡 일어나 장발장 곁으로 다가가 말했습니다.

"아, 난 또 누구신가 했군요. 은촛대 한 짝을 잊고 가셨더군요. 그것도 당신에게 드리려고 했는데."

장발장은 깜짝 놀라 무엇인가 이야기하고 싶은 듯한 표정을 지었으나 주교는 모르는 척 했습니다.

"그러면 이 남자가 이야기한 것이 사실이란 말입니까? 이상한 차림새가 눈에 띄어 붙잡아 조사해 보니 은식기와 은촛대를 가지고 있길래."

"이렇게 말씀드렸겠지요? 이 곳에서 묵었는데 선물로 받았다고요."

"예, 그 말씀대로입니다. 그럼 이대로 놓아 주어도 되겠습니까?"

"물론입니다."

장발장은 꿈을 꾸고 있는 것이 아닌가 하는 생각이 들었습니다. 주교가 내미는 은촛대를 받아들면서 그는 부들부들 몸을 떨었습니다. 주교는 속삭이듯이 그러나 엄숙한 목소리로 말했습니다.

"내 말을 잘 들으십시오. 이것들은 당신이 참된 인간이 되기 위해 쓰는 것입니다. 당신은 이미 악의 세계가 아니라 선의 세계에 속한 사람입니다. 이 사실을 결코 잊어서는 안 됩니다."

장발장은 주교의 집을 나서자 도망치듯이 다뉴 마을을 빠져 나갔습니다. 그리고 앞 뒤 생각할 것도 없이 무작정 들길을 걷기 시작했습니다. 아침부터 아무것도 먹지 않았는데 조금도 시장기를 느낄 수 없었습니다.

그의 머릿속은 몹시 어지러웠습니다. 그 때까지 가지고 있던 인간을 믿지 못하던 그의 생각이 흔들리기 시작하는 것을 느끼고 있었습니다. 이러한 흔들림은 그를 괴롭게 만들었습니다. 차라리 헌병에게 끌려가는 편이 낫지 않았을까 하는 생각도 들었습니다. 그러면 이렇게 마음이 흔들리는 일도 없었을텐데. 멀리 저편에는 알프스 산들이 이어져 있는 모습이 보였습니다. 태양은 서쪽으로 기울고 있었습니다. 장발장은 어찌할 바를 모르고 혼자 들판에 웅크리고 앉아 있었습니다〈빅토르 위고(강명희 옮김), 1996, pp. 22~25〉.

[3] 진실성

Rogers는 변화를 일구어 내는 상담관계의 필요충분조건으로 공감적 이해, 무조건적 긍정적 존중(수용), 진실성을 들고 있는데, 특히 다른 두 가지

조건의 필수 전제라고 할 정도로 진실성을 중시하고 있다. 이 세 가지 조건을 언급할 때 항상 진실성을 맨 앞에 위치시킬 뿐 아니라, 상담관계를 결정짓는 유일한 관건이 이것이라고 할 정도로 그는 바람직한 관계의 토대에서 진실성의 역할을 강조하였다. 내담자에 대한 진지한 관심과 순수한 자세가 선행되어야 상담자의 수용과 공감적 이해가 비로소 제 기능을 다 할 수 있다고 본 것이다. 그렇다면 진실성에 담긴 핵심 내용은 무엇일까? Rogers는 진실성을 신뢰성, 일치성, 투명성, 순수성, 성실성 등 여러 가지 용어로 표현하고 있는데, 이 용어들을 분석해 보면 크게 세 가지로 압축할 수 있다. 자신의 느낌에 대한 개방된 태도를 갖는 일, 거짓없이 솔직하게 자신을 드러내는 일 그리고 상대방이 믿고 의지할 수 있는 신뢰감을 심어주는 일이다. 이를 좀더 구체적으로 살펴보자.

① **성실성 :** 성장을 촉진하는 만남을 이루려면 만남의 당사자들이 성실해야 한다. 특히 상담관계에서 상담자는 온 정성을 쏟아 내담자에게 관심을 기울여야 한다. 적어도 내담자와 상담을 진행할 때만이라도 상담자는 내담자의 세계에 모든 힘을 다해 몰입해 들어가야 한다. 내담자에게 성실하게 몰입해 들어가려는 상담자의 태도는 내담자가 상담하려는 문제는 물론 내담자의 태도에도 영향을 줄 것이다. 성실한 상담자를 만난 내담자는 자신의 일에 정말 관심을 가지고 있는 자기편을 얻었다는 안도감을 갖고, 한 걸음 더 나아가 일종의 감동을 받는다. 이러한 안도감과 감동은 결국 내담자의 자기 탐색을 격려하는 촉진제의 역할을 하게 되어 문제해결에 이바지한다.

② **일치성 :** 상대방과 대화를 하면서 느끼는 내면의 느낌과 이의 외부 표현을 일치시키는 것이 일치성이다. 쉽게 말해, 겉과 속을 조화롭게 하나로 통일하는 것이 일치성의 핵심이다.

상담관계는 내담자가 말하고 상담자는 듣기만 하는 일방통로가 아니다. 때로는 상담자가 상담과정을 주도하기도 하고, 때로는 내담자의 요청에 의해 자기 개방을 하는 등 양방적인 상호작용이 일어나는 관계이다. 그러므로 상담자는 어떤 방식으로든 내담자에게 자신을 노출하고 드러낼 수밖에 없다. 언어를 통해서, 그리고 비언어적 행동을 통해서 상담자의 체험내용은 의식적, 무의식적으로 내담자에게 표현된다. 무의식적으로 일어나는 대부분의 비언어적 행동은 상담자의 체험내용을 거짓이나 왜곡 없이 있는 그대로 드러낸다. 상담자의 의도적인 통제가 불가능하므로 자연스럽게 속과 겉의 일치성이 확보되는 것이다. 문제는 언어를 통한 자기 표현의 경우이다. 상담자가 언어를 통해 자기 체험을 표현할 때 일종의 검열과정, 또는 편집과정을 거치는데 이 과정에서 순수성이 손상될 가능성이 있다. 이 말을 하면 내담자가 충격을 느끼겠지, 이 말은 내담자를 실망시킬 거야, 상담자로서 이런 말은 삼가야지 등 이러 저러한 이유들로 인해 상담자는 자기의 체험내용을 순수하고 진실하게 털어놓지 못하는 일이 생긴다. 바로 여기서 일치성이 파괴되고 상담자의 진실성은 의심받게 된다.

느낌과 표현을 일치시킨다는 것이 속에서 느끼는 모든 느낌을 다 표현하라는 뜻은 아니다. 상담을 하면서 체험하는 모든 내용을 표현한다는 것은 가능하지도 필요하지도 않다. 다만, 상담자가 필요하다고 느끼거나 내담자의 요구가 있어 자신을 표현 때, 거짓과 꾸밈없이 솔직하라는 말이다.

일치성을 어기게 되는 가장 큰 이유 중의 하나가 상담자는 항상 부드럽고 따뜻해야 한다는 잘못된 신념이다. 물론 내담자에 대한 따뜻한 온정은 상담자가 취해야 할 중요한 과정이다. 온정이 성장을 촉진하는 중요한 요소의 하나이기 때문이다. 그러나 온정을 가지라는 것이 항상 내담자를 부드럽고 따뜻하게 대하라는 뜻은 아니다. 표현의 부드러움이 내면의 온정을 보증하는 것이 아니다. 상담자의 기본 태도가 확실하다면, 내담자에게 잘 보이기 위하여 억지로 표현을 조정하는 것은 바람직하지 못하다. 내담자에게 화가 느껴질 때, 미지근한 자세를 취하는 것보다 진솔한 분노를 표출하는 것이 훨씬 더 내담자의 신뢰를 받을 가능성이 높다.

③ **신뢰성 :** 상담자가 마음을 열고 진실하고 순수하게 내담자를 대하면

상담자의 성실성과 일치성 그 자체가 내담자의 변화를 위한 도구가 될 뿐 아니라 궁극적으로 상담자에 대해 신뢰감을 갖는 토양이 된다는 점에서 중요한 의미가 있다.

모든 인간관계와 마찬가지로 상담관계에서도 상호 신뢰감이 관계의 기반이 된다. 상대방에 대해 신뢰하는 마음이 있어야 자신의 내면을 털어놓고 편안하게 자기 탐색을 시도할 수 있다. 믿지 않는 사람 앞에서 부끄럽고 감추고 싶은 자신의 모습을 자발적으로 열어 놓는다는 것은 상상하기 어렵다. 따라서 상담자가 내담자를 바람직한 방향으로 변화시키기 원할 때 제일 먼저 해야 할 일이 신뢰감을 쌓는 것이다. 신뢰감이 밑바탕 되어야 내밀한 부분에 대한 자기 탐색이 가능하고, 자기 탐색이 깊어질 때 바람직한 변화와 성장을 초래할 수 있다.

상대방에 대한 신뢰감은 적어도 세 가지 요인의 영향을 받는다. 첫째, 두 사람이 맺어 온 상호관계의 역사, 둘째, 타인을 믿는 개인의 성향, 셋째, 특정 상황이나 맥락의 요구 등이다(Boon & Holmes, 1991). 그러므로 신뢰성의 구축을 어느 한 가지 측면에만 의존하며 설명하는 것은 온당하지 못하다. 그러나 지나치게 가변성이 큰 상황변인과 개인의 일관된 성격으로 굳어진 성향변인 등은 현재 우리가 논의하고 있는 상담관계에서 새롭게 쌓아가야 할 신뢰성을 설명하는 데 큰 의미가 없어 보인다. 즉, 이 변인들이 중요하지 않다는 것이 아니라 지금 진행되고 있는 논의의 초점에서 벗어나 있다는 말이다.

앞에서 지적한 상담자의 성실성과 일치성은 상담관계의 역사가 진행되면서 신뢰성을 쌓아 가는 데 기여하는 핵심 요소들이라고 할 수 있다. 물론 이 요소들 이외에도 상호관계의 역사에 작용하는 다른 요소들이 있을 것이나 상담자는 무엇보다도 성실성과 일치성에 정성을 들여야 한다.

3. 행동주의 집단상담

1) 인간관

행동주의자들은 인간의 행동이 자연현상과 마찬가지로 일정한 법칙성을 지니고 있다고 가정한다. 인간의 행동은 여러 가지 변인들에 의해 결정되므로, 이 변인들과 행동을 지배하는 법칙을 밝혀 낼 수 있다면 인공위성의 궤도를 예언하고 수정할 수 있듯이 인간의 행동도 예언하고 수정할 수 있다는 것이다. 이와 같은 인간관은 기계론적이고 결정론적 입장이다. 이 입장의 대표적인 사람으로는 Hosford가 있는데, 그의 인간관을 요약하면 다음과 같다.

① 인간은 좋지도(good) 나쁘지도(bad) 않은 상태로 태어났다.

② 인간은 환경의 자극에 대해 반응하는 유기체이다.

③ 인간의 행동은 유전과 환경의 상호작용에 의해 형성된다.

④ 인간의 행동은 학습된 부정적 혹은 긍정적 습관으로 구성된다.

⑤ 인간의 행동은 생활환경이 제공하는 강화의 형태와 그 빈도에 의해 결정된다.

행동주의에서는 정신분석학에서처럼 인간을 개나 고양이같이 하나의 동물적 존재로 본다. 정신분석학은 본능을 인정하지만 행동주의는 환경론을 강조한다. 또한 비합리적 · 충동적 욕구도 후천적인 조건화의 결과로 본다.

인간의 적극적이거나 소극적인 경향에 대하여 개인을 동등한 가능성을 가진 존재로 본다. 행동주의자의 인간성에 대한 견해는 인간을 환경적인 영향을 통해서 전적으로 결정되어지는 단순히 반응하는 유기체로 지나치게 간단히 설명함으로써 자주 곡해가 생긴다.

최근에 와서는 인본주의와 행동주의의 극단적 반응에서와 달리 인본주의의 목적을 성취하기 위해 행동주의적 방법을 사용한다는 절충적 견해를 갖는다.

2) 기본가정

행동주의 상담은 인간의 행동을 보다 바람직한 방향으로 형성하거나 바람직하지 못한 행동을 치료적으로 변화시키기 위하여 특히 학습심리학적 원리를 응용하는 특수한 절차와 기법을 의미한다. 말하자면 행동주의 상담이란 개인의 행동적 성장과 발달을 촉진하고 부적응적 행동 자체의 치료적 변화를 추구한다고 볼 수 있다. 행동주의 상담이론은 '행동' 그 자체를 초점으로 연구가 수행되고 이론이 구축된다. 종래의 교육이나 상담도 그 실천에 있어서는 행동을 구체적으로 다루고 있다. 그러나 행동주의 상담이론은 행동현상을 표면에 두드러지게 부각시키고 강조한다는 점에서 다른 행동변화 이론과는 상당히 다르다. 그러면 행동현상만을 부각시킨다는 행동주의 상담이론은 이러한 전제에 얼마나 충실한지를 검토해 보자.

첫째, 행동이 핵심적 관심사이다.

행동주의 상담이론은 행동을 중요시한다. 한 개인이 환경과의 상호관계에서 어떠한 행동을 하느냐가 초점이다. 따라서 관찰과 측정이 불가능한 내용(의식, 성격, 사고와 같은 내적 심리구조나 과정 등)은 상담과 연구에서 일단 제외하거나, 행동의 문제를 바꾸어 상담과 교육의 대상으로 한다. 행동 그 자체를 중요시하고 이론적 개념이나 해석에 의거하지 않는다. 행동주의 상담이론은 개인이 실제로 하는 행동이 어떤 특정한 개인을 이해하는 데에 보다 유익한 지식을 제공해 준다고 믿는다. 예컨대, 남을 해치는 행동을 관찰한 뒤에 내면화한 적개심이 있다고 추리하곤 하지만, 이 적개심이란 곧 해를 가하는 행동을 토대로 추리한 것이지 행동의 원인이 될 수도 없거니와 행동을 설명하는 것도 아니다. 행동주의 상담이론은 행동 자체를 직접적으로 수정의 목표로 다루는 이유가 여기에 있다. 행동을 환경과의 상호 관련에서 보기 때문에 행동주의 상담이론은 심리적 특성, 역동 또는 본능 등 성격구조를 수정하려는 것이 아니라, 한 개인이 가지고 있고 수행하고 관찰될 수 있는 행동 그 자체를 변화시키려고 한다.

둘째, 모든 행동은 동일한 원리로 설명된다.

행동주의 상담이론은 '정상행동' '이상행동'을 포함하는 대부분의 행동을 동일한 심리학적 원리로 설명할 수 있다고 확신한다. 특수한 뇌장애나 생화학적 장애에 의한 행동이 아니면 그 이상 행동은 정상행동을 조절하는 동일한 원리의 지배를 받는다고 본다. 대부분의 역동이론은 지식의 획득에 적용되는 인지학습의 법칙과 사회적·정서적 개인행동의 발달에 관련되는 인성통합의 법칙이 다르다고 본다. 그래서 자아심리학(ego psychology)은 주로 인지과정을, 심층심리학(depth psychology)은 주로 정서적 과정을 각각 담당하고 있다고 보고 있다. 행동주의 상담이론은 이와 같은 구획을 피하며, 어떤 특수한 행동, 정서적 자극에 대한 반응, 자기 자신의 행동의 평가, 기능학습 및 사회학적 조건과 상호작용하면서 거의 대부분의 행동을 점차적으로 형성한다고 믿는다.

셋째, 대부분의 행동은 학습된 것이다.

행동주의 상담이론은 대부분의 인간 행동은 학습된 것으로 본다. 생리적 또는 유전적 원인에 의한 것이라는 확증이 없는 한 모든 행동은 학습된 것으로 본다. 즉 정상행동이나 이상행동이나 모두 동일한 원리에 입각하여 학습되기 때문에 정상과 이상행동 간에는 질적인 차이를 인정하지 않고 다만 양적인 차이가 있다고 가정한다. 예를 들면, 자해행동은 정신지체 때문에 발생한 것이 아니라, 정상아동의 경우와 똑같이 환경자극에 의하여 강화되었을 뿐이다. 즉, 우연적인 환경자극의 차이만 인정된다. 따라서 정상과 이상의 차이는 문제행동의 수량에만 차이가 있을 뿐인 것으로 해석한다. 대부분의 이상행동은 정상행동과 같은 방식으로 학습되고 유지된다고 본다. 따라서 행동주의 상담을 통하여 치료될 수 있다고 본다.

넷째, 행동은 환경변인에 의하여 결정된다.

새로운 행동의 형성·유지·제거는 환경자극에 의하여 결정된다. 행동과 환경자극 간의 관계는 일정한 법칙성이 있는 기능적 관계이다. 환경자극의 변화는 행동의 변화를 가져온다. 행동의 변화에 영향을 미치는 환경자극이란 행동의 발생 직전에 주어지는 선행자극(변별자극)과 행동 후 즉시 따르는 후속자극(강화자극과 벌 등)을 말한다. 모든 행동은 그의 고유한 환경자극의 배열에 따라 독특하게 학습된다. 장애아들은 흔히 여러 가지 문제행동을 나타낸다. 이러한 행동들은 어떤 장애요인 때문에 나타나는 증상으로 보기보다는 각각의 행동은 그의 생활환경 안에서 우연히 주어진 자극들에 의하여 독특하게 강화되고 유지될 뿐이라고 해석한다. 전통적으로 병이라고 생각되던, 즉 근원적 병의 증상으로 생각되던 이상행동의 대부분은 병적인 것으로 보기보다는 일상생활에서 발생하는 문제로 본다.

다섯째, 현재의 행동을 중요시한다.

행동주의 상담이론은 개인의 과거경험이 현재의 행동에 영향을 미친다는 것을 시인하지만 행동주의 상담의 실제에 있어서는 현재의 부적응 행동을 다룬다. 즉, 행동문제의 치료에 있어서 과거보다는 현재를 중요시한다. 과거의 어떤 경험이나 자극이 문제행동의 원인이 되었다 하더라도, 지나간 요인을 지금 통제할 수는 없는 일이다. 현실적으로 통제가 가능한 것은 지금 여기에서 아동의 행동에 영향을 미치고 있는 요인뿐이다.

행동의 평가에 있어도 가상적인 역사적 선행조건보다는 행동의 현재적 결정요인에 초점을 맞춘다. 한 사람을 이해하는 최선의 방법은 그가 현재, 어떤 사태에서 어떻게 행동하는가에 있다. 정신분석학에 있어서는 인간의 인성형성은 초기 수년간에 대체로 완성되기 때문에 현재의 부적응 행동은 초기의 왜곡된 학습경험의 표현으로 과거의 기억—흔히 행동자가 의식하지 못하는 기억—을 더듬어 올라가서 행동의 원인을 치료한다는 입장을 취하고 있다. 행동주의 상담에 있어서는 증상과 인과관계에 있다고 가정하는 어떤 과거의 상태가 아니라, 현재 문제되고 있는 부적응 반응을 직접 다루려는 것이다.

현재의 행동을 좌우하는 요소는 그 행동이 학습될 때의 요소와 같을 수도 있지만 다를 수도 있다. 왜냐하면 인간의 행동은 무수한 요소와의 상호작용의 결과로 발전되는 것이기 때문이다. 어린아이가 짜증을 부리는 것은 어떤 정서적인 좌절에 그 원인이 있을지도 모르지만 그 짜증부리는 행동은 그 다음에는 어떤 보상을 계속받음으로 해서 점차 강해졌다가, 마침내는 다른 행동을 해서 부모의 관심을 끌지 못하기 때문에 계속해서 짜증을 부릴 수도 있다. 사실 부적응 행동이 어떻게 해서 습득되었는지를 잘 모른다는 사실은 큰 두통거리이긴 하다. 그러나 그 행동의 원천적 결정요소에 상관없이 그 행동이 수정될 수 있다면 행동주의 상담의 목적은 달성된 셈이다.

3) 행동주의 상담의 특징

(1) 주목할 만하고 의의있는 변화에 대한 관심

행동주의 상담이론은 한 개인의 사회 적응행동에 주목할 만하고 의의있는 변화를 일으키는 것을 주요 목적으로 한다. 주목할 만하고 의의있는 변화란 수정 이후의 적응행동이 수정이전의 행동보다도 훨씬 더 적응적이어야 한다는 것을 요구한다는 의미이다. 이론적 연구에서는 어떤 독립변수의 이론적 중요성을 탐구하고 종속변화와의 인과관계를 규명하기 위하여 비교적 간단한 행동의 사소한 변화도 그것이 일관성 있게 나타나면 세심한 주의를 기울이곤 했다. 예를 들면, 광도의 변화에 따라 눈동자의 수축도가 어떻게 달라지는가, 또는 상담자의 남녀성별이 치료에 어떠한 영향을 미치는가 등 비교적 '사소한 행동'과 '사소한 행동변화'에 관심을 쏟기도 한다.

그러나 행동주의 상담은 이와 같은 사소한 행동의 사소한 변화보다는 내담자가 상담 후에 사회에 적응해 나가는 데에 필요한 중요한 행동이 상담 전과는 전혀 다른 적응행동을 수행할 수 있도록 하는 데에 관심을 둔다.

예컨대, 교사의 수업방법의 개선에 따라 학급의 평균 성적이 80점에서 82점으로 올라가게 한 조건보다는 80점에서 90점으로 올라가게 한 조건을 더 중요시한다는 것이다.

행동주의 상담은 연구의 방법에 대한 흥미나 이론적 중요성에 의해서 좌우된다기보다는 연구되는 행동이 개인이나 사회에 대해서 가지는 중요성에 의해서 좌우된다고 할 수 있다. 이와 같은 사회적응에 중요한 의미를 가지는 행동은 사소한 변화로는 그 실제적 의의를 찾기가 어려울 것이다. 따라서 행동주의 상담은 우선 '행동이 이 개인과 이 사람이 생활하는 사회에 얼마나 중요한 행동인가'와 '이 행동을 얼마만큼 변화시켜야 할 것인가'에 관심이 있다.

(2) 구체적인 행동에 초점

행동주의 상담은 행동 자체를 중요시하고 행동에 초점을 맞춘다고 말하였는데, 행동주의 상담을 통하여 사회 적응행동에 의의있는 변화를 초래하기 위하여 구체적으로 세분화된 행동에 그 수정의 표적을 둔다. 즉 상담은 문제행동을 그 구성요소와 하위요소로 세밀하게 분석하고 이러한 구성요소를 구체적 그리고 체계적 표적으로 삼는다. 종래의 심리요법에서 상담목적을 '자아 힘의 강화', '자아실현' 등이라는 말로 표현하고 하는데 이와 같은 말은 상담자 자신이 지지하는 인성이론의 한 가지 개념에 불과할 뿐, 현실적으로 행동적 의거점이 모호하기 때문에 상담활동에 크게 도움을 주지 못할 뿐 아니라, 오히려 상담활동에 혼란을 일으키기도 한다.

실제로 심리요법에 있어서 상담과정의 녹음기록의 분석결과에 따르면 자아실현이라는 궁극목표를 달성하기 위한 상담자들의 실제 상담행동은 지극히 구체적이고 세분화된 내담자의 행동을 통제하고 있다는 것이 밝혀졌다. 행동주의 상담은 상담에서 변화의 궁극목적을 달성하기 위해서 수정의 표적을 세분화해야 한다는 것을 분명히 부각해서 그 세분화된 행동을 직접적으로 정면에서 해결하고자 하는 것이다.

수정표적의 행동적 세분화는 수정과정이 구체적이다. 행동의 세분화만이 행동측정의 용이성과 관찰의 정확성 및 신뢰성의 기준을 만족시키며, 증거와 희박한 추상적 개념을 피함으로써 과학적인 이론체계의 확립을 촉진할 수 있다.

(3) 개인에 적합한 수정방법의 모색

행동주의 상담이론은 수정과정에 있어서 행동의 개인차를 인정하고, 그 개인차에 적합한 수정방법을 모색한다. 상담전략은 개인마다 그가 가진 각각 다른 문제에 맞게 계획한다. 전통적인 비지시적 상담이나 정신분석에 있어서는 상담의 표적과 궁극목적이 행동적으로 세분화되어 있지 않기 때문에 대개의 경우 모든 개인을 동일한 방법으로 치료한다. 비록 상담도중에 개인 행동의 특수성에 맞추어 상담방법이 달라질 수는 있지만 그것은 어디까지나 상담과정의 흐름에 따라 그때 그때의 필요에 임기응변적으로 대처하는 것이다. 모든 내담자에게 동일한 상담목표를 세우는 한, 상담이 실패할 경우의 대안으로서는 상담기간을 연장하는 방도 밖에 없다.

행동주의 상담이론에서는 행동의 세분화 및 단일개체 실험설계와 일관성 있게 개인 행동의 특수성에 맞는 수정방안을 사전에 확립하고, 수정과정에서 상담의 효과가 없는 것이 확인되면 지체 없이 그 방법 대신 사용할 수 있는 다른 방법을 강구한다. 어떤 행동을 수정함에 있어서 쉽게 활용될 수 있는 방안이 없을 경우도 있지만, 최소한 효과가 없는 방안을 계속 사용하지는 않는다. 행동주의 상담이론이 개인에 맞는 방법을 모색한다는 것은 곧 이 수정이론 자체가 계속해서 수정되고 보완되어 나가는 길을 터 놓고 있다는 점과도 통한다.

(4) 단일개체 실험설계의 사용

행동주의 상담이론은 그 연구에 있어서나 상담효과의 평가에 있어서 단일개체 실험설계를 활용하는 것이 특징이다. 행동주의 상담이론에서는 행동의 정밀한 정의, 변화의 기록 및 상담변인의 체계적인 투입을 통하여 단일개체의 행동변화를 평가하는 특수한 실험설계를 채택한다. 그 가장 대표적인 예는 다음과 같은 형태를 취한다.

① 일상행동의 빈도 관찰(기초선 결정)

② 행동에 영향을 미치는 요인의 실시(실험/상담 단계)

③ 기초선 단계로의 반전

④ 변화요인에로의 재반전

반전－재반전을 통하여 행동이 상담요인의 작용으로 변화되었는지 그렇지 않으면 시간의 단순한 경과만으로 행동의 변화가 일어났는지를 확인할 수 있다.

단일개체 실험설계에서는 한 사람에 대하여 2개 이상의 처치를 다른 기간 동안 가하여, 그 효과를 비교함으로써 실험(상담)변인의 효과를 비교할 수도 있다. 동일한 개인을 관찰하기 때문에 평가에 개입되기 쉬운 개인차의 문제도 염려할 필요가 없으며, 종래의 실험설계에서처럼 통제집단을 사용할 필요가 없다. 그러나 처치의 순서에 부수되는 계열효과와 관찰 자체가 미치는 일반적인 영향에 대한 문제가 있으나, Sideman은 처치효과를 취급하는 여러 가지 방법을 제안하면서 집단간 비교 연구보다는 개체내 연구가 궁극적으로는 더 보편성을 띤다고 주장한다. 통계적 평균치와 통계적 방법에 의한 외래변인의 제거는 실제 처치의 효과를 왜곡할 우려가 있다. 아무리 무관하다고 판단되는 변인이라 하더라도, 그것이 행동변화에 영향을 미친다면 그 변인을 정면으로 받아들이는 것이 온당하다. 따라서 어떤 현상이 일어나는 조건을 있는 그대로 기술하고 그것이 미치는 영향을 그대로 받아들이는 것이 보편성을 확보하는 길이라고 볼 수 있다.

(5) 행동변화의 방법에 대한 관심

행동주의 상담이론은 행동변화의 내용도 중요시하지만 행동변화의 방법에 특별히 관심을 갖는다는 것이 그 한 가지 특징이다. 어떠한 행동을 강화·학습시킬 것이며 그 반면 어떠한 행동을 강화·제거시킬 것인가가 중요하다. 예컨대, 학교에서는 지적 학습을 목표로 하며, 임상실에서는 적응행동의 학습을 목표로 한다는 것은 사회가 요구하는 이들 기관의 역할로 간주한다. 따라서 행동주의 상담은 어떠한 내용의 학교학습이든, 어떠한 내용의 적응행동이든, 그 학습행동과 그 적응행동을 수정(강화·약화)함으로써 그 특수한 사회체제의 궁극목표를 효과적으로 달성하게 하는 것이 목적이다.

행동주의 상담이론은 사회에 효과적으로 적응해야 한다는 것을 알고 있다는 것이 반드시 적응행동을 그대로 하게 하는지에 대해서는 비교적 비관적이다. 우리의 경험에 비추어 보아, 어떤 일에 대한 통찰과 인식이 그대로 행동으로 변화되지 않는다는 것은 분명한 사실이다. 공부를 열심히 해야 한다는 것을 알면서, 대중 앞에서 자기의 의사를 명백히 표현해야 한다는 것을 알면서, 또는 질서를 지켜야 한다는 것을 알면서도, 그대로 행동에 옮기지 못한다는 사실은 누누이 지적할 필요가 없을 것이다. 또한 행동주의 상담은 심리적 문제를 이해한다는 것이 행동변화를 일으키게 할 수 있는 충분조건이 아니라는 사실, 즉 '문제의 원인'을 이해한다는 것이 행동변화의 성공을 보장하지 않는다고 본다.

(6) 수정기법과 절차의 구체적 진술

행동주의 상담이론은 그 방법상의 원리를 실험적 연구에 근거를 두고 있기 때문에 이에 걸맞게 치료의 기법과 절차를 구체적으로 진술하고 측정의 객관성을 분명하게 기술하는 등 응용과학적 접근을 따른다. 비록 응용행동분석에 있어서 종래와 같은 실험적 통제는 받지 않을지언정, 단일개체 실험방안을 자체통제, 즉 자신의 출발점 행동과 도달점 행동의 비교에 의해서 수정방법의 변인이 얼마만큼 효과를 보였느냐를 구체적으로 측정한다. 실험연구 결과에서 그 방법의 원천을 찾는 행동주의 상담이론에 의한 상담의 원리와 방법은 엄밀히 과학적이다.

4) 행동주의 상담

(1) 상담목표

행동주의 상담에서는 상담목표가 가장 중요한 위치를 차지한다. 행동주의 상담의 일반적인 목표는 학습의 새로운 조건을 창출하는 것이다. 그 가정은 그런 학습경험이 문제행동을 개선시킬 수 있다는 데 근거한 것이다. 내담자가 상담목표를 선택하고 선택된 목표를 상담과정의 초기에 구체적으로 정의한다. 전 상담과정을 통해 지속적으로 평가함으로써 목표달성의 정도를 그때 그때 확인한다.

목표는 상담에서 중요한 세 가지 기능을 한다. 명확히 정의된 목표는 구체적으로 내담자의 관심영역을 반영하고 상담의 방향을 제시한다. 또한 중재를 선택하고 사용할 수 있도록 해 준다. 상담목표는 구체적 상담전략이나 개입을 선택하고 결정하도록 해 준다. 무엇보다도 목표는 결과평가의 준거가 된다. 상담목표는 분명하고, 구체적이고, 이해할 수 있어야 하며, 내담자와 상담자가 동의할 때까지 수정・재수정하여야 한다. 상담목표를 결정하는 이 과정은 내담자와 상담자간의 협상을 통해 계약을 맺는다.

상담목표를 선택하고 정의하는 순서는 아래와 같다. 이 과정은 상담자와 내담자간의 협력적인 관계가 필수적임을 나타내 준다.

① 상담자는 목표를 세우는 이유를 설명한다.

② 내담자는 상담의 결과로 얻고 싶은 긍정적 변화를 구체화한다.

③ 내담자와 상담자는 진술된 목표들이 내담자 '자신'의 변화인지 확인한다.

④ 그 목표들이 현실적인가에 대해 함께 탐색한다.

⑤ 그 목표들이 성취되었을 때 있을 수 있는 유익함을 토론한다.

⑥ 그 목표들이 성취되었을 때 있을 수 있는 불이익을 토론한다.

⑦ 내담자가 진술한 목표를 기초로 상담을 계속할 것인지, 내담자의 목표들을 변경할 것인지, 혹은 다른 상담자를 찾을 것인지를 결정한다.

(2) 상담자와 내담자

행동주의 상담자들은 어떤 면에서는 다른 임상가들과 같다. 그들은 내담자가 주는 단서에 주목하고, 그들의 임상적 예감을 따르려고 한다. 그들은 요약화, 반영, 명료화, 개방형 질문과 같은 기법을 사용한다. 그러나 행동주의 상담자는 다른 이론의 상담자들과 다른 2가지 기능이 있다. 그들은 구체적인 것에 초점을 두고, 체계적으로 문제행동이 일어난 상황, 문제행동, 문제행동의 결과에 대한 정보를 얻으려고 한다.

어떤 비판자는 행동주의 상담자가 내담자에게 가치를 강요하고 너무 지시적이라고 주장한다. 그러나 다른 사람들은 행동이 수정될 방향을 결정하는 것은 내담자의 책임이라고 주장한다. 행동치료에 있어 내담자는 대개 '어떤 행동'을 변화시킬지를 결정하고 상담자는 그 행동을 '어떻게' 변화시킬지를 결정한다. 물론 이 과정은 상담자의 가치가 포함되므로 상담자는 이 가치들이 상담목표에 대한 자신의 평가에 미치는 영향을 규명하는 것이 좋다. 행동주의 상담자들도 상담이 사회적 영향을 포함한다는 사실을 인정하기 때문에 그들은 구체적이고, 내담자 지향적인 목표를 강조한다.

행동주의 상담의 독특한 공헌 중의 하나는 상담자들에게 잘 정의된 역할의 맥락 내에서 적용할 수 있는 잘 정의된 절차의 체계를 제공한다는 것이다. 그것은 내담자에게 명확한 역할도 제공하며 상담과정에 대한 내담자의 인식과 참여의 중요성을 강조한다. 내담자들은 목표의 선택이나 결정에 능동적으로 참여해야 하며, 변화하려는 동기를 가져야 하며, 상담과정이나 실생활에서의 상담활동의 수행에 협조할 의지가 있어야 한다. 내담자가 이런 식으로 참여를 하지 않는다면 상담은 성공적이지 못할 것이다.

한편, 어떤 사람들은 행동주의 상담자와 내담자의 관계를 매우 비인간적이라고 비판하기도 한다. 그러나 이 영역에 대한 대부분의 저자들은 좋은 대인관계의 형성은 상담 과정의 필수불가결한 요소라고 주장한다. 행동주의 상담자들은 로봇과 같이 내담자에게 일련의 기법을 강요하거나, 계획적으로 제작한 기계로 환원시켜 버리는 비인격적인 역할을 하지 않는다. 현재의 행동주의 상담은 구조화된 체계적 접근을 해야 한다는 인간행동에 대한 과학적 관점을 지향한다. 그렇다고 해서 행동상담이 관계형성이나 내담자가 상담목표를 결정해야 한다는 사실을 부인하지는 않는다. 실존상담의 인간중심 상담, 형태상담 등은 내담자와 상담자의 관계의 질을 강조한다. 정신분석에서는 전이를 상담이 이루어지는 무대로 본다. 반대로 대부분 행동주의 상담자들은 관계를 그렇게 중요한 변인으로 보지 않는다. 그들은 온정, 공감, 신뢰, 진실성, 수용과 같은 요인들을 행동변화를 일으키기 위한 필요조건은 되지만 충분조건은 아니라고 본다. 관계 그 자체가 중요한 것이 아니다. 관계의 역할은 내담자가 원하는 방향으로 변화하도록 돕기 위한, 상담방법을 세우기 위해 중요한 자기노출을 촉진하는 신뢰감을 얻는 것이다. 일단 효과적인 내담자와 상담자의 관계가 성립된 후에 상담자는 임상적 기술이나 기법을 가지고 접근해야 한다.

(3) 상담의 과정

행동주의 상담의 과정은 상담관계의 형성 → 문제행동의 규명 → 현재의 상태파악 → 상담목표의 설정 → 상담기술의 적용 → 상담결과의 평가 →

상담 종결의 과정으로 이루어진다.

1 부적응행동의 규명

실제로 행동수정에 착수하기 위해서는 습득시켜야 할 행동(약화 또는 제거시켜야 할 행동)을 선정해서 객관적 용어로 정의하는 일이 선행되어야 한다. 다시 말하면 행동을 효과적으로 수정하기 위해서는 먼저 그 행동을 정확하게 파악하고 서술적 용어로 정의해야 한다. 이와 같은 행동의 선정과 정의는 눈으로 관찰된 최종행동의 기술에서 끝내는 것이 좋으며, 정의된 내용만 보고도 두 명 이상의 독립된 관찰자에 의해서 동일한 하나의 행동으로 관찰 기록될 수 있어야 한다. 행동수정의 표적은 내담자의 행동 그 자체이기 때문에, 분석적 용어로 정의된 행동은 구체적이고 관찰가능하고 측정이 가능한 행동으로 세분화되어야 한다. 세분화한다는 말은 정의된 행동을 구체적인 작은 행동으로 나눈다는 의미이다.

2 현재의 상태파악

행동의 정의가 행동수정의 방향과 목표를 지시해 주는 것이라면 행동의 시발점 측정은 행동수정의 시작을 가리켜 주는 것이라고 할 수 있다. 행동의 시발점 측정이라 함은 실제 행동수정에 들어가기 직전까지의 행동이 얼마나 빈번하게 또는 오랫동안 일어나고 있느냐를 측정하는 것이다.

이러한 측정의 결과는 수정작업이 끝난 후 내담자의 행동에 얼마만큼의 변화가 일어났느냐를 알기 위한 기준이 되기도 한다. 시발점에는 크게 두 가지가 있다. 그 첫째는 행동의 빈도를 측정하는 것과 둘째는 어떤 행동을 얼마나 오랫동안 지속하는가 하는 것이다.

3 강화의 실시

시발점을 설정해서 정의된 행동의 강화(빈도 또는 지속시간)를 측정하고 나면 이제부터는 정적강화, 부적강화, 벌 또는 소멸 등 행동수정의 강화기법들을 적용하여야 한다. 상담과정에서 상담자가 내담자를 대상으로 강화 기법을 적용할 시에는 다음과 같은 강화원리를 숙지하고 있어야 한다.

4 강화원리

① **즉시강화의 원리 :** 강화는 증가시키고자 하는 행동이 발생하면 즉각적으로 주어져야 한다. 이것은 강화나 벌에 다같이 적용되는 원리이다. 강화가 주어지는 시간간격에 따라 그 효과는 상당한 차이가 있다. 일반적으로 강화는 행동이 일어난 즉시 주어져야 효과적이다. 가장 이상적인 강화방법은 강화가 거의 자동적으로 제공되는 것이다. 그러나 자동적 강화는 임상실이나 기계의 힘을 빌려야 할 때가 많기 때문에 학교나 가정에서는 번거롭고 불가능한 면이 없지 않다.

② **일관성의 원리 :** 강화제공은 일관성이 있어야 한다. 즉 특정한 목표행동을 형성하기 원한다면 내담자에 대하여 일관성 있게 강화해야 한다. 동일한 행동이 어떤 때는 강화를 받고 어떤 때는 벌을 받는다면 그것은 내담자에게 혼란을 가져다 주고 불안하게 한다. 그러므로 내담자의 행동에 대해서 일관성 있게 강화를 주거나 강화를 중단함으로써 그 행동을 원하는 방향으로 변하게 할 수 있는 것이다. 벌의 경우도 이와 동일한 원칙이 적용된다.

③ **점진적 접근의 원리 :** 변화시키고자 하는 행동을 계획된 단계에 따라 점진적으로 접근해 가야 하며, 내담자가 한 단계에서 다음 단계로 쉽게 옮겨 갈 수 있어야 하며, 매 단계마다 강화가 주어져야 한다. 하나의 목표행동에 이르기까지에는 많은 행동의 단계가 있다. 여러 가지 낮은 단계의 행동을 무시하고 최종 목표행동을 직접 형성하려고 하면 실패하기 쉽다. 그러므로 최종 목표행동에 이르는 여러 단계의 행동을 계열화함으로써 한 단계에서 쉽게 다음 단계로 옮겨가다 보면 마침내 목표행동에 도달하게 하는 것이 가장 효과적인 방법이다.

5 행동변화의 평가

행동의 변화를 목적으로 하여 시작된 행동주의 상담은 행동변화가 확인되면 행동수정을 끝낸다. 즉 습득시켜야 할 최종행동을 정의하고 세분화하여 그 행동들의 변화과정을 객관적으로 평가할 수 있도록 하기 때문에 상담자는 언제 상담을 끝내야 할지 분명히 알 수가 있다. 아울러 수정의 효과를 검증해 봄으로써 행동변화가 강화조작 때문에 나타난 것인지, 아니면 단순한 시간경과로 일어난 것인지를 확인할 수 있다.

행동수정의 효과를 검증해 보기 위해서는 행동수정 기법이 적용되기 이전, 즉 시발점 측정시 또는 그 이전의 자연상태로 되돌아가서, 내담자의 행동에 어떤 변화가 오는지를 알아본다. 이것을 반전이라고 한다. 반전을 하면 대개의 경우 수정된 행동이 원상태로 되돌아가는 것을 볼 수 있고, 그렇다면 상담기법의 효과가 있었다는 것을 알 수 있다. 그러나 현실적으로는 실험이 아닌 한 반전을 할 필요가 없을 때가 많다.

(4) 행동주의 상담기법

1 단계적 둔화

단계적 둔화는 높은 곳, 협소한 곳, 어두운 곳, 시험장면, 생소한 사람과의 면담 등에 대한 공포 및 불안을 극복시키기 위해 이완훈련과 함께 많이 사용하는 방법이다. 내담자는 먼저 점진적인 이완훈련을 받고, 불안 유발 자극의 위계목록을 만든 다음, 이들 불안장면에 대해 차례로 둔화훈련을 받는다. 여기서 말하는 불안유발 자극의 위계목록은 경우에 따라 실제 자극일 수도 있으나 대체로 불안 경험에 관련된 경험·장소·사진 또는 인물이 될 수도 있다. 단계적 둔화의 절차는 다음과 같이 요약해서 말할 수 있다.

첫째, 불안장면을 묘사한 항목을 약 5초 동안씩 세 번 연속해서 제시한다.

둘째, 불안하다는 신호가 있으면, 30~35초 동안 쉬게 한 후 약 10초 동안 다시 제시한다.

셋째, 두 번째 제시까지 불안 신호가 없을 경우에는 20초 동안 쉬고, 세 번째는 약 15초 동안 제시한다. 이와 같은 식으로 각 항목을 마치면 다음 항목으로 넘어간다.

불안위계목록의 첫 항목은 아주 쉬운 것으로 해야 내담자가 이 방법에 대해 자신이 붙게 되고 익숙해진다. 따라서 상담자는 임상적 민감성을 발휘하면서, 언제 이전 항목으로 돌아가고, 언제 다음 항목으로 넘어갈지를 순간순간 적절히 판단하면서 진행하여야 이 방법이 성공한다. 이 방법은 대인관계 공포·시험공포·신경증적 공포 등 여러 공포증을 제거하는 데 효과적이며, 또한 성불능·불감증 같은 성적 부적응 등을 치료하는 데도 활용된다.

[2] 자기표현 훈련

자기표현 훈련은 대인관계에서의 억제된 생각과 감정을 적절한 방식으로 표현하도록 함으로써, 적극적이고 생산적인 생활 태도를 갖추도록 돕는다. 자기표현 훈련이 필요한 경우에는 일반적으로 대인관계에서의 소외감·피해의식·대중 공포 및 이에 따르는 불안과 고독감이 문제가 될 경우이다. 보다 구체적인 행동을 예를 들어 열거하면 다음과 같다.

① 남의 시선을 회피함
② 상대방의 잘못을 지적·언급하기를 두려워함
③ 모임이나 회의에서 구석 자리만 찾음
④ 자기를 비난하는 소리를 듣고만 있음
⑤ 지배적인 인물에 대해 전혀 반박을 못함
⑥ 좋아하거나 사랑하는 대상에게 애정을 표현하지 못함
⑦ 타인을 칭찬할 줄도 모르고 칭찬받을 줄도 모름

⑧ 친구의 비합리적 요구를 거절하지 못함

자기표현 훈련은 이러한 불안과 긴장을 감소시키기 위한 표현 반응을 연습함으로써 과도한 억제를 줄인다. 다시 말해서 자기가 말하고 싶은 것을 말하도록 내담자를 훈련시키는 절차이다. 대인관계에서 불안과 긴장을 호소하는 내담자를 훈련하기 위해서는, 내담자에게 첫째, 자신이 인간으로서의 기본 권리가 있고, 둘째, 스스로 결정할 권리가 있고, 셋째, 타인으로부터 침해받지 않을 권리가 있으며, 넷째, 자신의 생각과 감정을 표현할 권리 등이 있음을 인식하도록 먼저 격려할 필요가 있다.

3 혐오치료

어떤 행동은 당장 불안을 감소시키고 만족스러운 결과를 주지만, 장기적으로는 바람직하지 못하고 불만족스러운 결과를 초래한다. 이러한 바람직하지 못하고 불만족스러운 결과를 고치기 위해서는 그 행동에 따른 결과 및 영향을 바꿀 필요가 있다. 즉, 문제행동을 유발하는 자극을 혐오스러운 성질의 것으로 바꾼다면, 그런 자극에 대한 습관적 반응을 줄일 수 있다. 다시 말해서 부정적인 속성과 반복적으로 연결한 대상이나 활동은 처음에는 없던 부정적인 속성을 띠게 된다는 조건형성의 원리를 바탕으로 한 것이 혐오치료이다. 혐오자극으로는 전기충격이나 구토제를 사용한다. 그러나 상담장면에서는 이런 실제적인 자극 대신에 상담자의 지시에 따라 혐오스러운 장면이나 자극을 반복적으로 상상하도록 하는 방법을 흔히 사용한다. 이 방법은 혐오자극으로 문제행동을 처벌하면서, 문제행동을 대체할 수 있는 바람직한 다른 행동을 강화해 줄 때 효과가 더 크다. 혐오치료는 자폐증 아동의 문제행동을 없애는 데 유용하게 쓰이며, 알코올중독이나 약물중독·흡연·강박증·성도착증·도박·동성애 등에도 적용된다.

④ 긍정적 강화

바람직한 행동을 할 때마다 보상을 주어 그 행동을 강화하는 방법이다. 강화물에는 음식·수면 등 생리적 욕구를 충족시켜 주는 것과 미소·인정·칭찬·돈·선물 등 사회적 욕구를 충족시켜 주는 것이 있다. 치료 절차는 먼저 바람직한 행동을 세부적으로 조사하고 내담자 개인에게 보상이 될 수 있는 것을 찾아낸다. 그런 후에 내담자가 바람직한 행동을 할 때마다 체계적으로 보상을 준다.

⑤ 행동 조성

바람직한 행동을 여러 단계로 나누어 강화함으로써, 점진적으로 바람직한 행동에 접근하도록 유도하는 방법이다. 예컨대, 초등학교에서 서두르고 수업태도가 나쁜 어린이를 수업 태도가 바람직한 어린이로 변화시키는 교육을 들 수 있다. 교사가 어린이의 분주하고 산만한 행동에 대해서는 무관심한 반면, 교사의 설명에 주의를 기울일 때는 반드시 관심(또는 칭찬)을 보임으로써 점차 바람직한 행동으로 유도할 수 있다.

⑥ 모델링(모방학습)

모델링은 실제적 생활이든, 필름으로 보여주든, 상상에 의해서 제시하든 지간에 모방하게 될 행동을 시험하는 사람에게 노출하는 전략이다. 모델링 절차의 효과는 시범하는 행동에 관한 감정적 및 태도적 변화와 내담자가 모델이 된 행동의 모방을 포함하는 것이다. 이러한 모델링 절차는 4가지 기본적인 기능이 있는데, 모델의 관찰에 의해 내담자는 보다 새롭고 적절한 행동유형을 학습할 수 있고 그래서 모델링은 습득기능(acquisition function)에 이바지할 수 있다. 또한 다양한 상황에서 모델의 행동에 대한 관찰은 보다 적절한 시기에, 보다 적절한 방식으로, 보다 절절한 사람들에게 그렇게 행동하도록 내담자를 유도함으로써 적절한 행동의 사회적 촉진(social facilitation)을 제공할 수 있다. 모델링은 내담자가 공포나 불안 때문에 회피하고 있던 행동을 없앨 수 있다(disinhibition). 그리고 이러한 회피행동이 없어지면 모델링은 어떤 인물 혹은 대상과 관련된 공포의 대리적 및 직접적 소거(extinction)를 증가시킬 수 있다.

7 환권보상 치료(대리경제체제, 토큰경제)

바람직한 행동을 인정해 주는 것만으로 효과가 없을 때, 환권(token)을 주어 나중에 음료수, 사탕 및 입장권 등 내담자가 원하는 물건이나 권리와 바꿀 수 있도록 하는 상담 절차를 말한다. 토큰경제는 수정된 행동을 유지시키는 것이 문제이며 다음 사항이 도움이 될 것이다.

① 토큰경제 목표와 개념들에 대해 모든 인사들(전문가, 내담자, 고문 등)의 서약

② 자연스러운 사회적·환경적 강화를 받기 용이한 행동들을 선택

③ 행동수정에 대한 증명된 실험 원리

④ 토큰의 강화적 가치 유지와 내담자가 토큰을 바라는 이익으로 상환할 수 있는 빈번한 기회 보증

⑤ 물질적 강화와 사회적 강화를 짝지어서 내적 동기의 가치학습

⑥ 물질적 강화(토큰)는 줄이고 사회적 강화(구두적 칭찬)는 증가시켜 장기적으로 결과들이 내적 동기만으로 유지될 수 있도록 하기

⑦ 단순히 나쁜 행동의 통제 이상의 의미를 보이기 위해 단·장기적으로 생활의 질에 효과를 미치는 행동에 초점 맞추기

⑧ 수정된 행동들이 제도적 환경 밖의 요구에도 전이될 것을 보증

⑨ 건전한 평가/피드백 과정을 유지해서 문제 발생시 필요한 전략을 변화시키기

8 소거

바람직하지 못한 행동의 발생률을 감소시키기 위하여 사용할 수 있는 방

법은 그런 행동이 더 이상 강화될 수 없도록 이제까지 주어지던 강화를 차단하는 것이다. 그러면 그 행동의 발생률이 낮아지다가 결국 없어지는데 이런 현상을 소거 혹은 소멸이라고 한다. 소멸은 상반행동, 바람직하지 않은 행동과 동시에 일어날 수 있는 바람직한 행동에 정적 강화를 주는 것과 동시에 사용하는 것이 가장 효과적이다.

특정한 행동을 감소시키기 위해서 소거를 효과적으로 사용하기 위해서는 감소시킬 행동을 선택해야 하는데, 행동을 선택할 때는 구체적인 것으로 하고, 한번에 중요한 문제에 변화를 가져올 것으로 계획하지 말아야 한다. 그리고 소거를 적용할 경우 바람직하지 않은 행동이 줄어들기 이전에 더 악화되며 또 때로는 공격적 행동이 나타난다는 점을 기억하고 있어야 한다. 많은 사람들이 소거에 실패하는 이유가 바로 더 악화되며 공격적인 행동이 나타나면 이를 무시하지 못하고 다시 그 행동을 수행하게 만든다. 가능하면 현재 바람직하지 않은 행동을 유지하고 있는 강화를 통제할 수 있는 행동으로 선택해야 한다.

그리고 다음과 같은 내용을 주의하면서 소거를 실시해야 효과가 나타난다.

첫째, 소거를 적용하기 이전에 일정기간 중 바람직하지 않은 행동이 얼마나 자주 일어나는가를 관찰 기록하고 이렇게 하는 동안 그 행동에 주던 강화는 계속 주도록 한다.

둘째, 현재 그 행동을 강화하고 있는 것이 무엇인가 확인해야 한다. 그러면 처치하는 동안 이 강화를 통제할 수 있게 된다. 다시 말해서 그 행동의 강화에 대하여 자세히 파악하게 되면 소거가 어느 정도 시일이 요할 것인가에 대한 아이디어를 얻을 수 있다.

셋째, 바람직하지 않은 행동 대신 바람직한 행동, 즉 상반행동을 찾아본다.

넷째, 바람직한 행동에 대해 사용할 수 있는 효율적인 강화를 찾아본다.

다섯째, 소거가 효율적으로 이루어질 수 있는 장소를 선정한다.

여섯째, 소거를 시작하기 이전에 어떤 행동이 무시되어져야 하고 어떤 행동이 강화를 받아야 하는지 이 계획에 관계된 모두에게 확실히 해서 주위 사람들에게 바람직하지 않은 행동을 무시하고 바람직한 상반행동을 강화하도록 교육을 시켜야 한다.

9 벌

벌은 바람직하지 못한 행동을 제거하기 위해서 가장 많이 사용하는 방법이다. 벌이라고 하면 흔히 회초리나 말로써 야단치는 것 등 불쾌한 자극을 연상하는데, 행동수정에서 말하는 벌의 의미는 조금 다르다. 여기에서 말하는 벌이란 어떤 행동에 후속되어 그 행동이 재발될 확률을 감소시킬 수 있는 자극을 말한다.

따라서 벌을 이용하여 행동수정 프로그램을 실시하려고 한다면 누구든지 벌을 받게 되는 행동의 원인을 최대로 줄여주어야 하는데 이렇게 하기 위해서는 첫째, 현재 벌을 받는 행동의 선행자극을 확인해야 하며 둘째, 현재 바람직하지 못한 행동에 대해 주어지는 강화가 어떤 것인지 알아내는 것이 필요하다.

하지만 벌을 줄 때는 일반적인 원칙들이 있다. 우선 벌은 바람직하지 못한 행동이 일어난 즉시 주어야 가장 효과가 있다. 벌이 지연되어 바람직한 행동이 일어난 다음 주게 되면 그 벌은 바람직하지 못한 행동 보다 바람직한 행동에 대해 더 큰 영향을 미친다. 둘째, 벌은 바람직하지 못한 행동이 일어날 때마다 즉시 주어야 한다. 가끔 주는 벌은 바람직하지 못한 행동이 일어날 때마다 주는 벌보다 효과가 적다. 셋째, 벌을 줄 때는 정적강화와 동시에 주어지지 않도록 해야 한다. 만약 정적강화와 동시에 주어지면 벌의 효과는 줄어들며, 어떤 경우에는 벌의 효과가 완전히 상쇄되어 바람직하지 못한 행동이 더 증가하는 경우도 있다. 넷째, 벌을 줄 때는 침착해야 한다. 벌을 주면서 화를 내거나 좌절하는 것은 오히려 바람직하지 못한 행동을 강화하거나 벌의 강도를 적절하게 주지 못한다.

한편 벌은 다른 기법에 비해 여러 가지 결점과 바람직하지 못한 부작용이 많기 때문에 조심하여 사용해야 한다. 벌의 부작용 중 하나는 바람직하지 못한 정서적 행동을 유발시킨다는 점이다. 예로 벌을 받은 동물은 다른 동물을 공격한다는 것이다. 만약 이러한 것이 인간에게 적용될 때는 예상치 못한 결과를 가져올 수 있다는 점이다. 인간의 행동은 관찰을 통해 학습이 이루어지기 때문에 벌을 주는 행동을 관찰한 아동은 다른 아이에게 벌을 가하기 쉽다는 점도 문제점이다. 그리고 벌은 상담자로 하여금 너무 남용하게 할 위험성을 내포하고 있다. 왜냐하면 벌은 바람직하지 못한 행동을 신속하게 억제할 수 있기 때문에 상담자가 벌에 너무 의존하게 만들 수도 있으며 바람직한 행동에 대한 정적강화의 사용을 소홀히 하게 할 수도 있다. 따라서 벌은 최후의 수단으로만 사용되어져야 한다.

⑩ DRL, DRO

어떠한 행동의 발생빈도가 어느 수준 이하로 낮을 때에만 강화하게 되면 결국 그 행동은 낮은 비율로 일어난다. 이러한 현상을 '발생빈도가 낮은 행동에 대한 차별강화(differential reinforcement of low rates : DRL)'라고 한다. DRL은 간헐강화 계획과 비슷한데, 이 방법이 효과적이기 위해서는 첫째, 바람직하지 않은 행동을 할 경우 어느 정도는 참을 수 있으며, 둘째, 그러한 행동의 비율이 적을수록 좋다는 두 가지 조건을 충족하여야 한다.

다음 강화를 받을 수 있는 반응빈도의 상한선을 영(zero)으로 설정하는 강화계획을 '발생빈도가 영으로 되었을 때 주는 차별강화(differential reinforcement of zero responding : DRO)'라고 한다. DRO는 어떤 행동을 완전히 제거하고자 할 때 사용한다. DRO 계획은 대상행동이 거의 나타나지 않거나 전혀 나타나지 않을 때까지 그리고 반응이 일어나지 않을 때 받는 강화가 최소한이 될 때까지 점점 시간간격을 늘려가며 계획해야 효과적이다.

DRL과 DRO는 둘 다 간헐강화 계획의 한 변형이다. 간헐강화와의 차이는 DRL과 DRO가 행동을 유지하거나 증가하는 것이 아니라 감소시키는 방법이라는 점이다. 여러 가지 형태의 간헐강화 계획의 원리, 용도, 구체적 방법 등을 고려하면 DRL과 DRO를 사용하는데 도움이 된다. 이를 효과적으로 사용하려면 다음 사항을 유의해야 한다.

첫째, 감소하고자 하는 행동에 적합한 강화계획을 선정해야 한다. 예를 들면, 완전히 소거시킬 행동에 대해서만 DRL과 DRO를 사용해야 한다.

둘째, 강화를 주어야 할 시간을 정확하고 손쉽게 측정할 수 있는 시간 측정도구를 준비해야 한다. DRL과 DRO 계획에서는 초시계가 거의 필수적이다. 경우에 따라서 일정한 시간마다 신호음을 울려주는 기구 등을 사용해도 좋다.

셋째, 강화를 주는 빈도는 처음에는 대상행동을 하지 않는 상태가 계속하여 유지될 수 있도록 자주 주어져야 하지만, 점차로 줄여 나가야 한다. 때로는 상담자의 지시를 잘 이해하고 상담기간 처음부터 아주 낮은 수준으로 반응하는 경우도 있다.

넷째, 행동수정을 할 대상 참여자들에게 행동수정의 계획을 잘 이해할 수 있도록 설명하여야 한다.

그 밖의 기법들로는 자기－관리, 행동적 계약, 모델링, 행동시연, 역할연기, 포화, 홍수법과 내파음 치료, 바이오피드백, 이완훈련, 정서적 심상법, 사고중지, 내적 모델링과 인지적 모델링, 인지적 재구성 등이 있다.

4. 현실치료 집단상담

1) 인간관

현실적 상담(Reality Therapy : RT)은 1950년대 William Glasser에 의해

연구・소개되었다. 이 이론의 기본 가정은 우리 모두가 성장할 수 있는 힘(growth force)을 가지고 있으며, 이 힘이 우리의 환경을 통제하면서 자신의 욕구를 충족시키고 '성공적인 정체감(identity)'를 발전시킬 수 있다는 데 있다.

이러한 가정에 근거하여 이 이론은 현재의 자기 행동에 대한 책임, 즉 현재 진행 중에 있는 행동에 초점을 맞추는 상담 방법이다. 그래서 이 이론은 정신건강과 책임을 동등하게 본다. 즉, '정신병이란 책임감의 회피'라고 규정한다.

내담자는 현실을 직시하고 자기 자신이나 타인에게 피해를 주지 않고 성공적인 정체감(sucess identity)을 획득하도록 자기의 세계와 자신을 통제할 수 있도록 조력한다.

Glasser는 초기 전통적인 정신분석학적 치료가 일반적으로 잘못된 가정에 근거하고 있다고 확신하고 이 치료법을 개발했다. 현실요법은 긍정적인 자기 정체성을 성취하도록 고안된 행동수정의 한 형태이며, 비교적 단기간의 치료로 재활을 가능하게 하여 상담, 학습방법, 그룹활동, 결혼상담, 지역사회 개발, 구조관리 방안들에 폭넓게 적용되고 있다.

Glasser는 일반적으로 인간에 대해 긍정적이며, 결정론적인 입장을 반대한다. 현실요법 상담론에서는 인간관은 자신의 행동과 정서에 대해 자신이 책임을 지는 반결정론적 입장을 지지한다. 이 이론의 인간관을 다음과 같이 6가지로 정리할 수 있다.

① 인간은 자신의 건강을 증진시키고 자신을 성장시키려는 힘(growth power)을 가지고 있다. 이러한 힘이 있기 때문에 인간의 행동 변화도 가능하다.

② 인간은 자기 결정(self-determining)이 가능한 존재이다. 이는 인간의 성장하려는 힘에 근거한 것으로 인간은 유전이나 환경 또는 과거에 의해서 결정되기보다도 자기 스스로에 의해 결정되는 면이 더 크다는 것이다.

③ 인간은 자신이나 환경을 통제할 수 있는 존재이다. 인간이 자기를 결

정할 수 있는 것은 자기 자신과 환경을 어느 정도 통제할 수 있기 때문이다.

④ 인간은 자신의 행동을 포함한 자신에 대하여 책임질 수 있는 존재이다. 이는 자신의 행동(doing), 느낌(feeling), 생각(thinking), 환경적 여건에 대해서도 책임질 수 있도록 스스로 통제해 나갈 수 있다는 것을 의미하기도 한다.

⑤ 인간은 성공적인 정체감(identity)을 발전시킬 수 있는 존재이다. 성공적인 정체감을 통해 인간은 만족스럽고 의미 있는 인간관계를 가지고 싶어한다.

⑥ 인간은 기본적 욕구를 충족시키려는 존재이다. 이러한 욕구에는 소속(belonging), 능력(power), 자유(freedom), 재미(fun), 그리고 생존(physical survival)이 있다.

2) 주요 개념

앞에서도 설명한 바와 같이 Glasser는 인간이 '성공적인 정체감'을 개발할 수 있음은 물론, 환경이나 기타 다른 어떤 힘을 스스로 결정한다는 입장을 취하고 있다. 이러한 인간관을 바탕으로 하여 본 장에서는 이 이론의 핵심이 되는 통제이론, 성격이론, 책임 등에 관해 자세히 논의하고자 한다.

(1) 통제이론

현실요법 상담에서는 인간이 내적인 욕구가 실현될 수 있도록 자신의 환경을 통제할 수 있다는 통제이론에 근거한다. 이 이론은 인간의 기본적 욕구(basic need), 지각체계(perceptual system), 행동체계(behavioral system)에 기초를 둔다.

1 기본적 욕구

인간은 뇌 속에서 일어나고 있는 기본적인 욕구나 유전적 지시에 의해 내부적으로 동기화된다. 이중 현실요법 상담에서는 기본적 욕구에 더 관심이 많다. 인간의 뇌는 신뇌(new brain)와 구뇌(old brain)로 구성되어 있다. 신뇌에서는 기본적 욕구 중 심리적 욕구인 소속, 능력, 자유, 재미의 욕구가 일어나며 구뇌에서는 생리적 욕구인 생존의 욕구가 일어난다. Glasser는 소속과 사랑에 대한 욕구를 사회, 일, 가족에 소속하고 싶은 욕구로 분류하였다. 사랑하고, 협력하는 욕구로는 서로 신뢰하고 관심을 가지는 것과 관련된다. 능력은 주위 사람들과 경쟁하고, 성취하고자 할 때 나타난다. 자유는 자신의 의도대로 움직이고 선택하려는 욕구로 독립성・자율성과 밀접하다. 이러한 자유는 타인을 간섭하거나 방해, 혹은 타인의 권리를 침해함이 없이 행할 수 있어야 한다. 재미는 학습과 놀이의 욕구로 감정과 웃음이 있는 것을 말한다. 생존은 개체를 보존하려는 것을 의미한다.

인간의 기본적 욕구의 특징은 다음과 같다.

① 일반적이고 보편적이다.

② 개인 내의 욕구들 사이에서나 개인과 개인간의 욕구충족 사이에서 갈등이 일어날 수 있다.

③ 개인 내의 욕구들 뿐만 아니라 개인간의 욕구에 대해 균형을 유지하려 한다.

④ 개인의 욕구는 순간적으로 충족되었다가 다시 불충분한 상태로 가기 때문에 계속 충족된 상태를 유지하기 어렵다.

⑤ 충족의 상태가 지속될 수 없기 때문에 이것이 동기의 근원이 된다.

심리적 욕구와 관련된 신뇌와 생리적 욕구와 관련된 구뇌는 계속적으로 긴밀하게 연락을 취한다. 신뇌에서는 심리적 욕구뿐만 아니라 모든 의식적이고 자발적인 욕구충족 행동(need-satisfying behavior)도 일어난다. 이에 비해 구뇌의 활동은 자동적으로 이루어지기 때문에 우리는 그 활동을 잘 의식하지 못한다. 심리적 욕구의 충족과 관련된 신뇌의 어떤 활동은 생존을 유지하기 위한 구뇌의 기능에 직접적인 위협을 줄 수 있다.

우리의 기본적인 욕구는 각각 많은 원함(want)을 충족시킴으로써 가능하다. 원함이 충족되면 그와 관련된 좌절이 일어나지 않는다. 그러나 원함이 충족되지 않으면 좌절이 일어나고 우리는 동기화된다. 이렇게 볼 때 모든 행동은 욕구, 원함, 좌절에 의해서 내면적으로 동기화되어진다고 볼 수 있다.

2 지각체계

우리의 욕구나 원함의 충족은 결국 현실세계(real world)를 통해서만 가능하다. 따라서 이들의 관계를 이해하는 것이 중요하다. 이를 위해서는 지각체계(perceptual system)에 대한 이해가 필요하다.

현실세계와 내부세계가 관계를 갖는 것은 감각체계를 통해 들어온 현실세계가 지각체계를 통과하여 내부세계에 연결됨으로써 어떤 관계를 가능하게 한다. 감각기관이 감지하는 모든 것은 감각과정 자체에 의해 영향을 받는다. 이러한 과정 중 우리가 원하는 것을 충족시키는데 전혀 도움이 되지 않는 것은 우리에게 아무런 의미가 없는 것이 많다. 즉 우리가 원하는 것과 비교되어지고 여기서 무의미한 것으로 여겨지면 더 이상 내부세계로 보내지 않는다. 이중 의미가 있는 것으로 보이는 것은 우리의 지각체계 중의 하나인 총괄지식 여과기(total knowledge filter)를 통과한다. 우리가 감지하는 것이 이 여과기를 통과할 때 현실세계는 감각에서 지각으로 바뀌게 된다.

총괄지식 여과기를 통한 지각은 가치 여과기(valuing filter)를 통과하게 된다. 가치 여과기는 기본적 욕구에서 이미 다루어진 내부세계(internal world)와 밀접하게 관련된다. 가치 여과기는 우리가 아는 모든 것을 비교하거나 우리가 원하는 모든 것을 찾아내려고 한다. 이러한 과정에서 우리의 지각은 원하는 것을 얻는 데 도움이 되면 즐거운 느낌과 긍정적 가치로, 원하는 것을 얻는데 방해가 되면 고통스러운 느낌과 부정적 가치로, 긍정적이거나 부정적이지도 않으면 중성적 느낌과 가치를 가지게 된다. 중성적 느낌과 가치는 실질적으로 우리의 관심에서 멀어진다. 그러나 실재에 있어 지각된 세계는 그 당시 우리가 사용할 수 있는 모든 지식이나 기억할 수 있는 모든 것을 나타낸다. 우리의 지각된 세계에 의해서만 현실세계와 접촉할 수 있기 때문에 우리가 말하는 현실세계란 실제로는 지각된 세계이다.

3 행동체계

우리는 자신이 원하는 것과 더욱 유사한 욕구 충족 사진을 얻기 위해 현실세계에 대한 행동을 시도한다. 이 행동은 기본적 욕구가 만족되지 못하고 있고 우리의 삶이 효과적으로 통제되지 못하고 있다는 신호라고 볼 수 있는 순수고통(pure pain)이나 불편함(discomfort)이 일어날 때와 효과적으로 통제가 되고 좋은 느낌을 일으키는 순수 즐거움이 일어날 때로 나누어 생각할 수 있다.

행동체계는 비교장소에서 균형이 깨어질 때마다 순수고통과 더불어 좌절신호(frustration signal)가 나온다. 이 신호는 모든 행동을 일으키는 신호이기도 하다. 이 신호는 비교 장소로부터 행동체계(behavioral system)로 보내진다. 저울의 불균형이 심할수록 강한 신호가 나오고 신호가 강할수록 행동을 위한 충동도 강해진다.

우리의 삶이 통제되지 않을 때, 좌절되었을 때, 욕구의 만족이 불가능할 때 우리는 행동체계를 작동시키는 좌절신호를 내보낸다. 우리가 지금까지 배웠던 모든 행동은 이 행동체계 안에 저장되어 있다. 그것이 활동을 개시할 때, 저장된 모든 행동의 목적은 우리가 원하는 것을 얻을 수 있도록 하기 위해 현실세계에 영향을 미치고 현실세계를 통제하려는 것이다.

통제이론에 따르면 우리의 행동결과에 대한 지각은 피드백(feedback)이다. 어떤 행동을 통해 우리가 원하는 것을 얻으려 했는데 피드백을 받아 보니 아직 원하는 바를 알지 못했다고 지각되면 피드백은 우리의 행동을 변화시킬 수 있는 타당한 정보가 된다.

좌절신호가 발생되면 우리는 먼저 조직화된 행동(organized behavior)을 한다. 이 행동은 행동체계에 저장되어 있고 현실적으로 이용이 가능한 우리가 알고 있는 모든 행동, 생각 느낌이다. 이들은 언제든지 통제에 도움을 주고 창조된 이후에는 계속 사용되어지는 행동이다. 또한 이 신호가 발생되었는데도 즉각적으로 이용할 수 있는 조직된 행동이 없으면 우리는 새로운 행동을 만들어 낸다. 우리의 행동체계는 계속적으로 완전히 새로운 행동을 창조하는 조직화(organizing)이거나 조직화된 행동을 재조직화(reorganizing)하고자 한다. 조직화나 재조직화한 행동 중 일단 한 번만 사용하게 되면 그 행동은 조직화된 행동이 된다. 조직화나 재조직화의 과정은 계속된다. 우리가 그것의 사용과 관계없이 우리의 창의성은 계속된다.

조직화된 행동을 포함하여 우리가 욕구를 만족시키기 위해 하는 행동은 모두 전체 행동(total behavior)이다. 왜냐하면 모든 행동은 현재의 행동(acting), 생각(thinking), 느낌(feeling), 신체활동(physiology)의 4가지 요소로 구성되어 긴밀하게 관련되고 있다. 그러나 우리가 느끼는 어떤 고통이나 즐거움도 우리가 선택한 전체 행동의 한 부분이다. 만약 우리가 나쁜 느낌이 들고 더 좋은 느낌을 갖고 싶다면 우리는 더욱 효과적이고 욕구를 만족시키는 전체 행동을 선택해야만 한다.

(2) 성격이론－정체감

현실치료 상담에서는 정체감(正體感 : identity)을 대단히 중요하게 여긴다. 정체감 중에는 자신이 성공적이라고 여기는 '성공적 정체감'과 자신이 패배자라고 여기는 '패배적 정체감'이 있다. 여기서 사용된 성공적 또는 패배적이라는 말은 자신의 자아상(self-image)의 견지에서 말하는 것이다. 이러한 자아상은 다른 사람이 그에게 가진 상과 같을 수도 있고 다를 수도 있다. 정체감은 부모를 포함한 다른 사람과의 관계에서 발달한다. 어릴 때는 대부분의 아이들이 자신을 성공적으로 보는 반면, 5~6세경부터는 정체감에 변화가 오는 경우가 많다. 이 시기는 사회적·언어적 기능 및 사고능력이 발달하게 되므로 자신의 능력에 대해 성공적 혹은 패배적으로 정의하게 된다. 패배적 정체감을 가진 사람은 극도의 고독감을 경험하게 된다. 이들은 일반적으로 현실세계를 직면하는 데 어려움을 겪게 되며, 경쟁에서도 마음이 편하지 못하고 불안을 일으키는 등의 문제가 있다. 반면에 성공적 정체감을 가진 사람은 자기 자신을 가치 있는 인간으로 이해하여 대체로 건설적인 태도를 다른 사람들과 경쟁하며 효과적으로 자신을 통제하여 서로의 성공을 고무시킨다.

우리들의 정체감을 명료화하고 이해하는 데는 타인이 대단히 중요한 역할을 한다. 만약 우리가 자신을 들여다보고 자신에 대해 듣고 싶어한다면, 다른 사람들의 반영이 자신의 거울인 것이다. 자신의 가치, 신념의 체계, 신앙심의 정도, 철학이 자신의 정체감을 보다 명확히 해 준다. 또한 타인의 생활조건, 분위기, 사회·경제적 지위에 관련지어 자신을 보기도 한다.

마지막으로 자신의 신체구조나 옷차림 등을 포함한 자신과 관련된 신체상(physical image)이 다른 사람과 관련해서 자신을 볼 수 있게 하고 자신의 정체감을 명료화하는 데 도움을 준다.

패배적 정체감이 나타나고 현실세계에서 곤란이나 불편을 느끼는 사람은 일반적으로 현실세계를 무시하거나 부정해 버린다. 현실을 무시하는 사람은 현실을 부정하거나 바꾸는 것보다는 그것을 무시하는 것이 오히려 현실세계를 각성하고 선택하는 것이라고 믿고 있는 사람이다. 이러한 사람들은 비행자(非行者), 범죄자, 성격 장애자 등에서 볼 수 있다. 이들은 근본적으로 사회의 규범과 규칙을 깨뜨리며 그 결과 현실을 무시하는 반사회적 인간이 되는 것이다.

(3) 3R

① 책임(responsibility)

현실치료 상담의 기본이 되는 것은 개인적 책임이다. 즉, 개인적 책임을 지지 않는 데서 개인에게 문제가 생긴다고 보고 있다. Glasser가 책임에 대하여 '다른 사람들의 욕구를 충족시키는 능력을 빼앗지 않고 자신의 욕구를 충족시키는 능력'이라고 정의하였다. 이 접근에서는 사람들이 그들 자신의 행동에 대해 책임과 욕구를 충족시킬 책임이 있다고 보고 있으며, 과거의 조건이나 현재의 여러 여건, 그리고 타인의 행동도 자신의 무책임한 행동에 대한 구실로 사용되어질 수 없다고 보고 있다. 그는 개인이 자신의 삶에 대한 책임을 받아들이고 그러한 책임에 따른 행동을 시작하기 전까지는 변화가 불가능하다고 주장한다.

현실치료에서는 정신건강과 책임을 동일시한다. 즉, 책임을 잘 질수록 더 건강하고, 책임을 지지 않을수록 건강하지 않다는 것이다. Glasser는 각자의 책임이나 책임의 부족함을 정확하게 설명하기 위해서는 '정신병'과 '정신병 분류체계'를 버려야 한다고 주장한다. 사람들이 스스로 자신을 병든 것으로 받아들이는 한, 그들은 그들의 무책임에 대해 이미 마련된 이유를 가지게 되는 것이다. Glasser는 불행과 개인적 고통은 무책임의 결과이지 무책임의 원인이 되는 것은 아니며 책임 있는 행동만이 정신건강을 가져온다고 주장하고 있다.

② 현실(reality)

현실요법 상담은 현실을 강조한다. 현실요법 상담에서 말하는 책임을 다른 말로 표현한다면 현실을 직면하는 것이다. 현실과의 직면이란 현실세계의 모든 여건을 받아들여야 한다는 점과 현실세계에 대한 통제를 통해 자신의 욕구를 충족시켜야 한다는 것이다.

우리는 과거를 바꿀 수 없다. 우리가 과거를 이해하려는 것은 우리의 관심을 현실로 돌리기 위한 것이다. 즉, 현실을 위해 과거에 대한 이해가 필요하다. 사람들이 자신을 변화시키기 위해서는 과거를 이해해야 한다고 생각하게 되면, 과거에 경험한 어떤 일들이 무책임한 그들의 현재 행동에 대한 하나의 구실을 제공하는 것이 되어 버린다. 결국 현실요법 상담에서는 내담자가 그들의 현실과 직면해야 한다고 본다.

무책임이 정신병이라고 볼 수 있는 것은, 정신병이란 '나의 현실을 거부한다'는 것으로 볼 수 있기 때문이다. 현실을 거부하려는 것은 자신의 삶에 대한 책임을 지지 않으려고 스스로에게 설득하려는 것이다. 현실치료란, 결국 내담자가 더욱 책임 있는 행동을 할 수 있도록 조력하여 줌으로써 자신의 문제를 해결하여 현실을 직면하도록 하는 것이다.

③ 옳고 그름(right and wrong)

현실적 상황에서 책임을 지는 사람에게는 옳고 그름과 같은 가치판단은 매우 중요한 기준이다. 상담이론의 많은 영역들이 가치판단을 배제하지만 Glasser는 가치판단을 중요하게 생각한다. 옳고 그름을 판단하지 않고 행동하는 인간의 활동은 변덕스러워지기 쉽고 독단으로 흐를 수 있다는 것, 특히 가치판단을 하지 않게 되면 문제를 현실적으로 해결할 수 없을 뿐만 아니라 욕구를 충족시키기보다는 욕구충족을 방해하는 경우가 많다. 따라서 기본적 욕구충족을 위해서도 판단은 필요하다.

3) 상담의 적용

(1) 상담의 개념

Glasser는 1950년대부터 전통적 상담치료체제는 인간을 돕는데 부적합하다고 결론을 내렸다. 그는 내담자의 문제를 의학모델 또는 질병모델로서 규정하는 것은 내담자에게 낙인을 찍어 치료적 성장을 방해한다고 믿었다.

일반적으로 말하는 인간관에 비추어 보면 현실적 상담은 외부의 어떤 힘에 의해 인간이 결정된다는 결정론적 입장을 반대하고 있다. 이 상담이론에서는 인간의 통제능력에 초점을 두어 인간을 보고 있다. Glasser가 말하는 상담이란 인간은 자신이나 환경을 통제할 수 있는 존재이기 때문에 자신의 행동, 느낌, 생각, 환경적 여건에 대해서 책임지고 스스로 통제하며 효율적으로 살아가는 방법을 배우도록 도와 주는 것을 의미한다.

(2) 심리적 부적응 상태

부적응 행동이란 Glasser가 말하는 실패 정체감과 같은 것이다. 실패 정체감을 발달시킨 사람은 고독하고, 자기비판적이며, 비합리적인 경향이 있다. 그들의 행동은 융통성이 없고 비효율적일 가능성이 높다. 그들은 종종 나약함, 무책임성, 자신감의 결여를 나타낸다. 실패 정체감을 가진 사람은 포기하고 쉽고 부적응적 증상을 나타내며 심지어는 약물중독이 될 수도 있다. 그들은 고통을 감소시키기 위해 포기하거나, 실패를 부정하고, 심지어 실패 속에서 쾌감을 발견함으로써 자신의 에너지를 소모한다.

현실치료에서는 부적응을 개인이 사랑이나 또는 자기가치감을 경험하려는 욕구를 충족시키지 못했거나, 그렇게 할 수 없었던 일반적으로 생의 매우 초기에 시작된 것이라고 주장한다. 가치감을 획득하거나 유지하지 못한 것은 가치 있는 어떤 것을 실행한 경험이 없는 데서 기인한다. 가치감을 경험한 사람은 적절한 방식으로 사랑을 주고받을 수 있다. 사랑과 가치감의 결핍은 유대관계 실패의 원인이 되고 나아가 실패 정체감을 초래한다. 정서적 부적응이란 더 심한 고독, 무책임, 고통, 자신감의 부족으로 이끄는 실패 정체감과 같은 말이다. 현실치료 상담자에게 정신병이란 없다. 단지 무책임의 정도 차이만이 있을 뿐이다.

(3) 상담의 목적

현실치료의 궁극적 목적은 내담자가 추구하는 인간관을 정립하고 독립된 인격체로 자립할 수 있도록 돕는 것이다. 즉 책임감과 자율성을 성취할 수 있도록 조력하는 것이 상담의 목적이라고 하였다. 이러한 궁극적 목적 달성을 위한 구체적인 목표는 많이 제시되어 있는데 다음과 같이 요약될 수 있다.

① 개인적 자율성을 갖도록 한다. 이 자율성은 내담자가 자신의 성숙이나 자신이 추구하는 인간상을 실현하는 능력으로 볼 수 있다. 내담자가 자신이 노력하는 바를 성공적으로 수행하기 위해 모든 문제에 대해 상담자를 찾아가 상담할 수는 없다. 따라서 구체적인 문제해결과 더불어 문제해결의 원리나 방법은 물론 자신이 추구하는 바를 실현할 수 있는 능력을 길러서 자기 스스로 자신의 문제를 해결할 수 있도록 한다.

② 자기결정을 할 수 있도록 한다. 자율성이란 결국 자신의 판단에 따라 결정하고 행동하는 것이기 때문에 자율성을 갖기 위해서는 자기결정이 가능해야 한다. 여기에서 스스로 옳고 그름을 판단할 수 있는 능력을 가져야 함도 포함된다.

③ 장단기간에 걸쳐 내담자가 자신의 인생목표를 설정할 수 있도록 한다. 단기 목표로는 금연, 금주와 같은 것이 되겠고 졸업 후의 진로와 같은 것은 장기목표가 되겠다. 이러한 목표설정은 자기결정을 위해 꼭 필요하다.

④ 내담자가 성공적 정체감을 가지도록 한다. 성공적 정체감은 인생목표 설정이나 자기결정, 개인적 자율성을 위해 대단히 중요하다.

⑤ 내담자가 책임감을 갖도록 한다. 자신의 행동과 욕구충족을 포함하여 자신의 모든 것에 대해 책임질 수 있도록 하는 것이다.

⑥ 내담자가 자신의 주위 환경을 통제할 수 있도록 한다. 내담자는 자신의 욕구충족을 위해 도움이 되도록 환경을 통제할 수 있도록 한다. 이를

위해 내담자가 하고자 하는 바를 행동으로 바꿀 수 있는 계획을 세우고 이를 실행하도록 한다.

⑦ 내담자가 현실적 맥락에서 판단할 수 있도록 한다. 내담자가 자신의 현재 행동, 느낌, 생각, 신체적 활동 상태를 각성함과 아울러 그것이 현실적으로 자신의 욕구충족에 도움이 되는 긍정적인 것인가를 판단할 수 있도록 한다. 이 때 상담자가 판단해 주는 것이 아니라는 데 유의해야 한다.

⑧ 자신의 각성수준을 높이도록 한다. 내담자가 순간순간 자신이 어떻게 행동하고, 느끼고, 생각하며, 신체적 활동을 하고 있는지를 각성토록 하는 것이다. 특히 자신의 욕구나 원함과 관련지워 각성토록 한다.

⑨ 내담자가 긍정적으로 행동하고, 느끼고, 생각하고, 신체적 활동을 할 수 있도록 한다. 즉, 내담자가 자신의 욕구 충족에 도움되게 행동하고, 느끼고, 생각하고, 신체적 활동을 하도록 하는 것이다.

⑩ 내담자가 자신의 욕구를 충족시킬 수 있도록 한다. 내담자가 자신의 기본욕구, 즉 소속감, 권위, 자유, 재미, 생존의 욕구를 충족시킬 수 있도록 한다. 이를 위해서는 내담자의 기본적 욕구 충족에 도움이 되는 원함을 알아 이를 충족시켜서 결국은 기본적 욕구를 충족시키도록 하는 것이 중요하다.

(4) 상담의 과정

현실치료는 내담자의 성공 정체감을 발달시킨다는 목표를 달성하는 데 관련되는 8가지의 중요한 원리를 강조되는 상담과정을 갖고 있다. 앞의 세 가지 원리는 유대관계와 동기에 초점을 둔 것이고, 나머지 다섯 가지는 내담자로 하여금 책임있는 방식으로 자신의 욕구를 충족시킬 수 있도록 돕는 것을 강조하는 것이다. 현실치료의 기본적 과정의 원리는 다음과 같다.

① 내담자와 개인적인 유대관계를 맺는다.

② 감정보다는 행동에 중점을 둔다.
③ 현재에 초점을 맞춘다.
④ 가치판단을 내리도록 한다.
⑤ 계획을 세운다.
⑥ 계획에 따라 반드시 실천하겠다는 약속을 다짐받는다.
⑦ 변명은 금물이다.
⑧ 결코 처벌하지 않는다.

1 내담자와 개인적인 유대관계 맺기(create a relation)

이러한 유대관계가 형성되기 위해서는 내담자에게 주의를 기울여 경청하기, '항상의 법칙' 사용하기, 즉 항상 정중하고, 항상 신념을 가지고, 항상 열성적이고, 항상 확고하고, 항상 진실할 것, 내담자의 행동에 대하여 판단을 보류하기, 역설적 기법과 같은 독창적인 질문으로 내담자를 통제하기, 유머 사용하기, 자기답게, 개성 있게 상담을 진행하기, 자기 개방하기, 은유적인 행동 관찰하기, 핵심 찾기 등의 자세로 내담자와의 관계를 돈독히 한다.

유대관계는 결코 상담자의 내담자에 대한 책임을 전제로 하지 않으며, 내담자가 상담자에게 의지한다는 의미 또한 아니다. 유대관계는 내담자와 상담자에게 자유롭고, 책임 있으며 또한 자율적으로 기능하기를 요구한다. 현실치료 상담에서 개인적인 유대관계는 더 높은 수준의 관계, 동기, 성공, 정체감, 책임 있는 행동 및 긍정적이며 건설적인 삶을 촉진하는 다른 원리를 위한 길을 닦는 것이다.

2 내담자의 감정보다는 현재 행동에, 과거보다는 현재에 초점 두기 (focus on current behavior)

현실치료에서는 먼저 행동이 변화되지 않는다면 현재의 감정이 변화되기는 매우 어려울 것이라고 주장한다. 내담자는 보다 책임 있는 방식으로 삶을 시작할 수 있기 위하여 자신의 행동을 자각하는 것이 필요하다. 감정을 변화시키기보다는 행동을 변화시키는 것이 더 쉽고, 감정의 변화는 행동의 변화에 수반되는 것이 보통이기 때문에 현실치료에서는 행동에 초점을 둔다. 그러나 감정을 배제하지는 않는다. 감정은 현실로서 수용된다.

과거에 대해 생각하고 이야기하는 것은 그것이 현재나 미래의 행동을 개선하는데 직접적으로 관련이 있을 때에만 도움이 된다. 종종 개방적인 질문은 내담자로 하여금 과거의 중요한 행동을 현재의 가능한 대안행동 목록과 연결하도록 도울 수 있다. 특별한 경우를 제외하고 과거의 행동이나 느낌에 머무는 것을 피한다.

3 내담자로 하여금 자신의 행동을 평가하고 판단하도록 돕기 (invite client to evaluate his/her behavior)

판단은 내담자의 선택에 달려 있다. 상담자가 내담자를 위하여 선택하거나 판단하거나 결정하지 않는다. 그러나 상담자는 내담자의 자기 평가를 도움으로써 강력하고, 촉진적이 될 수 있을 것이다.

4 책임 있게 행동하는 계획을 세우기(make a plan off action)

욕구충족과 관련된 내담자의 현재 행동 중에서 비효과적이고 부정적인 것들을 찾아 이를 효과적이고 긍정적인 것으로 고치기 위해 계획을 짜는 것이 활동계획 짜기이다. 이 과정은 현실치료에서 중요한 것 중의 한 부분이다. 긍정적이라는 것은 자신의 욕구(need)나 원함(want)을 충족시키기 위해, 현실적으로 받아들여질 수 있고 타인에게 피해를 끼치지 않는 정체행동을 말한다. 부정적이라는 것은 긍정적인 것에 반하여 자신의 욕구나 원함을 충족시키기 위해 현실적으로 받아들여질 수 없거나 타인에게 피해를 끼치는 전체행동을 의미한다.

전체행동을 계획할 때에는 행동, 생각, 느낌, 신체활동 각각에 대하여 첫째, 자신의 욕구나 원함의 충족과 관련된 긍정적인 것과 부정적인 것을 찾아낸다. 둘째, 부정적인 것에 대한 책임 소재 및 문제점을 확인한다. 셋째, 긍정적인 것을 실시할 수 있는 시간, 장소, 방법에 대한 구체적인 계획을 수립한다.

5 내담자가 책임 있는 행동단계를 결성하고 서약하도록 돕기 (get commitment)

서약은 자기 자신과 조력자에 대한 것이다. 많은 내담자의 경우 문서로 작성된 서약서의 중요성은 매우 크다. 계약서는 기억장치로서 또는 동기촉발제로서의 구실을 한다.

6 내담자가 계획을 수행 또는 완수하지 못한 경우 변명을 허용 않기 (refuse to accept excuse)

현실치료에서는 변명을 받아들이지 않기 때문에 어떤 계획이 왜 성공하지 못했는가를 밝히는 데 시간을 소비할 필요가 조금도 없다.

만약 행동계획은 여전히 타당하고 서약서 또한 합리적이라면 상담자는 '이번에 당신이 학습한 것을 바탕으로 다음 번엔 이 계획을 성공적으로 수행하기 위해 어떻게 할 예정입니까?'라고 반응할 수 있을 것이다. 비현실적인 면이 보이면, 상담자는 가치판단 및 행동계획 단계로 되돌아가서 거기서부터 다시 시작해야 할 것이다.

7 처벌을 사용하지 않기(refuse to use punishment)

처벌은 단지 실패, 인간의 고독감과 비성공적 행동만을 강화할 뿐이다. 현실요법 상담자들은 비합리적인 행동에 대해 동의할 수 있는 타당한 결과가 처벌보다 낫다고 믿는다.

8 절대 포기하지 않기(refuse to give up)

내담자의 변화 가능성에 대해 포기하지 않는다는 것은 상담자가 진정으로 내담자와 친밀한 간계(involvement)를 맺고 있다는 표시이며, 내담자의 소속감이 확고해지므로 계획을 실행하고 상담을 더욱 촉진시킨다.

(5) 상담의 기법

현실치료의 관점에서 보면 상담은 내담자와 상담자 사이에 합리적인 대화를 강조하는 학습의 과정이다. 내담자는 상담자의 많은 질문에 대해 대답하는 가운데 자신의 현재 행동을 인식하고, 이에 대해 가치판단을 내리며, 변화를 위한 계획을 세워 이를 꼭 실천하게 하는 것이 이 상담의 과정이고 이를 위해 사용되는 방법이 상담기법이다. 즉 현실적 상담의 기법은 상담자가 내담자를 가르치는데 도움이 되는 방법이라고 볼 수 있다. 따라서 이 이론에서의 상담기법은 상당히 지시적이라고 볼 수 있다. 상담기법은 내담자와 상담자간에 관계가 잘 형성되었을 때 가능하다. 즉 두 사람 사이에 친밀한 관계형성이 되지 않았는데 이러한 기법을 적용하면 역효과가 난다는 점을 알아두어야 한다. 현실치료는 그 과정에서나 구체적인 기법의 적용에서 항상 내담자와 상담자 사이에 깊은 인간적 관계형성을 전제로 한다는 점을 잊어서는 안 된다.

[1] 질문

현실적 상담에서 상담의 각 과정마다 그에 적절한 질문을 사용한다. 이미 상담의 과정에서 밝힌 바와 같이 상담관계를 형성하기 단계에서는 내담자의 욕구와 원함(W)이 무엇이며, 또 얼마나 강한지와 관련된 질문을 한다. 현재행동에 초점두기 단계에서는 현재의 내담자 행동(D)에 초점을 둔 질문을 한다. 행동을 평가하기 단계에서는 내담자의 행동이 그의 욕구나 원하는 바를 충족시키고 있는지(E)와 관련된 질문을 한다. 활동 계획짜기 단계에서는 욕구충족과 관련된 내담자의 현재 행동 중에서 비효과적이고 부정적인 것들을 찾아 이를 효과적이고 긍정적인 것으로 고치기(P) 위해서는 어떻게 해야 하겠는지와 관련된 질문을 한다. 다짐을 받아내기 단계에서는 활동계획을 그대로 실시할 수 있겠는지와 관련된 질문을 한다. 변명 받아들이기 않기 단계에서는 계획을 실천하지 못한 이유에 대해서가 아니고 실천하기로 다짐했던 계획이 현실성이 있었는지와 관련하여 활동계획을 다시 세울 것인지 아니면 그대로 다시 실시해 볼 것인지와 관련된 질문을 한다. 처벌을 사용하지 않기나 포기하지 않기는 상담자의 자세와 관련된 면이 강하다. 그 때문에 이 단계에서는 상담자가 처벌을 사용하지 않으면서도 내담자를 포기하지 않고 변명을 받아들이지 않기에서와 같은 질문을 할 수 있다.

2 유머

이 이론에서는 질문, 논쟁, 토의 등 비교적 내담자의 욕구충족과 관련된 비현실적인 내담자의 행동, 생각, 느낌, 신체활동을 내담자가 스스로 인식토록 하는 것이 상담의 중요한 과정이기 때문에 내담자가 긴장되기 쉽다. 그 때문에 상담자는 때에 따라 적절한 유머를 사용하여 내담자의 긴장감을 풀어주는 것이 중요하다. 유머가 효과적이려면 시기적절해야 한다. 상담관계가 잘 형성되기 전에는 보통 유머의 사용은 현명하지 못하다. 상담자와의 관계형성이 잘 되어야 유머가 긍정적 결과를 만들어 낸다.

3 토의와 논쟁

상담자가 내담자에게 질문을 하면 그에 대해 내담자가 대답하는 가운데 상담이 이루어지는 것이 이 상담의 중요한 특징이다. 이렇게 질문을 주고받는 가운데 내담자의 대답이나 어떤 말이 현실성이 없는 등 합리적이지 못하면 상담자는 내담자와 논쟁을 하거나 토의를 한다. 상담자는 이 이론에서 강조하는 욕구 및 이의 충족을 위한 방법이 현실성이 있는지와 그 책임성에 초점을 두어 내담자와 논쟁 또는 토의를 한다.

④ 맞닥뜨림

질문, 논쟁 또는 토의 중 내담자의 모순성 특히 현실적 책임과 관련된 모순성이 보이면 이에 대해 상담자는 맞닥뜨림을 할 수 있다. 예컨대, 전공학과가 싫어서 학교를 그만두고 싶은 내담자가 그 책임을 어머니에게 돌리는 경우라면 상담자는 "다른 모든 일도 어머니가 시키면 그대로 실행했습니까?"라고 묻고 그에 대해 내담자가 "그렇지 않습니다."라고 하면 상담자는 "다른 일은 어머니가 시키는 그대로 하지 않았는데 학과 선택에 있어서는 어떻게 어머니가 시키는 대로 했습니까?"라고 곧장 맞대결함으로써 결국 현재 다니는 학과는 내담자 자신이 선택했다는 점, 다시 말해 모든 것이 내담자의 책임임을 인식시킨다.

현실상담에서는 내담자의 책임감을 강조하고 변명을 허용하지 않기 때문에 곧장 맞대결이 필수적이고 효과적인 전략이 되는 것은 당연한 일이다.

내담자의 변명, 설명 혹은 합리화에 대해 곧장 맞대결하는 것은 때때로 어렵지만 적절히 사용하면 책임있는 행동을 향한 내담자의 변화를 촉구한다. Glasser는 내담자를 돕는데 곧장 맞대결의 역할을 강조하고 특정한 상황에서는 언어적 충격을 주는 곧장 맞대결 사용을 옹호하기조차 한다. 맞닥뜨림은 의도적인 전략이다. 즉, 이것은 현재 내담자 행동의 진실성에 대한 것이지 내담자에 의해 유발된 내담자의 개인적인 또는 정서적인 감정에 대한 것이 아니다.

⑤ 역설적 기법

역설적 기법이란 하나의 언어충격 기법을 의미한다. 예컨대, 잠을 잘 수 없다고 불평하는 내담자에게는 계속 깨어 있으라고 한다. 실수하는 것을 죽도록 무서워하는 내담자에게는 일부러 실수하라고 말한다. 상담자의 지시를 따르고 증상을 유지하게 되면, 내담자는 그 증상에 대해 통제를 하고 있는 것이 되며, 따라서 더 이상 무력한 것은 아니다. 만약 내담자가 지시에 저항하여 증상을 그만두게 되면, 행동은 단순히 통제만 된 것이 아니라 없어져 버린다.

더욱이 역설적 지법을 사용하는 데에는 윤리적, 임상적 쟁점들이 있다. 윤리적 문제란 상담자가 역설적 절차를 사용하면 안 되는 경우를 알고 있어야 한다는 것이다. 이 절차는 위기상황, 자살, 살인, 폭력, 약물남용, 과음 등의 상황에서는 권장할 수가 없다. 이러한 상황에서 역설적 기법은 치료적 효과를 내지 못하고 역효과적이며 무책임한 것이 될 수도 있다.

참고 문헌

곽준규(1993). 집단상담. 대학상담학회(편). 상담의 이론과 실제(개정증보판). 서울 : 중앙적성출판사.

김계현 외 공저(2000). 학교상담과 생활지도. 서울 : 학지사.

김계현(1994). 바람직한 전문상담의 모형. 대학생활연구. 12(12)

김계현(1995. 1997. 2000). 상담심리학. 서울 : 학지사.

김계현(1998). 인간관계 심리학. 서울 : 학지사.

김계현(1997). 상담심리학. 서울 : 학지사.

김규수 · 류태보 편저(1993). 교류분석치료. 서울 : 형설출판사.

김기석 역(1972). 상담과 심리치료. 서울 : 중앙적성연구소.

김정규(1995). 게슈탈트 심리치료. 서울 : 학지사.

김충기(1999). 생활지도 · 상담 · 진로지도. 교육과학사.

김충기 · 강봉규(2001). 현대상담이론과 실제. 서울 : 교육과학사.

김충기 · 김현옥(1991). 상담과 심리치료의 원리와 실제. 서울 : 성원사.

김형태 편저(2001). 집단상담의 이론과 실제. 서울 : 동문사.

김형태(1998). 상담의 이론과 실제. 서울 : 동문사.

김형태(2000). 상담의 이론과 실제. 서울 : 동문사.

남윤미(1992). Ellis의 A-B-C-D-E 기법에 의한 비합리적 신념의 변화. 충북대학교 교육대학원 석사학위 논문

문선모(2000). 학생상담 - 이론과 실제 -. 서울 : 양서원.

박경애(1998). 인지 · 정서 · 행동 치료. 서울 : 학지사.

박성수 · 김창대 · 이숙영(2000). 상담심리학. 서울 : 한국방송대학교 출판부.

박성희(1994). 공감. 공감적 이해. 서울 : 원미사.

박성희(1997). 공감과 친사회행동. 서울 : 문음사.

박성희(2001). 상담과 상담학 : 새로운 패러다임. 서울 : 학지사.

박성희 · 이동렬(2001). 상담과 상담학2 : 상담의 실제. 서울 : 학지사.

박영숙(1994). 심리평가의 실제. 서울 : 하나의학사.

서울시 교육연구원(1992). 학생상담의 이론과 실제. 서울 : 교육연구원.

스기다 미네야스 저. 김현수 역(1992). 교류분석. 서울 : 민지사.

신현기 외 12인(1998). 행동장애와 심리치료. 서울 : 교육과학사.
오쇼 라즈니쉬(손민규 역)(1994). 법구경(하). 서울 : 태일출판사.
오쇼 라즈니쉬(손민규 역)(1995). 금강경. 서울 : 태일출판사.
오쇼 라느니쉬(이연화 역)(1994). 탄트라 비전Ⅲ. 서울 : 태일출판사.
우재현(1994). 게슈탈트 치료 프로그램. 대구 : 정암서원.
우재현(1995). 교류분석(TA)의 첫걸음. 대구 : 정암서원.
유범희(1998). 정신분석. 9(1)
유효순. 이성진(1981). 행동수정의 기법 Ⅰ. Ⅱ. 서울 : 교육과학사.
윤순임 외 14인(1995). 현대상담・심리치료의 이론과 실제. 서울 : 중앙적성출판사.
윤순임(1993). 정신분석학 연구의 현재의 동향. 대학상담연구 제4집. 대학상담학회.
윤순임(1995). 정신분석치료. 윤순임 외(편). 현대 상담 심리치료의 이론과 실제. 서울 : 중앙적성출판사.
윤순임 외(1995). 현대상담・심리치료의 이론과 실제. 서울 : 중앙적성출판사.
윤운성・김홍운 공저(2001). 생활지도와 상담. 서울 : 양서원.
이근후. 최상섭. 박영숙. 이미경 역(1989). 행동치료의 이론과 실제. 서울 : 하나의학사.
이성진(1975/1990). 행동수정의 원리. 서울 : 교육출판사.
이성진(2001). 행동수정. 서울 : 교육과학사.
이성진. 박성수(1981). 행동수정의 사례집. 서울 : 교육과학사.
이성진. 홍준표(1981). 행동수정의 원리. 서울 : 교육과학사.
이성진・유효순(1981). 행동수정의 기법Ⅰ. 서울 : 교육과학사.
이성진・유효순(1981). 행동수정의 기법Ⅱ. 서울 : 교육과학사.
이장호(1982). 상담면접의 기초. 서울 : 중앙적성연구소.
이장호(1982). 상담심리학 입문. 서울 : 박영사.
이장호(1995. 제3판). 상담심리학. 서울 : 박영사.
이장호(1998. 1999). 상담심리학. 서울 : 박영사.
이장호. 김정희 공역(1992). 현대심리치료. 서울 : 중앙적성출판사.
이장호(2000). 상담 심리학 입문 제3판. 서울 : 박영사.
이장호・김연수(1992). 집단상담의 원리와 실제. 서울 : 법문사.
이형득 외(1998). 상담이론. 서울 : 교육과학사.
이형득 외(1997). 相談의 理論的 接近. 서울 : 형설출판사.
이형득(1992). 상담이론. 서울 : 교육과학사.

이희영(1992). 시험 불안 상황을 통한 Ellis 의 A-B-C 모델의 타당성 검증. 부산대학교 대학원 석사학위 논문.

정방자(1998). 정신역동적 상담. 서울 : 학지사.

정원식. 박성수(1974). 카운슬링의 원리. 서울 : 교육과학사.

정원식 · 박성수(1978). 카운슬링의 원리. 서울 : 교육과학사.

정원식 · 박성수 · 김창대(1999). 카운슬링의 원리. 서울 : 교육과학사.

정원식 · 박성수 · 김창대(1999. 편저). 카운슬링의 우너리. 서울 : 교육과학사.

정인석(1991). 상담심리학의 기초이론. 서울 : 대왕사.

조현춘. 조현재 역 (1998). 심리상담과 치료의 이론과 실제. Gerald Corey. 1996. Theory and practice of counseling and psychotherapy (5th). Belmont. CA : Brooks/Cole Publishing Company. 서울 : 시그마프레스칼 로저스 저. 한승호 · 한성열 역(1998). 칼 로저스의 카운슬링의 이론과 실제. 서울 : 학지사.

Albert Ellis 저. 홍경자 역(1986). 理性을 통한 自己成長. 서울 : 탐구당.

American Psychiatric Association (1994). Diagnostic and statistical manual of mental disorders(4th ed.). Washington. DC : Author.

Arnold A. Lazarus 저. 이근후 외 3인 역(1989). 행동치료의 이론과 실제. 서울 : 하나의학사.

Belkin. G. S. (1981). Practical counseling in the schools(2nd ed.). Dubuque. Iowa : William C. Brown.

Belkin. G. S. (1997). Practical counseling in the schools. Long Island University.

Bellak. L. & Small. L. (1965). Emergency Psychotherapy and Brief Psychotherapy. New York : Grune & Stratton. Black. M. (1946). Critical Thinking : An Introduction to Logic and Scientific Method.

Brammer. L. (1973). The helping relationship. Englewood Cliffs. N. J. : Prentice Hall.

Brammer. L. M., Shostrum. E. I., & Abrego. P. J. (1989). Therapeutic psychology (5th ed.). Englewood Cliffs. NJ: Prentice-Hall.

Brammer. L., & Shostrom. E. (1977). Therapeutic Psychology: Fundamentals of counseling and psychotherapy(3rd ed.). Englewood Cliffs. N. J. : Prentice-Hall.

Brown. W. F. (1972). Student-to-Student Counseling. Tex : Hogg Foundation Research Series.

Burks. H. M., & Stefflre. B. (1997). Theories of Counseling (3rd ed.) New York:

McGraw-Hill.

Campbell. C. A. (Ed.) (1993a). Counseling through play : An overview. Elementary School Guidance & Counseling. 28. 2-75.

Caplan. G. (1961). An Approach to Community Mental Health. New York : Grune & stratton.

Carkhuff. R. R. & Truax. C. B. (1965). Lay mental health counseling : The effects of lay group counseling. Journal of Counseling Psychology. 29. 426-431.

Carkhuff. R. R. (1966). Training in the counseling and therapeutic process : Requiem or Reveille ? Journal of Counseling Psychology. 13. 360-367.

Carkhuff. R. R. (1969). Helping and human relations. N.Y. : Holt. Rinehart & Winston.

Cashdan. S. (1988). Object relations therapy : Using the relationship. New York : W. W. Norton & Company.

Durlark. J. A. (1979). Comparative effectiveness of paraprofessional and professional helpers. Psychological Bulletin. 86. 80-92.

Dyer. W. & Yriend. J. (1980). Group counseling for personal mastery. New York : Sovereign Books.

Eisenstein. S., and Groitjahn. M.(ed.). Psychoanalytic Pioneers. New York : Basic Books.

Erikson. E. H. (1950). Growth and Crises of the healthy Personality. In Senn. M. J. E. (ed.). Symposium on the Healthy personality. New York : Josiah Macy. Jr., Foundation.

Ford. D. H. & Urban. H. B. (1963). System of psychotherapy : A comparative study. New York : John Wiley. 1963. pp. 591~690.

Freud. S. (1921/1949). Group psychology and the analysis of the ego. New York : Liveright.

Freud. S. (1933). New introductory lectures on psychoanalysis. 77. New York : W. W. Norton & Co.

Freud. S. (1949). Group psychology and the analysis of the ego. New York : Liveright (original work published 1921).

Freud. S. (1963/1904). On psychotherapy. In P. Rieff(ed.). Therapy and technique. New York : Macmillan.

Frisz. R. H. (1986). Peer counseling : Establishing a network in training and supervision. Journal of Counseling and Development. 64. 457-459.

Fritz Perls 저. 노안영 역(1996). 펄스의 게슈탈트적 자기치료. 서울 : 학지사.

Gazda. G. M. (1989). Group counseling : A developmental approach (4th ed.). Boston : Allyn and Bacon.

Gazda. G. M. (1991). What recent survey research indicates for the future of counseling and counselor education. In G. R. Walz. G. M. Gazda. & B Shertzer(Eds.). Counseling Futures. 11-26. Ann Arbor. MI : ERTC/CMPS.

Gazda. G. M., Duncan. J., & Meadow. M. (1967). Counseling and group procedures : Report of a survey. Counselor Education and Supervision. 6. 305~310.

George. G. L., & Cristiani. T. S. (1990). Counseling : Theory and Practice (3rd ed.). Englewood Cliffs. NJ:Prentice Hall.

Gerald Corey 저. 조옥진 신부 역(1997). 상담과 심리치료의 사례접근. 서울 : 지평.

Goldberg. S. & Rosenthal. R. (1986). Self-touching behavior in the job interview : Antecedents and consequences. Journal of Nonverbal Behavior. 10. 65-80.

Gray. H. D. & Tindall. J. A. (1978). Peer counseling : An in depth look at training peer helpers. Muncie : Accelerated Development Inc.

Greenberg. J. R., & Mitchell. S. A. (1983). Object relations in psychoanalytic theory. Cambridge. MA : Harvard University Press.

H. J. Becch 저. 이현수 역저(1997). 행동수정의 이론과 기법. 서울 : 문음사.

Haley. J. (1976). Problem-solving therapy. New York : Harper & Row.

Hamilton. G. N. (1992. ed.). From inner sources : New directions in object relations psychotherapy. Northvale. New Jersey : Aronson.

Hansen. J. C., Warner. R. W., & Smith. E. J. (1980). Group counseling Theory and process. Boston : Houghton Mufflin Company.

Heimann. P. (1950). On countertransference. Int J Psychoanal. 37. 303-310.

Heimann. P. (1960). Counter-transference. Br J Med Psychol. 33. 9-15.

Horner. A. J. (1984). Object relations and the developing ego in therapy. New York : Jason Aronson.

Hull. C. L. (1943). Principles of behaviors. New York : Appleton Century Crofts.

John M. Dusay 저. 우계현 역(1993). 이고그램. 대구 : 정암서원.

Kehayan. V. A. (1987). Fort Lee's comprehensive peer outreach program. Paper presented at the Annual National Peer Helpers Association Conference(EDRS 293 049)

Kempler. W. (1973). Principles of gestalt family therapy. Olso. Norway : Trykkeri.

Ken Ernst 저. 우재현 · 정덕규 · 정순영 공역(1997). 학생들의 심리게임. 대구 : 정암서원.

Lindeman. E. (1944). Symptomatology and Management of Acute Grief. American Journal of Psychiatry. 101 (September).

Loewenstein. R. M. (1966). Psychology of the Ego. In Alexander. E.,

Lombardi. J. S. & Carek. R. (1978). Making the helping network for students. Journal of College Student Personnel. 19. 367.

Mahler. M. S., Pine. F., & Bergman. A. (1975). The psychological birth of the human infant : Symbiosis and individuation. New York : Basic Books.

May. R. J. & Rademacher. B. G. (1980). The use of paraprofessinal as environment assessors in student affairs agencies. Journal of College Student Personnel.

McCarthy M., & Sorenson. C. (1993). School counselors and consultants : Legal duties and liabilities. Journal of Counseling and Development. 72(2). 159-168.

Myrick. R. D., Sorenson. D. L. (1988). Peer helping : A practical guide. Minneapolis : Allyn and Bacon.

Ogden. T. H. (1982). Projective identification & psychotherapeutic technique. New York : Jason Aronson.

Ohlsen. M. (1975). Group leader preparation. Counselor Education and Supervision. 14(3). 215-216.

Ohlsen. Merle M. (1977). Group Counseling. New York : Holt. Rinehart and Winston. Inc.

Pascale. A. C. (1968). Enhancing the counseling services through the utilization of group counseling. The School Counselor. 16. 136-139.

Patterson. C. H. (1966). Theories of Counseling and psychotherapy. Annals of the New York Academy of Science. 63. 396-407.

Perry. N. S. (1993). Reaching out : Involving parents and community members in the school counseling program. In J. Wittmer (Ed.). Managing your school counseling program : K-12 developmental strategies. 212-220. Minneaplois. MN : Educational Media Corporation.

Perterson. J., & Nisenholz. B. (1991). Orientation to counseling(2nd ed.). Needham Heights. MA : Ally & Bacon.

Pietrofesa. A. J., Hoffman. A., Splete. H. H., & Pinto. D. V. (1978). Counseling : Theory. Research. and Practice. Chicago : Rand McNally.

Prout. H. T. & Broun. D. T. (1999). Counseling and Psychotherapy. (3th ed.) Jhon Wiley & Sons. Inc.

Resenrol. D. A. (1988). Peer counseling : implementation and program maintenance issues. Paper presented at the Annual Meeting of the Peer Helper Association Conference (EDRS 298 361).

Robert E. Wubbolding. 김인자 역(1991). 현실요법의 적용. 한국심리상담연구소.

Rogers. C. R. (1942). Counseling and psychotherapy. Boston : Houghton Mifflin.

Rogers. C. R. (1957). The Necessary and Sufficient Conditions of Therapeutic Personality Change. Journal of counseling Psychology. 21. 95-103.

Rogers. C. R. (1959). A theory of therapy. personality and interpersonal relationships as developed in the client centered framework. In S. Koch(Ed.). Psychology : A study of a science : Formulations of the person and the social context(Vol.3). New York : McGraw-hill.

Rogers. C. R. (1961). On becoming a person. Boston : Houghton Mifflin.

Rogers. C. R., & Stevens. B. (1967). Person to person. Moab. Utah : Real People Press.

Salzman. L. (1962). Developments in Psychoanalysis. New York : Grune & Stratton.

Seinfeld. J. (1990). The bad object : Handing the negative therapeutic reaction in psychotherapy. New York : Jason Aroson.

Sheeldy. V. L., & Herlihy. B. (1989). Counseling suicidal teens : A duty to warn and protect. The School Counselor. 37. 89-87.

Shertzer. B., & Stone. S. C.(1980). Fundamentals of counseling(3rd ed.) Boston : Houghton Mlfflin.

Sidman. M. (1960). Tactics of scientific research. N. Y. : Basic Books.

Sidman. R. H. (1985). Avoidance conditioning with brief shock and no exteroceptive warning signal. 14. 5~13.

Skinner. B. F. (1938). The behavior of organisms. N. Y. : Appleton-Century-Crofts.

Skinner. B. F. (1953). Science of human behavior. N.Y. : MacMillan.

Skinner. B. F. (1961). Teaching machines. Scientific American. 205. 90~102.

Skinner. B. F. (1969). Contigencies of reinforcement : A theoretical analysis. New York : Appleton.

St. Clair. M. (1986). Object relations and self psychology : An introduction. Belmont. CA:Brooks/Cole Publishing Company.

Stuart. R. (1976). An operant interpersonal program of couples. In D. H. L. Olson (Ed.). Treating relationships. Lake Mills. Iowa : Graphic.

Synder. B. (1990). Middle school peer counseling curriculum. Fla : Orange County Public Schools.

Thomas. S. C. (1996). A sociological perspective on contexualism. Journal of Counseling & Development. 74. 529-536.

Thompson & Rudolph. 이재연 편역(1993). 아동을 위한 상담이론과 방법. 서울 : 교육과학사.

Thompson. H. Prout and Douglas T. Brown(1999). Counseling and Psychotherapy with children and adolescents (3rd ed.).

Truax. C. B., & Carkhuff. R. R. (1967). Toward Effective Counseling and Psychotherapy. Chicago : Aldine.

Teyber. E. (1992. 2nd ed.). Interpersonal process in psychotherapy : A guide for clinical practice. Belmont. CA: Brooks/Cole Publishing Company.

Tyler. L. E. (1986). Farewell to guidance. Journal of Counseling and human Service Professions. 1. 152-155.

Tyler. Leona E. (1969). The Work of the Counselor. New York : Appleton-Century-Crofts. 1969.

W. Glasser. 김인자 역(1991). 당신의 삶은 누가 통제하는가. 한국심리상담연구소.

W. Glasser. 김인자. 우애령 역(1998). 선택이론 : 행복의 심리. 한국심리상담연구소.

W. Glasser. 현실요법-선택이론 Work Book. 김인자 역. 한국심리상담연구소. 1998.

W. Glasser. 현실치료 : 정신치료에 대한 새로운 접근. 김양현 역. 서울 : 원미사. 1995.

W. Glasser. 홍경자 역(1984). 생활지도와 정신치료에 있어서의 현실요법. 서울 : 중앙적성출판사.

Wrenn. C. G. (1962). The Counselor in a Changing World. Washington. DC : American Personnel and Guidance Association.

제 4 장

집단상담의 진행과정

여기서는 집단상담에서 가장 핵심적인 내용인 집단상담의 과정을 다룬다. 지금까지의 집단상담의 이론에 바탕을 두고 어떻게 집단상담을 계획하고 준비하며, 집단상담자의 역할은 무엇이고 어떤 임무와 과제를 수행해야 할 것인가를 익힌다.

먼저 집단상담 운영에 필요한 기본적인 지식에 관한 정보를 설명하고, 다음으로는 집단상담 진행단계를 초기, 중기, 종결단계로 구분하여 각 단계별 특징과 단계마다의 집단구성원의 심리적 변화특징, 그리고 상담자의 역할을 다룬다. 이 장을 통하여 집단상담자가 되기 위한 이론적 지식뿐만 아니라 집단형성과 집단상담 운영의 실제적인 지식을 익히게 될 것이다.

1. 집단상담의 준비

1) 집단상담의 안내와 설명

안내와 설명은 개별적으로 혹은 참가를 원하는 후보자 집단 전체를 대상으로 할 수 있다.

집단상담에서 도움을 얻을 수 있는 참여자를 선정하는 일반적 지침은 참여자가 반드시 도움을 받기를 원하는가, 자기의 관심사나 문제를 기꺼이 말하는가, 집단 분위기에 잘 적응하는가이다. 상담자는 집단원이 되고자 하는 참여 후보자들을 미리 한 사람씩 면담하여, 집단의 목표에 적절한지 확인이 필요하다.

또한 내담자들에게 가장 적절한 집단을 어떻게 구성할지를 결정해야 한다. 그리고 예정된 상담집단의 기능이 무엇이며, 집단원들에게 무엇을 기대하고 있는지를 알려준다. 그런 후 집단상담의 구성원이 될 것인지 여부는 내담자 스스로 결정하게 한다.

설명 과정에서 상담자는 집단상담 장면에서 무엇이 일어날 것인가를 명시하고 집단참여의 이점을 열거한다. 상담자는 상담장면이 토의 혹은 동료와의 사적인 대화와 다른 점을 명료화하여 전달해야 한다. 상담자는 집단에서 이전에 다루어진 내담자 문제의 구체적인 예를 들 수도 있고 이전의 참여자로 하여금 자신의 경험을 기술하게 할 수도 있다. 참여 후보자들에게 비밀을 보장, 모임의 빈도와 길이, 출석 요구사항 등과 같은 과정에 관해서 질문할 기회를 준다. 설명을 한 후에 상담자는 지원할 사람에게 선발 면접계획을 알린다.

2) 집단구성의 선발

(1) 접수면접

집단형성 과정의 중요한 절차인 접수면접은 상담자가 내담자를 선발하는 역할을 한다. 내담자의 선발은 집단경험의 결과에 크게 영향을 미친다.

접수면접을 하는 동안에 상담자는 참여 후보자로 하여금 집단상담에서 논의될 구체적인 문제를 명시하도록 경청기술을 사용한다. 접수면접의 주요기능은 참여 후보자로 하여금 명시된 문제를 공개적으로 논의할 수 있도록 몰입하게 하는 것이다. 접수면접을 마친 다음에 상담자는 집단의 구성과 구조에 관한 작업을 한다. 상담자는 연령・성・성격의 분포, 집단의 크기, 모임의 길이・빈도・횟수・개방적인 집단인가, 폐쇄적인 집단인가 등을 고려해야 한다.

1 연령

연령은 성인집단보다 아동과 청소년집단을 형성하는데 있어서 더 중요하다. 상담자는 비교적 비슷한 연령의 참여자를 선택해야 하는데 참여자의 사회적 성숙도가 더 의미있다. 예를 들면, 사회적으로 덜 성숙된 초등학교 6학년 학생은 다른 동년배의 아동과 성에 관련된 문제를 논의하도록 준비가 되어 있지 않다.

2 성

내담자의 성별 또한 상담집단을 형성하는데 있어서 중요한 요인이다. 연령과 사회적 성숙도에 있어서 동질적인 편이 좋으나 성은 발달수준에 따라 고려하는 것이 좋다. 아동의 경우에는 남녀를 따로 모집하는 것이 좋으며, 청소년기 이상에서는 남녀 혼성 집단이 바람직하다.

③ 성격구조

내담자 선발에 있어서 가장 중요한 요인 중의 하나가 참여자를 성격유형에 따라서 구분하는 것이다. 동질의 성격유형과 이질적인 성격유형에 관한 연구결과는 성격유형과 문제를 연관시켜 집단을 구성하는 것이 바람직하다. 약물중독자, 알코올중독자, 이혼가정의 아이들, 혹은 머리는 좋은데 성적이 불량한 아동 등과 같이 유사한 문제를 가진 참여자들은 성공적으로 역경을 극복할 만한 역할 모형의 아동들과 함께 집단을 구성하는 것이 중요하다고 많은 연구가와 이론가들이 동의하고 있다.

특정모형이 집단에 포함되지 않고 동질적인 내담자로 구성된 집단은 그들의 문제를 해결하기 위해서 서로 조력하는데 어려움이 있고, 흔히 유사한 개인적·사회적 특성을 가진 내담자는 서로 비효과적인 행동을 강화하게 된다.

3) 집단의 구성

(1) 집단의 크기

집단의 크기는 내담자의 연령, 기대되는 개입의 정도, 집단구성원의 성격에 따라 다양하다. 이상적으로는 6～8명 사이가 적합하다. 이러한 숫자는 어느 정도의 다양성을 허용하고 집단구성원이 적당하게 참여할 기회를 제공할 수 있다. 어린 아동들을 대상으로 할 때는 집단을 성공적으로 운영하기 위해서는 더 적은 수가 적절하다.

성인의 경우 집단구성원이 8명을 초과하게 되면 몇 가지 문제가 야기된다. 첫째, 각 내담자가 개인적인 문제를 제대로 탐색할 기회를 갖지 못하게 되거나 둘째, 지도자가 참여자의 그 많은 상호작용을 따르는데 곤란을 겪을 것이다. 집단의 참여자가 10명을 초과할 경우에는 상담자가 한 명 더 필요하다.

집단의 크기가 너무 적으면 참여자들의 상호관계 및 행동의 범위가 좁아지고 각자가 받는 압력이 너무 커지므로 오히려 비효율적이다. 이와 반대로 집단의 크기가 너무 커지면 구성원의 일부는 전적으로 참여할 수 없게 되고, 상담자가 각 개인에게 적절한 주의를 기울이지 못하게 된다. 때로는 큰 집단의 구성이 불가피할 경우도 있다.

학교나 교정기관, 교회 등에서의 집단지도에는 흔히 20명 이상이 한 집단에 속하게 된다. 이러한 집단에서는 구성원들이 '상담경험'보다는 오히려 '교육적 경험'을 하게 된다. 이런 지도집단의 구성원들은 상담자(지도자)에게 많이 의존하게 되고, 상담자가 구성원을 개별적으로 다루기보다는 집단 전체에 관심을 기울이게 된다. 그러나 이런 집단에서는 행동의 상호수용이나 개인적 성찰면에서는 좋은 성과를 거둘 수 있다.

4) 모임의 빈도

집단상담에서는 일주일에 한번 혹은 두 번 정도 만나는 것이 보통이다. 문제의 심각성이나 집단의 목표에 따라 모임의 빈도를 증감시킬 수 있으며, 때로는 불가피한 주위 여건 때문에 일정이 변경될 때도 있다.

집단을 구성하는 이유가 빠른 해결을 보아야 하는 위기 문제라면, 어느 정도 진전이 보일 때까지는 매일 혹은 격일로 만날 수 있다. 때에 따라서는 격주 혹은 그 이상의 시간 간격으로 만날 때도 있으나, 집단상담자들은 대체로 한 주일 이상의 간격을 두고 만나는 것은 좋지 않은 것으로 보고 있다. 상담 시간 사이에 어느 정도의 간격을 두는 이유는 상담 경험에 대하여 생각해 볼 기회를 주기 위한 것이라고 말할 수 있다.

5) 모임의 시간

집단상담 한 회기의 적절한 시간은 내담자의 연령이나 집단의 종류 및 집단의 빈도에 따라 달라진다. 1주일에 한번 만나는 집단은 60분에서 90분 정도로 지속되는 것이 필요하며, 2주일에 한번 만나는 집단이라며 한 회기에 두시간 정도가 바람직하다. 청소년의 경우라면 60분에서 90분 정도가 좋으나, 아동의 경우는 30~40분 정도가 적당하다. 학교장면에서는 학교의 수업시간의 길이와 일치하는 것이 보통이다.

집단상담의 일반적인 시간보다 더 오랫동안 한 집단을 계속하는 것은 '연속(마라톤)집단'이라고 한다. 연속집단에서는 한번에 15~20시간 혹은 그 이상을 계속한다. 이렇게 장시간 지속되는 집단과정에서는 집단구성원 각자가 다른 사람의 생각과 감정을 탐색하고, 서로의 관계를 이해하고, 모험적인 대인관계에서 대한 반응양식을 효과적으로 배우게 된다.

상담시간에 대해서는 반드시 한정된 원칙이 있는 것은 아니지만, 일단 정해진 시간은 반드시 지킬 필요가 있다. 일반적으로 시간의 통제가 없으면 내담자들이 정해진 시간을 넘기는 경향이 있으므로 상담자는 이런 가능성에 대하여 주의해야 한다. 상담집단이 습관적으로 시간을 넘기는 것은 바람직하지 않기 때문이다.

6) 집단의 폐쇄성과 개방성

집단의 목표에 따라 집단의 운영을 폐쇄형으로 할 것인가 혹은 개방형으로 할 것인가를 미리 정해야 한다. 폐쇄집단은 상담이 시작될 때 참여했던 사람들로 종결을 한다. 도중에 탈락자가 생겨도 새로운 구성원을 채워 넣지 않는다. 대개 학교에서의 집단상담은 이 형태를 취한다. 이러한 집단은 여러 가지 장점을 갖고 있으나 집단원이 도중에 탈락할 경우 집단의 크기가 너무 작아질 염려가 있다. 개방집단은 집단이 허용하는 한도에서 새로운 사람을 받아들인다. 이 때에는 집단구성원간에 의사소통이나 수용·지지 등이 부족해져 갈등이 일어날 수 있다. 새로운 구성원을 받아들일 때에는 반드시 집단 전체가 그 문제를 충분히 논의해야 한다. 이러한 논의를 통해 집단의 기본적인 특성을 분명히 유지할 수 있다. 새로운 참여자는 간혹 집단의 흐름을 방해하는 경우도 있으나, 오히려 집단과정에 활기와 도움을 줄 수도 있다.

2. 집단의 발달과정

집단의 발달과정은 두 사람 혹은 그 이상의 사람들이 상호간에 영향을 미치면서 공동목표를 향하여 함께 움직여 나가고 있는 변화 혹은 발달의 현상을 말한다. 이러한 집단의 발달과정은 일련의 연속선상에 있기 때문에 독립적인 단계들로 구분하는 것은 무리일 수 있다. 그러나 집단을 이해하고 효과적으로 발달시키기 위해서 학자들은 통상 몇 개의 단계로 구분하여 그 특징을 설명하고 있다(이형득, 1983). 예를 들면, Hansen 외(1976)는 ① 시작단계, ② 갈등과 맞닥뜨림의 단계, ③ 응집성 단계, ④ 생산단계, ⑤ 종결단계로 구분하였고, Napier와 Gershenfeld(1973)는 ① 시작단계, ② 맞닥뜨림을 위한 움직임의 단계, ③ 정서와 과제의 연합을 통한 재평가 단계, ④ 해결과 재순환의 단계로 구분하고 있으며, Corey(1995)의 경우 ① 시작단계, ② 추이단계, ③ 작업단계, ④ 종결단계의 네 단계로 구분하고 있다. 특히 Rogers(1970)는 그의 참만남 집단의 과정을 ① 혼동과 무질서, ② 사회적 자기노출에의 저항, ③ 과거 느낌의 진술, ④ 부정적 느낌의 표현, ⑤ 개인에게 의미 있는 자료의 노출과 탐색, ⑥ 집단 내에서의 즉시적 대인간 느낌의 표현, ⑦ 집단 내에서의 치료적 능력의 발달, ⑧ 자기수용 및 변화의 시작, ⑨ 가면의 파괴, ⑩ 피드백 주고받기, ⑪ 맞닥뜨림, ⑫ 집단 밖에서의 조력관계의 발달, ⑬ 참만남, ⑭ 긍정적 느낌과 친근감의 표현, ⑮ 집단 내에서의 행동변화의 열다섯 단계로 나누고 있다.

위에서 예로 든 집단과정의 단계구분은 대체로 집단회기의 추이 과정에 따라 나타나는 집단역동의 현상을 있는 그대로 관찰하여 진술한 특징을 지니고 있다. 이른바 집단 발달과정에 대한 현상학적 접근이라 할 수 있다. 그 중에서도 특히 Rogers의 단계구분은 그러한 특징이 현저하다고 여겨진다. 이와는 달리, 본 장에서는 집단지도자를 중심으로 하여 집단 자체의 발달과정을 주도적이고 생산적으로 엮어 가는 측면에서 단계구분을 해 보았다. 상담집단은 그 나름의 목적이 있고, 따라서 참여자들도 자신의 기대와 목표를 성취하기 위하여 함께 힘써야 한다. 물론 집단역동의 흐름을 무시한 무리한 시도는 지양해야 하지만 집단지도자와 참여자들은 각기 수행해야 할 역할을 감당할 필요가 있다. 이와 같은 관점에서 ① 초기(시작)단계, ② 중기(작업)단계, ③ 종결단계의 세 가지 단계로 구분한 다음, 각 단계의 특징 및 집단 지도자와 집단구성원의 역할을 접근하고자 한다.

3. 집단상담의 초기(시작) 단계

초기단계는 집단이 시작되는 시기로서 집단구성원들은 집단 내에서의 행동에 대해 불안감을 갖고 조심스럽게 눈치를 보며 탐색을 시작한다. 집단구조와 분위기 등이 아직 불확실하기 때문에 집단구성원들은 집단의 기본규칙과 규준을 알려고 애쓰며, 집단 내에서의 자신의 역할과 위치를 파악하고 설정하려고 나름대로 노력한다(이형득, 1979; Corey, 1990; Hansen, Warner & Smith, 1976). 초기단계에서 나타나는 집단구성원들의 행동과 집단역동의 특성을 좀더 구체적으로 살펴보면 다음과 같다(이창호·김정희, 1992; Corey, 1990; Hansen, Warner & Smith, 1976).

① 집단구성원들은 조심스럽게 집단 분위기를 시험하며 서로 친숙해지려

고 노력한다.

② 사회적으로 수용될 수 있는 행동을 보이고 개인적으로 위험하게 느껴지는 행동이나 탐색은 매우 제한적으로 나타난다.

③ 집단 내에서 자신이 받아들여지는 혹은 거부되는지에 대해 염려하며 집단 내에서의 자신의 역할과 위치를 찾고자 노력한다.

④ 어떤 집단구성원들은 초기에 부정적인 감정을 표현함으로써 집단에서 모든 감정이 받아들여지는지 시험해 보기도 한다.

⑤ 참여자들은 각자 집단 내에서 누구를 신뢰할 수 있는지, 누구에게 호감이 가고 누구에게 반감이나 거리감이 느껴지는지, 어느 수준까지 자기개방을 할 것인지, 어느 정도 집단 과정에 참여할 것인지 등을 나름대로 결정한다.

⑥ 침묵과 어색함이 느껴지는 순간이 종종 있고 이런 순간에 참여자들은 지도자나 다른 누군가가 방향을 제시해 주기를 기대한다.

⑦ 대부분의 참여자들은 상담자에게 의존하려는 경향이 있다. 상담자가 보이는 반응에 높은 관심을 두고 중요시하며, 발언을 할 때도 상담자만 쳐다보면서 하거나 혹은 상담자의 동의나 반응을 요구하는 듯한 태도를 보이기도 한다.

⑧ 참여자들이 나누는 대화의 내용이 피상적인 수준에 머물거나 제한되어 있다.

⑨ 참여자들이 집단 과정 중에 경험하는 감정이나 생각을 있는 그대로 솔직하게 표현하고 다른 사람들로부터 수용받는 경험을 하게 되면 집단의 응집성과 상호신뢰가 형성되기 시작한다.

초기단계의 주된 목표는 집단의 성격과 목적 및 집단과정에 관한 충분한 오리엔테이션을 통해 참여자들이 적극적으로 집단에 참여할 수 있도록 준비시키는 것이다. 이런 목표를 달성하기 위하여 초기 단계에서 이루어져야 할 과제를 다음 몇 가지로 나누어 살펴보고자 한다.

이런 과제들은 첫 번째 집단모임에서 참여자 모두를 다룰 것인지 두 회기로 나누어 진행할 것인지의 여부는 해당 집단의 한 회기의 시간과 전체 회기 수, 참여자들의 준비도 등을 고려하여 상담자가 결정해야 한다.

1) 집단의 성격과 목적에 관한 준비교육

집단상담에 관한 오리엔테이션과 선발을 위한 면접 등 집단상담을 위한 준비는 첫 번째 집단모임 이전에 준비모임을 갖는 현실적인 어려움이 있는 경우에는 첫 번째 집단 모임에서 집단상담에 관한 충분한 오리엔테이션이 이루어져야 한다. 오리엔테이션의 한 부분으로 상담자는 실제 집단활동을 시작하기 전에 이번 집단의 성격과 목적에 관해 참여자들에게 구체적으로 설명해 준다. 자기성장 집단상담인 경우, 집단의 주목적 참여자 개개인의 자기성장에 있다는 점을 설명하고, 자기 성장의 의미와 자기성장을 위해 필요한 태도와 능력(자기이해, 자기수용, 자기개방 등) 그리고 이번 집단에서 이런 태도와 능력을 증진시키는 데 주력할 것이라는 점을 제시해 준다.

2) 참여자 소개와 예상불안의 취급

집단의 성격과 목적에 관한 설명이 끝나면 참여자들의 자기소개 활동과 참여자들의 예상불안을 다루어 주는 활동에 들어간다. 참여자들의 자기소개활동에 들어가기 전 상담자는 먼저 자신을 소개하는 시간을 갖고, 상담자로서의 자신의 자질, 경력 및 집단에 대한 기대와 열의 등을 말한 후, 새로운 집단에 대한 기대와 함께 예상불안을 경험한다는 점을 진솔하게 표현함으로써 시범을 보인다. 이어서 참여자들로 하여금 소개하는 시간을 갖도록 하는데 이 때 활용할 수 있는 방법들로는 여러 가지가 있다.

이들 중 집단의 크기, 집단의 기간 및 회기별 시간, 집단의 목적, 참여자들의 사전 친숙도 등을 고려하여 가장 적합한 방법을 선택하도록 한다

(Coreydhl, 1992).

3) 집단의 기본규칙 설정과 집단상담자의 역할

집단의 기본규칙(ground rules)이란 집단의 순조로운 진행과 안정된 분위기의 유지를 위해 필요한 기본적인 제반 규칙들을 의미한다. 이런 규칙들은 집단에 따라 다소 달라질 수 있지만 기본적으로 포함시켜야 할 규칙들은 다음과 같다.

① 참여자들은 결석이나 지각, 조퇴를 삼가며 부득이 한 경우, 사전에 집단 상담자와 전체 집단구성원에게 양해를 구함으로써 불필요한 오해를 사지 않도록 한다(사전 양해 없이 특정 참여자들이 집단 모임에 자주 불참하거나 지각하는 등의 행동은 당사자들 뿐만 아니라 집단 전체에 부정적인 영향을 미친다).

② 집단 회기 중에 음료수나 담배 혹은 음식을 금한다(회기 중 음식을 먹거나 음료수를 마시는 일은 주의를 분산시킬 가능성이 있다).

③ 다른 집단구성원들에 관련된 개인적인 정보나 그들이 말한 내용에 대해서 비밀을 보장해야 한다. 집단 경험을 집단 외부의 사람들과 나눌 경우, 참여자 자신이 생각하고 느낀 점에 초점을 두고 이야기한다. 비밀 보장의 규칙에 대해 집단상담자는 참여자들에게 비밀보장의 중요성과 필요성을 주지시키고 참여자들이 규칙을 준수하도록 요청할 수는 있지만, 절대 비밀이 보장될 것임을 참여자들에게 약속하는 일은 피해야 한다.

④ 집단 내에서 폭력을 행사해서는 안 되며, 말로 다른 사람을 공격해서도 안 된다.

⑤ 다른 집단구성원들에게 행동을 강요해서는 안 되며 누구나 활동에 참여할 준비가 되어 있지 않을 경우 참여하지 않을(pass) 권리를 행사할 수 있다.

⑥ 집단에서 일어난 일이나 경험한 내용에 대해 집단이 끝난 뒤 다른 집

단구성원(들)과 사적인 교류를 통해 집단 활동과 관련된 감정적 반응을 처리하는 일은 가능하면 피한다. 만일 그런 일이 발생했다면 그 다음 회기에 와서 그 때의 경험을 전체 집단에 보고하도록 한다.

⑦ 집단에 참여할 때, 술이나 약물 등에 취한 상태로 와서는 안 된다(이 규칙은 약물 남용자들을 위한 집단을 운영할 때 반드시 포함시켜야 한다).

집단에서 기본 규칙을 설정하는 방법으로는 집단상담자가 먼저 몇 가지 필요한 규칙들을 제시하고 간략히 설명한 다음, 참여자들에게 다른 필요한 규칙들을 생각해 보게 할 수도 있고, 혹은 먼저 기본 규칙 설정의 필요성을 설명한 다음 처음부터 집단구성원들과 함께 규칙들을 만들어 나갈 수도 있다. 어떤 식으로 진행하든 설정된 규칙들에 대해 참여자들이 질문하고 논의할 수 있는 시간을 갖도록 하여, 참여자들이 기본 규칙의 내용과 필요성을 충분히 이해할 수 있도록 안내해야 한다. 또한 집단상담자는 기본 규칙들을 수록한 유인물을 일종의 서약서 형식을 갖추어 사전에 준비하거나 혹은 다음 회기에 준비하여 참가자들이 서명하게 하는 형식적 절차를 거칠 수 있다.

4) 집단의 행동규범 설정과 집단상담자의 역할

집단의 행동규범(group norms)이란 어떤 집단이든 그 집단에서 허용되거나, 허용되지 않는 행동에 대한 규준, 즉 집단규범이 있기 마련이고 이러한 집단규범은 그 집단에 소속된 사람들의 행동에 영향을 미친다. 집단상담 역시 예외가 아니다. 앞서 언급한 집단의 기본규칙이 비교적 쉽게 명시하고 판별할 수 있는 일련의 원칙이라면, 집단규범은 훨씬 더 암묵적이고 은밀하게 존재하며 구체적으로 설정하거나 정확한 판별이 조금 더 어렵다. 집단상담에서 요구되는 행동규범은 일반 사회적 관계에 적용되는 규범과 다른 점이 많기 때문에, 집단상담자는 집단 초기부터 집단이 '상담집단'으로 발전될 수 있도록 집단의 상호작용을 생산적인 방향으로 이끌어 줄 일련의 규범을 설정하도록 노력해야 한다(이장호 · 김정희, 1992). 집단 내에서의 행동에 관한 규준이 집단 초기에 제대로 정립되지 않으면 바람직한 행동과 그렇지 않은 행동에 대한 혼란과 긴장이 생기고 그 결과 집단에 부정적인 영향을 미칠 우려가 있다.

집단 내에서의 참여자 행동 중에는 집단 과정을 촉진하는 행동과 집단과정을 저해하는 행동이 있다. 집단상담자는 이들 행동을 판별할 수 있어야 하며, 집단과정을 촉진하는 행동은 지지하고 강화하는 반면, 촉진하는 행동은 지금-여기에 충실하고 자기 자신과 다른 사람들의 감정을 수용하며, 상대방을 근본적으로 존중하여, 솔직한 피드백을 주고받는 것 등이다. 반면에 집단과정을 저해하는 행동으로는 집단에서 경쟁적인 태도를 유지하고, 과거경험이나 집단 밖에서 일어나나 일에 초점을 두고, 자신의 감정을 검열하거나 부정하고, 다른 사람들의 감정에 대해 판단적인 태도를 나타내며, 다른 사람들에게 집단에 순응하기를 강요하고, 다른 가람들의 행동의 동기를 지레 짐작하고, 다른 사람에게 어떤 당위적인 행동을 제시하는 행동을 들 수 있다(Porter, 1972; Hansen, Warner, & Smith, 1976에서 재인용). 집단상담자가 집단초기부터 지지하고 격려해야 할 바람직한 행동규범들을 좀더 구체적으로 제시하면 다음과 같다(Corey & Corey, 1987; Corey 외, 1992).

① 집단구성원들은 각자 자신의 경험을 나누고 다른 참여자들과 직접적으로 의사소통하며 집단과정에 적극적으로 참여한다.

② 집단 내에서 어느 정도 자기 개방을 할 것인지 스스로 결정한다.

자기개발은 문제해결과 자기 성장을 위해 필요하다. 하지만 다른 사람들의 기대나 요구에 맞추기보다는 자신이 받아들일 수 있는 정도와 시기에 따라 자기개방을 하는 것이 바람직하다. 집단에서 자기개방을 하기 어려운 경우 다른 사람들에게 자신을 알리는 일이 왜 힘든지에 대해 이야기하면 도움이 된다.

③ 집단 내의 다른 참여자들과 서로 피드백을 주고받는다.

집단구성원 개개인이 자신의 행동이 다른 사람들에게 어떤 영향을 미치는가를 좀더 객관적으로 파악하려면 다른 참여자들이 이에 관한 솔직한 피드백을 제공해 줄 필요가 있다. 따라서 참여자들은 다른 참여자들의 행동과 태도에 대하 자신의 지각과 반응을 솔직하고 구체적으로 표현해야 한다.

④ 자신의 문제에 대해 초연하고 지적인 방식으로 설명하기보다는 문제와 관련된 감정을 경험하고 표현하도록 노력한다.

⑤ 집단 밖에서 경험한 일이나 과거에 일어난 사건보다는 집단 내에서 일어나는 지금-여기의 상호작용에 초점을 둔다.

특히 집단 내에서 일어나는 대인간의 갈등을 표현하고 탐색하는 것이 중요하다. 따라서 집단상담자는 참여자들에게 다음과 같은 질문을 던질 수 있다: "지금 집단에서 당신의 경험은 어떠합니까? 지금 당신은 자신에게 혼자 속으로 어떤 말을 되뇌고 있습니까? 지금 이 방에서 누가 가장 의식됩니까?" 혹은 집단상담자는 참여자들에게 지금 집단에서 일어나고 있는 상황에 대해 어떤 생각과 느낌을 갖고 있는지를 물어 봄으로써 참여자들이 지금-여기에 관심을 집중하도록 유도할 수 있다. 참여자들이 집단에서 진행되는 상황에 대하여 자신이 반응하는 일이 적절한지 아닌지를 확실히 모른다면 그 결과 집단 내의 상호작용이 즉시성을 상실하고 피상적인 수준에서 머물게 될 가능성이 높다.

⑥ 감정상태에 주목하고 솔직하게 표현한다.

집단과정 중에 생기는 감정의 동요, 감정상태의 변화, 지속되는 감정, 그리고 평상시 회피하거나 경험하기를 꺼려하는 감정에 주의를 기울인다. 특히 집단과정 중 지속되는 감정, 예컨대 지루함이나 분노 혹은 실망과 같은 감정을 억압하거나 감추지 말고 솔직하게 표현하고 논의하는 것이 바람직하다.

⑦ 대부분의 집단에서는 참여자들이 개인적인 고민거리와 문제를 털어놓고 논의한다. 참여자들이 집단 시간을 유용하게 활용하기 위해서는 집단

모임에 오기 전 집단에서 자신의 어떤 문제에 대해 논의할 것인가에 대해 어느 정도 생각해 보고 오는 것이 바람직하다. 하지만 어떤 규준이 경직되게 형성되는 경우, 참여자들은 집단에 와서 반드시 집단 밖에서 경험하는 개인적인 문제를 내놓아야만 한다고 생각하고 이로 인해 과도한 부담을 느끼거나 혹은 집단 과정 중 지금-여기에서 경험하는 바를 논의하는 것은 부적절하다는 그릇된 생각을 갖게 될 수도 있다.

⑧ 참여자들은 서로에게 적절한 심리적 지지를 제공한다.

적절한 지지는 섣부른 위안이나 동정과는 달리 참여자들의 자기탐색과 자기수용을 돕고 집단과정을 촉진하는 효과가 있다. 하지만 어떤 집단상담자들은 참여자들이 서로에게 지나치게 지지적인 태도를 취하도록 암묵적으로 가르치거나, 혹은 참여자들이 자기성장을 위해 거쳐야 할 고통스러운 내적 경험의 과정을 차단하는 결과를 가져오는 부적절한 심리적 지지의 시범을 보이기도 한다. 특히 집단상담자가 과거 경험과 연관된 분노나 혹은 고통과 같은 강한 감정을 꺼려한다면, 비생상적으로 지지적인 집단분위기를 유도하여 참여자들이 집단 장면에서 어떤 강한 감정을 충분히 경험하고 표현하는 것을 저해할 수 있다. 어떤 집단에서는 과도하게 지지적인 분위기가 유지되어 그 결과 도전이나 직면이 아예 배제되기도 한다. 긍정적인 감정에만 초점을 두고 우호적인 반응만 표현한다는 암묵적인 집단규준이 형성되면 참여자들은 건설적인 비판조차 집단 내에서는 허용되지 않는다는 생각을 갖게 되어 아예 반응을 자제하게 될 수도 있다.

⑨ 참여자들이 자신을 솔직하게 바라볼 수 있도록 도전한다.

참여자들은 공격적인 직면이나 집단구성원을 낙인찍는 방식의 직면을 삼가고, 그 대신 상대방에 대한 자신의 반응에 솔직하면서도 상대방을 불필요하게 자극하지 않는 방식으로 직면을 하는 방법을 배울 필요가 있다. 하지만 어떤 집단상담자들은 공격적 직면에 시범을 보여 참여자들이 이런 행동을 집단에서 필요한 규준으로 받아들일 위험이 있다. 혹은 어떤 집단상담자는 사람들을 변화시키는 유일한 방법은 가혹한 공격을 통해 그들의 방어기제를 무너뜨리는 것이라는 믿음으로 공격적 직면을 노골적으로 권장하기도 한다.

⑩ 참여자들은 어떤 한 사람이 제시하는 문제상황에 대해 성급하게 해결책을 제시하기보다 문제 상황에 대한 그 사람의 반응을 탐색하고 본인 스스로 자신의 반응을 충분히 표현할 수 있도록 허용해야 한다.

이런 경우, 문제를 제시하는 사람이 가장 필요로 하는 것은 어떤 즉각적인 해결책이 아니라 그 상황에 대해 어떻게 느끼는가를 표현할 기회를 갖는 것이다.

⑪ 참여자들은 다른 사람들이 피드백을 줄 때 이에 대한 재빠른 응답을 생각하거나 혹은 자신을 방어하는데 급급해 하지 말고 상대방이 전하고자 하는 말을 경청하는 방법을 배워야 한다.

참여자들이 그들에게 주어지는 모든 피드백을 다 받아들여야 할 필요는 없지만 적어도 다른 사람들의 말을 끝까지 귀담아 듣고 그 안에 담긴 메시지를 진지하게 고려할 필요가 있다. 특히 여러 사람들로부터 반복적으로 듣게 되는 메시지의 경우에는 더욱더 그러하다.

집단규범의 정립을 위해 집단상담자가 해야 할 일은 행동지침을 제시하는 데서 그치지 않는다. 집단규범의 형성에 있어서 무엇보다 강력한 효력을 발휘하는 것은 집단상담자 자신의 시범이다. 따라서 집단상담자는 앞서 언급한 집단규범들을 참여자들만 지키도록 격려하고 지지할 것이 아니라 집단상담자 스스로 지켜나갈 수 있도록 노력해야 한다.

5) 행동목표의 설정과 집단상담자의 역할

다음의 목록은 상담집단에 흔히 적용되는 일반적인 목표들의 예로서, 이런 목표들은 특정 집단구성원에게 맞게 구체화시킬 필요가 있다(Corey & Corey, 1987).

① 자존감을 향상시킨다.

② 자신의 한계를 받아들인다.

③ 대인관계에서 친밀감을 저해하는 행동을 줄인다.

④ 자기 자신과 다른 사람들을 신뢰하는 법을 배운다.

⑤ 외적인 기준이나 당위적인 생각들로부터 좀더 자유로워지고 덜 구속된다.

⑥ 내적 상태에 대한 자각 수준을 높여 선택과 행동의 폭을 넓힌다.

⑦ 어떤 감정을 갖고 경험하는 것과 감정대로 행동하는 것 사이의 차이점을 배운다.

⑧ 스스로를 얽어매어 본성 실현을 가로막은 부적절한 초기 결정이나 신념을 자각하고 이로부터 자유로워진다.

⑨ 나뿐만 아니라 다른 사람들과 문제가 있으며 힘들어 한다는 점을 인식한다.

⑩ 나 자신의 가치를 명료화하고 기존의 가치관을 수정할 것인지, 어떤 식으로 수정할 것인지를 결정한다.

⑪ 확실한 결과가 보장되지 않는 세상에서 좀더 현명하게 선택하는 방법을 배운다.

⑫ 다른 사람들을 배려하는 능력을 기른다.

⑬ 다른 사람들과 좀더 개방적이고 솔직하게 교류하는 방법을 배운다.

⑭ 지금－여기 집단 상황에서 다른 사람들과 좀더 직접적으로 교류하는 방법을 배운다.

⑮ 다른 사람들을 지지하고 직면하는 방법을 배운다.

⑯ 다른 사람들에게 자신이 필요한 것을 요구하는 방법을 배운다.

⑰ 다른 사람들에게 자신이 필요한 감정에 민감하게 반응하는 방법을 배운다.

⑱ 다른 사람들에게 유용한 피드백을 제공한다.

이외에도 집단상담자는 다음에 제시된 도구나 기법 등을 활용하여 개인적 목표의 탐색과 구체화작업을 도울 수 있다.

(1) 문장완성 질문지 활용하기

집단상담자는 문장완성 질문지를 활용하여 참여자들이 개인적 목표를 탐색하고 구체화시키는 작업을 촉진할 수 있다(Coreydhl, 1992). 집단상담자는 다음과 같은 미완성된 문장들을 제시하고 참여자들로 하여금 각 문장을 완성하게 한다. 문장이 완성되면 참여자들의 반응을 중심으로 논의를 전개하면서 참여자 개개인이 집단 경험을 통해 달성하고 싶은 개인적 목표를 구체화시키도록 다음과 같이 도와 준다.

이번 집단에서 내가 가장 얻고 싶은 것은______________________.

이번 집단의 마지막 시간에 내가 집단 경험에서 얻었다고 말하고 싶은 한 가지는______________________________________.

앞으로 ○○주 동안 이 집단에 참여한다는 생각을 하면 나는________.

내가 이 집단의 한 집단구성원이라는 점에서 대해 염려하는 바는

____.

이 집단에서 내가 다루고 싶은 한 가지 문제는 _______________.

나는 흔히 ______________________________ (라고) 느낀다.

나 자신에 대해 내가 가장 바꾸고 싶은 부분은__________________.

나 자신에 대해 내가 특히 좋아하는 부분은____________________.

(2) 문제 체크리스트 활용하기

집단상담자은 해당 집단의 참여자들이 흔히 당면하는 문제들을 열거한 체크리스트를 미리 준비해 개인적 목표를 설정하는 데 활용할 수 있다. 다음은 청소년 집단에서 활용할 수 있는 문제 체크리스트이다(Cprey 외, 1992). 청소년들에게 다음의 지시사항을 먼저 설명해 준 다음 각 항목을 읽고 자신에게 해당되는 내용에 표시한 다음 전체 토론 시간에 발표하도록 한다.

주의사항 :

다음에 열거되어 있는 항목들을 읽으면서 현재 여러분에게 해당된다고 생각하는 정도에 맞게 번호(아래 내용 참고)를 표시하세요.

① 나에게 중요한 문제이며 이번 집단에서 다루어 본다면 도움이 될 것이다.

② 때때로 나에게 문제가 되면 이번 집단에서 다루어 본다면 도움이 될 것이다.

③ 나에게 문제가 되지 않으며 집단에서 다룰 필요가 없다.

- 또래집단에 속하고 받아들여지는 문제 ( )
- 다른 사람들을 신뢰하는 문제 ( )
- 부모님(혹은 형제자매들)과 지내는 일 ( )
- 내가 가치를 두는 것이 무엇인지 분명히 알지 못하는 것 ( )
- 이성친구들을 대하는 것 ( )
- 성적인 감정과 행동 그리고 행동규준에 관련된 문제 ( )
- 나에 대한 주위 사람들의 기대에 너무 신경을 쓰느라 나 자신의 기준이나 목표의식을 갖고 살지 못한다. ( )
- 나의 미래에 대한 걱정 ( )
- 대학에 진학할 수 있을지의 여부 ( )
- 앞으로의 진로선택과 결정 ( )

이 밖에 내가 다루고 싶은 문제영역이 있다면 구체적으로 써 넣으세요.

(3) 계약서 작성하기

변화시키고자 하는 구체적인 행동이나 태도를 기술하고 이러한 변화를 가져오기 위해 자신이 집단 안에서나 밖에서 노력할 수 있는 부분에 대해서도 쓰도록 한다. 계약서에 진술된 목표는 필요에 따라 차후에 수정될 수도 있다는 점을 참여자들에게 미리 설명해 주어야 한다. 참여자들은 첫 번째 집단 모임 후 계약서 양식을 가져가서 작성한 다음, 두 번째, 모임에 작성된 계약서를 가져와서 논의하도록 할 수 있다. 계약서 양식을 나누어 준 다음, 집단상담자는 효과적인 목표 설정을 위해 참여자들이 유의해야 할 다음 사항들을 설명해 줄 필요가 있다. 효과적인 목표는 다음과 같다.

① 그 달성여부가 판별될 수 있을 정도로 구체적이어야 한다.

② 행동목표로 진술되어야 한다.

③ 정해진 상담 기간 안에 달성 가능하고 현실적인 것이어야 한다.

④ 단기적 목표와 장기적 목표로 세분화되어야 한다.

⑤ 집단의 전체 목표와 목적에 부합해야 한다.

예컨대, 어떤 집단구성원이 집단경험을 통해 대인관계를 향상하고 싶다고 말한다면, 집단상담자는 질문과 탐색 그리고 반영 등의 기법을 활용하면서 이 집단구성원이 달성하고자 하는 목표를 좀더 명확하고 구체적으로 규정하도록 도와 주어야 한다. "어떤 사람들과 관계하기 어려운지? 그 사람들과의 관계를 어렵게 하는 문제는 무엇인지? 그 문제로 인해 어느 정도 영향을 받는지? 그들과의 관계에서 어떻게 다르게 행동하고 싶은지?" 등에 대한 질문들은 해당 집단구성원이 자신의 문제를 탐색하고 목표와 관련시키는 작업에 도움이 될 것이다. 집단상담자는 탐색작업에 맞추어 행동목표로 재진술하도록 도와야 한다.

지금까지 도입단계의 주요 과제와 집단상담자의 역할을 살펴보았다. 이제 도입단계에서 집단회기를 운영하는데 있어서 집단상담자가 유의해야 할 점과 집단회기를 시작하고 마무리할 때 활용할 수 있는 구체적인 개입 반응들을 소개하고자 한다. 집단회기를 시작하고 끝낼 때 효율적으로 진행하는 것은 집단의 어느 회기에서나 중요하지만 도입단계에서의 집단회기에서는 더욱 강조된다.

6) 집단회기를 시작할 때의 개입반응

집단회기를 시작할 때 처음 몇 분 동안 집단상담자는 참여자들에게 집단을 위한 준비작업을 할 수 있는 시간을 갖도록 하는 것이 필요하다. 즉, 적어도 한 차례는 모든 집단구성원들이 참여할 수 있는 활동을 하는 것이 좋다. 처음부터 한 사람에 대해서만 집중적으로 잡업을 하면 공통적인 주제나 관심사를 놓치기 쉽고, 비슷한 주제를 가진 집단구성원들을 서로 연결시키거나 혹은 상반된 태도를 보이는 집단구성원들을 찾아낼 수 있는 기회를 놓치게 된다. 또한 이전 회기에 대한 아무런 언급없이 집단회기를 시작하기보다 이전 회기와 현재 회기를 연결시켜 주는 작업을 하는 것이 바람직하다. 준비작업을 위해 집단상담자가 활용할 수 있는 개입반응은 다음과 같다.

① 돌아가면서 " 지금 나는 ______________." 라는 문장을 완성시켜 보았으면 좋겠군요.

② 오늘 집단에 오려고 준비하는 동안이나 혹은 집단에 오시는 길에 어떤 생각이나 느낌이 들었나요?

③ 돌아가면서 이번 회기에서 다루고 싶은 주제가 무엇인지 각각 짧게 얘기해 봅시다

④ 오늘 이 자리에 있다는 것이 어떻게 느껴지는지 돌아가면서 이야기해 봅시다.

⑤ 지난 회기에 얘기한 것에 대해 그 후로 특별히 생각해 본 것이 있나요?

⑥ 지난 회기에서 논의된 내용 중에서 이번 시간에 좀더 다루었으면 하는 것이 있습니까?

7) 집단회기를 끝낼 때의 개입반응

집단상담자는 아무런 마무리 없이 황급히 집단회기를 끝낼 때 일은 피해야 한다. 특히 집단초기단계에서는 집단회기를 끝낼 때 집단구성원들이 스스로 집단과정과 함께 자신의 집단참여 태도를 돌이켜 보고 집단 경험에 대해 의미를 부여하고 평가할 수 있는 기회를 갖도록 하는 작업이 필요하다. 다음에 제시된 질문들은 해당 집단회기가 참여자 각자에게 어떤 의미와 효과가 있었는지 살펴보도록 함으로써, 집단활동과 개인의 경험을 연결시키고 한 회기를 정리하고 평가하는 데 유용한 개입반응들이다.

① 이번 시간에 여러분은 자신에 대해 어떤 것을 배웠습니까?

② 이번 시간에 여러분은 무엇을 배웠습니까?

③ 이번 시간에 다른 사람들이 말한 내용 중에서 여러분 자신의 고민이나 문제와 비슷한 부분이 있나요?

④ 오늘 집단을 끝내기 전 하고 싶은 말이 있나요?

⑤ 오늘 집단활동이나 논의된 내용 중에서 여러분에게 가장 도움이 되었던 부분이 있다면 무엇입니까?

⑥ 오늘 다른 참여자들의 작업 중 가장 마음에 와 닿았던 부분은 어떤 것인가요?

⑦ 이번 시간에 여러분이 기대했던 것을 얻었습니까?

⑧ 이번 시간을 끝내기 전 누군가에게 피드백을 주고 싶은 분이 있나요?

⑨ 오늘 여러분이 집단에 참여한 정도에 대해 어느 정도 만족합니까?

⑩ ○○씨는 이번 시간에 별로 말이 없었던 것 같군요. 이번 시간이 ○○씨에게는 어땠는지 말씀해 주시겠어요?

⑪ 돌아가면서 다음 문장을 완성해 봅시다. "집단 밖에서 연습할 필요가 있는 한 가지는 ____________이다."

위의 질문들 중 집단상담자는 상황에 맞게 한두 가지를 선택해서 참여자들의 소감을 들어본 뒤 집단구성원들의 반응을 정리하고 요약하는 말을 해준다. 이와 함께 그 날의 집단활동이나 집단과정에 대한 집단상담자 자신의 소감과 반응을 나눈다. 마무리 작업을 하는 과정에서 집단상담자는 참여자들이 소감을 묻는 질문에 대해 "아주 좋았다" "많이 도움이 되었다" 등의 일반적이거나 막연한 반응을 보이면, 자신이 경험한 바를 좀더 구체적인 용어로 표현할 수 있도록 도와줄 필요가 있다. 이런 마무리 작업은 집단상담자와 집단구성원들이 각자가 집단에서 경험하는 바를 이해하도록 돕고 집단구성원들이 좀더 능동적으로 집단에 참여할 수 있도록 자극하는 효과를 기대할 수 있다.

8) 집단응집성의 개념

집단응집성은 복잡한 요인으로써 용어 정의에 있어서도 다양하게 표현되고 있다. 즉, 응집성은 지지해 주는 분위기, 유대감, 매력, 경험의 공유, 한 집단 내에서의 교류, 집단구성원들을 단합시키는 결속감, 융합 단결, 소속감, 온정과 친근함 그리고 배려와 수용 등의 내용을 담고 있다(Corey, 1992; 1995).

이들은 크게 다음 두 가지 요소를 안고 있다(Crouch, Bloch & Wanlass, 1994; Friedman, 1989). 첫째 요소는 "일체감"이나 집단의 "단체정신"이고, 둘째 요소는 집단구성원의 개인적인 소속감이나 존중받는 느낌(수용 acceptance)의 개념이다.

집단응집성(group cohesiveness)이라고 불리는 첫째 요소는 다양한 치료적 요인들의 활성화를 촉진하여 치료적 변화를 낳는 조건으로 널리 인정되고 있다(Yalom, 1985). Cartwright(1968)는 이것을 "집단에 남고자 하는 모든 집단구성원들에게 작용하는 힘들의 결과물"로써 정의했는데 Yalom (1985)도 이 정의에 동의한 바 있다. Yalom은 응집성을 "집단에 대한 집단구성원의 매력"으로 간략하면서도 폭넓게 정의하였다. 그러나 실제적인 치료적 요인으로써 더 적절하다고 인정되는 것은 둘째 요소인 수용이다. 여기서 수용이란 집단구성원이 소속감을 지각하고, 이 소속감이 자신에게 일어날 수 있다는 것을 지각함으로써 도움을 받는 것을 말한다. 또한 수용은 다른 집단구성원들에 의해 평가되는 개인의 온정, 친근감, 소속 및 존중받는 느낌이기도 하다(Friedman, 1989).

집단응집성은 그 자체가 하나의 치료적 요인이라기보다는, 효과적인 치료를 위한 선행조건이라는데 주의해야 한다. 개인상담에서의 치료적 관계와 마찬가지로 집단응집성은 다른 중요한 치료적 현상을 촉진시킨다. 즉, 응집성이 높은 집단은 집단 구성원들이 서로 보다 잘 수용할 것이다 (Yalom, 1985).

(1) 집단응집성과 집단상담자 역할

집단상담자 역할은 집단상담에서 중요한 측면이지만(Liberman, Yalom & Miles, 1973) 이 주제에 관한 연구는 거의 되어 있지 않은 실정이다. 집단응집성을 촉진하기 위한 집단상담자 역할에 관한 연구를 보면, Liberman (1970)은 집단상담자는 집단응집성을 증가시키기 위한 특별한 개입방법을 채택할 수 있는 것으로 보았다. 즉, 집단상담자가 응집성과 같은 목표행동에 대해 빨리 반응해 주고, 개입을 단순하게 하고, 직접적으로 집단구성원에게 반응해 주고, 선동하기보다는 강화해 주고, 집단상담자가 지나치게 말을 많이 함으로써 집단구성원들을 싫증나게 하지 않을 때 바람직한 수준의 응집성이 보장된다고 하였다. 응집성과 관련된 지도력의 두 요소는 집단상담자의 배려와 자기표현(예, 투명성)이다.

집단상담자가 집단을 조직하는 방식도 응집성에 영향을 미친다. 응집성은 전통적인 집단(하루 한 시간씩 12일간)보다 마라톤 집단(한 회기 12시간 연속)에서 더 빨리 발달되었고(Dies & Hess, 1971), 혼성과 소수의 집단구성원인 경우 더 빨랐다(Marshall & Hwslin, 1975).

(2) 응집성을 촉진하는 방법들

응집성을 촉진하는 구체적인 방법들로는 다음과 같은 것이 있다.

첫째, 집단구성원들 간에 높은 수준의 신뢰를 유지하는 것이다. 높은 수준의 신뢰가 없다면 응집성은 일어나지 않을 것이다. 높은 수준이 일어나려면 먼저 집단상담자가 바람직한 치료적 태도들(진솔성, 정확한 공감 및 무조건적 긍정적 존중 등)을 지속적으로 유지할 수 있어야 한다.

온정, 지지, 공감 및 긍정적 존중과 같은 태도를 보이는 것은 전문적인 기술을 발휘하는 것과는 다르다. 온정, 공감 및 긍정적 존중과 같은 태도들은 오히려 집단상담자의 인격적, 성격적 특성에 달린 것이다. 이 점은 집단상담자에 따라 그 양상이 다르며, 상황에 따라서도 나타나는 정도가 달라진다(Truax & Carkhuff, 1967). 집단응집성을 촉진하는 집단상담자가 되기 위해서는 당연히 이러한 특성을 키우도록 노력해야 한다.

둘째, 각 개인의 독자성, 신뢰행동과 신뢰받을 수 있는 행동들을 촉진하는 집단규준들 및 집단구성원들간의 관심과 애정 등의 표현을 격려하는 집단규준들을 촉진시킨다. 집단이 응집성을 갖기 위해서는 집단구성원들이 집단의 적절한 규준들을 실행하는 방법을 이해할 필요가 있다. 집단의 규준들을 집단 시작 전에 알려 주며 종종 집단 진행 중에도 상기시킬 필요가 있다. 무엇보다도 집단상담자가 이 규준들을 모델링을 통해 보여주는 것이 가장 훌륭한 집단규준의 촉진방법이다. 짧은 상담시간과 같은 상황적인 제약이 있거나 증상이나 성격의 결함으로 인해 집단구성원들의 주의력이 떨어지는 경우에는 이런 규준들을 벽에다 써 붙여 집단구성원들이 자주 참고할 수 있도록 하거나 집단 기간 중(중반 이전, 작업 단계 이전)에 핵심적인 규준들에 관한 특강을 하는 것도 좋은 방법이다. 도입단계에서 규준에 대해 피상적으로 이해하는 것과 집단상담이 진행되는 과정 중에

규준에 대해 강의를 받고 체험적으로 이해하는 깊이에는 상당한 차이가 있다.

집단구성원간에 협동을 촉진하는 것도 한 방법이다. 협동적인 상호작용을 통해 예측할 수 있는 결과 중 하나는 집단구성원들이 서로를 좋아하고 존중할 것이라는 것이다(Johnson & Johnson, 1982).

셋째, 집단구성원들의 요구들을 만족시킨다. 응집성 있는 집단이 되려면 집단구성원들의 상호 소속감, 상호 영향 및 상호애정에 대한 요구들(Schutz, 1972)이 충족되어야 한다.

넷째, 집단구성원들의 불안을 감소시켜 주도록 노력한다. 집단 첫 시간에 집단상담자가 지도력을 발휘하고, 집단에 대한 안내를 잘해 주고, 집단구성원들이 준비해 와야 할 것들을 바르게 했을 때 칭찬을 해 주는 것 등이다(Friedman, 1989).

다섯째, 집담상담자가 집단에 안정된 구조를 제공하는 가장 중요한 방법은 집단이 과제를 지속적으로 수행하도록 돕는 것이다. 즉 지지를 해 주고, 자기노출을 촉진하며, 고통스럽고 부적응적인 행동 패턴에서 벗어나 변화하도록 돕는 것이다.

4. 집단상담의 중기(작업) 단계

그 동안 집단은 여러 차례 모임을 가졌었고, 응집성도 상당한 수준으로 높아졌다. 그러니까 참여자들은 집단에서 각자의 문제를 진솔하게 내어 놓고 상호간에 도움을 주고받을 준비가 된 셈이다. 지금까지의 활동을 통해서도 어느 정도 성장의 경험을 할 수 있었지만, 이제 집단은 본격적으로 참여자들의 행동변화를 촉진하는 작업단계에 들어간다. 집단구성원들은 더 이상 집단상담자에게만 의존하지 않고, 이른바 분산적 지도성의 패턴을 발달시켜 간다. 뿐만 아니라 집단은 자기노출, 피드백, 그리고 맞닥뜨림을 생산적으로 취급할 수 있을 정도의 신뢰관계도 형성시킨다. 그 결과 참여자들은 각자의 삶에서 겪고 있는 심각한 문제까지고 집단에 내어 놓고 나눌 수 있게 된다.

집단상담의 궁극적인 목적은 참여자의 행동변화를 촉진시키는데 있다. 그러므로 집담상담의 효과는 참여자의 행동변화에 의하여 측정되어야 한다. 그리고 그와 같은 행동변화는 집단장면에서는 물론, 집단 밖의 일상생활에서도 가시적으로 나타나야 한다. 이렇게 볼 때, 중기(작업)단계의 주요 과업은 집단구성원 상호간에 도움을 주고받으며 행동변화를 촉진시키는 일이다. 실제로 이 단계에서는 상호간에 신뢰를 바탕으로 집단 밖에서는 말하기 어려운 사적인 문제까지도 집단에서 노출하기 시작한다. 뿐만 아니라, 참여자들은 이해와 관심을 가지고 그러한 문제에 대하여 깊이 있게 탐색하도록 상호간에 격려하는 모습을 드러낸다. 그러므로 집단상담자는 이 단계에서 참여자들로 하여금 각자의 문제를 노출하고 탐색하며 이해하고 수용하는 과정을 통하여 바람직하지 못한 행동 패턴을 버리고 보다 생산적인 대안행동을 학습하도록 돕는데 힘써야 한다. 이를 위하여 작업단계에서는 대략 다름과 같은 몇 가지 과정을 거치는 것이 바람직하다.

1) 자기노출과 감정의 정화

이제 집단은 위협적인 자료까지 공유할 정도의 신뢰관계를 발달시켰기 때문에 참여자들은 의미 있는 자기노출을 시도한다. 집단구성원이 사적으로 의미 있는 문제를 노출하면 집단은 공감과 자기노출 기법을 활용하여 그 문제와 관련된 여러 가지 감정적 응어리를 토로하도록 도울 필요가 있다. 예를 들어, 한 집단구성원이 아버지와의 관계를 노출하면서 눈물을 흘리거나 분노의 모습을 나타내면 이 때 집단상담자는 그로부터 동의를 얻은 다음, 시간을 할애하여 그 문제를 깊이 있게 다룰 수 있다. 대체로 참여자들은 문제의 원인을 타인 또는 환경으로 돌려 상대방을 탓하는 경향을 보인다. 그러므로 처음에 나타나는 감정적 응어리는 상대방에 대한 부정적 정서(담담함, 섭섭함, 원한)이며, 그 책임도 상대방에게 전가시켜 그를 비난한다. 이 때 집단구성원 중에서 재빠르게 위로하고 지지하는 반응을 보이며 상처를 싸매려 하거나 충고 또는 해결을 제시하려는 사람이 나타난다. 집단상담자는 이와 같은 행동을 나타내는 집단구성원을 부드럽게 저지하는 한편, 집단으로 하여금 공감과 자기노출을 통하여 그 감정의 응어리를 토로하게 돕는 동시에, 그로 하여금 집단에서 충분히 이해받고 수용된 경험을 하도록 도와야 한다.

비록 자기노출이 집단과정에 필수적이지만, 준비되지 않은 상태나, 강요에 의해서는 안 된다. 초기단계에서 응집성과 신뢰단계가 충분히 발달되었으면, 집단구성원들은 자발적으로 자기노출과 공감반응이 나타난다. 그럼에도 불구하고 집단에 따라 자발적 자기노출을 주저하는 경우도 없지 않다. 이 때 집단상담자는 '지난 주간에 각자가 경험한 부정적인 감정을 돌아가면서 집단에서 나누도록 하는 활동'을 제안하거나 집단에서 특히 도움을 필요로 하는 집단구성원을 부드럽게 권유하여 자기노출을 격려하는 방법도 있다.

그러나 집단상담자는 집단구성원의 뜻에 반하는 부당한 압력을 행사해서는 안 된다는 사실이다. 집단 안에서 부정적 감정의 응어리를 정화하는 것은 그 자체로서도 치료적이다(Yalom, 1975; Zonney 외, 1986; Wheeler 외, 1992). 정서의 해소는 그 사람으로 하여금 자유감을 느끼게 한다. 사람이 부정적 감정의 응어리를 지니고 있는 한, 자신이나 타인 또는 환경에 대하여 객관적인 지각이나 통찰을 할 수 없다. 그러므로 집단상담자는 집단구성원의 문제를 다룰 때, 집단으로 하여금 여유를 가지고 그의 감정을 공감해 주도록 돕는 동시에, 유사한 자신들의 경험을 노출하도록 격려함으로써, 자신도 유사한 경험의 소유자임을 깨닫게 된다. 집단상담자는 다른 집단구성원들로 하여금 그가 겪은 유사한 경험을 노출하게 하여 상호간에 동료의식을 느끼게 할 수 있다. 이처럼 정화작용이 치료적 효과를 지니기는 하나 그것만으로는 지속적 변화를 일으키는 데는 한계를 지닌다. 따라서 집단상담자는 집단구성원의 행동변화를 돕기 위하여 집단으로 하여금 바람직하지 못한 행동패턴을 다루도록 이끌어야 한다.

2) 비효과적인 행동패턴 다루기

당면 문제와 관련된 감정의 응어리가 충분히 정화되어 집단구성원이 심적으로 여유를 가지게 되면, 이제는 그 문제상황에 연루되고 헤어나지 못하게 만드는 자신의 비효과적 행동패턴을 탐색하고 이해하고 수용하도록 돕는 작업을 시작한다. 지금까지 집단구성원은 주로 타인이나 환경에 초점을 두고 상대편의 문제점과 이에 관련된 감정을 토로하는데 치중해 왔다. 그러나 이제 자기 쪽으로 시선을 돌려 스스로의 행동을 탐색해야 한다. 예를 들어, 대인관계에서 문제를 지닌 집단구성원의 경우 상대방이 자기에게 특정반응을 하도록 만든 자신의 자극행동에 관하여 탐색하도록 도움을 받아야 한다. 이를 위하여 집단상담자는 집단으로 하여금 그 집단구성원의 행동패턴에 대하여 효과적으로 피드백을 하거나 맞닥뜨림을 하게 하여 그로 하여금 자신의 비효과적 행동패턴을 탐색, 이해하고 마침내 수용하는데까지 이르도록 도와야 한다.

사람들은 오랫동안 지녀온 자신의 행동패턴을 변화시키는데 어려움을 느낀다. 처음에는 누구나 집단의 피드백과 맞닥뜨림을 거부하거나 회피하려고 한다. 그러므로 집단상담자는 〈자기이해에 도움을 받기 위하여 자신의 문제를 다루고자 하는지?〉 확인하고 그 집단구성원의 동의를 얻어야 한다. 그렇지 않을 경우, 집단은 저항에 부딪혀 귀중한 에너지와 시간을 낭비할 수 있다. 뿐만 아니라 집단에서 이루어지는 피드백과 맞닥뜨림은 지난 과거의 문제를 여기－지금의 문제로 전환하여 하는 것이 보다 효과적이다. 다시 말해서 집단 밖에서의 문제와 관련된 집단구성원과 행동패턴을 그동안 집단 내의 상호작용에서 나타난 집단구성원의 행동패턴과 연관지어야 한다. 실제로 집단 밖에서의 행동 패턴은 집단 안에서도 그대로 나타나기 마련이다. 예를 들면, 아버지의 말씀 도중 말대꾸를 하는 비효과적 행동패턴으로 인하여 부자관계에 문제를 경험하고 있는 집단구성원의 경우, 집단 안에서도 나이, 모습, 행동 등 여러 가지 점에서 아버지와 유사한 집단구성원들과의 상호작용에서 말을 끝까지 듣지 못하고 도중에 끼어 들어 말대꾸를 함으로써 그들에게서도 좋은 반응을 얻지 못하는 행동패턴을 나타낼 것이다. 집단구성원들은 이러한 그의 행동에 대하여 구체적으로 즉시적으로 맞닥뜨린다. 또한 그런 행동이 집단구성원들에게 어떻게 부정적인 반응을 불러일으킨다는 사실까지를 피드백 함으로써 그로 하여금 집단 내에서의 자신의 비효과적 행동패턴을 이해하고 수용할 수 있게 된다. 동시에 바로 그것이 아버지와의 관계를 악화시키는 자신의 비효과적 행동패턴임을 깨닫고 인정하도록 도울 수 있다.

자기노출과 같이 피드백과 맞닥뜨림은 작업단계의 필수적 요소이다. 집단의 지지적인 환경에서 이루어지는 피드백과 맞닥뜨림은 진실한 관심의 표명으로 받아드려질 수 있다. 건설적인 피드백과 맞닥뜨림은 집단구성원으로 하여금 그의 말과 행동을 검토하게 만들고 통찰을 행동으로 옮기게 하는 일종의 초대장이다(Corey, 1995). 그러므로 집단상담자는 집단구성원들이 피드백과 맞닥뜨림을 할 때, 상대방을 판단하거나 공격하는 대신, 자신의 반응을 나누어 가지는 방식으로 도와야 한다. 이를 위하여 집단상담자는 스스로 건설적이고 관심 어린 피드백과 맞닥뜨림을 적시에 시범함으로 집단구성원들에게 효과적인 피드백과 맞닥뜨림을 가르칠 수 있다. 집단상담에서 참여자가 자신의 행동패턴을 깨닫고 인정하는 과정은 어쩌면 죽음을 앞둔 말기 암환자가 그 사실을 수용하는 과정과 유사하다고 할 수 있다.

Kubler Ross, E.(1969)에 따르면, 말기 암환자가 그 사실을 인정하기까지는 ① 부인과 고립, ② 분노, ③ 흥정 또는 타협, ④ 의기소침 또는 우울감의 4단계를 거친 다음 ⑤ 수용의 단계에 이른다고 한다. 정도의 차이는 있으나 대부분의 집단구성원들은 지금까지 견지해 온 행동패턴에 대해 그것이 비효과적임을 솔직히 인정하고 받아들이기가 쉽지 않을 것이다. 그러므로 집단상담자는 물론 집단구성원들도 참여자가 자신의 비효과적인 행동패턴을 탐색하고 이해하고 수용하기까지는 부인, 분노, 타협, 의기소침과 같은 우여곡절의 과정을 거친다는 사실을 명심하고 조급하거나 무리하게 서두르는 대신 여유를 가지고 집단역동의 흐름에 따라 인내라는 태도를 견지할 필요가 있다.

3) 바람직한 대인행동 다루기

집단구성원이 자신의 비효과적 행동패턴을 깨닫고 인정한 다음에는 바람직한 대안행동을 탐색하고 선택, 학습하는 작업에 들어간다. 대안행동을 효과적으로 다루는 것이 작업단계의 또 다른 핵심적 과제이기 때문이다. 비효과적인 행동패턴이 자신의 문제를 야기시켰을 뿐 아니라 현재에도 지속시키고 있다는 사실을 진정으로 이해하고 수용한다면, 집단구성원은 스스로 그 문제에서 헤어날 대안행동을 찾고자 할 것이다. 이 때 집단은 서로 그의 문제해결에 도움 될 바람직한 대안행동을 탐색하기 시작한다.

집단상담자는 브레인스토밍을 활용하여 집단구성원으로 하여금 자유롭게 대안을 제시하게 한 다음, 다각적인 측면에서 가능성과 효과성을 논의하게 하여 적절한 대안행동을 선택하도록 돕는다. 바람직한 대안행동이 선택되었으면 집단의 지지 아래 그것을 실습하도록 집단구성원을 돕는다. 대안행동의 학습에는 역할놀이를 도입하는 것이 효과적이다. 집단상담자는 집단구성원으로 하여금 자신의 입장에서는 물론 상대방의 입장에서도 역할놀이를 해 보며 보다 넓은 시각을 갖도록 도울 필요가 있다. 집단이 협력하여 대안행동을 탐색, 선택, 학습하려면, 집단구성원은 물론 전체집단이 대안행동 학습의 가능성을 확신해야 한다. 그러므로 집단상담자는 집단으로 하여금 변화 가능성에 대한 희망을 갖도록 도와야 한다. Yalom(1985)에

의하면, 희망은 집단상담의 중요한 치료적 요인 중 하나이다. 집단상담자는 집단구성원들이 나타내는 개선점에 주의를 환기시키고 미세하지만 긍정적인 방향으로의 움직임이 보일 때 격려하고, 집단구성원들로 하여금 상호간에 진보를 인정하게 하거나 각자의 진보에 책임을 지도록 도우며 집단에 희망을 불러일으킬 수 있다(Couch & Childers, 1987). 이처럼 행동변화를 위해서는 희망이 필요하고 희망 자체가 치료적 요인으로 작용할 수 있다. 그러나 실제로 행동변화가 일어나기 위해서는 집단구성원들이 대안행동을 학습하겠다는 확고한 의지를 지녀야 한다. 이는 무엇을 변화시키며 어떻게 변화시킨다는 결의를 의미한다. 해당 집단구성원은 물론 다른 집단구성원들까지 합심하여 행동학습의 계획을 세우고, 그것을 해결하기 위하여 심신을 투여하며, 이를 실행하기 위한 방법 탐색에 최선을 다하는 동시에, 실행에 어려움을 겪거나 실패할 때 좌절하지 않도록 상호간에 지지하고 격려하려는 다짐과 노력이 필요하다(Corey, 1995).

집단의 도움과 지지로 집단구성원이 바람직한 대안행동을 어느 정도 학습하였으면, 집단은 그로 하여금 집단 밖의 문제상황에서 새로 익힌 대안행동을 조심스럽게 시도해 보도록 돕는 일에 착수한다. 상담장면에서 학습한 행동이 실효를 거두려면 밖에서의 삶에까지 영향을 미쳐야 하기 때문이다. 집단 밖으로의 학습의 일반화는 집단구성원이 새로 익힌 대안행동을 실제 생활에서 실험하는 과정을 통하여 성취된다. 이를 위하여 집단상담자는 집단구성원에게 과제를 부여하고 과제수행에 필요한 행동을 집단에서 역할놀이를 통하여 예습시킨 후, 다음 모임 때 실행여부와 그 결과에 관하여 집단에 보고하도록 한다. 실행결과를 다음 모임에서 보고한다는 사실은 집단구성원으로 하여금 집단상담자와 집단의 기대에 부응하여 인정을 받고자 하는 동기를 부여함으로 실현 가능성이 높아진다. 집단구성원의 보고를 들은 집단상담자와 집단구성원들은 성취한 것에 대하여는 충분한 인정과 격려를 해 주되, 미비한 점은 집단에서 다시 논의하고 연습하는 과정을 반복하여 마침내 새로운 대안행동을 완전히 학습하게 도울 수 있다.

4) 저항과 갈등현상의 특징

기본적으로 저항과 갈등은 생산적인 집단과정을 방해하는 요소임에는 틀림없다. 그럼에도 불구하고 그것은 어떤 집단에도 반드시 생기는 것이며 또 필요한 것이다. 그것은 마치 개인의 성장과정에서도 기존질서나 사회 또는 부모에 대한 저항 심리와 인간관계에서의 갈등 경험이 보편적인 것과 같은 현상이다.

저항과 갈등이 집단과정에 대한 방해요소인 점은 틀림없지만 그것은 잘만 다루어진다면 오히려 집단의 응집성을 높이며 창조적인 문제해결을 촉진하는 요소로 작용할 수 있기 때문에 오히려 '위기는 기회다'의 계기로도 활용될 수 있다. 여기서는 저항과 갈등을 구분하여 먼저 저항에 대해서 구체적으로 살펴본 후에 갈등에 대해서 알아보고자 한다.

(1) 저항

집단경험이 처음인 참여자들은 낯선 사람들과의 모임, 그리고 그것에서 이루어지는 익숙하지 않은 활동들에 대하여 제대로 이해하지 못하거나 쉽게 동화되지 못함으로써 불안과 긴장을 느끼게 된다. 그 결과 집단구성원들은 쉽게 집단활동에 참여하기를 꺼려하고 자기노출하기를 주저하게 된다. 이 과정에서 여기-지금(here and now) 차원에서, 즉 현재 집단 내에서 이루어지고 있는 활동에 관하여 또는 자기의 경험이나 느낌에 관해서가 아닌, 그때-그곳(there and then) 차원, 즉 과거의 일이나 제삼자에 관한 이야기를 함으로써 생산적이고 효율적인 집단활동을 하지 못하게 된다. 이 같은 저항은 어떤 집단에서라도 발생할 수 있으므로 이를 극복하기 위한 집단상담자의 관심과 노력은 생산적인 집단발전을 위해 필수적이다.

저항이란 집단과정 중에 집단구성원이 어떠한 이유에서든 불편함을 느낄 때 그것을 회피하거나 그것으로부터 벗어나고자 하는 집단구성원의 행동이라고 할 수 있다. 일반적으로 집단구성원들은 대략 세 가지 영역에서 불편함을 느낄 수 있는데 그것은 지나치게 심각한 주제, 민감하거나 논쟁적인 사안, 사적이고 개인적인 문제이다.

집단구성원이 마지못해 참여한 경우에 집단활동 참여에 대한 저항 현상이 일어날 수 있다. 그래서 침묵으로 일관하거나 소극적인 참여나 침묵으로 일관할 때가 많다. Jacobs 등(1994)은 집단상담에서의 저항현상은 일반적으로 다음과 같은 형식으로 나타난다고 하였다.

① 집단구성원이 첫 모임 때 자신이 왜 이 집단에 참여했는지를 모르겠으며 아울러 이 집단이 어떻게 도움이 될지에 대해서 모르겠다고 말한다.

② 집단구성원이 팔짱을 낀 채로 앉아서 순서에 의해서 마지못해 하거나 자발적인 참여를 거의 하지 않는다.

③ 집단구성원이 집단과는 상관없는 주제들, 이를테면 영화, 스포츠, 최신 패션, 연예인 이야기들을 중심으로 집단의 화제를 끌고 간다.

④ 집단 자체에는 저항을 하지 않지만 자기 변화에 대해서는 저항을 보인다.

한편 어떤 집단구성원들은 집단의 효과성에 대한 부정적인 기대를 갖기도 한다. 그들은 집단이 별로 도움이 되지 못할 것이라고 생각하고 그래서 집단에 대한 호의적이고 협조적인 참여를 거부한다.

Krieg(1988)는 또 다른 입장에서 저항이 생기게 되는 이유를 다음과 같이 꼽았다.

1 신뢰감의 결여

집단구성원이 소속집단에 대하여 제대로 신뢰하지 못할 때 저항이 생긴다. 그 결과 다음과 같은 저항현상을 보이게 된다.

① **말하는 것을 두려워함 :** 혹시 자신의 말이 다른 집단구성원의 비웃음을 사지는 않을까? 자신의 말이 수준에 맞지 않는 발언이 아닐까, 그래서

남들이 웃지는 않을까?

② **반응하는 것을 두려워 함 :** 자신의 반응이 분위기를 파악하지 못하고 "헛다리" 짚은 것은 아닐까? 괜한 반응을 했다가 쓸데없이 관심을 끌게 되지는 않을까?

③ **비밀보장에 대한 두려움 :** 과연 비밀보장이 될까? 집단 내에서 이루어지거나 발언한 내용이 집단 바깥의 다른 사람들에게 알려지면 어쩌나?

2 분노

집단 내에서 개인적인 욕구가 효과적으로 충족되지 못하거나, 또는 다른 집단구성원의 발언이나 반응 때문에 자존심이 상하는 일을 경험함으로써 분노를 느끼게 되고 그 결과 저항현상을 보이게 된다.

3 무력함

집단 내에서 자기가 과연 무엇을 할 수 있을지에 대하여 회의하며 아무것도 모르며 아무것도 할 수 없다는 무력감 때문에 집단활동에 대해 제대로 참여하지 않으며 저항을 보인다.

4 집단의 생산성 결여

집단이 효과적으로 이루어지지 않고 비생산성을 보일 때 저항이 일어난다. 예컨대, 집단구성원이 보기에 '시시한' 주제나 별로 의미가 없는 주제들을 다루느라 시간을 보낼 때 저항을 보이게 된다.

한편 집단에 대한 저항은 특히 적대감에 의해서도 생기기 쉬운데 이에 대해서는 Yalom(1975)이 잘 설명하고 있기에 그의 견해에 기초하여 다음의 항에서 좀더 구체적으로 다루어 보고자 한다.

5 적대감

Yalom(1975)에 따르면 집단에 있어서 응집성은 수용, 친밀성, 이해를 보이는 반응을 포함하지만 반면에 적대감과 갈등을 보이는 경우도 있다. 적대감이 공개적으로 표출되지 않으면 그것은 효과적인 대인간 학습을 방해하는 적대적인 태도로 나타날 수 있다. 즉 표현되지 않은 적대감은 내부에서 억압된 채로 있다가 간접적인 방식으로 표출되어 나온다. 이 중에서 그 어느 것도 집단의 치료적 과정을 촉진하지 못한다.

누구든지 자기가 좋아하지 않는 집단구성원과 의사소통을 하기란 쉽지 않다. 그래서 그를 멀리하고 그와 의사소통을 하지 않게 된다. 결과적으로 의사소통의 망까지 닫히게 된다. 집단구성원은 다른 집단구성원에게 적대감을 느낄 수도 있지만 집단상담자에 대해서는 적대감을 느끼기도 한다. 일반적으로 집단구성원은 집단상담자에 대해서 정도 이상의 기대, 즉 일종의 환상을 갖기가 쉽다. 그래서 집단상담자가 집단을 아주 잘 이끌어 주고 집단이 곤경에 처할 때 즉각적으로 구조해 주며 또 집단의 욕구를 잘 해결해 줄 것이라고 기대한다. 그러나 특히 T-집단과 같은 비구조적 집단에서는 집단구성원의 능동성이 강조되므로 집단구성원들에게 비쳐지는 집단상담자의 역할은 소극적이며 경우에 따라서는 무관심한 것으로까지 비쳐질 수 있다. 이에 따라 집단구성원들은 집단상담자에게 불만을 느끼게 되고 그래서 적대감을 느끼며 저항이나 갈등을 하게 된다. 이러한 집단구성원의 부정적인 심리는 빨리 표출되고 공개화될 필요가 있다.

일반적으로 적대감이 발생하는 원인으로서는 다음과 같은 것을 꼽을 수 있다.

① 상호 경멸에 근거한 적대감

② 전이, 즉 제삼자에 대한 느낌을 특정 집단구성원에게 투사하는 반응

③ 거울반응(mirror reaction), 즉 자기가 가진 특성 중에서 싫어하거나 부끄럽게 여기는 특성을 다른 집단구성원이 나타내 보일 때 괜히 그에 대한 적대감을 느끼고 그를 싫어함

④ 경쟁적 라이벌 관계

⑤ 가치관, 세계관 차이

⑥ 성격적 특성은 편집증, 망상증세를 가진 성격적 특성의 소유자들은 남의 말을 잘 수용하지 않을 뿐만 아니라 부정하거나 비판적으로 대응

⑦ 집단상담자에 대한 실망

한편 집단구성원이 저항을 보이는 것은 대략 다음과 같은 형태로 나타난다.

① **철수**(withdrawal) : 집단활동에 제대로 참여하지 않고 침묵을 지킨다.

② **방어적인 반응** : 자기노출에 소극적이고 자기를 방어하는 행동과 반응을 보이며 집단활동에 저항한다.

③ **주지화**(intellectualization) : 자기의 느낌을 말하거나 신체적으로 솔직한 반응을 나타내는 경험적인 집단참여를 하기보다는 집단현상을 이론화하거나 이지적으로 해석하고 분석하려는 태도를 보인다.

④ **적대적인 태도와 반응** : 집단상담자나 다른 집단구성원에 대하여 적대적인 태도와 반응을 보인다.

⑤ **투사** : 자신의 심리 내적 역동에 기초하여 부모와의 문제를 집단상담자에게 투사하고 형제와의 문제를 동료집단구성원들에게 투사하는 반응을 보인다.

(2) 갈등

저항과 함께 갈등은 집단상담에서 뿐만 아니라 일반적인 인간관계에서도 피할 수 없는 것이다. 그러므로 정상적인 집단발달 과정에서는 집단구성원들이 어떻게 하든 갈등은 생겨날 수밖에 없다. 따라서 집단상담자가 관심을 가져야 할 문제는 갈등이 생기지 않도록 막을 수 있느냐 하는 것보다는 오히려 그것을 어떻게 다루어야 할 것인가에 있다.

사실 집단구성원들 사이의 갈등은 집단효율성의 정도를 가늠해 보고 집단의 건강 정도를 검증해 볼 수 있는 시금석이 되기도 한다. 아울러 그것은 집단을 약화시킬 수도 있지만 오히려 강화시킬 수도 있는 계기로도 작

용한다. 또는 갈등은 집단 내에서 원망이나 적대감이 생기고 심리적 상처가 생기게 하는 원인도 되지만 집단에 창조적인 통찰을 가져오고 집단구성원간의 보다 밀접한 관계가 가능하도록 하는 계기로도 작용한다. 갈등으로 인해 집단구성원들은 멀어지기도 하지만 오히려 더 가까워지고 협조적인 관계로 발전하기도 한다. 갈등은 집단 파괴의 씨앗이 되기도 하지만 증진된 집단 통합과 협조의 자극제가 되기도 한다. 갈등으로 인해 공격적이 되기도 하지만 상호이해의 계기가 되기도 한다. 이렇게 볼 때, 결과적으로 갈등은 집단 발달에 파괴적인 영향과 함께 건설적인 효과를 미친다. 그러므로 집단상담자는 집단과정에서 불가피한 갈등상황에 대해 생산적인 효과를 얻기 위해 어떻게 활용하는가라는 차원에서 이해하고 또 적절히 대처할 수 있어야 한다.

일반적으로 상담집단을 포함하는 모든 집단에는 다음과 같은 네 가지 종류의 갈등 양상이 존재한다(Johnson & Johnson, 1982).

[1] 논쟁

집단구성원의 생각, 정보, 결론, 이론, 견해 등이 타 집단구성원과 합치되지 않을 때 일어나는 현상이다. 집단상담 상황에서 특정 사안에 대한 생각, 정보, 견해 등이 서로 합치되지 않아 시시비비를 가리는 가운데 갈등이 생긴다.

[2] 이익의 갈등

욕구, 가치, 목표, 자원의 결핍상태(권력, 시간, 공간, 인기, 돈, 지위), 보상과 특권에 대한 경쟁의 상태에서 생긴다. 예컨대, 누군가가 지도력을 발휘해야 하는 상황에서 서로 집단상담자의 역할을 하고자 눈에 보이지 않는 경쟁을 할 때 갈등을 경험한다. 또는 집단구성원의 공감반응 중에서 가장 효과적인 것으로 인정받을 수 있는 공감을 하는 경쟁하는 상황에서 갈등이 생길 수 있다.

3 발달적 갈등

발달적 갈등(developmental conflict)이란 개인 내에서 작용하는, 안정과 변화의 상반된 세력의 작용으로 인해 생기는 문제이다. 예로서 자기를 노출하고자 하는 집단구성원의 마음에는 그냥 침묵을 지키고 있음으로 최소한의 체면을 지키고 남의 시선을 받지 않는 심리적 평안 상태를 유지할 것인가, 아니면 비록 남에게 부정적인 피드백을 받더라도 과감히 자기의 틀을 깨고 자기노출을 함으로써 자기성장의 모험을 감행할 것이냐의 상반된 마음상태로 갈등을 겪을 수 있다.

4 개념적 갈등

개념적 갈등(conceptual conflict)이란 자신의 마음 속에 작용하는 생각과 이념이 합치할 수 없는 상황에서 경험하는 심리적 상태이다. 특히 집단상담에서는 자기성장을 위하여 자기이해, 자기수용, 자기노출의 목표를 추구하게 된다. 이 과정에서 집단구성원들은 자신의 생각과 감정을 언어와 비언어적인 방식으로 적극적으로 표현하고자 한다. 그러나 또 다른 한편으로는 자기성장이란, 표현과는 상관없이 시간 참여보다는 관망하는 자세로 임한다. 이 때, 집단구성원은 적극적인 참여와 관망하는 자세 사이에서 개념적 갈등을 경험하게 된다. 이러한 갈등은 발달적 갈등의 경우에서와 같은, 안정과 변화의 상반된 세력의 작용에 의한 갈등과는 다른 것이다.

많은 사람들이 갈등을 공개적으로 표명하는 것을 두려워하고 피하는 것이 사실이다. 그런데 심리적 불만이나 폭력, 관계의 단절, 불안과 같은 결과를 초래하는 것은 갈등이 없는 상태가 아니라, 파괴적이고 비효과적인 방법으로 갈등을 관리하기 때문이라는 사실을 명심할 필요가 있다. 갈등은 인간관계와 집단에서 있어서 자연스럽고 바람직한 부분이기도 하다. 특히 갈등이 생산적으로 관리될 수 있다면 매우 귀중한 것이 되기도 한다. 더구나 집단이 생존력과 효율성을 유지하고자 한다면 갈등은 절대적으로 필요하다. 만약 집단에 갈등이 없다면 그것은 건강한 집단이 아니라 어쩌면 냉담(apathy)과 비관여가 만연한 집단임을 말한다. 그렇기에 갈등이 있느냐 없느냐 하는 점보다 그것을 어떻게 생산적으로 다루느냐 하는 점이 더 중요하다.

일반적으로 갈등의 생산적인 결과는 다음과 같이 설명될 수 있다(Johnson & Johnson, 1982).

① 해결되어야 할 관계상의 문제를 보다 더 잘 이해하게 해 준다.

② 갈등은 변화를 촉진한다.

③ 갈등은 문제해결에 대한 동기를 촉진하고 증진시킨다.

④ 갈등은 집단을 보다 재미있게 한다.

⑤ 문제 상황에서 집단구성원들이 서로 다른 의견을 갖고 있을 때 보다 나은 결정이 내려지기 쉽다.

⑥ 갈등은 관계를 보다 깊게 하고 풍부하게 한다.

⑦ 갈등은 창조성을 촉진한다. 문제와 상황에 대한 시각이 서로 다름을 알게 되므로 창조성을 촉진하게 된다.

⑧ 갈등이 생기면 집단구성원의 인지적 자기 중심성이 감소되고 인지적 도덕적 추론수준이 상승함으로 사회적 발달이 증진된다.

5) 저항과 갈등 처리를 위한 방안

저항적인 집단구성원에 대해 대처하는 방식으로 Jacobs 등(1994)은 두 가지를 제시했는데 첫째는 자신의 감정을 이야기하도록 하는 것이고, 두 번째는 일 대 일로 또는 모임이 끝난 후에 그러한 저항의 문제를 해결할 수 있도록 돕는 것이다.

때때로 저항하는 집단구성원은 집단상담자와 집단구성원들에게 저항하도록 한다. 만약 집단구성원이 집단상담자의 조력 노력에 반발하고 저항한다면 다른 집단구성원들이 그를 중심으로 함께 느낌을 주고받으며 경험을 나누도록 도움을 주되 가능하면 집단상담자는 중심적인 역할을 담당하지 않는 것이 좋다. 이런 경우에 집단구성원들은 2인 1조, 3인 1조, 또는 소집단 토론의 형식으로 진행되는 것이 좋다.

그러나 집단구성원이 오히려 다른 집단구성원들에 대해 저항한다면 집단과정 동안이나 집단이 끝난 후에 집단상담자가 일 대 일로 개별 상담하는 것이 좋다. 아니면 솔직히 그러한 상황에 대해 피드백을 해 주고 그의 반응을 들어볼 수도 있고 다른 집단구성원들로 하여금 그와 공감하게 하고 그의 입장에서 문제가 무엇인지를 찾고 해결할 수 있도록 노력하게 할 수 있다.

다음의 예문을 보자. 여기서 집단상담자는 피드백을 통하여 집단구성원의 저항 현상을 지적하고 그의 반응을 물어 보는 식으로 저항문제에 접근하였다. 집단구성원 ○○○씨는 출산 후에도 직장생활을 계속하는 문제에 대해서 고민하고 있었고 집단에서 그 문제에 대한 논의가 있었다.

집단구성원 A : 아이를 탁아소에 맡기면 되잖아요?

○○○ : 글쎄요. 그곳에서 아이들을 제대로 맡아줄까요? 왠지 불안해요.

집단구성원 B : 혹시 친정이나 친척 중에 아이를 돌봐줄 사람은 없나요?

○○○ : 그렇게 까지 해서 친지를 부담을 주고 싶지는 않아요. 특히 친정 식구는 싫어요.

집단구성원 C : 그럼, 아이를 가진 이웃 중에서 수고비를 주고 자기 아이와 함께 남의 아이도 돌보아 주는 경우도 있다던데 그런 것은 알아보지 않았나요?

○○○ : 이웃 간에 돈 거래하는 것은 싫어요.

이상과 같은 경우 분석해 보면 ○○○씨는 다른 집단구성원의 어떠한 제안도 거절한다는 것을 알 수 있다. 이럴 때 집단상담자는 다음과 같이 개입을 할 수 있을 것이다.

집단상담자 : ○○○씨, 당신의 말을 종합해 보면 당신은 어떠한 남의 말에 대해서도 호의적으로 또는 진지하게 검토해 보는 일이 없군요. 다

들 당신의 상황을 이해하고 도움을 주고자 하는데 집단이 어떻게 하면 당신에게 보다 나은 도움이 될 것 같아요? 이에 대한 당신의 이야기를 들어보고 싶어요.

한편 앞에서 우리는 저항과 갈등 현상은 대략 집단의 초기 동안, 특히 첫모임이 끝난 후 둘째 모임 또는 그 이후에 본격적인 집단활동을 하고자 하는 시기부터 생긴다는 사실을 확인한 바 있다. 특히 Corey(1981)는 전환단계 동안에 저항과 갈등양상이 발생한다고 하면서 이 때 집단상담자가 해야 할 일을 다음과 같이 지적하였다.

① 집단구성원들에게 불안을 인식하고 표현하는 것이 중요하다는 사실을 가르친다.

② 집단상담 구성원들이 방어적으로 반응하는 방식을 깨닫도록 돕고 저항심리를 공개적으로 다룰 수 있는 분위기를 형성한다.

③ 저항현상을 포착하고 그러한 저항은 자연스런 것이며 건강한 것이란 점을 집단구성원들에게 알려 준다.

④ 집단에서 일어나는 갈등을 인식하고 그것을 공개적으로 다루는 것이 필요하다는 점을 집단구성원들에게 알린다.

⑤ 통제하고자 투쟁하는 행동적 징후를 지적하고 집단의 발달에 대한 공동의 책임을 받아들이도록 가르친다.

⑥ 인간으로서 또는 전문자로서의 집단상담자에 대한 도전의 문제를 직접적으로 그리고 솔직하게 다루는 모범을 보여 준다.

⑦ 자율적이고 독립적인 집단구성원이 될 수 있는 집단상담자가 저항과 갈등에 효과적으로 대처할 수 있도록 돕는다.

이와 같은 Corey(1981)의 충고를 참고로 하여 집단상담자가 저항과 갈등에 효과적으로 대처할 수 있는 방법을 알아보자.

(1) 사전예방 활동

비록 앞에서 저항과 갈등 현상이 경우에 따라 집단발전에 생산적으로 기여할 수 있음을 확인했지만, 저항과 갈등의 정도가 지나치거나 장기간 지속되면 바람직하지 못한 결과가 초래되기 쉽다. 그렇기에 비록 모든 집단에 있어서 저항과 갈등이 불가피한 현상이긴 하지만 최대한 예방될 수 있도록 하면 좋을 것이다.

이를 위해서는 이형득(1998)의 지적처럼 초기단계에서 이루어질 과제들, 예컨대 집단의 목적 소개와 참여자 소개, 집단의 구조화, 행동목표의 설정 등을 첫 회기 동안 모두 실시하기보다는 두 회기 정도 나누어 실시할 필요가 있다. 왜냐하면 한번에 모든 도입활동을 하는 것보다 두 차례 나누어서 한다면 훨씬 여유 있는 시간동안 초기단계가 지속되기에 집단구성원들은 서로간에 친숙 정도를 보다 높일 수 있을 것이다. 결과적으로 집단구성원들은 보다 편안한 마음으로 집단활동에 임할 수 있을 것이다.

(2) 저항과 갈등 현상에 대한 예고

집단상담자는 저항과 갈등에 대해 집단구성원들에게 미리 예고하고 그것에 대처할 수 있는 자세를 갖도록 교육할 필요가 있다.

Jacobs 등(1994)에 따르면 집단의 첫 모임에서는 비교적 부담 없는 오리엔테이션 및 자기소개 등이 이루어지므로 집단구성원들이 나름대로 의욕을 갖고 집단활동에 임하지만 심도 깊은 사적 자기노출과 피드백이 교환되는 두 번째 모임 이후부터는 처음에 가졌던 집단에 대한 열기나 의욕이 감소하고 불안이나 저항현상이 생길 수 있다. 따라서 집단상담자는 첫 모임이 끝날 때쯤에, 다음 모임 때부터 있을 수 있는 이러한 집단의 분위기 변화나 집단역동에 대해서, 즉 감퇴현상이 있을 수 있다는 사실을 예고할 필요가 있다. 또 필요하다면 특정의 과제를 미리 제시하여 다음 모임에서 막연하거나 불안한 마음을 갖지 않도록 조처를 취할 필요도 있다. 다음의 예는 첫 모임이 끝날 시점에 집단상담자가 다음 모임에 대한 예고와 예상되는 저항과 갈등 상황에 대한 설명을 하는 장면이다.

예

집단상담자 : 자 여러분 이제 첫 회기를 마쳐야 할 시간이 되었습니다. 오늘의 모임을 통해서 여러분들은 집단에 대한 새로운 경험과 함께 동료집단구성원들에 대해 어느 정도 익혔을 것으로 믿습니다. 비록 생소한 경험이지만 집단 앞에 자기를 솔직히 내어 놓고 소개한다는 것이 반드시 쉽지만은 않았을 것입니다. 그런 반면에 집단상담을 통해서 성취하고자 하는 목표를 정하고 다른 집단구성원의 발표를 들을 수 있었던 것은 새로운 경험이었지요. 총체적으로 봤을 때 여러분들에게 있어서 오늘의 경험이 집단상담을 시작하는 첫걸음으로서 큰 부담은 없을 것입니다. 그러나 다음 모임부터 좀 더 본격적인 집단상담 활동이 이루어질 것입니다. 이 과정에서 여러분들은 오늘의 경우보다 더욱 사적인 자신의 모습을 노출해야 하며 다른 집단구성원들로부터 솔직한 피드백을 들어야 할 것입니다. 그렇게 하다보면 자칫 마음이 상할 수도 있고 집단 경험에 대한 불안을 느낄 수도 있을 것입니다. 또는 다른 집단구성원과 마음과 뜻이 맞지 않다거나 집단상담자에게 대해서 까지 불만을 느낄 수도 있을 것입니다. 비록 집단상담이 자기 성장과 발전을 위해 도움되는 경험이긴 하지만 그것이 반드시 유쾌하고 즐겁지만은 않을 것입니다. 그런 점들을 명심하고 비록 불안하고 다른 집단구성원이나 집단상담자, 또는 집단경험 자체에 대한 불만스런 점들이 느껴지더라고 잘 극복할 수 있는 지혜를 발휘하기 바랍니다. 또한 어떠한 느낌이라도 솔직하게 표현해 주십시오. 그리고 필요하다면 도움을 요청하십시오. 그러한 솔직한 표현과 도움 요청으로 여러분들은 더 큰 성장과 학습경험을 할 수 있을 것입니다.

(3) 신뢰로운 분위기 조성

두 번째 모임부터 집단이 어느 정도 정상적인 궤도에 오를 때까지 별도의 시간을 좀더 내어서라도 분위기 활성화 활동(warming-up activity)을 할 필요가 있다. 그렇게 되면 집단에 대해서 갖는 집단구성원의 심적 부담이나 불안감, 소극성, 또는 저항을 극복하는데 도움을 얻을 수 있을 것이다. 이를 위한 활동의 예로는 끝말 이어가기, 문장완성 활동, 파트너 게임과 같이 비교적 부담 없이 할 수 있는 것이 좋다. 다음의 예를 보자.

예

집단상담자 : 자, 지난 일주일 동안 어떻게 지내셨는지 궁금합니다. 오늘은 두 번째 모임의 날입니다. 아마도 많은 기대를 갖고 집단에 임했을 줄로 생각합니다. 그러나 오늘 본격적으로 두 번째 모임을 하기 전에 간단한 활동을 해보도록 하겠습니다. 아주 쉬운 게임을 하고자 합니다. 여러분, 끝말 이어가기 아시죠? 우선, 오른쪽으로 돌아가면서 끝말 이어가기를 해보겠습니다. 그럼 저부터 시작하겠습니다. 학교……

(4) 상황에 대한 확인과 명료화

Johnson(1972)은 일반적으로 집단상담을 포함하는 어떠한 집단 상황에서든 갈등을 건설적으로 관리하기 위해서는 갈등의 정의 또는 갈등에 대해 정확한 지각하기, 정확한 의사소통하기, 신뢰로운 분위기 만들기와 같은 것이 필요하다고 하였다. 여기서는 무엇보다도 갈등에 대한 정확한 지각을 중심으로 살펴보고자 한다.

누구든 갈등상황에서는 자기와 타인의 행동, 동기, 위치와 관련하여 지각적 왜곡현상을 경험하기 쉽다. 이러한 지각에서의 왜곡현상은 워낙 광범위하기에 거의 모든 갈등 상황에서 발생하는 경향이 있다. 일반적으로 그러한 왜곡현상의 양상은 다음과 같다.

첫째, 남 탓하기 : 갈등상황에 있는 사람이면 누구든 자기는 옳은데 상대방은 틀렸다고 생각한다. 그리고 자기는 진실과 정의를 대변하지만 상대방은 그렇지 못하며, 그렇기에 자기는 억울하게 욕을 먹고 있고, 비난받고 있으며, 공격당하고 있다고 생각한다. 또한 자기야말로 올바른 해결책을 찾고 있는데 다른 사람은 나쁘다고 생각한다.

둘째, 자기 눈의 대들보와 타인 눈의 티끌과 같은 갈등 중인 당사자들은 자기 눈의 대들보는 보지 못하고 타인 눈의 티끌을 보는 경향이 있다. 그래서 타인이 자기에게 부당하게 말하고 반응하는 것에 대해서는 불쾌하게 느끼면서 스스로 타인에게 하는 꼭 같은 언동에 대해서는 무신경하게 된다.

셋째, 이중적 기준 : 비록 상대방과 같은 행동을 하고 있다는 것을 알더라도 자신의 행동은 정당하지만 타인이 하는 행동은 부당하다고 생각한다.

넷째, 양극적 사고 : 갈등 상황에 놓인 사람들은 자신이 하는 모든 것은 좋은 것이지만 타인이 하는 것은 모두 나쁜 것이라는 지나치게 단순화된 견해를 갖는다.

이상과 같은 오해가 생기면 생길수록 갈등은 증폭된다. 그리고 관계는 악화될 수밖에 없다. 어떠한 갈등 상황에서든 당신과 타인은 서로에 대해서 복잡한 감정을 갖게 된다. 특히 선택적 지각이나 왜곡적 지각이 작용할 때는 상대방의 부정적인 면만 보게 되고 긍정적인 면을 보지 못하는 우를 범하게 된다. 그래서 다음과 같은 자성예언이 가능하게 되며 악순환이 계속될 수 있다.

첫째, 상대방의 감정은 완전히 적대적이라고 생각한다.

둘째, 상대방이 공격하기 전에 그를 먼저 공격하거나 그와의 접촉을 끊는 방어적인 행동을 취한다.

셋째, 이러한 자신의 반응이 상대방의 적대감을 고조시키고 결과적으로 자신에 대한 긍정적인 감정이 사라지게 된다.

넷째, 결국 자신은 그에 대한 원래의 생각이 옳았다고 생각하고 왜곡적 지각은 더욱 강화된다. 자성예언은 갈등 상황에서 매우 보편적이다. 그러므로 갈등상황에 놓였을 때 그러한 왜곡의 함정에 빠지지 않도록 신경 쓸 필요가 있다.

이상과 같은 경우에 집단상담자가 취해야 할 반응으로는 기본적으로 갈등 상황을 정의하고 그것에 대해서 제대로 인식할 수 있도록 하는 것이다. 그리고 그러한 갈등 상황에서 있는 당사자들을 공감하고 한 인간으로 수용하는 노력이 필요하다. 아울러 갈등 당사자들도 그러한 자세를 갖고 반응을 보이도록 격려해야 할 것이다.

이제 구체적으로 저항과 갈등 상황에서 그러한 현상을 확인하고 명료화하는 반응을 Dyer와 Vriend(1988)의 설명을 참고로 살펴보자.

먼저 갈등하고 저항하는 집단구성원들에게 집단상담자는 그들의 감정, 행동, 인지적 요소들을 확인하고 명료화하거나 반영해 줄 수 있다. 집단구성원들은 어떠한 이유에서든 집단과정에 몰입하지 못하거나 또는 갈등 상황에서 불편함을 느끼고 있는 것이 사실이다. 그러므로 그러한 갈등과 저항을 직접적으로 언급할 수도 있겠지만 지금 그러한 모습을 구체적으로 감정, 행동, 인지적인 차원에서 확인, 명료화, 반영해 줄 수도 있다. 다음의 예문을 보자.

"하늘씨는 오늘 집단이 시작된 이래로 어느 누구와도 눈을 맞추지 않고 바닥을 보거나 벽쪽을 바라보기만 하는 것 같은데…… 무엇인가 집단 자체 또는 집단 구성원에 대해 불편하게 느끼는 것이 있는 것 같아요."(행동)

"명진이는 오늘따라 신경질적인 반응을 많이 보이는군. 특히 조금 전 혜경이가 지난 번 집단 때의 일을 지적했을 때 보인 모습을 보면 그래요. 왜냐하면 그때 자네의 목소리 톤은 과도하게 높았던 것 같고 얼굴까지 붉어졌으니 말이야…… 혜경이에 대해 마음이 편하지 않는 무엇이 있는 것으로 보이는군. 혜경이가 지난번 모임 때 피드백한 내용에 대해 섭섭하거나 수용하기 어려운 부분이 있는가 보구나? "(감정)

"김영규씨는 평소에도 그렇게 사물을 부정적으로만 생각하는가요? 당신은 이 집단활동에 대해 얻을 것이 없거나 시간낭비라고 하면서 적극적인 참여를 하지 않고 뒤로 물러 서 있는 것 같은데 어째서 그렇게 생각하는지 궁금하군요. 이 집단이 그렇게 의미 없는 것으로 생각됩니까?"(인지)

이상에서 행동, 감정, 인지 차원에서 갈등, 저항 상황을 지적하고 명료화하는 반응의 예를 살펴보았다. 이와 같은 집단상담자의 반응을 통해서 집단의 분위기는 새로운 국면으로 접어들 수 있으며 집단구성원들의 집단과정에 대해 새로운 통찰을 얻는다. 일반적으로 저항과 갈등 현상은 잠재된 상태, 즉 숨겨진 안건(hidden agenda)의 차원에서 집단역동에 부정적인 영향을 미치는 경향이 있다. 그러나 공개적인 노출과 논의를 통해 오히려 그렇게 내재되어 있던 저항과 갈등 상황에 대해서 각성할 수 있으며 극복을 위한 관심과 노력을 촉진하게 된다. 아울러 응집성이 높아지는 계기마저 마련될 수가 있다.

(5) 맞닥뜨림

맞닥뜨림(confrontation)은 집단구성원의 일관되지 못하거나 불일치한 행동을 지적하고 교정할 수 있는 유용한 기술이다. 그리고 이는 집단의 갈등, 저항 상황을 지적하고 그에 대한 집단구성원의 책임을 부각하여 결과적으로 집단을 활성화하는 기술이다. 물론 맞닥뜨림은 상대방을 공격하고 비난하는 것으로도 비쳐질 수도 있기 때문에 이 기술을 신중하게 활용할 필요가 있다.

이형득(1979)은 집단상담자가 맞닥뜨림 기술을 사용할 때 다음과 같은 점에서 주의를 해야 한다고 하였다. 첫째, 사람 전체를 규정지어 판단하지 말고 취급해야 할 특정한 행동에 대하여 구체적으로 도전해야 한다. 둘째, 특정 집단구성원의 행동이나 반응에 대하여 가지고 있는 집단상담자 자신의 느낌을 솔직히 털어놓아야 한다.

일반적으로 맞닥뜨림에는 다음과 같은 다섯 가지의 종류가 있다.

첫째, 집단구성원의 지금 말한 내용과 과거에 한 말의 내용이 다를 때 집단구성원은 집단의 첫 회기나 초기에는 집단 발전을 위해 노력하겠다고 약속을 하지만 집단과정 중에 어떤 이유로 마음이 바뀌거나 불편한 일 때문에 처음의 약속과는 다른 방향의 발언을 할 때가 있다. 이럴 때 집단상담자는 그러한 말의 차이를 지적함으로써 집단구성원의 진정한 의도나 속마음을 노출시킬 수 있다. 집단상담자는 그러한 맞닥뜨림을 통해 처음의 약속을 지키지 못하고 저항하면서 집단활동에 소극적이거나 과거에 약속했거나 말한 내용과 다른 방향으로 말을 하면서 집단에 적극성을 보이지 않을 때 그것을 지적하고 새로운 차원으로 집단을 이끌어 갈 수가 있다. 아래에 집단상담자가 맞닥뜨림 기법으로 집단에 개입하는 과정을 소개하겠다. 다만 효과적인 개입방법을 부각하기 위하여 비효과적인 방법의 예도 같이 소개한다.

효과적 반응 : "찬희씨는 지금 이 집단에서 자신의 얘기를 하는 것이 별로 의미가 없는 것으로 느낀다고 말했는데……. 그래서 유난히 오늘 모임에서 소극적인 태도뿐만 아니라 집단구성원들의 말에 대해 거부적으로 반응했나요? 그렇다면 조금 전의 그 발언은 첫모임 때 자신을 변화시키기 위하여 자신을 보다 과감하게 노출하겠다고 했던 약속과는 다른 것 같은데 어떻게 생각하세요?

둘째, 집단구성원의 말과 행동이 불일치할 때 누구나 그러하듯이 자신의 말과 행동이 일치하기 쉽지 않다. 그래서 집단 내에서 중요한 사안에 대해서 집단 전체나 특정 집단구성원의 언행이 불일치 하는 사례들이 때때로 대수롭지 않은 것으로 무시될 수도 있지만, 문제해결이나 집단 발전을 위해서 중요하게 다루어질 수도 있다.

효과적 반응 : "여러분, 오늘 집단이 시작된 지가 벌써 30분이나 지났는데 아직까지 시중의 뉴스나 연예인 이야기 등을 하느라 정작 개인이나 집단 발전에 도움이 될만한 의미 있는 이야기는 나오지 않는 것 같아요. 그리고 오늘 따라 지각한 사람들이 세 명이나 되는군요. 현재도 계속 옆 사람과 소근대면서 이야기를 나누고 있는 영아씨와 은아씨의 모습을 보니 여러분들이 첫 회기 때 집단 발전을 위해 적극적으로 노력하고 참여하겠다고 했는데 말이 떠오릅니다. 무엇이 여러분으로 하여금 몇 회기만에 처음의 약속과는 전혀 다른 행동적 반응을 보이게 했는지 궁금하군요. 먼저, 오늘 제일 늦게 출석한 정숙씨가 말해 주세요……"

셋째, 집단구성원의 말과 정서적 반응과의 차이가 있을 때 집단구성원이 말로 하는 반응과 그가 보이는 정서적 반응간에 차이가 있을 때 그것을 지적한다.

효과적 반응 : "선혜씨, 당신은 조금 전에 병완씨가 당신에게 부정적인 피드백을 했을 때 그런 말에 별로 개의치가 않는다고 말했죠? 그리고 지금도 병완씨에 대해서 별다른 부정적인 감정이 없다고 말했어요. 그런데 당신의 얼굴은 별로 편해 보이지 않을 뿐만 아니라 다소 짜증스러운 음성으로 말을 하고 있어요……. 특히 한번도 병완씨에게 눈을 맞추지 않고 있어요……. 그러니까 겉으로 말하는 내용과 내적으로 느끼는 감정은 조금 다른 것 같군요. 즉 내적으로는 긴장하고 있거나 불편한 감정이 많이 있는 것 같은데…… 그 점에 대해서 궁금하군요…….

넷째, 집단구성원의 말 내용과 집단상담자가 그에 대해서 느끼는 느낌이 다를 때 집단구성원이 어떤 의도를 갖고 말하는 내용과 집단상담자가 그 집단구성원이나 그가 한 말에 대해서 느끼는 느낌은 서로 다를 수 있다. 즉 집단구성원은 자신의 심리적 상태를 제대로 각성하지 못할 때가 많다.

그리고 그러한 미각성 상태에서 다른 집단구성원이나 집단상황으로 파악할 때도 있다. 집단구성원은 무의식적으로 자신의 내적 심리상태를 반영하여 언어적 행동적 반응을 하기 마련이다 이 때 집단상담자는 그러한 사실을 지적할 수 있다.

효과적 반응 : "성구씨, 당신은 아직 집단분위기가 완전히 성숙하지 않은 상태에 있기 때문에 집단활동에 선뜻 나서기가 어렵다고 말했죠? 그리고 특히 경수씨와 성우씨가 그 말에 동조를 하는 것 같아요. 그런데 제가 보기에는 몇몇 사람들이 다른 활동을 할 때는 누구보다도 활발하다가 조금 전처럼 자기의 내면적 생각이나 감정을 노출할 때는 침묵으로 일관하는 것 같아요. 그것은 혹시 지난주에 성구씨가 자기노출을 했을 때 다른 집단구성원들이 보여준 부정적인 반응과 그로 인해 경험했던 성구씨의 당혹하고 불편했던 마음 때문이 아닐까 싶어요. 즉 이 과정에서 당사자 뿐만 아니라 그 과정을 직접 지켜본 여러분들이 자기노출에 대한 두려움들을 느껴서 침묵을 지키는 것으로 보여요. 따라서 저로서는 여러분들이 적극적인 노출을 회피함으로써 집단이 활성화되지 않고 있는 것은 집단분위기의 성숙도 문제 때문인 것만은 아닌 것으로 느껴진다 말이죠. 성구씨 뿐만 아니라 특히 성구씨의 친구인 경수씨와 성우씨에게서 더욱 그런 느낌을 많이 받아요. 자, 어떻게 생각하세요. 먼저, 성구씨부터 말해 보세요."

5. 집단상담의 종결단계

1) 종결단계의 중요성

종결단계에 도달하면 집단구성원 각자는 집단상담 초기에 내놓았던 자신의 문제에 대해 해결책을 찾거나 통찰하게 되어 점차 안정된 상태가 된다.

그러나 동시에 이 때까지 맺어온 집단 간의 유대관계에서 분리되는데 대한 아쉬움으로 착잡한 느낌을 갖는다. 그러므로 다른 집단구성원들과 함께 지금까지 진행되어 온 집단과정을 되돌아보는 한편, 실생활 장면에서의 적용에 대해서도 토의하면서 집단의 전 과정을 마무리하게 된다.

집단의 종결단계가 다가오면 상담자는 단지 몇 회기의 상담만이 남아 있음을 집단구성원들에게 상기시키는 것이 좋다. 집단과정에서 집단구성원들은 개인에 따라 각기 다른 경험을 하였을 것이기 때문에 종결에 대한 준비를 할 수 있는 기회를 주어 집단 경험을 성공적으로 마감할 수 있게 하여야 한다.

집단상담에서 초기단계가 중요한 것처럼 이 종결단계도 집단과정에서 매우 중요한 위치를 차지한다. 집단상담의 종결단계가 중요한 이유에 대해 Corey(1995)는 종결단계에서 집단구성원들은 자신들에 대해 알게 된 것과 관련된 결정을 내리는데 필요한 인지적 일에 참여하기 때문이라고 보았다. 만일 집단상담자가 이 단계를 충분히 다루지 못한다면 집단구성원들이 배운 것을 사용할 수 있는 기회가 크게 감소한다. 더욱더 나쁜 것은, 집단구성원들은 문제를 해결하지 못하거나 이러한 문제들을 어떻게 종결해야 하는지에 대한 어떤 방향도 정하지 못한 채 떠날 수 있다는 것이다.

이러한 종결의 중요성에 비추어 종결처리 기간을 어느 정도로 하느냐도 중요하다. 집단상담에서의 종결단계의 길이는 집단의 목적, 모임의 횟수, 그리고 집단구성원의 요구 등에 따라 다를 수 있으나, 이형득(1998)은 대체로 마지막의 1~2회기 정도면 충분하다고 하였다. 이 때 한 회기의 길이는 2시간 정도이고, 집단상담의 회기가 10~12회기일 경우이다.

요컨대, 집단상담에서 종결단계는 약속된 시기에 이루어져야 하고, 자신과 타인을 사랑하고 이해할 수 있을 때 종결되어야 한다. 그리고 집단상담의 경험은 집단구성원들이 집단을 종결한 이후에라도 주위 사람에 대해서 지배나 경쟁보다는 조화를 추구하고, 감정의 발산보다는 절제를 통하여 자신의 수양과 성숙을 위해 노력하는 계기가 되어야 한다. Maslow(1971)가 말했듯이 집단상담의 종결은 성숙된 삶의 기본태도라고 할 수 있는 자신과 타인에 대한 객관적 이해, 수용적인 태도, 솔직하고 자연스런 표현을 할 수 있는 준비가 되었을 때 이루어져야 한다.

2) 종결단계에서 나타나는 현상들

이장호・김정희(1992)는 종결시 집단구성원들은 대체로 집단에서 자유스럽게 자기의 감정, 즉 두려움이나 불안, 좌절, 적대감 등의 여러 가지 행동을 표현할 수 있었던 것에 만족해 한다. 실제로 집단구성원들은 상담의 주요 목표 중 하나인 누구에게나 친밀한 인간관계가 가능하며, 자기도 타인으로부터 친절한 조언이나 비판 등을 받을 수 있음을 체험하게 된다.

그러나 이 시기에는 동시에 몇 가지 문제들이 일어날 수 있다. 즉, 집단구성원들은 자신의 경험을 재검토하기를 피하고 이를 어떤 인지적 틀로 합치는데 실패할 수 있으며, 그러므로 자신들이 학습한 것을 일반화하는데 제한 받는다. 또한 종결단계는 집단구성원들에게 스트레스를 줄 수 있다(Johnson, 1974; Mayadas & Glasser, 1985; Sarri & Galinsky, 1985). 종결이 계획되지 않은 것일 때, 마지막 모임은 집단구성원들간에 갈등이 섞인 교환, 냉담과 적개심의 증가, 혹은 집단과제의 반복된 실패들로 가득할 수 있다. 그리고 비록 계획된 것일 때라도 집단구성원들이 슬픔을 느낄 수 있다. 집단에의 일이 끝났으나 그들은 그 집단에 여전히 슬퍼하고 개인적인 지지가 없음을 가슴 아파한다. 즉 불안, 불평형 감정, 이전의 파트너에 대한 분노가 그것이다. 그리고 동반자 관계를 종결하는 집단구성원들은 그 집단의 결말에 대해 상대방을 비난하는 경향이 있다(차재호 외, 1996). 또한 청소년들로 이루어진 집단에서는, 집단이 종결될 때 쯤에 정도의 차이는 있지만 거의 예외 없이 거부당했다는 느낌을 받게 되기 쉬우며, 상담자가 아무리 노력을 하더라도 청소년들이 경험하는 이 부정적인 느낌을 막을 수는 없다(이장호・김정희, 1992).

더 나아가 집단구성원들은 종결이 가까웠다는 것을 깨달을 때 어떤 위험이 생길 수 있다. 이들은 그들 스스로를 고립시켜서 집단종결에 따르는 불안을 다루려 하지 않는다. 이들의 상담활동은 점점 줄게 되며 이러한 불안은 집단 내의 효과를 집단 밖에서 실행해 보는데 영향을 미쳐 실패하게 된다는 것이다(Corey, 1995). 그러나 집단상담을 통해 집단구성원간에 의미 있는 관계가 형성되었을 경우에 종결을 섭섭히 여기는 것은 필연적인 것이라고 보아야 한다. 집단구성원들은 분리의 현실에 다소의 슬픔과 불안이 있을 수 있으며, 종결을 앞두고 후퇴하게 되고 덜 집중적인 방법으로 참여할 수 있다. 그리고 분리에 대한 두려움 뿐만 아니라 집단에서 경험한 것을 일상생활에 적용시킬 수 있는지에 대한 두려움을 갖기도 한다.

이러한 집단상담의 종결과정에서 보여주는 부정적 현상들을 감소시키기 위해서는 상담자들이 집단구성원들로 하여금 집단에서 일어난 것에 대하서 의미 있게 보도록 도와 주어야 한다. 즉 집단구성원들이 이별에 대한 두려움이나 미래에 대한 희망, 서로에 대한 관심사들을 표현하고, 자신이 경험했던 것을 얘기할 수 있도록 개방적인 분위기를 제공하여야 한다. 상담자가 집단구성원에게 진정한 관심이 있다는 것을 보여주고, 이후에라도 집단구성원들간에 서로 유대관계가 지속되도록 노력할 필요가 있다는 점을 이해시키며, 상담자와 차후에 연락할 수 있는 방법을 알려줄 때 집단구성원들의 분리 불안은 감소되고 희망적이 될 것이다.

3) 집단을 종결하는 구체적인 방법

집단의 종결단계에서 집단구성원들이 해야 할 주요과제로서 Corey(1995)는 분리와 종결에 대한 자신의 감정을 다루거나 학습한 것을 일상생활에 일반화하기 위해 준비하며, 집단에서 일어난 문제이건 집단사람들과 관련된 문제이건 해결되지 못한 일들을 완성하고 집단의 영향력을 평가하며, 자기가 원하는 변화들과 이를 위해 어떻게 할 것인지와 관련되어 있는 결정과 계획을 세우는 것이라고 했다. 또한 종결단계에서는 그 동안 집단구성원들이 집단상담을 통하여 어떠한 것들은 경험하였으며 그러한 경험에 대한 각자의 느낌이 어떠하였는지를 토의하고 그 느낌들을 서로 피드백함으로써 보다 현실적으로 자기 자신을 알게 되고 자기의 감정을 이해하는 능력을 증진하게 할 수 있다. 본 장에서는 종결시의 과제로서 Corey(1995)와 이형득(1998)이 제시한 과제를 고려하여 (1) 집단구성원의 감정 다루기, (2) 집단상담의 효과 검토, (3) 미결과제 다루기, (4) 집단구성원들의 피드백 주고받기, (5) 추후과정 인식과 작별인사를 다루고자 한다.

(1) 집단구성원의 감정 다루기

집단구성원들은 집단이 곧 끝날 것이라는 점 때문에 불안, 회피, 거부의 형태를 취하는 분리의 감정을 나타낼 수 있다. 상담자는 이들에 대해 현실을 직면시키고 집단구성원으로 하여금 이러한 감정들을 표출할 어느 정도의 시간적 여유를 주어 상호간에 아쉬움을 공유하도록 도울 필요가 있다.

상담자는 "이제, 우리의 모임이 끝나가고 있습니다. 이러한 현실에서 여러분은 어떠한 느낌이 일어납니까? 그리고 이 집단에서 다른 집단구성원들과의 관계는 어떠합니까? 생각해 보고 준비된 집단구성원부터 함께 나누도록 합시다"라고 말할 수 있다. 이에 대해 어떤 집단구성원은 "저는 낯선 사람들과 어떻게 지낼 수 있을까하고 걱정을 많이 했어요. 그래서 처음에는 말도 제대로 할 수 없었어요. 그러나 지금은 어느 누구와도 친하게 되었어요. 그런데 이제 헤어져야 한다고 생각하니 밖에 나가서 어떻게 적응할 수 있을까가 걱정됩니다"라고 자기의 감정을 표현할 수 있다.

이 때 상담자는 그 집단구성원이 다른 집단구성원과의 분리 감정을 겪고 있음을 이해하고 도움을 줄 수 있다. 이를테면, "처음에는 두려웠으나 이제는 친밀한 관계가 되었군요. 그러나 집단을 떠나면 또 처음과 같은 두려움이 생길지나 않을까 걱정이 된단 말이군요"라고 그 집단구성원을 공감해 줄 수 있다. 사실 집단구성원들은 집단 외부 사람들과는 그러한 신뢰와 개방성을 가질 수 없다고 일반적으로 생각한다. 이러한 집단구성원들의 불안한 감정에 대해 상담자는 "여러분들은 그동안 서로 가깝고, 온정적이며, 지지적으로 집단과정에 참여했기 때문에 집단 밖의 대인관계에서도 비슷한 참여를 할 수 있는 자신감이 생겼으리라 확신합니다"라고 자신감을 불어넣어 줄 수 있다. 이런 "자신감 높여주기"는 집단구성원들에게 집단을 종결하는데 동반되어 있을 상실과 슬픔과 불안을 충분히 표현하여 분리의 슬픔을 감소시키고 자신감을 가지고 집단을 떠날 수 있다.

(2) 집단상담의 효과 검토

집단이 종결로 향할 때, 상담자는 모든 집단구성원들에게 집단활동에서 자신이 배운 것이 무엇이고 증가된 자기이해를 어떻게 적용할 것인지를 표현할 기회를 주는 것이 유용하다. 집단상담의 주된 목적이 집단구성원들의 자기성장 또는 행동 변화라고 할 때, 종결단계에서 집단구성원 각자의 성장과 변화를 사정해 보는 일은 필수적이다.

또한 상담자는 "집단을 마무리하기 전에 지금까지의 경험을 통하여 변화를 가져 왔거나 학습한 것에 관하여 떠올려 보고 그것을 앞으로 어떻게 현장에서 적용하겠는지에 대하여 살펴보는 것이 도움될 것입니다. 잠시 눈을 감은 채 그 동안 집단에서 경험한 중요한 변화에 관하여 과거, 현재, 미래의 관점에서 생각해 보기 바랍니다.(잠시 후) 눈을 뜨고 준비가 된 사람부터 발표해 보기로 합시다."와 같이 진행할 수 있다.

이형득(1998)은 이 때 상담자가 유의할 점은 집단구성원들의 경험이 학습결과를 구체적이고 가시적인 행동 용어로 진술하도록 돕는 일이라고 했다. 예를 들어, 집단구성원들이 "집단경험이 참 좋았다. 또는 많은 것을 얻었다"와 같이 일반적이고 막연하게 진술할 때, 상담자는 구체적으로 무엇이 좋았으며 어떤 행동을 학습하였는지에 관하여 의사확인 또는 질문을 하므로 그를 도와줄 수 있다는 것이다.

또는 보다 직접적으로 "이 집단상담에서 여러분 자신에 관해 학습한 것들 중 가장 중요한 것은 무엇이며, 여러분 자신은 어떻게 달라졌다고 생각하세요?"라고 말할 수 있다. 이러한 질문에 집단구성원은 "저는 생활 속에서 타인에 대해 배려를 많이 합니다. 그러다 보니 타인들도 저에게 그만큼 배려를 해야 한다는 생각에 잡히게 되었고, 그렇지 않을 경우 그 사람을 미워하게 되었습니다. 그러나 집단활동을 통해 제 모습이 '타인에게 끊임없이 인정받기 위함'을 알게 되었습니다. 이제는 좀 달라질 것 같습니다."에 대해 "어떻게 달라질 것 같습니까? 혹시 그 달라질 것이라고 예상되는 점을 행동으로 보여줄 수 있습니까?"라고 요구할 수도 있다.

상담자에 따라 집단의 효과를 여러 가지 측면에서 확인해 볼 수 있다. 중요한 것은 집단구성원들이 그들 자신의 경험을 올바르게 이해하도록 도와 주는 일이다. 그러기 위해서 상담자는 다양한 질문이나 요구를 통해 집단구성원들의 경험을 보다 명확히 하여 그들 자신의 인지적인 틀로 확고하게 하는 것이다. 따라서 상담자는 집단구성원들의 구체적인 감정에 초점을 두고 이를 개념화시키며 함께 나누는데 초점을 두어 배운 것을 유지하고 이용할 수 있는 기회를 증가시키도록 한다.

(3) 미결과제 다루기

상담자는 집단구성원들에게 집단에서 학습한 기술을 밖에서도 활용하면 의미 있고, 친근한 인간관계를 발달시킬수 있다는 사실을 지적해 준다. 집단의 종결은 집단 밖의 새 삶, 즉 학습한 대안행동을 밖에서 실행하는 새로운 시작임을 보게 하고, 집단경험에 대한 긍정적인 느낌과 밖에서 새로이 시도할 행동에 대한 희망을 가지고 떠나도록 돕는 것이 바람직하다.

이를 위하여 상담자는 그 동안 집단구성원들 상호간에 또는 집단과정과 목표달성에서 미해결 또는 미진 사항이 없는지를 확인할 필요가 있다. 예를 들어, 상담자는 "여러분께서 그동안 집단활동에서 마무리짓지 못한 채 남겨진 과제나, 집단구성원 상호간에 부정적 감정을 지니고 있거나, 특히 집단구성원 중에 개인적인 문제를 해결하지 못하여 아쉬운 사람은 없는지를 떠올려 봅시다. (잠시 후) 자, 그러한 미결과제가 있는 사람은 집단구성원들과 함께 나누도록 합시다."하고 시작한다. 하나는 '늦었지만 노출하여 자기를 보여주자'는 생각을 할 수 있고, 다른 하나는 '노출해 보았자 해결을 못할 테니 그냥 접어두자'라고 생각할 수도 있다.

가령 집단구성원 중에는 집단상담 과정에서 충분한 작업이 이루어지지 않아 자신의 과제가 미해결되었거나 미흡하여 이 단계에서 노출하려고 할 수 있다. 예를 들어, "저는 사실 집단과정에서 너무 힘들어서 제 자신의 문제를 꺼내지 못했어요. 그러나 이대로 집단을 떠난다면 매우 후회할 것 같습니다. 그래서 지금이라도 제 자신을 좀 보고 싶습니다."라고 할 수 있다.

그러나 이 시기에 미결과제를 드러내어 다룬다는 것은 전체 마무리에 영향을 줄 수 있다. 그러나 지금은 때가 아니라고 무시하거나 중단하는 것도 바람직하지 못하다. 그래서 상담자는 "지금 이대로 끝나면 매우 후회가 된단 말이군요. 어떤 점이 가장 후회가 될 것 같습니까?"라고 공감을 해 주고 후회될 내용을 구체적으로 물어서 미흡하나마 그 집단구성원의 마음을 읽어 주고 지금 이 시기에 충분하게 다루지 못하게 됨을 이해시킨다. 그리고 계속해서 취급할 필요가 있는 과제의 경우 집단이 끝난 다음 개별적으로 도와 주거나 다른 전문가 또는 상담집단으로 의뢰하는 조처를 취하는 것이 바람직하다. 비록 모든 사람들은 만족시키기 위해 이 문제를 다루기엔 너무 늦었을지 몰라도, 이를 고찰하고 애태우게 놔두지 않은 것은 매우 중요하다. 어찌 되었든 미해결 과제를 효과적으로 다루어 집단구성원들로 하여금 편안한 마음으로 떠나게 도와야 한다.

(4) 피드백 주고받기

종결단계에서 취급해야 할 중요한 과제들 중의 하나가 피드백 주고받기이다. 물론 집단구성원들은 매 회기마다 그리고 특히 작업단계에서 피드백을 주고받는다. 그러나 종결단계에서는 피드백은 지금까지 관찰해 온 집단구성원의 행동변화를 최종적으로 그리고 종합적으로 하는 것을 특징으로 하고 있다.

각 모임의 마지막 부분이나 집단전체의 마지막 모임에서 상담자는 집단구성원들로 하여금 한 마디씩 이야기할 수 있는 기회를 제공해 줄 수 있다. 개인에 따라 한 집단구성원 혹은 집단전체에 하고 싶은 말을 하거나, 말하기를 원치 않을 수도 있을 것이다. 이런 경우 상담자는 꼭 필요한 경우를 제외하고는 반응을 강요하지 않아도 좋다(이형득, 1986). 피드백에 앞서 상담자는 집단구성원들에게 "이제부터 여러분은 집단과정에서 자기 자신을 어떻게 지각했는지, 어떤 갈등들이 더 명확해졌는지, 집단이 자신에게 어떤 의미를 지니는지를 요약해 보도록 합시다. 그리고 집단내의 다른 사람들이 그 집단구성원을 어떻게 생각하며 느끼는지를 나누어 봅시다. 그리고 집단상담자나 집단 전체에는 어떤 말을 하고 싶은가?"라고 말할 수 있다. 이 과정에서 어떤 집단구성원은 피드백을 받고 얼굴을 붉히거나 화를 내며 공격적이고 방어적인 태도를 취하기도 한다 이와 같은 경험은 고통스럽고 마음을 상하게 하는 것이다. 그렇지만 개인의 행동변화나 집단의 발전을 위해서는 이와 같은 고통스런 경험이 필요하다.

이형득(1998)은 이런 점 때문에 우리는 상대방의 마음을 상하게 하거나 그로부터 거부당할 가능성을 인정하면서 모험을 하지 않으면 안 된다고 말했다. 그렇기 때문에 정직하고 솔직한 피드백은 보다 깊은 상호간의 우정과 수용의 관계 발전에 지름길의 역할을 하는 것이기도 하다. 화를 내게 할지라도 결국에는 그에게 유익을 주게 되므로 상호간에 친밀감을 증가시키게 되는 것이다.

위의 예와는 달리 상담자는 "이 집단활동의 성과에 대해 당신이 미흡하다고 느끼는 요소가 무엇이고, 또 그러한 불만족스런 결과가 나오기까지 당신은 집단에서 어떤 역할을 했는지 한번 생각해 봅시다."라고 말할 수 있다. 이 때 집단구성원들이 유의할 점은 막연하고 일반적인 진술의 피드백이 되지 않고, 보다 구체적인 행동용어를 사용하고, 가급적 긍정적인 피드백을 주어 주인공의 자존감을 높혀 주어야 하며, 부정적인 피드백을 줄 경우에는 매우 구체적인 사실을 알려 주어야 한다. 야마모토(1972)에 의하면, 상대방에 대한 피드백은 칭찬 대 건설적인 비판이 적어도 3대 1이 되어야 도움을 줄 수 있다고 하였다. 즉 세 번의 칭찬에 한번의 비판이 되어야 효과적이라는 것이다(Frey & Carlock, 1989). 그리고 "집단구성원들이 내 문제를 해결해 주었다."라고 말하기 보다는 "이 집단구성원들이 나보다 더 심각한 문제를 노출하는 것을 보고 나도 용기를 내어 지금까지 묻어 두었던 비밀을 꺼낼 수 있었다. 그래서 이제는 홀가분해졌다."라고 말할 수 있다.

전체 집단구성원의 피드백이 끝나면 해당 집단구성원은 구체적인 피드백을 기록한다. 집단구성원들이 자기에게 말해 준 어떤 일들을 기록하여 지속적으로 자신의 목표를 향해 나아갈 수 있다. 대체로 한 집단구성원씩 차례로 돌아가면서 집중적으로 피드백을 주는 방법이 효과적이다. 이 때 상담자와 전집단구성원이 돌아가면서 피드백을 해줄 때 감사한 마음으로 그 피드백을 음미만 하고 전원의 피드백이 끝난 다음, 종합적으로 요약 반응을 하도록 한다.

(5) 추후과정 인식과 작별인사

종결단계에 이르면 대체로 집단구성원들은 많은 구체적인 문제를 자각하게 된다 집단구성원들 누구나 이런 문제들을 철저히 훈습할 수 없기 때문에 개인적 성장을 위한 다른 방법을 찾음으로써 탐색의 과정을 계속할 필요가 있다.

상담자는 "여러분들이 이 집단을 떠난 뒤에 현실에서 부딪칠 수 있다고 생각되는 상황들 중에서 몇 개의 장면을 골라 어떻게 대처할지를 역할 연습해 봅시다."라든가, "여러분은 여기에서 배운 것들을 생활 속에서 어떤 식으로 경험하고 싶습니까? 집단과정에서 성공적으로 경험했던 것들을 떠올리고, 실제 생활에서 일어날 예상되는 사건들에 어떻게 대처할 수 있는지를 상상해 보십시오"라고 말할 수 있는 경험들을 떠올리거나 역할놀이를 해볼 수 있다. 또한 상담자는 "여러분들 중 일부는 집단종결 후에 집단 내에서 시작했던 성장을 계속해 나가기 위한 다른 방법들을 찾을 수 있습니다. 이를테면, 더 많은 탐색을 위해 다른 집단에 참가하거나, 필요하다고 믿는 어떤 영역을 훈습하려고 개인상담을 할 수도 있습니다. 그러므로 성장을 계속하기 위한 방법들을 토의하도록 합시다"라고 하여 상담자와 집단구성원들이 함께 추후에 있을 성장에 필요한 활동을 찾아볼 수 있다.

집단의 종결 후 집단구성원들은 집단에서 배운 것을 매일의 일상생활에 적용하는데 어려움을 겪게 될 것이고, 그러면 낙담하게 되어 집단상담의 효과를 평가절하할 수도 있다. 뿐만 아니라 집단구성원들의 지지적 환경 없이 새로운 행동을 계속하는데 어려움을 가질 것이다. 또한 시간이 지나면 성장을 위한 노력이나 연습이 필요하다는 것을 잊고 자신이 배운 것을 사용하지 않을 수도 있다.

이런 점을 고려하여 상담자는 집단 종결 후 추후상담이나 개인면담을 제공하고, 앞으로의 상담에서 필요한 특정한 참조적 자원들을 찾으며, 집단의 종결이 자기이해를 위한 시작의 표시임을 집단구성원들을 격려하여야 한다.

마무리에 앞서 상담자는 "이제 집단상담을 마칠 때가 되었습니다. 그 동안 여러분들은 자기의 성장을 위해 열심히 집단활동에 참여하였으며, 많은 성취를 이룩하였습니다. 이번 집단에서의 경험은 여러분들의 새로운 삶을 위한 하나의 계기에 불과합니다. 그러므로 여기서 학습한 새로운 행동을 자신의 것으로 정착시키기 위해서는 지속적인 노력이 필요합니다. 이를테면, 학습한 행동을 가정, 직장, 사회에서 실행할 때 주위로부터 오해를 사거나 배척받을 가능성이 있으므로 지혜롭게 대처하기 바랍니다."라고 말할 수 있다.

그리고는 모두가 둥글게 서서 손을 잡고 이별을 위한 또는 앞으로의 다짐을 위한 노래를 한목소리로 부르게 한 다음, 상담자를 필두로 하여 전 집단구성원이 차례로 상호간에 언어와 비언어 반응을 교환하면서 작별의 인사를 나누며 집단의 전 과정을 마감한다.

참고 문헌

이장호 · 김정희(1992). 집단상담의 원리와 실제. 서울 : 법문사.

이형득(1979). 집단상담의 실제. 서울 : 중앙적성출판사.

이형득(1983). 집단상담의 실제(3판). 서울 : 중앙적성출판사.

이형득(1998). 자기성장 집단상담의 단계별 발달과정. 집단상담연수, 창간호. 한국집단상담학회. 35-61.

차재호 외 편역(1996). 집단심리학. 서울 : 학지사.

청소년 집단상담(1996). 청소년 대화의 관장. 서울 : 정민사

집단상담연구 제1권(1998). Journal of Group Counseling.

ASGW(1989). Ethical guidelines for group counselors.

Cartwright, D. (1968). The nature of group cohesiveness. In D. Cartwright & A. Zander(eds.), Group dynamics : Research and theory. London : Tavistock.

Corey, G ., Corey, M. S., Callanan, P. J., & Russell, J. M. (1998). Group techniques (Revis ed. ed). Pacific Grove. CA : Brooks/Cole Publishing Co.

Corey, G. (1981). Theory and practice of Group counseling. Monterey, CA : Brooks/Cole Publishing Co.

Corey, G. (1995). Theory and practice of Group counseling. Brooks/Cole Publishing Company.

Corey, G., & Corey, M. S. (1987). Group : Process and practice(3rd ed.). Monterey CA : Brooks/Cole Publishing Company.

Corey, G., & Corey, M. S., Callanan, P. & Russell, M. J. (1992). Group techniques(2ed ed.). Pacific Grove, CA : Brooks/Cole Publishing Company.

Corey, M., & Corey, G.(1992). Groups : Process and practice(4th. ed.). CA : Brooks/Cole Company.

Couch, R. D., & Childers, J. H. (1987). Leadership for instilling and maintaining hope in group counseling. Journal for Specialists in Group Work, 12(4), 138-143.

Crouch, E., Bloch, S. & Wanlass, J. (1994). Therapeutic factors : Interpersonal and intrapersonal mechanism. In A. Fuhriman & G. Burlingame(Eds.), Handbook of group Psychotherapy. New York : Wiley.

Dies, R. P. and Hess, A. K. (1971). An experimental investigation of cohesiveness in marathon and conventional group psychotherapy. Journal of Abnormal and Social Psychology, 77, 258-262.

Dies, R. P.(1983). Clinical implication of research on leadership in short-term psychotherapy. In R. R Dies., & K. R. Mackenzie(ed.), Advances in group psychotherapy : integrating research.

Frey, D. & Carlock, C. J. (1989). Enhancing Self Esteem. Accelerated Development Inc.

Friedman, W. H. (1989). Practical group therapy : A guideline for clinician. Jossey-Bass Publisher.

George G. L., & Dustin, D. (1998). Group Counseling : Theory and Practice. Englewood Cliffs, NJ : Prentice Hall.

Hansen, J. C., Warner, R. W. & Smith, E. M. (1976). Group counseling : Theory and process. Chicago : Rand McNally College Publishing Co.

Jacobs, E. E., Harvill,. R. L., & R. L. (1994). Group counseling : Strategies and skills (2nd. ed.). Pacific Grove, CA : Brooks/Cole Publishing Co.

Kaplan, H. I., & Sadock, B. J. (1993). Comprehensive group psychotherapy(3rd. ed). Baltimore, MD : Williams & Wilkins.

Knowles, J. W. (1964). Group counseling. Philadelphia : Fortress Press.

Krieg, F. J. (1988). Group leadership training & supervision manual for adolescent group counseling(3ed. ed).

Krumboltz, J., & Potter, B. (1973). Behavioral techniques for developing trust, cohesiveness and goal accomplishment. Education Technology, January, 26-30.

Kubler ross, E. (1969). On death and dying. New York : The Macmillan co.

Liberman, M. A., Yalom, I. D., & Miles, M. D. (1973). Encounter groups : First facts. New York : Basic Books.

Marshall, J. E. and Heslin, R. (1975). Sexual composition and the effect of density and group size of cohesiveness. Journal of Personality and Social Psychology, 31, 952-961.

Maslow, A. H. (1970). Motivation and personality(2ed. ed). New York : Harper & Row.

Maslow, A. H. (1971). The father reaches of human nature. York : Viking.

McKay, M., & Paleg, K. (eds.) (1992). Focal group psychotherapy. Oakland, CA : New Harbinger Publications, Inc.

Robinson, F. F., Stockton, R., & Morran, D. K. (1990). Anticipated consequences of self-disclosure during early therapeutic group development. Journal of Group Psychotherapy. Psychodrama and Sociomety, 43(1), 3-18.

Rogers, C. (1970). Carl Rogers on encounter groups. New York : Harper & Row.

Rose, S. D. (1977). Group therapy : A behavioral approach. Englewood Cliffs, NJ : Prentice-Hall.

Schutz, W. (1972). Element of Encounter. Big Sur, CA. Joy Press. 〔이형득, 설기문 역 참만남 집단의 원리- 지도자를 위한 지침서. 서울 : 형설출판사〕.

Truax, C. B and Carkhuff, R. (1967). Toward effective counseling and psychotherapy : Training and Practice. Hawthorne, NY : Aldine.

Wheeler, I., O'Malley, K., Waldo, M., Murphy, J., & Blank, C.(1992). Participants' perception of therapeutic factors in group for Incest survivors. The Journal for Specialists in Groups Work, 17(2), 89-95.

Yalom, I. d. (1975). The theory and practice of group psychotherapy(2nd. ed), New York : Basic Books.

제 5 장

집단상담의 윤리와 규범

윤리나 규범이란 사람들이 사회에서 어떤 방식으로 행동해야 할 것인가와 관련된 행동의 근거를 제공하는 역할을 한다. 이렇게 볼 때, 집단상담에서의 윤리와 규범도 집단상담 과정에서 상담자와 내담자가 어떤 방식으로 행동해야 할 것인가에 대한 근거를 제공하는 것으로 기대된다.

또한 집단상담자는 집단상담의 성과에 가장 중요한 요인이다. 즉 집단상담자의 기본자세와 자격요건, 성격적 특성은 집단구성원들에게 기대하는 목표를 효율적으로 달성하도록 돕는 가장 영향력 있는 요소이다.

따라서 이 장은 집단상담의 윤리, 집단상담의 규범, 집단상담자의 기본자세, 집단상담자의 자격, 집단상담자의 바람직한 성격특성, 집단참여자의 자세로 구성되어 있다.

1. 집단상담의 윤리

집단상담에 내포되어 있는 유해 요인들, 예컨대 타당화되지 못한 방법들이나 기술 등의 사용에서 오는 잠재적인 위험으로부터 집단상담 참여자들을 보호하기 위해서는 윤리 규준이 필요하다. 개인상담과 달리 집단상담에서는 내적으로 1대 1이 아닌 1대 다수 또는 다수 대 다수의 관계에 놓여 있다. 따라서 집단상담의 특성에 따른 별도의 윤리가 있어야 한다.

첫째, 집단참여자들은 집단상담의 목표를 분명히 알 권리가 있다. 집단상담 과정에서 집단의 목표가 참여자들이 기대하는 목표와 다르거나 달라질 경우 참여자들은 집단을 떠날 권리가 있다. 참여자들이 이와 같은 이유로 집단을 떠나고자 할 때, 참여자들이 기대하는 목표로 수정할 수 있는지의 여부를 결정해야 한다.

둘째, 집단상담에서 가장 중요한 문제가 비밀 보장이다. 특히 이것은 상담자가 구성원들의 신임을 유지해야 할 뿐만 아니라 구성원들 사이의 신뢰를 지키기 위해서 중요하다. 집단참여자들은 상담자와 다른 참여자들은 믿지 못하면 그들의 사전 생활에 관한 것을 드러내려 하지 않게 된다. 상담자는 집단과정에서 수시로 비밀보장에 대한 중요성을 강조해야 한다. 상담과정에서 상담자는 집단과 관련된 구체적 사항을 집단 밖에서 논의하지 않도록 구성원들에게 상기시켜야 한다. 만약 어떤 참여자가 비밀보장에 관한 문제를 제기하면 상담자는 언제라도 이 문제를 즉각 집단에서 다루어야 한다.

셋째, 어떤 참여자들은 집단을 시작할 때의 상태보다 더 혼란된 채로 떠날 수 있다. 상담의 결과로 일상생활에 직면하기가 더 어려워질 수도 있다. 그의 갈등 국면이 처음으로 탐색되면서 고통을 일으키고, 직면하기 어려운 새로운 자아 인식을 할 수 있다. 한 사람의 일상생활이 극적으로 영향을 받아 가족들도 변화에 역반응을 보일 수 있다.

넷째, 어떤 부담은 집단 내에서 드러내 처리해야 할 뿐만 아니라, 이런 부담에 대한 안정장치가 만들어져야 한다. 어떤 훈련이나 연습은 잠재되어 있던 분노가 분출되도록 도우며, 이 과정에서 공격적(신체적, 언어적) 행위가 나타날 수 있으므로 이에 대한 사전의 준비가 필요하다.

다섯째, 새로 발견한 자발적이고 결정적인 행위의 결과들은 단순히 집단에 의해 발생된 에너지의 결과일 수 있다. 상담자는 집단상담 후 너무 성급한 결정을 내리는 것을 경고해야 한다. 참여자의 결정에 간섭하는 것이 상담자의 책임은 아니지만 참여자에게 일어날 가능성 있는 위험에 대해 경고하는 것은 상담자의 책임이다.

2. 집단상담자의 기능

집단상담자(group counselor)는 '집단지도자(group leader)' 또는 '집단치료자(group therapist)'라고도 불리는데, 집단상담에 대해 전문적인 교육과 훈련을 성공적으로 이수하고 수련감독자(supervisor)의 감독(supervision) 아래 실습을 마친 전문가다. 집단상담자의 집단 운영 방식이나 역할은 집단의 목적에 따라 약간씩 차이가 있을 것이다. 그러나 집단상담자에 따라서는 집단의 목적과 관계없이 오로지 한 가지 방식만을 배우고 익히기도 한다.

1) 집단상담자의 기능

여기에서는 Vopel(1994a)이 제시한 상담자가 갖추어야 할 네 가지 기본적 기능을 간단하게 소개하고자 한다(김문경 · 정여주, 2002에서 재인용). Vopel은 집단상담자의 가장 기본적인 네 가지 기능으로 정서적 자극, 개인적 가치평가의 표현, 설명제시 그리고 구조화를 제시하였다.

(1) 정서적 자극

상담자는 자신의 감정, 태도 그리고 의견을 표현하고 참가자를 격려하여야 한다. 또한 상담자는 집단의 관심을 자신에게 집중시킬 수 있는 능력도 가지고 있어야 한다. 상담자는 소위 모델 참여자로 미리 모범을 보이고 참가자들이 집단에서 무엇을 어떻게 해야 하는지에 관한 것을 시범적으로 보여줄 수 있어야 한다. 이러한 시범을 통해 집단상담자는 자연스러운 자기제시 욕구와 집단참가자와 같이 최소한만 부분적으로 행동하려는 소망을 충족시킬 수 있게 된다.

대부분 정서자극을 가지고 작업하는 집단상담자를 참가자들은 카리스마적이고 직관의 능력을 지녔다고 평가한다. 상담자가 참가자들의 태도를 좀 더 많이 이해하고 태도변화의 노력에 별로 도움을 주지 않는다든지, 참가자들의 자원들을 집단작업에서 적절하게 끄집어 내어 활용하지 않는다면, 집단 문제가 야기될 수 있다. 이와 같은 집단상담 양식은 상담자라는 중심인물을 너무 강조하고 집단이 가지고 있는 중요한 가능성을 무시하는 것이다. 매우 권위적인 집단상담자는 매우 불안한 집단상담자로 풍자되기도 한다.

정서적 자극은 어떤 상황이나 어떤 일정한 참가자들에게 매우 유익할 수도 있지만 상황에 따라 잘못 판단될 수도 있다. 특별히 공격적 느낌을 표현하는 데 있어서, 집단상담자는 어느 정도까지 집단이나 참가자가 공격적인 감정을 발산하고 표현하도록 허용해야 할 것인가를 스스로 자문해 보아야 한다.

(2) 개인적 가치평가의 표현

상담자들은 참가자들에게 애정어린 감정을 표현하면서도 행동에 있어서 인정과 지지와 수용과 격려를 표현해 주어야 한다. 상담자의 기본적인 행동은 인간적인 따뜻함, 참가자를 있는 그대로 수용하는 것, 인간에 대한 진지한 관심이라고 할 수 있다. 인간적 가치를 참가자들에게 표현해야 하는 집단상담자는 선하고 이해심 깊고, 동정적이고, 따뜻하고, 열려있고, 친절하다는 인상을 준다. 집단상담의 기술적인 면을 강하게 추구하는 집단상담자는 그와 반대로, 엄격하고, 단호하고, 전문적인 권위가 있어 보인다.

유감스럽게도 현장의 많은 상담자들은 이 차원을 흉내내고, 자신이 깊이 느끼지 않으면서도 이해한 것 같이 표현하고, 친절한 척 하는 태도를 보인다. 이런 상담자들은 대개가 인간중심 치료의 기법을 피상적으로 교육을 받았거나, 인간의 행동자원을 기법적으로만 사용하려 하거나, 그들이 공감과 우정을 느끼지 않았기 때문에 그런 식으로 행동한다. 그런 식의 가식적 평가는 집단상담자와 참가자들간의 인간적인 상호교류의 실제를 제한하고 위협한다.

(3) 설명제시

집단상담자가 참가자들에게 개념과 기능적인 연계성을 설명하면, 그들은 자기 자신의 행동과 집단과정에 대해서 보다 더 잘 이해한다. 상담자는 참가자들에게 인성발달과 학습, 상호작용, 집단발달의 과정들에 대한 정확한 기본체계를 제시하여야 한다. 어떤 상담자들은 자신의 해석을 전체집단에 강하게 적용시킨다. 그들은 집단의 과정과 사회적 상호작용을 강조하고 집단에게 순간적인 집단의 상황을 깊이 생각하게 하고, 집단결과의 분석을 실행하도록 촉구한다. 다른 상담자들은 참가자 각자가 자신의 상황을 반영하고, 자신의 감정과 가치태도, 상호작용 양식 등을 이해하는 것에 주로 관심을 보인다. 거기서 그들은 적절한 심리적 모델과 개념들을 끄집어 내어서 참가자들이 자신의 삶의 질서를 스스로 잡아나갈 수 있도록 도와 주고자 한다.

개인적인 태도와 집단의 태도 모두를 서로 잘 연결시켜서 조화시키는 상담자가 가장 실제적이고 효율적인 상담자가 될 수 있다. 집단상담자는 부모와 교사와 같은 기능을 해야 할 때도 많다. 능력있는 집단상담자는 참가자가 방어행동을 유발하지 않도록 하고, 자기 자신의 중요한 점과 가능성들에 대해 많은 생각을 하는 노력을 경감시키지 않도록 잘 상담해야 한다.

집단상담자가 설명을 많이 하다 보면 상호작용과 집단원들의 자발성을 제거할 수도 있는데, 그렇게 되면 집단은 학문적 세미나 집단으로 변질될 수도 있다.

(4) 구조화

집단상담자는 집단의 목표를 실행시키기 위해서 한계를 설정하며 집단의 규율을 제안하고, 집단 규범과 여러 활동들의 순서를 정할 뿐 아니라, 작업양식을 설정하는 등의 일을 다루게 된다. 구조화 작업을 함으로써 집단상담자는 집단이 어떻게 진행되어 나아갈 수 있는지 그리고 언제 어떤 작업으로 집단을 종료할 것인지의 문제들을 조절해 나가게 된다. 여기에는 집단참자가에게 어떤 활동이나 실험을 제시해야 하는지, 언제 어떤 결정을 내려야 하는지 등의 과제들도 포함된다.

집단을 구조화하는 집단상담자들은 흔히 자기 자신이 시범을 보이기보다는 제안을 더 많이 한다. 그런 상담자들은 어떤 일을 지시하고 정지시키는 감독자와 같은 인상을 준다. 거기다가 그들은 참가자의 학습목표의 방향을 상담자가 정하는 경향을 지니고 있다. 그들은 매우 구조화된 실험을 제시하기도 한다.

실제로 집단상담자는 이상에서 다룬 네 가지 기능을 수행하게 된다. 이러한 기능들이 독특하게 혼합되어 상담양식이 정해지고, 집단작업의 효과가 결정된다.

대부분의 집단참가자가 이상적이라고 보는 효과적인 집단상담 양식은 정서적 자극이 적절하게 주어지고, 자주 개인적으로 가치평가를 하고, 참가자에게 충분히 설명이 주어지고, 구조화의 기능을 절제있게 하는 것이다.

2) 집단상담자의 인간적 자질

유능한 집단상담자의 인간적 자질은 여러 가지가 있겠지만 여기서는 다음 아홉 가지, 즉 자기 수용, 개방적 태도, 타인의 복지에 대한 관심, 유머감각, 자발적인 모범, 공감적 이해 능력, 심리적 에너지, 새로운 경험의 추구, 창의성으로 요약할 수 있다(강진령, 2005).

(1) 자기 수용

집단상담자의 인간적 자질 중 첫 번째로 꼽을 수 있는 것은 자기 수용(self-acceptance)이다. 자기 수용이란 자신을 있는 그대로 받아들이며 인정하는 것을 의미한다. 자기 수용적인 집단상담자는 자신의 강점뿐만 아니라 약점까지도 수용한다. 이를 통해 집단원과의 상호작용을 더 정확하게 이해하고, 스스로 완벽하지 않은 존재라는 사실을 인정함으로써 집단 과정을 촉진한다. 자신을 있는 그대로 수용하는 집단상담자는 사소한 실수에 낙심하지 않으며, 때로 집단원들에게 자신의 약한 부분을 기꺼이 드러내기도 한다. 이러한 때는 오히려 집단원들과 직접적이고 솔직한 관계를 형성하게 하여 집단원들이 느끼는 두려움이나 기대를 직접 표현할 수 있게 한다.

(2) 개방적 태도

개방적 태도란 새로운 경험과 다른 삶의 유형과 가치에 대해 개방적인 것을 말한다. 그렇다고 집단상담자의 개인적인 삶의 모든 부분을 낱낱이 드러내는 것을 의미하지는 않는다. 집단상담자는 필요한 경우 집단에서 자신의 경험을 그대로 드러내기도 한다. 집단상담자의 개방적인 태도는 집단원의 감정과 신념을 개방하는 촉매 역할을 하게 되어 집단 과정에 활력을 불어넣는다. 개방적인 집단상담자는 집단원의 긍정적 피드백은 물론 부정적 피드백도 솔직하게 다룬다.

이 과정을 통해 개방적 태도를 지닌 집단상담자는 쉽게 위협을 느끼지 않고, 정서적으로 불안정해지지 않으며, 부정적인 피드백에 지나치게 민감한 반응을 보이지 않는다. 피드백 중에는 집단상담자가 귀담아 들어야 하는 것도 있으나, 상담자 권위에 도전하거나 타인에 대한 감정을 상담자에게 투사하는 것일 수도 있다는 사실을 잘 알고 있기 때문이다. 또한 집단상담원의 피드백에 과민한 반응을 보이거나 피드백에 의존적인 상담자는 전문가로서 역할을 수행하는 데 어려움을 겪게 된다는 점을 잘 이해하고 있기 때문이다.

(3) 타인의 복지에 대한 관심

이는 집단상담자가 자신의 이익을 위해 집단을 이용하지 않는다는 의미이기도 하다. 집단상담자의 주된 임무는 집단원이 원하는 바를 얻도록 도와주는 것이다. 보살핌(caring)은 집단원 개개인을 진심으로 존중하고 신뢰하며 가치 있는 존재로 대하는 것이다. 집단원을 보살피는 방법에는 집단원에게 온정과 관심 그리고 지지를 아끼지 않을 뿐만 아니라 집단참여를 촉진하는 것도 포함된다. 그러나 어느 정도까지 참여하느냐는 집단원 스스로 결정하도록 해야 한다. 또한 집단원의 말과 행동에 불일치가 나타나는 경우, 집단원이 두려움과 저항을 심하게 일으키지 않는 방식으로 조심스럽게 직면시키는 방법을 사용할 수도 있다.

(4) 유머 감각

유머 감각은 인간관계 형성과 유지에 매우 중요한 요소다. 특히, 집단상담에서 대다수의 집단원들은 자신의 관심사와 문제에 몰입하다 보면 새로운 각도에서 자신의 문제를 조망할 여유가 없게 된다. 집단상담이 아무리 진지한 작업과정이라고 해도, 집단상담자의 유머 감각은 함께 웃음으로써 집단원의 문제를 새로운 각도에서 조망해 보는 기회를 제공한다. 유머는 집단원들이 심리적인 중압감에서 잠시 벗어나게 하는 한편, 큰 저항 없이 자기 통찰을 촉진하는 효과가 있다.

(5) 자발적인 모범

집단원들에게 바람직한 행동을 습득하도록 하기 위한 효과적인 방법은 모델링(modeling), 즉 집단상담자가 자발적 모범을 보이는 것이다. 개방적인 태도, 수용적 자세, 적극적 경청, 자기 개방, 타인에 대한 존중과 배려, 즉각적인 피드백 등은 집단상담자가 몸소 실천함으로써 집단원들이 보고 배울 수 있다. 이는 결과적으로 집단과정을 촉진한다.

(6) 공감적 이해 능력

공감적 이해(empathic understanding) 능력은 집단원들과 정서적으로 교류하는 데 필수적이라는 점에서 유능한 집단상담자의 중요한 인간적 자질이다. 공감적 이해는 집단원의 감정을 스스로 경험해 볼 수 있도록 집단상담자가 자신을 허용하는 것이다. 이는 집단원에 대해 민감하고 정확하게 이해한 것을 토대로 그들과 상호 교류할 수 있는 능력이다. 공감(empathy)이란 말 그대로 감정의 공유, 즉 상대방의 감정을 함께 경험하고 나누는 것을 말한다. 이는 다른 사람의 주관적 경험의 세계에 동참하여 그의 조회체계(frame of reference)에서 기쁨과 슬픔 같은 감정을 함께 느끼는 것이다.

공감은 자기 자신의 반응에 주의하면서 잠시 상대방의 감정 세계에 머무르다가 다시 자신의 세계로 되돌아온다는 점에서 동조나 동정(sympathy) 또는 동일시(identification)와 구별된다. 집단상담자는 자기 개방과 마찬가지로 집단원의 모든 감정에 대해 공감적 이해를 나타낼 필요는 없다. 그러므로 집단상담자는 집단원의 경험에 동참하더라도 지나치게 동조나 동정 또는 동일시하는 실수를 범하지 말아야 한다.

(7) 심리적 에너지

심리적 에너지(psychological energy)란 집단원 개개인을 이해하고 그들의 욕구를 충족시키기 위해 활용되는 집단상담자의 역동적인 자원이다. 이는 집단 효과에 대한 신뢰에서 기인하며 전문상담자의 카리스마(charisma)에 연결되기도 한다. 심리적 에너지가 충만한 집단상담자의 열정과 확신은 집단원들을 매료시키고 상담 과정을 촉진시키는 원동력이 된다. 이로써 상담자는 자신을 솔직하게 표현하고, 실천적인 행동을 통해 생동감 넘치는 삶을 영위하게 된다. 또한 자신의 약점을 기꺼이 인정하고 약점을 숨기는 데 에너지를 낭비하지 않는다.

반면에 심리적 에너지가 부족한 상담자는 자신의 취약한 부분이 드러날까 두려워하며, 자신을 방어하는 데 많은 에너지를 소모하여 더 많은 에너지를 필요로 하게 되는 악순환을 되풀이한다.

집단상담은 흥미로우면서도 심리적·신체적 에너지를 필요로 하는 과정이다. 이러한 점에서 상담자는 자신의 심리적 에너지 수준을 수시로 점검해야 한다. 집단상담자는 집단과정에서 집단원의 예기치 않은 저항에 부딪치게 되거나, 중도에 포기하는 집단원이 생기거나, 집단의 효과에 이의를 제기하는 집단원을 만나게 되면서 심리적 에너지를 소모하게 된다. 에너지 수준이 낮을 때는 집단 밖의 자원에서 심리적 영양 공급을 받아야 한다. 그렇지 않을 경우 집단상담자는 자칫 자신이 기대한 집단과 실제 집단 간의 불일치로 인해 열정을 상실하고 자신과 집단원을 비난하는 모순에 빠지기 쉽다. 집단의 성공에만 전력을 다하거나 집단의 결과에 대해 비현실적으로 높은 기대를 하거나 극적인 변화를 갈망하는 상담자는 오히려 심리적 영양실조에 걸리거나 집단에 대한 실망으로 이어지기 쉽다.

집단원들은 막연하게 집단상담자를 완벽한 사람으로 여기는 경향이 있다. 따라서 집단상담자는 힘이 있을 뿐만 아니라 그들이 갖추고 싶어하는 자질들을 모두 가지고 있으리라고 생각하기도 한다. 그러면서 자신의 힘을 과소평가하고, 통찰력이나 변화에 대한 공을 집단상담자에게 돌리기도 한다. 집단상담자가 이런 것에 현혹되면 자칫 자기 함정에 빠지는 잘못을 범할 수 있다. 심리적 에너지가 충만한 상담자는 집단원이 스스로 통찰력을 갖게 되어 변화되는 부분을 집단원이 노력한 결과로 돌림으로써 성취감을 느끼게 하는 동시에 일상생활에도 적용해 보도록 적극 격려한다.

(8) 새로운 경험의 추구

집단상담자의 인격은 주로 다양한 생활 경험에 의해 결정된다. 경험의 폭이 넓을수록 서로 다른 인생 경험으로 인해 상이한 가치를 지니고 있는 집단원의 심리 세계를 이해하는 폭은 그만큼 넓어진다. 집단상담자와는 다른 환경에서 생활해 온 집단원들의 문화를 배울 수 있는 기회를 자발적으로 가져보는 것은 문화적으로 다양한 집단에서 효율적인 상담을 위해 매우 유용하다. 집단원들 간의 차이를 존중하고 그들에게서 배우려는 집단상담자는 집단원들에게 신뢰를 얻게 된다.

그러나 특정 지역이나 문화에 대해 정형화된 사고를 지닌 상담자는 다양한 문화적 배경에 대한 이해가 부족한 나머지 자신의 세계관을 집단원들에게 강요하는 잘못을 범하기도 한다.

집단상담자는 자신의 인생 문제를 인식하고 다양하게 생각해 보며 배울 필요가 있다. 집단상담자가 고독, 기쁨, 고뇌, 불확실성을 겪어 보지 않았다면 집단원의 고통을 어떻게 이해할 수 있겠는가? 타인이 겪은 것을 모두 경험하지는 못할지라도 최소한 상담자는 자신이 경험한 감정을 확인해 보아야 한다. 물론 상담자라고 해서 내담자나 집단원의 문제를 똑같이 경험하리라고 기대하는 것은 비현실적이다.

그러나 인간의 감정은 어떤 의미에서 매우 유사하다. 비록 원인은 다를지라도 사람들은 비슷한 심리적 고통을 겪는다. 집단원과 공감할 수 있는 방법의 하나는 집단상담자가 인생에서 겪는 고통의 원인에 대해 개방적이 되는 것이다.

그렇기 때문에 유능한 집단상담자는 상담 업무 외에도 다양한 부류의 사람들과 교류하고 대화를 나누며 스포츠와 문화생활을 즐기면서 보낸다. 생활 경험의 범위가 넓으면 넓을수록 다양한 사람들을 접하게 되고, 그만큼 사람들을 폭넓게 이해할 수 있는 기회가 되기 때문이다. 이러한 경험은 각양각색의 상황에 처해 있는 집단원들의 입장을 이해하고 돕는 데 많은 도움이 된다. 즉, 삶의 경험이 풍부할수록 집단의 역동에 대한 이해와 집단원 개개인에 대한 작업이 훨씬 용이하게 된다.

(9) 창의성

순간적으로 독창적일 수 있는 능력인 창의성은 집단상담자의 중요한 자질에 속한다. 창의적인 상담자는 지속적으로 기법이나 프로그램의 변화를 추구한다. 변화를 추구하는 집단상담자가 이끄는 집단은 적어도 진부하거나 쉽사리 지루해지지 않고 생동감이 넘치는 경향이 있다. 유머가 풍부한 상담자와 함께 집단을 이끌거나 때때로 집단에서 약간의 거리를 유지하는 것은 창의적인 관점을 갖는 데 도움이 된다. 창의성에는 집단원이 제시한 단서를 토대로 집단원의 문제를 탐색할 방법을 찾아내는 능력도 포함된다. 이 경우, 집단상담자는 자신이 선택한 기법의 토대가 되는 이론적 관점을 가져야 한다.

3) 집단상담자의 전문성

집단상담자는 전문적인 교육과 훈련을 성공적으로 이수한 정신건강 전문가(professional)이다. 따라서 집단상담자에게는 개인상담 경험, 집단 경험, 집단 계획과 조직 능력, 상담이론에 관한 지식, 인간에 관한 폭넓은 지식과 경험 등의 능력이 요구된다(강진령, 2005).

(1) 개인상담 경험

유능한 집단상담자는 개인상담에서 상담자 뿐만 아니라 내담자로도 성공 경험을 가지고 있다.

[1] 내담자로서의 경험

집단상담자가 되고자 하는 사람은 다른 사람들을 위한 상담자가 되기에 앞서 내담자로서 개인상담을 받아볼 필요가 있다. 개인상담을 통해 상담자가 되고자 하는 동기에 대해 탐색하고 내담자로서 상담의 효과를 몸소 체험해 보는 기회가 된다. 이러한 과정을 통해 예비 집단상담자는 집단원에 대한 이해에 장애가 되거나 왜곡된 인식을 초래하는 선입관이나 미해결 문제, 집단원들에게 잘못 주입시킬 수 있는 삶의 철학이나 인생관, 확인되지 않은 잠재된 욕구, 집단과정을 촉진하거나 방해할 수 있는 다른 욕구와 갈등, 용기, 노력, 성실, 보살핌과 같은 성격적 특성들이 다른 사람들에게 미치는 영향 등을 스스로 관찰하고 깨달을 수 있다.

[2] 상담자로서의 경험

상담자로서 다양한 내담자들과 만난 개인상담의 경험은 유능한 집단상담자로 성장하는 데 중요한 초석이 된다. 이러한 경험은 집단원들과 효과적인 의사소통 기술을 연마할 수 있는 기회뿐만 아니라 상담자와 내담자 사이의 역동성을 이해하는 데 촉매 역할을 한다. 또한 상담자로서 개인상담 경험은 집단을 이끄는 데 자신감을 심어 준다는 점에서 의의가 있다.

(2) 집단경험

집단상담자가 되기 위해서는 먼저 집단원으로 집단 경험을 해 보는 것이 필요하다. 예컨대, 자기탐색 집단이나 자아성장 집단은 예비 집단상담자로서 자신에 대해 탐색할 수 있는 기회가 된다. 그리고 교육지도 실습집단은 수련감독자의 지도하에 집단상담자 역할을 연습해 볼 수 있으므로 집단상담자 수련을 위한 필수적인 과정이다. 이러한 일련의 수련 과정을 거쳐 집단상담자로서 집단을 운영하는 집단 실습에 임할 수 있게 된다.

1 자기탐색집단

예비 집단상담자가 집단원들을 돕는 방법을 경험해 볼 수 있는 좋은 방법은 자신이 직접 집단원으로 집단에 참여해 보는 것이다. 집단상담자 훈련 과정의 일부로 집단 참여를 권장하는 데는 여러 가지 이유가 있다. 집단 참여를 통해 미처 깨닫지 못했던 미해결 과제(unfinished business)나 당면한 문제의 해결 방안을 모색해 볼 수 있다. 이를 통해 집단원들과의 상호작용에 장애가 되는 요소를 제거하고 집단원의 입장에서 집단을 조망해 볼 수 있다. 이는 집단상담자가 자신의 사적인 문제를 해결하기 위해 집단을 사용하는 잘못을 사전에 방지할 수 있는 효과도 있다.

집단원들로부터의 신뢰·지지·격려, 자신의 약점 노출, 성취감과 친밀감 경험, 자신의 문제에 대한 직면 등은 예비 집단상담자들에게 중요한 학습경험이 된다. 단지 집단에 참여하는 것만으로도 집단원들의 입장을 이해하는 데 도움이 되기 때문에 예비 집단상담자들이 집단에 참여하여 직접 경험해 보는 것은 필수불가결한 요소라 하겠다. 그러므로 예비 집단상담자들은 집단상담에 참가하기에 앞서 이러한 요소들에 대해 명확히 알아야 한다. 설령 집단상담자로서 집단을 이끌고 있는 상황이라도 다른 집단에 집단원으로 참여하여 자신의 지속적인 인간적 성장을 꾀할 수 있다. 이러한 선택은 치료적 가치 외에도 매우 효과적인 교육적 기회가 될 수 있기 때문이다.

[2] 교육지도 실습집단

집단상담자의 교육지도와 훈련을 목적으로 하는 실습집단은 수련감독자가 함께 참여함으로써 예비 집단상담자의 집단과정에 대한 통찰력과 이해력을 길러 준다. 이 경험을 통해 실습생들은 다른 참여자들의 피드백에 대한 자신의 반응, 경쟁심, 인정 욕구, 질투심, 불안, 타인에 대한 감정, 공동상담자나 집단원과의 세력 다툼(power struggling) 등에 대해 배우게 된다. 예비 집단상담자 집단을 이끌게 되는 교육지도 상담자는 수강생들에게 집단을 효과적으로 이끄는 데 필요한 기술을 가르치는 집단상담 과목의 기본 목적을 명심해야 한다. 과목의 목적이 수강생들을 위한 치료가 아니더라도 집단에 참여하는 것 자체는 치료적인 성격을 띠게 마련이다. 수강생들은 집단에서 나누고 싶은 사적인 관심사와 자기 개방의 수준을 결정할 수 있다. 집단상담 과목은 집중적인 자기탐색 경험을 위해 고안된 것은 아니다. 그렇지만 집단이 어떻게 기능하는지에 대해서는 적극적이고 개별적으로 집단과정에 참여함으로써 한층 깊이 배울 수 있다.

집단상담자로서 전문적인 자격 요건을 갖추기 위해서는 치료집단이나 상담집단에 집단원으로 참여함으로써 자신을 탐색하고 이해할 수 있는 기회를 가져야 한다. 집단 경험은 예비 집단상담자의 개인 발달을 위한 자원 역할을 하고, 자신의 목표와 욕구를 이해하게 됨으로써 장래에 집단상담을 담당할 때 실질적인 도움이 된다는 확신을 주어야 한다. 생산적인 경험의 기회라는 믿음이 있을 때 예비 집단상담자들은 기꺼이 그리고 적극적으로 참가하게 될 것이기 때문이다.

[3] 집단실습

집단원으로 참여하는 자아성장 집단이나 자기탐색 집단, 그리고 실습집단상담자로 참여하는 교육지도 실습집단에 이어 집단실습은 집단상담자가 되기 위한 필수 과정이다(Vander Kolk, 1990). 한 집단을 직접 맡아 이끌어 보는 집단실습을 통해 상담자는 집단 운영에 필요한 다양하고 유용한 실무를 익히고 전문가로서의 기술과 능력을 체득·발전시키게 된다. 전문적 기술 습득과 능력 개발은 결국 전문가의 유용성을 높여 주고 양질의 서비스 제공으로 이어질 수 있다. 초보 상담자에게 집단실습은 비록 경험이 많은 전문가만큼 세련된 기법을 구하지는 못하더라도 갖가지 시행착오를 통해 더욱 많은 것을 배울 수 있는 귀중한 기회가 된다.

집단실습을 위한 집단의 유형과 크기에서 초보자는 치료집단보다 교육집단이나 상담집단이 적합하고, 집단원의 인원수는 가급적 4~5명 정도로 제한하는 것이 바람직하다. 집단상담자의 경험이 축적됨에 따라 집단원 수도 늘리고 스트레스나 자기 주장과 같은 훈련을 중점으로 하는 성장 집단을 운영해 볼 필요가 있다. 집단상담자가 성장집단을 이끌 수 있다는 자신감이 든다면 다른 상담자와 함께 치료집단도 이끌 수 있을 것이다.

집단실습에 참여하다 보면 집단상담자는 때로 자기 모순을 경험하곤 한다. 그러나 집단원들에게 편안하고 안전함을 느끼는 범위 내에서 자신을 드러내라고 말하다가도, 마음이 불편해지는 것은 의미있는 학습과 변화를 유발시키기 위해 반드시 거쳐야 할 과정이므로 감수해야 한다.

(3) 집단 계획과 조직 능력

집단이 잘 운영되려면 집단이 몇 회기 동안 만나고, 집단의 목적이 무엇이며, 집단원들이 필요로 하는 것이 무엇이고, 어떤 성격의 주제에 초점을 맞추어야 하며, 어떤 것이 토론되어야 하는가 등과 같은 내용을 토대로 전체 회기에 대한 계획이 수립되어야 한다. 집단상담자의 전문성이란 바로 이러한 과업을 완수할 수 있는 능력과 관련이 있다. 즉, 집단의 전체 회기뿐만 아니라 각 회기별로 구체적인 계획을 수립할 수 있고 집단을 생산적으로 이끌 수 있으며, 집단원 개개인이 집단 참여 목적을 달성할 수 있도록 도울 수 있는 기법과 전략을 갖추었는가와 연관이 있다.

(4) 상담이론에 관한 지식

상담이론에 관한 해박한 지식을 갖는다는 것은 단순히 각 이론적 접근에 관한 내용을 암기하고 있음을 의미하지 않는다. 상담이론은 잠재적 집단원들과 그들의 관심사 그리고 그들이 겪을 수 있는 갖가지 복잡한 심리적인 문제들을 이해하고 조력하는 데 필수적이고 실용적인 도구이자 열쇠이다.

(5) 인간에 관한 폭넓은 지식과 경험

집단상담자는 인간의 다양한 문제와 그 문제를 다룰 수 있는 전문적 능력을 갖추어야 한다. 집단원에게 행동과 사고의 변화를 유발하고 자율적인 의사결정을 촉진하며 문제해결 능력을 신장시키기 위해 집단상담자는 사회의 다양한 쟁점과 문제점에 대해서도 폭넓은 지식과 안목이 있어야 한다.

집단 경험이 쌓이고 전문적 능력이 신장될수록 집단상담자는 일상생활에서도 훨씬 더 자신감을 갖게 되는 경향이 있다. 나아가 주위 사람들의 행동과 사고의 의미와 영향에 대해서도 보다 잘 이해할 수 있는 민감성을 체득하게 된다(Kottler, 2001). 집단상담자의 이러한 능력은 일상생활에서 인간에 관한 지식과 경험의 폭을 넓히는 원동력이 된다. 그리고 이는 다시 집단원들이 스스로 탐색하고 자기 이해를 도모할 수 있는 의지를 심어 주고 변화를 유발하는 촉매로 활용된다는 점에서 의의가 있다.

4) 집단상담자의 구체적 기술

다음은 집단상담자가 반드시 연마해서 지녀야 할 구체적 기술이다. 이 기술은 홍경자와 남상인(1996)의 구분에 따라 다음의 세 가지 영역, 참여자들이 변화할 수 있는 요인을 형성하기 위한 기법, 새로운 관점에서 문제를 보도록 돕는 기법, 참여자들의 권리와 인권을 보호하기 위한 기법으로 나누어 설명할 수 있다.

(1) 참여자들이 변화할 수 있는 요인들을 형성하기 위한 기법

① 적극적으로 경청하기

상담관계에서 상대방의 이야기를 적극적으로 경청하는 것은 가장 기본적인 기술이다. 적극적인 경청은 상대방으로 하여금 내가 그의 이야기를 듣고 있다는 것을 알게 하는 것이다. 상담장면에 많이 노출되었거나, 상담이 이루어지고 있는 당시에 다른 신경쓸 일이 있을 때에 상담에 철저히 몰입하지 못하고 잠시 딴 생각을 하게 되는 경우도 있다. 상담의 명인은 아무리 경험이 많더라도, 아무리 복잡한 다른 일이 있더라도, 상담장면에 임하는 그 상황에 적절하게 긴장하며 철저하게 몰두할 수 있어야 한다. 철저하게 몰두하는 것은 상대방의 이야기에 대한 적극적인 경청에서 시작함을 잊어서는 안 된다.

② 적절하게 반영하기

적절하게 반영하는 것은 상대방의 이야기를 다 들어주고 난 다음에 그가 한 말의 핵심을 파악하여 다시 한 번 같은 내용의 말을 하는 것이다. 이러한 과정을 통해서 말을 주고받는 상호간의 의도가 제대로 전달되고 있는지를 확인할 수 있다. 이 때에 특히 유의할 점은 말 그대로 반영하기보다는 그 말속에 담겨 있는 진정한 의미를 알아차려, 이를 반영해 주어야 한다는 것이다.

③ 명료화하기

내담자들은 자신이 혼란스럽기 때문에 자신의 의사를 정리되지 않은 상태로 표현한다. 이 때에 상담자는 그의 섬세하고 전문적인 안목으로 내담자가 겪고 있는 혼란스러운 경험을 정리하여 때로는 정서적인 언어로, 때로는 인지적이며 행동적인 언어로 명확하게 표현해 주는데, 이를 명료화하기라고 한다. 예를 들어, 내담자가 "선생님, 저는 저의 어머니 생각만 하면 기분이 불쾌해집니다. 그런데 또 한편으론 제가 어머니에 대한 기억이 그리 행복하지 않다는 생각을 하면 가슴이 미어지는 것 같기도 해요."라는 말을 했다면 상담자는 "○○는 지금 어머니에 대해서 싫어하는 마음과 미안한 마음의 두 가지 마음을 가지고 있군요. 이런 것을 소위 양가감정이라고 하지요."라고 말하여 그의 혼란된 경험을 명료화시켜 줄 수 있다. 이를 통해 내담자들은 죄책감을 경험하지 않고 두 가지 감정을 독립적으로 느낄 수 있다.

④ 공감하기

공감하기는 지금 상대방이 느끼는 감정을 그대로 공유할 수 있는 기술이다. 공감을 통해 상담자는 지금 내담자가 느끼고 있는 주관적인 경험세계를 체험할 수 있다. 즉, 역지감지(易地感之)하는 능력을 말한다. 이는 집단원들이 이야기하고 있는 것을 '내가 만약 그 상황이라면'의 심정으로 집단원이 느끼는 정서를 느끼려고 노력하는 과정도 포함된다. 집단의 리더가 집단구성원들의 정서를 얼마나 잘 공감할 수 있느냐, 집단의 구성원들끼리 서로 얼마나 잘 공감하느냐는 역시 집단상담의 질을 결정하는 요인이다.

⑤ 요약하기

집단상담 과정은 여러 사람이 참여하는 과정이므로, 한참 진행하다 보면 집단의 목적이 무엇인지 흐려지면서 이야기가 줄기를 잃고 중구난방으로 되는 경우가 있다. 때로는 난관에 봉착하거나 분열되는 상황이 발생하기도 한다. 리더는 이런 상황에서 집단원들에게 자신들의 이런 상황에 대한 느낌이나 생각을 이야기하도록 한 후에 이 전체과정에 대한 요약을 해 주어야 한다. 그 때까지의 상황을 잘 요약해야 그 다음 어디로 갈 것인가에 대한 방침을 설정할 수 있다. 그리고 집단의 회기 마지막 부분에 집단원 중 1, 2명이 그 회기의 쟁점이나 과정에 대해서 요약함으로써, 그 때에 무엇을 얻었는지에 대해서도 확연히 알 수 있게 해 준다.

(2) 새로운 관점에서 문제를 보도록 돕는 기법

[1] 질문하기

상담은 일련의 묻고 대답하는 과정으로 되어 있다. 상담자는 질문을 과도하게 사용하거나 잘못 사용하지 않도록 특별히 유념해야 한다. '왜'라는 질문을 자주하면 내담자는 변명을 하기 쉽고, 자신들이 평가받고 있다는 느낌을 받는다. 너무 개방형 질문을 하면 생각을 조직하기 어려운 청소년들은 상담자가 원하는 만큼의 풍부한 내용의 대답을 하기 어려워한다. 그리고 내담자가 대답할 충분한 시간을 주고 있는지, 일련의 질문들을 연속적으로 하고 있는 것은 아닌지 잘 점검해 보아야 한다. 또한 집단상담자는 성인이고 집단원들은 청소년이란 점을 잘 유념해야 한다. 자칫하면 자신들이 추궁받는다는 느낌을 가질 수도 있다. 숙련된 청소년 집단상담자들은 그 순간의 경험이나 느낌을 이끌어 낼 수 있기 때문에, '무엇을' 혹은 '어떻게'라는 질문을 많이 사용할 것을 권한다.

[2] 직면시키기

집단상담의 초보자들이 가장 어려워하는 기술이다. 자칫하면 집단원들의 마음을 상하게 할 수 있기 때문이다. 그러나 유능한 집단상담자일수록 세련된 직면기술이 있다. 직면을 통해 집단원들이 의사소통하고 있는 방법이나 자신들의 행동이 다른 성원들에게 어떻게 보이는지를 바로 보게 해 준다. 직면시키는 것을 맞닥뜨림이라고도 하는데, 집단원들이 말이나 행동이 일치하지 않을 때 바로 이를 맞닥뜨려 그 모순을 지적해 주기 때문이다.

성인들도 마찬가지이지만 청소년들은 더욱더 자신의 의식적 말과 무의식적 감정이나 행동들이 불일치함을 제대로 인식하지 못하는 경우가 많다. 직면을 잘하면 이를 통해 집단원들은 자기문제의 원인을 찾을 수 있고 자신에 대한 이해를 높일 수도 있다. 이형득 등(2002)에 의하면 직면하기는 다음의 다섯 가지 경우에 사용할 수 있다.

① 이전에 한 말과 지금 하는 말이 불일치할 때

② 말과 행동이 불일치할 때

③ 집단원이 스스로에 대해서 인식하는 것과 다른 사람이 인식하는 것이 불일치할 때

④ 집단원의 말과 정서적 반응과의 차이가 있을 때

⑤ 집단원의 말 내용과 집단상담자가 그에 대한 느낌이 다를 때

[3] 연결짓기

연결짓기는 집단원간의 응집력을 높이기 위해 주로 사용된다. 연결짓기는 집단 리더와 집단원 보다는 집단원 상호 간의 상호작용을 장려할 때 사용한다. 한 집단원의 말이나 행동을 다른 집단원의 관심과 연결시키기 위해서 집단의 리더는 이에 대한 예리한 통찰력이 있어야 한다. 예를 들어, 어떤 학생이 "선생님! 저는 시험에 대한 강박관념 때문에 집중해서 공부할 수 없어요."라고 했을 때 다른 집단원이 "선생님! 저는 보통 때는 공부가 잘 되는데, 시험 때만 되면 공부가 잘 안돼요."라고 말한다면 재빨리 이 두 사람을 연결시켜서 서로 공통의 관심사가 있음을 알도록 한다.

[4] 지지하기

상담의 기본 기법 중의 하나가 지지하기이다. 그러다 보니 상담자들이 지지하기를 남용하는 경향이 있다. '지지하기'는 지지해야 될 상황에서 한다면 그 기능이 십분 발휘되지만, 그렇지 않은 상황에서는 오히려 비생산적인 역기능을 유도할 수도 있다는 점을 유념해야 한다. 집단원이 의존욕

구를 드러내거나 고통스러운 느낌이나 갈등을 충분히 경험하기 전에 지지하는 것은 비생산적인 결과만을 초래할 뿐이다. 그러나 자신의 바람직하지 않은 행동을 교정하기 위해 피나는 노력을 할 때, 다른 사람들을 공감적으로 이해하기 위해 정말 상대방의 입장이 되어 보려는 노력을 할 때에 지지하기는 실로 큰 힘을 발휘한다.

(3) 참여자들의 권리와 인권을 보호하기 위한 기법

[1] 저지하기

숙련된 집단상담자는 집단원들 중에 돌출되는 행동을 하거나 다른 집단구성원의 사생활을 침해하는 이야기를 거침없이 할 때 이를 지적하고 제지할 수 있어야 한다. 물론 이 때에 특정 집단원이 마음의 상처를 받지 않도록 세련되게 저지할 수 있어야 한다. Corey와 Corey(김명권 외 역, 2001)에 의하면 다음과 같은 상황에서 리더가 저지할 것을 요구할 수 있다.

① 다른 집단구성원에게 질문을 퍼부어 대는 것
② 다른 집단원을 험담하는 것
③ 핵심을 빗나간 말을 장황하게 늘어놓는 것
④ 다른 집단에서 일어난 상황을 늘어놓으면서 비밀보장의 신뢰를 깨는 행동
⑤ 다른 사람에 대한 정보를 탐색하고 사생활을 침해하는 행동

[2] 진단하기

청소년 집단상담자는 내담자의 문제행동이나 증상을 보고 함부로 내담자에게 꼬리표를 붙이면 안 된다고 홍경자와 남상인(1996)은 강조한다. 어떤 특정한 문제를 진단하는 기술은 행동을 명명한다거나 증상을 밝혀내는 것, 그리고 어떤 사람이 어떤 범주에 해당하는 지를 알아내는 것만이 아니라 그 이상의 것을 의미한다. 예를 들어, 한 집단원이 심하게 분노를 느끼고

있을 때에 이것을 진단한 리더는 내담자에게 상처를 준다거나 역효과를 가져오지 않을 것이라고 생각되는 적절한 시점에서 "마음 속의 억압된 분노를 다 표출하시오."라고 격려할 수 있다. 정확한 진단은 임상적 전문지식과 경험적 장면에 충분히 노출된 숙련상담자가 어떤 문제를 평가하고 적절한 중재안을 선택할 수 있도록 한다.

3 현실검증하기

집단상담의 장면은 하나의 소사회이다. 이 과정은 개개인이 지니고 있는 생각이나, 계획하는 행동이 사회에서 사람들에게 어떤 반응을 불러일으키는지에 관하여 검증해 볼 수 있는 좋은 관계의 장이다. 그러므로 유능한 상담자는 집단원들 각자가 마음 속으로 지니고 있는 여러 가지 검증되지 않은 생각들을 집단과정 속에 내놓고 서로 검증하는 시간을 갖게 할 수 있다. 예를 들면, 어떤 남학생이 여학생과 데이트를 하면서 여학생을 진심으로 사랑하기 때문에 성관계를 맺는 것이 괜찮다는 생각을 한다고 가정해 보자. 그렇다면 이 문제를 다른 학생들에게 드러내 놓고 다른 학생들의 생각은 어떤지 그들도 그렇게 생각하는지, 성관계를 한 다음에 파생하는 문제들은 또 어떻게 해결하는지 등을 토의하게 해 봄으로써 그의 생각이 보편타당한지에 관해서 검증해 볼 수 있다.

4 솔선수범하기

집단의 리더는 집단의 과정이 원활하게 진행되게 하기 위해서 필요에 따라 적절히 솔선수범하는 행동을 보여야 한다. 때로는 상담의 구조에서 자기의 경험담을 털어놓아야 할 때, 집단원들이 쭈뼛쭈뼛 거린다면 자기가 먼저 경험담을 털어놓아야 한다. 그러나 이 때 유념할 것은 청소년들은 집단상담자가 먼저 말을 하면 그 틀대로 자기의 경험을 구조화시키므로 청소년들의 창의성이 다소 억압될 수도 있다. 집단 리더는 집다원들이 개인적인 작업에 집중할 수 있도록 어떻게 하면 촉매 역할을 잘 할 수 있는지,

집단이 의도하는 방향대로 잘 가고 있는지를 간간이 확인하면서 집단을 진행하는 여유를 가져야 한다.

5 모범보이기

모범을 보이기가 중요한 것은 집단 리더의 특성에 따라 집단의 성격과 과정이 많이 달라질 수 있기 때문이다. 리더가 얼마나 자기개방을 하느냐에 따라서 집단의 구성원들도 그 정도로 자기개방을 하기 쉬우며, 리더가 상대방에 대해서 얼마나 수용하고 직면하느냐를 보고 구성원들도 그대로 따라 하는 경향이 있기 때문이다. 그러므로 집단상담의 리더는 자기가 하는 행동을 잘 선택해서 본보기를 보이고, 이를 통해 집단원들이 집단과정을 원활하게 하기 위한 기술도 배울 수 있음을 유념해야 한다.

6 평가하기

평가하기는 집단상담자로서 지녀야 할 중요한 기술 중 하나이다. 평가하기는 집단에서 진행되는 과정과 독특하고 다양한 역동을 분석하여 집단상담이 원래의 의도대로 나아가고 있는지를 판단하는 것이다. 홍경자와 남상인(1996)은 각 집단의 회기가 끝난 후에 집단원들의 내면에 대해서 그리고 집단원들 간에 무슨 일이 일어났는지 혹은 어떤 변화가 있었는지 그 결과를 평가해 보고 다음에 어떤 종류의 중재가 이루어지는 것은 가치 있는 일이라고 주장한다. 아울러 집단의 구성원들에게도 이러한 평가 기술을 가르쳐 상담이 진행되면서, 그 과정이 목적하는 방향대로 나아가고 있는지 스스로 판단할 수 있는 안목을 길러 주어야 한다. 또한 집단 리더는 집단과정에서 일어나는 여러 가지 상황에서 치료적 요인과 비치료적 요인이 무엇인지를 분석해 보아야 한다. 숙련된 집단상담자는 비치료적 요인까지도 치료적으로 역전시킬 수 있어야 하기 때문이다.

7 촉진하기

집단구성원들의 의사소통에 장애가 되거나 그들 자신의 속마음을 열어 보이기를 꺼려할 때, 집단상담의 리더는 어떻게 해서든지 그러한 요소들을 제거해야 한다. 이것은 다음과 같은 방법을 통해서 이루어질 수 있다. 먼저 나를 주어로 말하는 소위 'I-message'를 활용하는 것이 너를 주어로 말하는 'you-message' 보다 훨씬 더 효과적이다. 너를 주어로 말하면 본의 아니게 상대방을 평가하게 되지만, 나를 주어로 말하면 상대방을 평가하지 않으면서 나의 정서와 사고를 전달할 수 있기 때문이다. 그 구체적인 방법은 다음과 같다(홍경자 · 남상인, 1996; 김명권 외 역, 2001).

① 집단원들이 느끼는 두려움이나 집단에 대한 기대를 솔직하게 표현하도록 돕는다.

② 서로 신뢰하고 수용적인 분위기 속에서 생산적인 교류가 이루어질 수 있도록 격려한다.

③ 집단원이 자기 개인의 문제를 탐색해 보거나 새로운 행동을 시도하려 할 때 지지를 아끼지 않는다.

④ 가능한 한 모든 집단원들이 참여하여 왕성한 다이나믹과 상호작용이 이루어지도록 한다.

⑤ 집단구성원들이 상담자의 반응이나 태도에 너무 의존하지 않도록 유도한다.

⑥ 집단과정에서 생기는 갈등이나 불일치를 적절한 시점에서 드러내도록 격려한다.

8 종결하기

상담과정에서 시작이 중요하지만 마지막 마무리는 더욱더 중요하다. 그러므로 집단상담자들은 종결에 대한 철저한 준비가 있어야 한다. 집단상담을 갑자기 끝내는 것이 아니라 집단상담의 초기과정부터 집단상담의 종결에 대해서 준비하는 자세로 상담을 이끌어 나가야 한다. 전체 상담과정의 3분의 2정도 되는 시점에서 구체적인 준비를 하는 것이 일반적이다. 구조화 프로그램을 활용한 집단상담의 경우도 마찬가지이다. 준비된 종결만이 각 집단상담이 목적으로 하는 최선의 결과를 달성할 수 있음을 결코 잊어서는 안 된다.

5) 집단상담자의 문제행동

집단 운영에서 집단상담자가 흔히 범하기 쉬운 문제행동으로는 지나친 개입, 방어적 태도, 폐쇄적 태도, 과도한 자기 개방(강진령, 2005), 계획 수립시의 실수 등이 있다.

(1) 지나친 개입

집단을 이끄는 과정에서 집단상담자가 유의할 점은 집단상담자의 집단원이 계속적으로 한 마디씩 대화를 주고받아야 한다는 것이다. 집단의 역동은 집단원들 간의 상호작용에 달려 있다. 아무리 집단원들의 참여가 소극적이라고 하더라도 집단상담자는 집단원 개개인이 말할 때마다 반응을 보이려는 유혹을 극복해야 한다.

(2) 방어적 태도

집단을 이끌면서 집단상담자가 견디기 힘들어 하는 것들 중 하나는 집단상담자에 대한 집단원들의 비판적인 태도와 평가, 부정적인 반응이다. 집단상담자가 구조화된 기법을 이용해서 집단원들의 변화를 촉진시키고자 할 때, 집단원들은 집단상담자가 자유를 구속한다고 불평하면서 그 지시에 따르지 않고 저항하게 될 수도 있다. 반면에 집단상담자가 비구조화 기법을 택하면서 어떤 방향을 제시하지 않는 데 대해 집단원들은 역시 자신들을 혼란스럽게 만든다고 비평하며, 집단상담자가 어떤 활동을 시작하기를 그저 앉아서 수동적으로 기다릴 수도 있다.

(3) 폐쇄적 태도

집단상담자의 폐쇄적 태도란 집단과정에서 자기 자신의 사적인 내용의 노출을 최소화하려고 애쓰는 것을 말한다. 이러한 태도는 집단원들의 자기개방에 장애물 역할을 하게 될 수도 있다. 집단상담자의 자기 개방은 곧 집단원들의 자기 개방 수준과 밀접한 관계가 있기 때문이다. 여기서 주된 문제는 언제 얼마나 할 것인가에 관한 것이다. 집단상담자의 시의적절한 자기 경험의 노출은 집단역동을 촉진시킬 수 있다는 점에서 의의를 찾을 수 있다.

집단상담자가 자신을 노출하지 않고 폐쇄적인 태도를 갖게 되는 첫 번째 이유는 전문가의 이미지를 손상시키지 않고 불편한 상황에 놓이게 되는 것을 원치 않기 때문이다. 또 다른 이유로는 집단상담자의 사적인 내용의 노출이 치료적 관계 형성을 가로막는다고 여길 수도 있기 때문이다. 자신의 사적인 삶을 비밀에 붙이는 것은 물론 집단에 대한 느낌과 집단원 개개인에 대한 감정조차 노출을 꺼리는 집단상담자들도 있다. 이들은 자신의 감정을 공유하는 대신 집단원들을 중재·해석·제안하고 문제들을 명료하게 하며, 조정자 또는 중재자로서 활동·평가하기도 하면서 집단의 역동을 활발히 촉진하기 위해 구조화된 연습을 부과하기도 한다.

(4) 과도한 자기 개방

자기 개방을 전혀 또는 거의 하지 않는 집단상담자와는 대조적으로 지나친 자기 개방을 하는 집단상담자가 있다. 이들은 노출하면 할수록 바람직하다는 신념을 토대로 자신도 집단원들과 똑같은 인간이라는 점을 강조한 나머지 지나치게 자신의 사적인 내용을 노출하는 실수를 범한다. 이러한 집단상담자는 일상생활의 세세한 부분까지도 털어놓으면서 자신의 문제를 해결하고자 한다. 이는 곧 집단상담자의 역할을 포기하고 집단의 일원으로 기능하게 하는 집단 압력에 굴복한 결과일 수 있다. 또한 자기 개방 없이 집단원들에게 자기 개방을 통해 모험하기를 기대하는 것은 불공평하다고 여길 수도 있다.

그러나 집단상담자는 역할과 기능에서 집단원과 엄연히 구분되어야 한다. 물론 집단상담자가 때로 집단의 일원으로 기능할 수는 있다. 그렇지만 그가 존재하는 일차적인 이유는 집단원 사이의 상호작용 과정을 돕고 촉진시키며, 집단 흐름의 방향을 잡아 주고 평가하는 것이라는 점을 기억해야 한다. 만약 집단상담자가 자신의 역할에 불편함을 느낀다면, 이는 곧 집단원으로 집단에 참가할 필요가 있다는 것을 의미한다.

다음은 집단상담자가 자기 개방을 할 때 고려해야 할 세 가지 지침이다. 첫째, 집단상담자의 역할 수행에 방해되는 문제가 있다면 다른 전문가와의 상담을 통해 그 문제를 최우선적으로 해결한다. 이를 통해 집단상담자는 자신의 사적인 문제가 집단에 부정적인 영향을 주거나 역할 혼동으로 인해 발생할 수 있는 문제를 예방할 수 있다.

둘째, 집단 작업과 관련된 자기 개방은 일반적으로 바람직하다는 점을 기억한다. 집단에 대한 느낌과 관련된 자기 개방은 생산적인 반면, 집단에서 다루고 있는 주제와 관련이 없는 개인적인 사건이나 문제를 털어놓는 것은 비생산적이라 할 수 있다.

셋째, 그래도 집단에서 자신의 사적인 문제를 끄집어 내고자 한다면 집단상담자는 그 이유와 어느 정도까지 털어놓을 것인가를 고려해야 한다. 다른 집단원들과 다름이 없는 인간이라는 점을 나타내기 위함인가? 집단원들의 자기 개방을 촉진하기 위함인가? 또는 진정으로 자신의 사적인 모습을 보여 주기를 원하기 때문인가? 집단상담자의 사적인 문제를 집단에 공개하는 것은 상담자 자신과 집단원들에게 치료적인 효과도 있으나 일반적으로 그다지 바람직하지 않다.

그러므로 집단상담자는 자신의 문제를 공개하기보다 집단원들 사이에 자기 개방의 빈도와 깊이에서 큰 차이가 나지 않도록 균형 유지를 위한 조정자 역할을 해야 한다. 집단상담자는 '여기-지금'에 관련된 반응을 함으로써 집단 내의 상호작용을 증진시킬 수 있다. '여기-지금' 중심으로 반응하는 집단상담자는 과거의 개인적 사건을 열거하는 상담자보다 집단의 활동을 촉진시킬 수 있기 때문이다.

(5) 계획 수립시의 실수

Jacobs 등(1999)은 집단상담자가 계획을 세울 때 전형적으로 저지르는 실수를 다음과 같이 제시하고 있다.

1 무계획

집단상담에서의 가장 큰 실수는 계획을 세우지 않는 것이다. 특별히 상호작용놀이를 활용할 집단에서는 초기의 계획과 준비가 매우 중요하다. 간혹 전혀 계획이 없는 집단을 더 창의적으로 이끌어갈 수 있다고 주장하는 지도자가 있다. 그러나 좋은 계획이 그 세션 집단참가자에게 가치 있고 효율적인 세션이 되는데 큰 도움이 된다는 사실은 의심의 여지가 없다.

2 너무 많은 계획

계획하지 않는 것과 반대되는 것으로 세션에 너무 많은 활동을 계획하면 종종 몇 가지 중요한 주제를 피상적으로 다루는 결과를 낳는다. 몇 가지를 대충 지나가는 것보다 적은 주제라도 깊이 있게 다루는 것이 더 낫다. 일반적으로 초보지도자들은 참가자들이 말을 하지 않을까 염려하여 허락된 시간에 너무 많은 계획을 세우는 실수를 한다. 대안적 계획이나 추가로 주제를 준비하는 것도 좋지만 상담자는 한 주제를 충분히 효과적으로 학습할 수 있도록 초점을 두어 계획하는 것이 더욱 중요하다.

3 부적절하거나 의미 없는 내용

상담자가 참가자에게 흥미없는 활동, 실습 혹은 주제를 너무 자주 선택하는 것만큼 어리석은 일도 없다. 그러나 상담자는 때때로 부적절한 활동을 사용하여 적절한 분위기를 만들지 못하고, 참가자의 관심과 관계없는 활동을 실행한다. 예를 들어, 예술학교에 입학하려는 학생은 세 명밖에 안 되는 학급에서 예술학교 입학에 관한 사항을 설명한다던가, 아이를 가진 부부집단이 여섯 쌍 중에 두 쌍 밖에 안 되는 데도 30분간 아이 양육에 관한 문제를 부적절하고 의미 없는 내용을 계획한 경우이다. 이런 계획은 다른 사람의 흥미를 상실하게 하고 화나게 한다. 상담자는 참가자 전부에게 적절하고 가치로운 세션을 계획하여야 한다.

4 부적절한 활동

상담자는 때때로 참가자가 준비되지 않은 활동을 계획하기도 한다. 예를 들어, 첫 번째 혹은 두 번째 세션에 가족문제나 성적인 관심에 관한 주제를 다루게 되면 참가자들이 일반적으로 마음을 열지 못할 뿐 아니라, 어떤 피드백도 서로 주고받을 만큼 친밀감이 형성되어 있지 않기 때문에 집단에 어려움을 초래한다.

5 너무 많은 활동

상담자가 저지르는 또 다른 실수는 주어진 세션에 너무 많은 활동을 계획하는 것이다. 이는 참가자가 발전하고 실습에서 배우는 데 시간을 충분히 가지지 못하게 되어, 세션이 참가자의 반응, 감정, 생각을 공유하고 변화시킬 수 있는 집단이라기보다는 활동의 연속처럼 여겨질 것이다. 경험이 없는 상담자가 특히 이런 실수를 저지르는데, 이는 상담자가 활동의 목적과 해나가는 방법, 또는 참가자가 침묵할 때의 두려움 등의 문제를 완전히 이해하지 못했을 경우에 생길 수도 있다.

⑥ 활동시간 배정의 실수

초보상담자는 시간을 배정하는 계획에서 실수를 많이 한다. 일반적인 실수는 도입활동에 너무 긴 시간을 배정하는 것이다. 초기의 도입활동이 중요한 활동이기는 하지만, 세션의 중간부분에서 더 의미 있고 생산적인 활동을 해야 하기 때문에 도입부의 시간은 적절히 조절을 해야 한다. 가장 중요한 문제에 많은 시간을 보내도록 집단시간을 계획하는 것이 매우 중요하다.

⑦ 흥미로운 도입의 실패

집단의 성격에 따라 참가자들이 집단에 대해 부정적인 경향이 강한 경우가 있다. 특히 비자발적인 참가자로 형성된 집단인 경우는 더욱 그러하다. 이럴 때일수록 지도자는 흥미롭고 재미있는 활동을 계획하여야 한다. 자발적인 참가자들에게도 흥미로운 도입은 계속적으로 그들이 적극적으로 참가하도록 유도하는 데 있어서 중요한 요인이 된다.

⑧ 도입부분에 너무 많은 시간 배정

앞에서도 언급한 것이지만 어떤 상담자는 이전 세션을 정리하면서 세션을 시작하는데, 이 때 정리시간 도입부를 너무 길게 계획하는 실수를 한다. 이전 세션의 간단한 요약 정리는 필요한 작업이긴 하지만, 15분에서 20분 정도 허용하는 것은 대부분 사람들에게 지루함을 주고, 요약 정리하는 방법이 강의식일 경우는 새로운 세션에 대한 기대와 신선함을 다 잃게 한다. 참가자들은 새로운 세션에 새로운 것을 하기를 원한다. 도입부가 너무 길어지지 않게 하는 것 또한 중요하다.

⑨ 도입부분에 너무 적은 시간 배정

상담자가 세션에서 다루어야 할 것이 많을 때, 상담자는 때때로 준비단계를 계획하는 것을 잊어버린다. 참가자들은 집단의 처음 몇 분간 가장 집중을 잘 한다. 집단은 세션의 시작단계에 얼마만큼 시간이 필요한지에 관해서는 지도자가 전체 세션활동을 참고로 하여 할당하는 것이 중요하다.

⑩ 모호한 계획

너무 모호한 집단계획은 도움이 안 된다. 계획을 잘 세우는 상담자는 자신이 다룰 주제를 어떻게 다룰지 사전에 철저히 준비해야 한다. 예를 들어, 분노에 관한 주제를 다룰 계획이면, 부모에 대한 분노, 자기 자신에 대한 분노, 분노를 다루는 방법 등 분노와 관련된 가능한 많은 주제들을 생각하고, 참가자들이 분노와 관련된 다양한 주제들을 생각해 보도록 집단활동을 구체적으로 계획하여야 한다.

⑪ 융통성의 결핍

어떤 상담자는 계획된 주제나 활동보다 더 의미 있고 적절한 주제나 활동이 참가자에 의해 제시될 때도 이미 세운 계획만을 완고하게 따른다. 계획된 활동이 참가자에게 이익이 되지 않거나, 더 효과적인 활동이 있으면 계획을 융통성 있게 바꿀 필요가 있다.

3. 집단원의 기능

집단원(group member)이란 집단상담에 참여하는 사람을 말한다. 집단원은 자신만의 독특한 사고와 행동상의 특성을 나타내고 주어진 상황에 따라 집단에서 각자의 역할을 맡는다. 집단원의 역할 중 대표적인 것으로는 '희생양(scapegoat)'과 '영웅(hero)'이 있다. 먼저 희생양은 집단원이 수용하기 어려워하는 부분을 마치 다른 집단원(들)의 것처럼 여기거나 자신의 욕구나 문제점들을 다른 집단원(들)에게 투사하게 됨으로써 발생한다. 그래서 마치 특정 집단원만이 죄의식, 분노, 수치감과 같은 강한 감정을 표출하는 사람인 양 여기게 되면서, 결국 이 집단원은 다른 집단원들의 불편한 감정을 대신 해소해 주는 '피뢰침' 역할을 한다.

이러한 현상은 집단 내에 긴장이 고조되고 한 집단원이 자신의 경험에 대해 공개하는 모험을 감행하게 되는 경우에 흔히 일어난다. 이 때 그 집단원은 결국 희생양으로 전락하여 지속적으로 어려움을 겪을 수 있다. 이렇게 한 집단원이 희생양으로서 집단원들이 불편한 감정들의 해소 목적으로 공격을 받게 되면 반면, 마치 만인의 영웅처럼 떠받들어지는 집단원도 생긴다. 보통 집단원들은 그 집단원을 본받아야 할 대상으로 이상화하게 된다. 이러한 역할들은 집단원들 사이에 흔히 관찰되는 역동의 일부에 해당된다.

집단원들은 각자 집단 참여의 목적이 있고 이를 성취하기 위해 집단에 참여한다. 집단상담자는 집단원들의 참여 목적을 구체적이고 실천적이며 달성 가능한 형태의 목표로 재설정하는 것을 돕는다. 집단 참여 목적을 달성하기 위해 노력하는 과정에서 집단원들은 일상생활에서의 자신의 모습을 드러내게 되고, 이에 따라 때로 다양한 형태의 문제행동을 보이기도 한다.

1) 집단원의 역할

집단원의 기능적 역할은 크게 집단 업무 역할, 집단 건축과 유지 역할, 개별적 역할의 세 가지 범주로 나누어진다(강진령, 2005).

(1) 집단 업무 역할

집단 업무 역할(group task roles)의 분석은 집단의 업무가 공통적인 관심사나 문제, 주제를 선정하고 구체화하여 작업 또는 해결하는 것이라는 가정하에 이루어진다. 여기서 역할이란 집단원들의 문제들을 해결하는 활동을 촉진하고 조정하는 기능들과 관련된 것이다. 집단상담자와 집단원들은 집단 업무와 관련된 다양한 역할을 담당하게 된다. 집단 업무와 관련된 역할은 다음과 같다.

1 창안자 · 공헌자

집단원의 집단 업무와 관련된 첫 번째 역할은 창안자(initiator) 또는 공헌자(contributor)의 역할이다. 창안자나 공헌자 역할은 집단에서 집단의 문제나 목표에 관한 새로운 아이디어나 변화된 방법을 제안하거나 건의하는 것을 말한다.

2 정보 모색자

정보 모색자(information seeker) 역할은 글자 그대로 집단 내에서 다른 집단원들이나 집단상담자에게 자신이 필요한 정보를 구하는 것을 말한다. 이 역할을 하는 집단원은 집단에서 논의되고 있는 문제에 관한 정보와 사실의 옳고 그름에 관심이 있고 그 옳고 그름의 여부를 묻기도 한다.

3 의견 모색자

의견 모색자(opinion)는 주로 정보 모색자와 같이 사실의 옳고 그름의 여부에 대해 묻지 않는 반면, 집단이 지향하고 있는 가치관이나 제시된 제안이나 대안과 관련된 가치관에 대해 명확하게 짚고 넘어가기 위한 질문을 던지곤 한다.

4 정보 제공자

정보 제공자(information giver)는 집단의 문제해결에 도움이 될 것이라는 판단하에 자신의 경험담을 일반화시켜 집단에 제시하는 역할을 한다.

5 의견 제시자(opinion giver)

의견 제시자(opinion giver)는 제시된 제안이나 대안과 관련된 자신의 신념이나 의견을 말하는 역할을 한다.

⑥ 부연 설명자

부연 설명자(elaborator)는 예를 들어, 설명하거나 근거를 제시하여, 만일 그러한 착상과 제안이 집단에 의해 받아들여진다면 어떻게 작용할 것인지를 연역적으로 추론하는 역할을 한다.

⑦ 조정자

조정자(coordinator)는 다른 집단원들의 다양한 아이디어와 제안 사이의 관계를 설명하거나 명백히 하는 역할을 한다.

⑧ 방향 제시자

방향 제시자(orienter)는 집단에서 이야기가 오고 갔던 내용을 요약함으로써 집단의 목표달성과 관련하여 현재 그 집단이 어느 위치에 와 있는가를 알려 준다.

⑨ 평가자 · 비평자

평가자(evaluator) 또는 비평자(critic)는 집단 업무에서 집단 기능의 기준에 비추어 집단의 성취도를 고려하는 역할을 한다. 이 집단원은 어떤 제안이나 집단 토론의 실용성과 논리성, 사실 또는 절차에 대해 평가하거나 의문을 제기하기도 한다.

⑩ 활력소 제공자

활력소 제공자(energizer)는 집단의 분위기를 활성화하여 어떤 구체적인 결정에 도달할 수 있도록 활력을 불어넣는 역할을 한다.

⑪ 진행 기술자

진행 기술자(procedural technician)는 집단을 위한 일상적인 업무를 수행하거나 유인물을 나누어 주며, 필요한 경우 시청각 기자재 등을 작동함으로써 집단과정을 촉진시키는 역할을 한다.

⑫ 기록자

기록자(recorder)는 집단에서 제안되거나 토론한 내용을 받아 적거나 집단이 결정한 내용을 기록으로 남기는 역할을 한다. 기록자의 역할은 다시 말해서 '집단의 기억 장치'에 해당한다고 할 수 있다.

(2) 집단 건축과 유지 역할

집단 건축(group building)과 유지(maintenance) 범주에 속하는 역할이란 집단의 기능과 관련된 특성을 말한다. 즉, 집단을 강화하고 조절하며 지속시키기 위해 집단 작업의 방법을 변경하거나 유지하는 역할에 해당된다. 집단 건축과 유지 역할은 다음과 같다.

① 격려자

격려자(encourager) 역할은 다른 집단원들이 집단에 기여하는 것에 대해 지지하고 격려하며 수용하는 것을 말한다. 이러한 집단원은 따스함과 확고한 태도로써 다양한 방법으로 다른 집단원들에게 긍정적인 피드백을 제공하고 존중하고 보살피며, 다른 집단원의 관점과 새로운 아이디어, 제안들을 잘 이해하고 수용하는 자세를 보인다.

② 화합자

화합자(harmonizer)는 집단원들 사이에 감정 대립이 발생할 때 중재하고 의견의 불일치가 발생할 때 화합을 시도하며 갈등이 야기될 때 긴장을 해소하는 역할을 한다.

③ 타협자

타협자(compromiser) 역할을 하는 집단원은 자신의 아이디어나 위치가 관련되어 있는 갈등 상황에서 나타난다. 이들은 자신의 위치에서 양보를 하거나 잘못을 시인하거나, 집단의 조화를 유지하는 데 주도적인 역할을 함으로써 의견 대립이 발생한 집단과 동등한 정도의 양보를 유도하여 타협을 하는 특성을 보인다.

④ 문지기 · 촉진자

문지기(gate-keeper) 또는 촉진자(expediter)는 다른 집단원들의 참여를 격려하거나 촉진함으로써 혹은 대화가 잘 진행되도록 어떤 규칙을 제안함으로써 대화를 지속적으로 이어나갈 수 있도록 유도하는 역할을 한다.

⑤ 기준 설정자

기준 설정자(standard setter)는 집단이 제 기능을 다할 수 있도록 어떤 기준을 설정할 것을 제안하거나 집단 과정의 수준을 평가하는 데 기준을 적용하는 역할을 한다.

⑥ 집단 관찰자 · 해설자

집단 관찰자(group-observer) 또는 해설자(commentator)는 집단과정의 다양한 면을 지속적으로 기록하여 집단상담자와 집단원들이 집단과정에 대한 평가를 할 때 전체과정의 해석과 함께 자료를 제공하는 역할을 한다.

⑦ 추종자

추종자(follower) 역할을 하는 집단원은 집단이 움직이는 대로 따라가고 다른 집단원의 아이디어나 제안을 수동적으로 받아들이는 특징을 보인다. 그리고 집단 토의를 하거나 의사결정을 할 때도 거의 참여하지 않거나 마치 청중이나 방관하는 태도를 보인다.

(3) 개별적 역할

여기서 개별적 역할(individual roles)을 어떤 범주로 나누는 것은 집단의 업무나 기능과 상관없이 단순히 개별 집단원들의 역할을 분류하기 위한 것 이상이다. 개별적 역할은 다음과 같다.

① 공격자

공격자(aggressor) 역할은 다른 집단원(들)이나 집단상담자를 비난함으로써 그(들)의 위치를 깎아 내리고 다른 집단원들의 가치관과 행동, 느낌에 대해 반박하거나 비난하는 것을 말한다. 이러한 역할을 담당하는 집단원은 집단이나 작업 중인 문제에 대해 공격적이고 비판적인 말을 던지거나, 상처가 될 만한 농담으로 다른 집단원을 난처하게 하거나, 다른 집단원이 집단에 기여하는 것을 묵과하지 못하고 질시하는 태도를 보인다.

② 차단자

차단자(blocker) 역할은 보통 매사에 부정적이고 저항적인 태도를 보이는 집단원이 담당하는 경향이 있다. 별로 중요하지 않은 내용의 말로 다른 집단원의 말을 끊고 대화에 끼어든다거나 정당한 이유 없이 다른 집단원이나 집단상담자의 진술에 반박한다. 그리고 다른 집단원이나 집단상담자의 의견이나 제의에 반대를 일삼으며, 때로 집단에서 이미 통과된 안건을 다시 거론할 것을 요구하기도 한다.

③ 자기 고백자

자기 고백자(self-confessor)는 집단상담자와 집단원들을 마치 자신을 위해 마련된 청중인 양 여기고 이기적이면서도 집단의 발전과 무관한 느낌이나 통찰 또는 생각 등에 대해 거론하는 특징이 있다.

④ 바람둥이

바람둥이(playboy) 역할을 하는 집단원은 집단과정과 활동에 적극적으로 참여하지 않으며, 매사에 냉소적이고 수수방관하는 태도를 보인다. 방관자로서 집단에서 철수(withdrawl)하는 태도를 보이거나 의도적으로 무관심한 자세를 보임으로써 집단 분위기를 흐트러뜨리고 응집력을 약화시킨다. 이러한 집단원은 때로 집단과정에 열심히 참여하는 듯 하다가 치고 빠지는(hit-and-run) 식의 게임, 즉 수동적－공격적(passive-aggressive) 성향을 나타낸다.

⑤ 압제자

압제자(dominator)는 자신의 나이나 권위 또는 우월감을 내세워 전반적인 집단이나 집단 내의 특정 집단원(들)을 통제하고 조종하려고 시도하는 역할을 한다. 이러한 집단원은 자신의 우월한 지위에 걸맞게 집단원들의 시선이 자신에게 집중되어야 한다는 듯한 태도를 취하며, 권위적인 태도로 집단이 나아갈 방향을 제시하거나 불필요하게 다른 집단원들의 이야기를 가로막는 등의 행동을 나타내기도 한다.

⑥ 도움 모색자

도움 모색자(help-seeker)는 자신의 불안정한 심리 상태나 개인적인 혼란감을 필요 이상으로 과장하여 호소하거나 이유 없이 자신을 격하시킴으로써 다른 집단원들에게 동정심을 기대하거나 동정적인 반응을 얻어 내려고 시도하는 역할을 한다.

⑦ 특정 관심 탄원자

특정 관심 탄원자(special interest pleader)는 매우 특수한 주제, 즉 '벤처

기업', '건강과 질병', '로또 복권', '정치', 'IT 산업', '전업주부', '컴퓨터' 등에 대해 이야기하면서 자신의 개인적인 욕구에 가장 잘 부합되는 상투적인 내용 속에 자신의 약점이나 편견을 감추려고 시도하는 역할을 한다.

〈표 5－1〉의 집단원 역할 관찰용지는 집단상담자의 필요와 용도에 따라 얼마든지 변형해서 사용할 수 있다.

지금까지 살펴본 집단원의 역할은 집단과정을 촉진시키기도 하고 집단의 목적 달성을 저해하기도 한다.

〈표 5－1〉 집단원 역할 관찰 용지

Ⅰ. 업무 역할	이 름	총 횟수
1. 창안자/기준 설정자(집단운영에 필요한 업무, 목표, 절차, 규준, 기준의 제안)		
2. 정보 모색자		
3. 정보 제공자(사실/의견/느낌)		
4. 현실 시험자/평가자		
5. 조정자/요약자		
Ⅱ. 유지 역할		
6. 격려자(온정 표현, 능동적 경청)		
7. 화합자(불일치에 대한 화해 노력)		
8. 문지기(촉진, 소수의 관점 보존, 타인들의 대화 참여 유도)		
9. 의견수렴 시험자		
10. 타협자/추종자		
Ⅲ. 역기능적 행동		
11. 분위기를 해침(토의 내용과 무관하거나 받아들여질 수 없는 행동들)		
12. 철수, 경청하지 않는 행동		
13. 대화의 차단		

2) 집단원의 문제행동

집단을 운영하다 보면 다른 집단원이나 집단상담자에게 어려움을 주는 문제행동을 보이는 집단원이 종종 나타난다. 집단원들의 문제행동은 직·간접적으로 집단에 부정적인 영향을 미친다. 여기서는 집단원의 문제행동 13가지를 중심으로 살펴보기로 한다(강진령, 2005).

(1) 대화 독점

집단원의 첫 번째 문제행동은 집단의 대화를 독점(monopolizing)하는 것이다. 집단을 이끌다 보면 집단원들 중에는 집단에서 활동과 대화를 독점하는 고도의 이기심을 나타내는 사람들이 있다. 이런 집단원은 끊임없이 다른 집단원과 동일시하는 경향이 있어서 다른 집단원과 관련된 상황과 연결시켜 자신의 일상생활에 대한 이야기를 장황하게 늘어놓는 특징이 있다. 집단에서 대화를 한두 집단이 독점하면 다른 집단원들과 집단 시간을 공유하는 데 방해가 될 뿐만 아니라 다른 집단원들에게 말을 많이 하는 사람이 바람직한 집단원이라는 잘못된 생각을 갖게 할 수 있다. 이런 집단원을 돕기 위해서는 그가 그와 같은 행동을 통해 얻고자 하는 점과 관련된 역동성을 탐색해 볼 기회를 제공하는 방법이 있다.

집단의 대화를 독점하는 집단원에 대처하기 위한 방안으로 ASGW(1989)는 문제 집단원 자신이 대화 독점 행동에 대한 결과를 서서히 깨달을 수 있도록 유도할 것을 제안하고 있다. 윤리적 측면에서 볼 때 집단상담자는 집단 내의 혼란 상태나 집단원들의 문제행동을 시의적절하게 조절하는 중재기술을 갖추고 있어야 한다. ASGW는 집단상담자가 말이 없는 집단원도 함께 활동하도록 돕고 의사소통을 하는 데 비언어적 시도를 인식시키며, 두서없이 이야기하는 것과 한 집단원이 시간을 독점하는 것을 시의적절하게 제재함으로써 집단 시간의 적절한 활용을 보장해야 한다는 지침을 제시한 바 있다. 따라서 집단상담자는 집단원들이 대화를 독점하는 집단원에 대해 노골적으로 좌절감을 표현하기 전에 즉각적으로 개입해야 한다. 집단상담자의 개입 반응에 예를 살펴보면 다음과 같다.

집단 상담자의 개입 반응의 예

상담자 : 오늘 영수가 여러 가지 내용을 이야기했는데 전달하려는 것이 무엇인지 구체적으로 잘 이해되지 않아서 선생님은 다소 당황스럽구나. 네가 말하고자 하는 내용을 한 문장으로 말해 보겠니?

상담자 : 선희가 집단에서 하고 싶은 말이 많은 것 같구나. 다른 아이들에게도 말할 수 있는 시간을 줄 수 있겠니?

상담자 : 제가 제시하는 미완성 문장을 완성해 보시겠습니까? "내가 말을 하지 않는다면 ________________."

대화를 독점하려는 집단원에게 자신의 행동에 대한 탐색 기회를 제공하는 미완성 문장들은 다음과 같다.

미완성 문장의 예

"내가 다른 사람이 말하도록 했다면 ________________."

"내가 말을 많이 하는 이유는 ________________."

"사람들이 내게 귀 기울이지 않으면 나는 ________________를(을) 느낀다."

"나는 ________________ 때문에 내 말에 귀 기울여 주었으면 합니다."

미완성 문장을 활용하는 경우 집단상담자는 대화를 독점하는 집단원의 마음 속에 가장 먼저 떠오르는 것을 적거나 말하도록 한다. 그런 다음 이 집단원이 완성한 문장(들)을 발표할 때 집단원들 간에 피드백을 교환하게 한다. 이런 형태의 연습을 통해 집단상담자는 대화를 독점하는 집단원에게 자신의 문제행동에 대한 통찰을 할 수 있게 함은 물론, 인간관계에서 더 생산적인 행동을 습득할 수 있게 도울 수 있다.

(2) 소극적 참여

집단원의 두 번째 문제행동은 집단 참여에 소극적인 태도를 보이는 것이다. 즉, 집단 내에서 침묵으로 일관하거나 집단 활동에 적극적으로 참여하지 않는 집단원의 태도를 말한다.

집단 시간 내내 침묵으로 일관하거나 집단 활동에 매우 소극적으로 참여하는 것은 언뜻 집단과정에 그리 큰 영향을 미치지 않는 것처럼 보인다. 그러나 다른 집단원들이 소극적으로 참여하는 집단원을 의식하게 되면서 집단에 부정적인 영향을 미친다. 집단원이 집단에 참여하지 않는 이유는 다음과 같다.

① 말할 가치가 없다는 느낌
② 특정 집단원에 대한 저항감
③ 집단원의 역할 몰이해
④ 집단원이나 집단상담자에 대한 열등감
⑤ 집단과정의 진행방향에 대한 불확실성
⑥ 집단에 대한 믿음 부족이나 신뢰성 상실
⑦ 거절되거나 수용받지 못할 것에 대한 두려움
⑧ 남들에게 자신이나 가족 또는 집안 사정에 관해 노출해서는 안 된다는 신념
⑨ 언어표현 능력이 부족한 것이 드러나게 되어 다른 집단원들에게 어리석게 보일 것 같은 두려움

이처럼 소극적 집단원은 집단의 전반적인 분위기를 흐트러뜨리게 되어

집단의 응집력과 생산성을 떨어뜨릴 수 있다. 예를 들어, 집단에서 어렵게 자기 자신을 드러내고 위험을 감수한 집단원은 소극적인 집단원이 아무런 반응 없이 자신을 지켜보고만 있는 것에 대해 분노를 느끼게 될 수 있다. 집단원들이 소극적인 집단원을 의식하여 자기 개방을 꺼리게 되면서 결과적으로 집단의 응집력에도 부정적인 영향을 미치게 된다.

집단원들 모두가 집단에 적극적으로 참여하여 학습 효과를 얻을 수 있도록 분위기를 조성하는 것은 집단상담자의 중요한 임무이다. 그러므로 집단상담자는 다른 집단원들이 소극적인 집단원에 대해 비난하거나 공격적인 태도를 나타내지 않도록 시의적절하게 개입하여야 한다. 소극적인 집단원에게 적극적으로 참여할 수 있는 기회를 제공하는 것은 바람직하다. 그렇지만 그런 집단원과 집단 밖에서 자주 개인 면담을 하는 것은 삼가는 것이 좋다. 왜냐하면 그 집단원은 이를 통해 집단 내에서 다른 집단원들과 직접적인 방식으로 상호작용해야 한다는 책임감에서 벗어날 수 있다고 착각할 수 있기 때문이다.

소극적인 집단원들의 침묵에는 생산적인 침묵과 비생산적인 침묵이 있다. 생산적인 침묵이란 집단에서 일어나는 일들을 통합하거나 깊이 숙고하느라 말이 없어지는 것을 말한다. 이러한 경우에는 2~3분 정도 말없이 기다려 주면서 집단원이 생각과 감정을 정리한 다음 이야기하도록 여유를 주는 것이 바람직하다. 반면에 비생산적인 침묵은 두려움, 분노, 지루함 같은 감정 상태에 놓이거나 어떻게 행동해야 할지 몰라서 머뭇거리는 것을 말한다. 이러한 침묵이 발생하는 경우에는 즉각적으로 개입하는 것이 효과적이다.

(3) 습관적 불평

집단원의 세 번째 문제행동은 습관적으로 불평(complain)을 늘어놓는 것이다. 여기서 습관적으로 불평을 일삼는 집단원이란 거의 매 회기 때마다 집단에 대해 불평불만을 늘어놓거나 이로 인해 다른 집단원과 자주 논쟁을 벌이는 사람을 말한다.

습관적으로 불평불만을 늘어놓는 집단원들의 태도와 행동 역시 집단의 분위기를 해치고 집단과정의 흐름을 저해한다. 불평은 흔히 또 다른 불평의 불씨와 같아서 한 집단원의 불평은 다른 집단원들의 불평으로 번져 가게 된다. 그 결과 집단의 응집력 형성에 부정적인 영향을 미치게 된다.

집단원들의 불평과 불만은 흔히 집단 초기에 나타나는 경향이 있다. 특히, 비자발적 집단원들로 구성된 집단의 경우에는 더욱 빈번히 나타날 수 있다. 습관적으로 불평하는 집단원을 다룰 때 집단상담자가 간혹 저지르는 실수로는 다른 집단원들이 있는 상황에서 불평에 대해 정면으로 지적하는 것이다. 이는 집단상담자와 불평하는 집단원 사이에 논쟁을 불러일으킬 수 있고 다른 집단원들에게는 분노를 일으킬 수 있다.

만약 집단상담자가 자신이 이런 상황에 빠져 있다면 사실을 인식한다면, 초점을 다른 사람이나 주제로 돌리고 집단이 끝난 다음 불평을 한 집단원과 일 대 일로 면담 기회를 갖는 것이 바람직하다. 불평을 일삼는 집단원에 대해서는 다음과 같이 대처할 수 있다.

① 개별 면담을 통해 불평의 이유를 알아본다.

② 생산적인 집단을 위해 정중하게 협조와 도움을 요청한다.

③ 단순히 집단상담자의 관심과 집단에서의 역할을 원하는 경우에는 이를 제공한다.

④ 동맹자, 즉 집단에 활력소를 불어넣는 집단원에게 질문과 피드백의 기회를 제공함으로써 집단의 분위기를 고양시킨다.

⑤ 불평적인 집단원과 시선의 접촉을 피함으로써 나서지 않게 한다.

그러나 대부분 집단의 긍정적 가치를 깨닫게 되면서 집단원들의 불평은 줄어들거나 사라진다.

(4) 일시적 구원

집단원의 네 번째 문제행동은 일시적 구원이다. 이는 충고나 조언 일삼기 유형과 관련된 것으로, 다른 집단원 상처를 달래고 고통을 줄여 사람들을 즐겁게 하고 자신도 안정을 취하려는 욕구의 표현이라고 볼 수 있다. 일시적 구원은 언뜻 다른 집단원에 대해 관심을 보이고 보살피는 행동처럼 보이지만, 실제로는 자신의 고통을 피하기 위한 방편의 하나로 가식적 도움의 형태라고 볼 수 있다.

이러한 문제행동을 얄롬(Yalom, 1995)은 'band-aiding' 곧 '반창고 붙이기' 또는 '상처 싸매기'라 명명하였다. 이는 우리 몸에 심하게 곪은 환부가 있을 경우 적절한 시기에 고름을 제거하기보다 일시적인 고통을 피하기 위해 단순히 반창고를 붙이는 것으로 대신하는 것을 말한다.

일시적 구원은 타인의 고통을 지켜보는 것이 어려워 이를 사전에 봉쇄하려는 시도의 일환으로서 가식적으로 지지하는 행위로 해석된다. 일시적 구원을 반복하는 집단원을 돕기 위한 방안으로는 다른 집단원이 고통스런 경험을 노출할 때 그의 느낌과 생각을 탐색해 볼 수 있는 기회를 제공하는 것이다. 질문 공세나 충고나 조언을 하는 집단원과 마찬가지로 일시적 구원을 일삼는 집단원은 자기 탐색을 통해 자신에 대해 보다 심도 있게 이해할 수 있게 될 것이다. 미해결 감정을 애써 회피하거나 억압했던 집단원은 일시적으로 구원하는 것보다 안전한 집단 분위기 속에서 교정적 감정 경험(corrective emotional experience)을 충분히 거치고 난 후에 집단의 지지와 격려를 받는 것이 훨씬 더 치료적 효과를 얻을 수 있다.

(5) 사실적 이야기 늘어놓기

집단원의 또 다른 문제 행동으로는 집단원 자신의 느낌이나 생각에 대해 말하기보다 '옛날 이야기', 즉 과거에 있었던 사실 중심의 이야기를 늘어놓는 것(factual story-telling)이다. 집단 경험이 없는 집단원들은 상담을 단지 상담자에게 과거에 대한 사실적 이야기를 조목조목 털어놓음으로써 문제를 해결하는 수단으로 여길 수 있다. 따라서 집단원들 중에 자기 개방을 마치 자신의 과거나 현재 생활에서 어떤 일이 있었는가를 장황하게 늘어놓는 것으로 오해하는 것은 그리 놀라운 일이 아니다. 그러나 사실적인 내용만으로 엮어진 이야기나 다른 사람 또는 자신의 생활환경에 관해 두서없이 늘어놓는 행동은 집단원 자신의 진솔한 느낌이나 생각의 노출을 꺼리는 방어 수단으로 볼 수도 있다.

이러한 문제행동이 나타나는 경우에는 공감적 이해를 통해 해당 집단원이 여기 지금에 초점을 맞추고 과거의 경험에서 야기된 감정을 적절하게 표출할 수 있도록 돕는다. 그리고 필요하다면 차단기법을 사용하여 사실적인 이야기보다는 과거 사건이나 상황에 대한 느낌을 진솔하게 토로할 수 있도록 적극적으로 돕는다.

(6) 질문 공세

집단에서 일어날 수 있는 또 다른 문제행동으로는 질문 공세, 즉 다른 집단원들에게 일련의 질문을 퍼붓는 것이 있다. 이러한 집단원은 적절치 않은 시기에 끼어들어서 다른 집단원들의 답변을 하기도 전에 연속해서 질문을 던지는 특징이 있다.

질문(probe)은 상대방에 관한 정보와 자료를 수집하기 위한 수단일 뿐만 아니라 생각이나 감정에 대해 탐색하기 위해 사용되는 상담의 중요한 도구다. 그러나 집단과정에서 이루어지는 질문은 자칫 다른 집단원에 대한 호기심 충족을 위한 수단으로 잘못 사용될 수도 있다. 더욱이 질문에 대한 대답을 기다리지 않고 퍼붓는 연속적인 질문은 집단원의 말을 가로막을 뿐만 아니라 답변을 해야 하는 부담감을 줄 수 있다. 이는 곧 집단원의 경험에 대한 감정을 보다 심도 있게 탐색해 볼 수 있는 기회를 잃게 되는 상황을 초래한다. 또한 집단원 자신의 감정을 탐색하기보다는 생각에 의존하게 하는 방향으로 이끌 수 있다는 약점이 있다.

다른 집단원들에게 습관적으로 질문하거나 질문에 대한 답변을 경청하지 않고 연속적으로 질문을 던지는 집단원의 행동은 자신에 관하여 노출하지 않아도 될 것이라는 무의식적 욕구의 표현으로서 자신을 은폐하려는 수단으로 사용될 수도 있다. 그러므로 질문 공세를 하는 집단원에게 질문 속에 포함된 핵심 내용을 자신을 주어로 해서 직접적인 방식으로 표현해 보도록 돕는 방법이 있다.

질문은 상대방에 대해 좀더 알기를 원한다거나 일종의 관심의 표현으로 해석될 수 있지만, 대답을 해야 하는 부담감으로 인해 방어를 유발시킬 수도 있다. 이에 반해 '나'를 주어로 하여 자신의 느낌을 개인적으로 표현하는 진술은 그럴 가능성이 훨씬 적기 때문에 집단 장면에서 매우 유용하게 활용할 수 있는 표현 기법이다.

(7) 충고나 조언 일삼기

집단원들이 흔히 저지를 수 있는 또 다른 문제행동은 다른 집단원에게 충고나 조언을 일삼는 것이다. 이는 다른 집단원에게 인지적인 사항, 즉 해야 할 것(Do's)과 하지 말아야 할 것(Dont's)을 말하는 것을 의미한다.

충고나 조언은 미묘하게도 다른 집단원에게 도움이 되고자 하는 의도와 동기로 이루어진다. 그러나 충고와 조언은 이를 제공하는 집단원의 의도와 달리 집단에는 부정적인 영향을 주게 된다는 문제가 있다.

집단원이 충고나 조언을 일삼는 경우 집단상담자는 충고의 대상이 되는 집단원이 자신의 문제와 갈등을 시간적 여유를 가지고 탐색하게 함으로써 합리적인 결정을 내릴 수 있도록 도와야 한다. 집단의 시작 단계에서 집단원이 자신의 문제를 내어놓는 것에 대해 집단 경험이 없는 다른 집단원들은 이미 마치 자신들의 조언이나 충고를 요청하는 것으로 오해할 수 있다.

이런 이유로 충고나 조언을 하려는 집단원들은 그들 나름대로 유용하다고 생각하는 충고나 조언 또는 제안을 하게 된다. 이러한 노력은 언뜻 문제를 가진 집단원에 대한 관심의 표현으로 보일 수 있으나 이로 인해 결국 집단원 모두가 불필요한 좌절감을 경험하기도 한다. 그러므로 집단상담자는 집단원들이 다른 집단원에게 함부로 충고나 조언을 남발하기보다는 그 집단원이 자신의 문제에 대해 깊이 탐색하도록 기회를 제공하는 것의 가치를 강조하거나 몸소 보여줄 필요가 있다.

또한 충고나 조언을 하는 집단원에게는 그러한 행동을 하려는 동기를 탐색할 기회를 제공한다. 충고나 조언은 물론 다른 사람에 대한 관심과 배려의 표현으로 볼 수 있다. 그러나 동시에 다른 사람들의 주의를 자신에게 집중시킬 수 있는 효과를 줄 수도 있다. 나아가 이는 다른 집단원의 감정을 조기에 차단하려는 시도로 볼 수 있다. 즉, 충고나 조언을 하는 행위는 자기 방어나 저항의 형태로 해석된다. 그래서 집단상담자는 섣부른 충고나 조언이 그리 효과적인 조력방법이 아니라는 점을 집단원들에게 일깨워 줄 필요가 있다. 즉, 자신보다 타인에게 관심을 갖고 요청하지 않은 도움을 충고나 조언으로 제공하려는 행위는 결국 집단의 생산성을 저해할 수 있다는 점을 집단원들에게 인식시켜야 한다.

(8) 적대적 태도

집단에서 집단상담자나 다른 집단원(들)에게 적대적 태도를 보이는 행위 또한 집단의 역동에 부정적인 영향을 주는 집단원의 문제행동에 해당된다. 적대적 태도를 보인다는 것은 집단원 자신의 내면에 누적된 부정적인 감정을 직·간접적인 방식으로 집단상담자나 다른 집단원들에게 표출하는 것을 말한다. 집단에서 적대적 태도를 보이는 집단원은 주로 간접적인 활동, 즉 비판적인 표현, 농담, 빈정거림, 치고 빠지는 식의 행동을 보인다. 이러한 집단원은 집단 회기에 빠지거나 늦게 출석하고 심지어 중도에 집단을 그만두고 떠나기도 한다.

이에 반해 지나치게 예의를 차리거나 격식을 차리는 행동을 보이는 은근한 방식으로 적대감을 표현하기도 한다. 또는 지나치게 방어적인 태도를 보여 자신이 적대적 태도를 지니고 있다는 사실을 위장하는 경우도 있다. 대부분의 경우 집단원은 자기 자신이 적대적 태도를 가지고 있다는 사실을 인식하지 못하는 경향이 있다.

적대적 태도를 보이는 집단원의 행동이 집단에 미치는 영향은 다른 집단원들에게 또 다른 적대적 태도와 감정을 불러일으킬 수 있다는 점이다. 적대감을 표출하는 형태는 공격적인 행동을 보이는 것이지만, 직면 상황에서는 당혹스러워하면서 재빨리 후퇴하는 특징이 있다. 적대적 태도를 보이는 집단원은 자신의 행동이 직면될 때 분개하면서 온갖 변명을 늘어놓으며, 다른 집단원들의 피드백을 경청하지 않고 방어적인 태세를 취함으로써 집단의 분위기를 해치고 응집력을 떨어뜨린다.

적대적 태도를 보이는 집단원의 행동에 대처하기란 그리 쉽지 않다. 집단원의 적대적 행동에 대처하는 방법 중 하나는 다른 집단원들이 그 집단원에게서 받는 영향, 느낌, 원하는 행동에 대해 경청하게 하는 것이다. 그런 다음 적대적 태도를 보이는 집단원이 집단에서 원하는 것이 무엇인지를 탐색하고 다른 집단원들 앞에서 직접 확인한다. 적대적인 태도와 행동은 다른 사람들에게 위협을 느끼는 것에서 오는 두려움의 표시나 열등감 혹은 상대적인 무능력감에 대한 방어의 수단으로 나타나는 것일 수 있다. 그러므로 적대감 이면에 있는 두려움이 표출되어 이에 적절하게 대처하게 된다면 집단에 대한 적대적 태도를 없애거나 긍정적인 태도로 반전시킬 수 있다.

(9) 의존적 자세

의존적 자세를 보이는 집단원은 집단상담자나 다른 집단원들이 자신을 보살피고 자신에 관한 사안을 대신 결정해 줄 것으로 기대하는 경향이 있다. 의존적인 자세는 집단에서 다양한 형태로 나타난다. 집단원에 따라서는 아내나 남편 또는 자녀나 이성친구 없이는 살 수 없다고 하거나 자신의 무(기)력함을 호소하기도 한다. 때로는 집단상담자와 다른 집단원들에게 필사적으로 해결책을 구하거나 현명한 지시 사항을 내려 줄 것을 기대하는 양상으로 나타나기도 한다.

의존적 자세를 보이는 집단원의 대표적인 특징은 집단원 간의 상호작용에서 긍정적인 대답, 즉 '예'라는 대답을 반복하는 것이다. 다른 집단원들은 그가 미처 생각하지 못했을 거라고 간주하여 그를 돕기 위해 열심히 정보나 조언 또는 피드백을 제공한다. 그러나 의존적 자세를 보이는 집단원은 피드백을 고려하기보다 "Yes, but~" 게임 곧 "예, 그렇지만~" 식의 반응을 보이면서 마치 게임을 하듯 교묘하게 집단원들의 제안을 회피하거나 무시하는 경향("당신이 감히 나를 도우려고 해")이 있다. 결국 이 집단원을 돕기 위해 여러 가지로 애쓴 집단원들은 허탈감을 경험하거나 불필요한 죄의식을 갖게 되어 집단의 역동에 부정적인 영향을 미치게 된다.

의존적 자세를 보이는 집단원을 돕기 위한 방안으로는 자신의 문제를 올바르게 인식하게 하는 것이다. 의존적인 사람을 돕기 위한 출발점은 타인에게 의존함으로써 얻을 수 있었던 욕구 충족의 고리를 끊는 것이다. 이는 집단원이 의존적인 자세를 보임으로써 다른 집단원들의 주의를 집중시키거나 자신에 대한 책임을 회피할 수 있었던 강화 요인들을 원천적으로 봉쇄하는 것을 의미한다. 그렇게 함으로써 집단상담자는 그런 집단원의 무기력한 자세를 강화시키는 어떠한 요인의 출현도 막을 수 있다. 동시에 집단상담자는 그 집단원이 타인에게 의존하려는 경향성이 있다는 점을 인식시켜야 한다.

(10) 우월한 태도

집단원에 따라서는 자신이 다른 집단원들보다 우월하다는 태도를 보이며 다른 집단원들 위에 군림하려는 자세를 나타내기도 한다. 이러한 집단원은 자신의 능력이 탁월하거나 도덕적인 사람처럼 행동하면서 다른 집단원들의 행동에 대해 판단하거나 비평하며 비판적인 태도로 일관한다.

우월한 태도를 보이는 집단원은 일상생활에서도 이러한 태도로 인해 인간관계에서 문제를 경험하게 되지만 자신의 문제행동을 잘 깨닫지 못하는 경향이 있다. 이와 같은 집단원의 태도와 행동은 다른 집단원들에게 불필요한 적대감을 불러일으킴으로써 집단의 역동에 부정적인 영향을 미치게 된다. 즉, 집단원들은 우월한 태도를 보이는 집단원에게 비판받지 않기 위해 자칫 자신들의 약점이 노출될 수 있는 자기 개방을 삼가게 되면서 집단의 분위기는 그만큼 위축되는 결과를 낳게 된다.

우월한 태도를 보이는 집단원에 대한 대처 방안은 그의 느낌이나 집단을 통해 얻고자 하는 점을 탐색함으로써 그 자신은 문제가 없다는 입장을 방어적이지 않은 상태에서 스스로 점검하도록 기회를 제공하는 것이다. 그런 집단원의 부적절한 태도와 행동에 대해 비난하거나 조롱하는 반응을 보이는 것은 집단원들의 불필요한 논쟁을 야기하게 되므로 삼가는 것이 좋다. 우월한 태도를 보이는 집단원에 대해 집단상담자가 적극적인 개입을 하지 않는다면 그 집단원을 향한 다른 집단원들의 분노는 집단상담자에게 돌려질 수 있다.

(11) 소집단 형성

소집단 형성이란 비생산적인 사회화의 일종으로 집단 내에 파벌을 형성하는 것을 말한다. 즉, 일부 집단원들이 집단 내에 집단을 만들어 그들 나름의 세력을 형성하고 단합해서 다른 집단원들의 행동과 집단의 역동에 부정적인 영향을 미치는 것을 의미한다. 소집단 형성이 이루어지는 기준의 예로는 성별, 연령, 출신학교, 출신지역, 종교, 학력, 직업, 결혼유무, 사회경제적 지위, 민족, 인종 등을 들 수 있다.

집단 내에 소집단이 형성되는 것은 다음과 같은 문제점이 있다.

첫째, 일부 집단원들이 집단 밖의 모임을 계속한다면 다른 집단원들과의 친밀감에서 차이가 나게 되고, 공유된 정보의 차이로 괴리감을 조장하여 결국 집단의 응집력을 해칠 수 있다. 둘째, 집단 내에 소집단이 형성됨으로써 그 집단원들이 자신의 중요한 문제를 전체 집단 내에서 논의하기보다는 집단 밖에서 다루는 것을 선호할 수 있다는 점이다. 셋째, 집단 과정에서 같은 소집단에 속하는 집단원들은 옹호하는 반면 속하지 않는 집단원들은 의도적으로 따돌리는 문제가 발생할 수 있다는 점이다. 즉, 갈등이 생길 경우 집단 대 개인의 대결 양상으로 발전될 수 있다.

집단 밖의 사회화를 통해 집단 내에 소집단이 형성되는 것을 집단 발전의 저해 요인이 되므로 집단에서 직접적이고 개방적으로 다룰 필요가 있다. 집단 내에 소집단이 형성되는 경우 집단상담자는 집단원들에게 집단이 진정 효과적으로 기능하기를 바라고 또 발전하는 데 관심이 있는지를 확인할 필요가 있다. 집단상담자는 집단원들이 소집단 형성이 비생산적이고 집단 응집력에도 저해가 된다는 사실을 올바르게 인식할 수 있도록 도와야 한다.

(12) 지성화

집단원들 중에는 집단과정에서 감정적으로 부담이 되는 내용을 다루게 되는 경우에는 감정 노출을 꺼리고 지적인 부분만을 언급하기도 하는데 이를 지성화라고 한다. 지성화(intellectualization)란 집단원 개인의 불안, 자아에 대한 위협, 불편한 감정과 충동 따위를 억누르기 위해서 이와 관련된 감정을 직접 경험하는 대신에 'head tripping' 곧 궤변이나 분석적 사고와 같은 인지적 과정을 통해 해소하려고 노력하는 적응기제다.

지성화는 감정에 저항하는 일종의 자아방어의 형태로 일상생활 뿐만 아니라 집단 내에서도 흔히 나타나는 현상이다. 지성화를 일삼는 집단원이 집단에 포함되어 있는 경우 다음과 같은 문제점이 발생할 수 있다.

첫째, 집단의 신뢰감 형성을 가로막는다. 지성화를 일삼는 집단원은 이른바 '목석 같은 사람', '피도 눈물도 없는 사람', '기계 같은 사람', '컴퓨터 인간'으로 불릴 만큼 감정 표현을 억제하고 매사에 이성적으로 대하는 특성이 있다. 자신의 감정을 노출하기를 꺼려 함으로써 다른 집단원들에게도 영향을 주어 집단원들 간의 래포 또는 신뢰감 형성을 저해하는 결과를 초래한다. 지성화를 일삼는 집단원은 근본적으로 자신이 용납하기 어려운 충동이 표출될 것을 두려워한 나머지 여러 가지로 생각을 많이 하는 경향이 있다. 그러나 그 생각에 딸린 감정은 표현하지 않음으로써 다른 집단원들에게 무언가 숨기고 있는 듯한 인상을 준다.

둘째, 집단원들의 자기 개방을 가로막는 역할을 한다. 지성화를 일삼는 집단원은 자기 개방에도 한계가 있어 집단원들 중에서도 가장 알 수 없는 베일에 감추어진 사람으로 남게 되는 경향이 있다. 이러한 특성은 결국 집단원들에게 관찰 또는 감시당하고 있다는 인상을 주어 자기 개방을 꺼리게 하고 집단의 분위기를 경직시키게 된다.

지성화를 일삼는 집단원을 돕기 위한 방안은 그에게 자신이 말하는 내용과 관련된 감정을 인식하고 직접 경험하고 정리하여 표현할 수 있는 기회를 제공하는 것이다. 자신의 감정을 인식하고 통찰을 촉진하기 위해 역할놀이를 한다거나 집단상담자가 감정표현 방법을 직접 시범보이는 방법들이 있다. 이를 통해 자신의 감정을 습관적으로 억압하던 집단원은 자신의 내면의 신호와 감정에 관심을 갖고 인식하게 되며 그 인식된 감정을 직접 표현해 보면서 자기 자신을 이해하고 수용할 수 있게 된다.

그러나 심한 정신적 상처(trauma)나 외상으로 강렬한 감정을 쉽게 표출할 수 없고 감정에서 고립된 상태에 놓여 있는 집단원에 대해서는 우선 집단상담자가 이러한 집단원의 감정표현을 도울 수 있는 능력과 경험이 있는지를 면밀히 검토해야 한다. 섣불리 감정표현을 독려하거나 강요하기보다는 이 분야의 전문가에게 개인상담을 의뢰하는 것이 오히려 그 집단원에게 도움이 될 수 있다.

(13) 감정화

감정화(emotionalization)란 지성화와 상대되는 개념이다. 감정화를 일삼는 집단원은 인지적이고 이성적인 면은 철저히 외면하면서 마치 '감정 지상주의자'처럼 감정에만 초점을 맞추고 매사에 감정적으로 처리하여 집단의 흐름을 저해한다. 집단상담에서는 감정 탐색과 표현의 중요성을 강조한다. 사회와 달리 수용적이고 포용적인 집단의 분위기에 도취된 집단원들은 자연스럽게 자신이 감정에 관심을 갖게 되면서 그동안 억눌러 왔던 감정을 갑작스레 분출시키곤 한다. 또한 감정을 자극하는 주제, 즉 가정불화, 이혼, 실직, 질병, 상실감, 이별, 예기치 않은 부상 등에 대해 이야기하다가 감정이 격해져서 울음을 터뜨리기도 한다.

감정화를 일삼는 집단원의 문제는 슬픈 감정 자체보다 다른 집단원들에게 관심을 얻지 못하고 있다고 여기는 것이다.

감정화를 일삼는 집단원으로 인해 발생할 수 있는 또 다른 문제는 이러한 집단원에게 초점을 맞추고 관심을 집중시키느라 집단의 시간을 지나치게 소비할 수 있다는 점이다.

감정화를 일삼는 집단원을 돕기 위한 첫 번째 방안은 반드시 시간을 염두에 두고 문제의 집단원에게 어떻게 반응을 보일 것인가를 결정하는 것이다.

자신의 문제해결을 위한 노력을 기울이지 않으면서 단지 감정화를 반복해서 다른 집단원들의 동정심을 유발시키려는 집단원에 대한 다른 집단원들의 위로나 동정 또는 껴안아 주는 등의 신체적 표현은 차단시킬 필요가 있다. 자신에 대한 연민의 정으로 가득 차 있거나 다른 사람들에게 동정심을 유발시키는 것과 같은 일종의 게임을 하는 집단원을 껴안아 주거나 어루만지는 행동은 결코 치료적이지 않기 때문이다.

감정화를 일삼는 집단원을 돕기 위한 두 번째 방안은 집단원들에게 둘씩 짝을 짓게 하여 서로의 생각과 감정을 나누도록 하는 것이다. 이 때 집단상담자는 감정화를 일삼는 집단원과 짝을 지어 그가 겪고 있는 고통에 대해 탐색한다. 또 다른 방안으로는 우선 그러한 집단원의 고통을 인정해 준 다음 집단 회기를 마친 후에 좀더 이야기를 나누도록 제의하는 것이다. 그러나 감정화를 일삼는 집단원을 돕는다는 구실로 다른 집단원들이 불필요한 질문 공세를 방치해서는 안 된다.

참고 문헌

강진령(2005). 집단상담의 실제. 서울 : 학지사.

김명권, 김창대, 박애선, 전종국, 천성문 역(2001). 집단상담 과정과 실제 서울 : 시그마프레스.

김춘경, 정여주(2002). 상호작용 놀이를 통한 집단상담. 서울 : 학지사.

이장호, 김정희(1998). 집단상담의 원리와 실제. 서울 : 법문사.

장선철(2005). 특수아동상담. 서울 : 태영출판사.

장선철, 문승태(2003). 상담심리학. 서울 : 동문사.

홍경자, 김창대, 박경애, 장미경(2002). 청소년 집단상담의 운영. 서울 : 한국청소년상담원.

홍경자, 남상인(1996). 청소년 집단상담. 서울 : 청소년대화의 광장.

제 2 부

집단상담의 실제

제 6 장

초등학생을 위한 아동성장 집단상담 프로그램*

1. 아동성장 집단상담의 목표

본 프로그램은 다음과 같은 목표들을 공유한다.

① 집단에 참여하는 아동들로 하여금 긍정적인 태도와 대인관계 기술을 개발하도록 돕기

② 참가 아동들의 성격변화를 촉진하는 수단으로 집단과정을 활용하기

③ 아동들로 하여금 집단상담에서 새로 습득한 기술과 행동을 일상생활에 적용하도록 돕기

* 강진령(한국교원대학교) 교수의 아동성장 집단상담 프로그램을 요약 정리하였음.

2. 아동성장 집단상담 프로그램에 참가하는 아동들에게 예상되는 기대효과

효과적인 인간관계 기술의 향상으로써 올바른 자기이해, 자기결정, 그리고 자기지도의 능력을 함양시키는 것이다.

3. 본 프로그램의 이론적 배경

본 프로그램을 Johari의 창 개념에 적용시켜 아동 개개인의 적극적인 자기노출을 격려함으로써 그들로 하여금 타인에게는 보여지나 자기 자신은 자각하지 못하고 있는 영역(II영역, blind area), 자신은 알고 있으나 타인에게는 숨기고 있는 영역(III영역, hidden area), 그리고 자신과 타인에게 전혀 알려져 있지 않은 영역(IV영역, unknown area)은 대폭 감소시키는 반면, 자신과 타인에게 개방된 자유 영역(I영역, open area)을 점차 확대시켜 나감으로써 아동의 인간적 성장을 도모하는 것을 궁극적인 목표로 설정하고 있다.

4. 프로그램 운영방법

아동성장 집단상담 프로그램은 주로 초등학교 고학년에 속하는 아동들에게 적합하다.

1) 집단의 구성

집단상담자는 집단구성원 수가 너무 많으면 집단원 사이에 상호작용의 기회가 불충분하고, 너무 적으면 집단의 역동이 약해질 수 있다는 점을 감안해야 한다. 본 프로그램의 경우, 집단의 구성원이 아동이고 구조화 집단인 점을 고려할 때, 8명 정도의 아동으로 구성되는 것이 바람직하다. 하지만 공동상담자와 함께 운영하는 경우에는 8명 이상도 가능하지만, 집단원 수가 지나치게 많음으로써 집단의 효율성을 감소기키는 잘못을 범하지 않도록 유의한다.

2) 회기의 빈도와 지속기간

아동의 주의집중 시간은 성인에 비해 짧은 관계로 아동성장 집단상담 회기의 빈도는 성인집단에 비해 짧게 자주 만나는 것이 바람직하다. 집단이 학교에 조직되어 있다면 만나는 시간을 규칙적으로 학교시간에 맞게 조정할 수 잇다. 아동성장 집단상담이 구조화된 프로그램을 중심으로 운영되므로 참가 아동들의 활동시간을 감안하면, 1회기에 60분 내지 90분 정도로 주 2회 모임을 갖는 것이 적당하다.

3) 집단의 길이와 형태

본 프로그램의 집단의 길이는 대상이 아동인 점을 감안하여 총 8회로 구성하였다. 집단의 형태는 폐쇄집단으로 이루어지는 것이 바람직하다. 그 이유는 공개집단의 형태는 아동들로 하여금 주의를 산만하게 할 수 있어서 자칫 집단을 실패할 수 있기 때문이다. 반면, 폐쇄집단은 전형적으로 시간이 제한되어 있고, 아동들은 집단이 끝날 때까지 남아 있으므로 비교적 안정된 분위기에서 집단에 참여할 수 있게 된다.

4) 상담 장소

아동성장 집단상담을 운영하기에 적합한 장소로는 무엇보다도 집단 내에서 이루어지는 대화나 말소리가 새어나가지 않는 조용한 공간이어야 한다. 공간의 크기는 집단구성원 수에 비해 너무 넓지도 좁지도 않으면 된다. 즉, 집단원들은 모두가 편안하게 앉아서 활동을 하기에 불편함이 없는 정도의 공간이 적당하다. 학교 강당이나 야외 잔디밭도 고려할 수 있으나, 이렇게 넓은 공간은 자칫 아동들로 하여금 주의를 산만하게 하여 상담활동에 집중하지 못하게 함으로써 집단의 효과를 저하시키는 결과를 초래할 수 있다.

5. 프로그램의 실제

제 1 회 자기소개, 느낌대로 찾아가기

(1) 목적

집단의 시작 단계에서 아동 개개인으로 하여금 자신을 소개할 수 있는 기회를 제공하고, 집단원 사이에 신뢰로운 관계를 촉진시킨다. 본 활동은 또한 아동 자신의 느낌을 정확히 깨닫고, 있는 그대로 자신의 것으로 받아들이며, 솔직하게 행동으로 표현해 보는 기회를 제공하는 것을 목적으로 한다.

(2) 준비사항 : 없음.

(3) 강의

성숙한 사람은 자기 자신을 있는 그대로 정확하게 이해하고, 그런 자신을 있는 그대로 인정하고 받아들이며, 상대방의 권리를 침해하거나 불쾌하게 하지 않는 방법으로 자신의 있는 그대로의 모습을 나타낼 수 있는 사람이라고 할 수 있다. 자기 자신을 정확히 이해하기 위해서는 어떤 틀에 맞추어 자신을 이해하려는 기존의 가치에서 벗어나 자신에게 일어나는 여기-지금의 생각이나 느낌, 자신의 신체적 특징, 인간관계의 방식 등에 대해 깊이 있게 탐색할 필요가 있다. 이를 위해서는 가치 판단 없이 자신이 어떤 생각이나 느낌을 가지고 어떤 행동을 하고 있는가를 정확히 이해하면 할수록 다른 사람도 자신을 이해한 만큼 이해할 수 있다.

이렇게 알게 된 자신의 모습에 대한 만족 정도와 관계없이 자신에 대한 느낌, 생각, 행동 등을 자신의 것으로 겸허하게 받아들일 수 있는 것이 자기수용의 과정이다. 자신의 모습을 있는 그대로 수용할 수 있을 때, 자기와 비슷한 처지에 있는 다른 사람을 이해하고 수용할 수 있다. 인정하고 받아들인 자신의 모습, 그리고 자신의 느낌, 생각, 주장 등 자신이 나타내고자 하는 바를 다른 사람의 권리를 침해하지 않으며, 다른 사람을 불쾌하게 하지 않는 범위 내에서 있는 그대로 솔직하게 직접적으로 상대방에게 나타내는 노력이 필요하다. 이러한 과정을 경험한 개인은 생활에의 자발성이 확대되어 삶에 자유로움을 느끼고 자신의 에너지를 적절하고 생산적인 곳에 집중할 수 있게 하며, 자신의 잠재능력을 최대로 발휘하여 자기를 성장시킬 수 있다. 이러한 전체의 과정을 오늘의 활동을 통해 실제로 경험해 본다.

(4) 활동

모두가 일어서서 자연스럽게 아무 말 없이 집단에 참가한 사람들은 어떤 사람들인가 한 사람 한 사람 살펴본다. 둘러보다가 집단원 중에서 자신과 인상이 가장 비슷하게 느껴지는 사람이 누구인가, 자신과 닮은 점이 가장 많은 것같이 느껴지는 사람, 내면적으로 무엇인가 자신과 비슷한 점이 가장 많은 것으로 느껴지는 사람을 마음으로 선택한 다음, 조용히 그 사람에게 다가가서 짝을 이룬다. 모두가 짝을 이룬 다음, 선택한 사람은 선택받을 당시의 심정이 어땠는지, 그리고 끝까지 선택하거나 선택받지 못하고 어쩔 수 없이 짝을 이룬 사람은 순간 어떤 느낌이 들었는지, 둘이 이야기를 나눈다. 약 10분 정도 이야기를 나누고, 전체 앞에서 자기의 느낌이나 깨달은 점등을 정리하여 발표한다.

느낌이 충분히 표현되고 정리하면, 다시 일어서서 둘러본다. 집단원 중에 자신과 가장 다르다거나 낯설거나 잘 모른다고 느껴지는 사람을 선택한다. 마음 속으로 선택하는 대로 먼저 찾아가서 짝을 이룬다. 모두가 짝을 이루면 선택한 사람은 어떤 점에서 그렇게 느꼈는지 또 상대방이 자신을 선택해 찾아올 때 어떤 느낌이 들었는지, 당시 순간순간의 느낌들을 이야기하고, 서로 자신에 대한 소개를 한다. 불리고 싶은 별명도 짓고, 자신의 고향, 가정 환경, 취미, 특기, 학교에 대해 느끼는 점 등 자세히 소개하며 이야기를 나눈다. 그런 다음, 전체 앞에서 자기 짝에 대해 자세한 내용과 느낀 점들에 대해 소개한다. 짝꿍의 소개가 끝나면, 자신에 대해 잘못 소개되어 오해받을 만한 것들이 있으면 보충하고, 짝꿍이 소개할 때의 느낌은 어떠했는지도 발표한다. 한 가지 주의할 점은 집단상담자는 짝을 이룰 때, 집단원의 수가 짝수일 때는 같이 짝을 이루어 참여하고, 홀수일 경우에는 순간순간의 느낌이나 집단의 역동성이 일어날 수 있도록 촉진시켜 주는 역할을 한다.

(5) 토의 및 평가

자신이 마음에 느낀 대로 찾아갔을 때, 타인에 의해 선택될 때, 서로 소개하면서 느낀 점, 경험한 것들을 다같이 이야기하며 나눈다. 그리고 각 집단원이 돌아가면서 오늘을 활동을 통해 깨닫고 느끼고 배운 점들을 한 마디씩 발표한다. 끝으로, 집단상담자가 학습내용을 요약하고 마친다.

제 2 회 나는 누구인가

(1) 목적

본 활동은 여러 사람들과 관계를 맺고 있는 아동 자신의 모습을 이해하고, 아동 자신의 주변 사람들이 그의 삶에서 차지하는 의미를 음미해 본다는 점에 그 의의를 둘 수 있다. 가족과의 활동을 통해서 아동은 부모가 맺고 있는 인간관계를 파악함으로써 부모에 대한 이해를 높인다. 본 활동은 궁극적으로 집단활동을 통해 사람들의 다양한 인간 관계의 이해를 꾀한다.

(2) 준비사항 : 자유 기술형 문장완성 항목이 인쇄된 종이

(3) 강의

우리는 우리의 부모, 형제, 친구, 선생님 등과의 관계 속에서 서로 영향을 주고받으며 성장하고 변화한다. 주위 사람들과 어떤 관계 속에서 살아가느냐에 따라 우리의 미래가 달라질 수도 있다. 우리는 과연 어떤 관계 속에서 어떤 사람들로부터 어떤 영향을 받았을까? 그들은 우리에게 어떤 존재이며, 우리는 또한 그들에게 어떤 의미가 있는 존재일까? 만일 우리 자신에 관해 정확하게 이해할 수 있다면, 우리는 보다 바람직한 삶을 영위해 갈 수 있을 것이다. 자기 자신을 이해한다는 것은 자신의 심신의 상태, 대인관계의 질과 양, 가치관 및 이와 관련된 자신의 행동등에 관해 현실적으로 이해하는 것을 말한다. 우리는 일반적으로 "나는 누구인가" 라는 질문을 받게 되면 흔히 주저하게 된다. "나는 어떤 성격의 소유자인가?""나는 어떤 경우에 즐거워하고, 어떤 때, 슬퍼하며, 어떤 상황에 화를 내는가?" "내가 좋아하는 것은 무엇이고, 싫어하는 것은 어떤 것인가?" "나의 장래 희망은?" 등등 자신에 대한 여러 가지 사실에 대해 정확하게 이해하면 할수록, 우리는 바람직한 삶을 영위할 수 있는 토대를 구축하게 된다.

(4) 활동

집단원들에게 활동 자료를 나누어 주고, 각 문항에 대해 가능한 한 솔직하고 구체적으로 답하도록 한다.

① 내가 좋아하는 것은, ② 내가 싫어하는 것은
③ 내가 행복해지려면, ④ 내가 가장 하고 싶은 것(일)은
⑤ 내가 가장 두려워하는 것은, ⑥ 내가 가장 후회하는 일은
⑦ 나를 가장 괴롭히는 것은, ⑧ 내가 자랑할 만한 일은
⑨ 내 마음을 상하게 하는 일은, ⑩ 나를 화나게 하는 것은
⑪ 내게 가장 신나고 즐거운 일은, ⑫ 나를 슬프게 하는 일은
⑬ 내가 가장 자신 있는 것(일)은, ⑭ 나의 성격은
⑮ 나는

(5) 토의 및 평가

아동 자신에 대해 탐색하고 기록하는 과정과 기록한 내용을 집단 앞에서 발표할 때, 또 다른 집단원이 들으면서 느낀 점이나 경험한 사실에 대해 서로 토의한다. 그리고 회기 종료 전, 각 집단원으로 하여금 본 활동을 통해 새롭게 깨달았거나 배운 점이 있으면 차례로 이야기하게 한다. 끝으로 집단상담자가 요약, 정리한다.

제 3 회 신뢰감 형성하기

(1) 목적

자기 자신을 상대방에게 맡기거나 도움이 필요한 상대방을 위해 최선을 다함으로써 신뢰감을 경험하도록 하는 데 목적이 있다.

(2) 준비사항 : 손수건이나 눈가리개

(3) 강의 : 없음

(4) 활동

집단구성원 모두가 두 사람씩 짝을 짓는다. 한 사람은 안내자가 되고, 다른 한 사람은 손수건이나 눈가리개로 두 눈을 가린다. 안내자는 눈을 가린 짝의 손을 잡고 산책을 한다. 안내자는 상대방으로 하여금 시력만 제외하고는 모든 다른 감각기관을 사용해서 최대한으로 많은 경험을 할 수 있도록 해 주어야 한다. 예를 들면, 나무를 만져보게 한다거나 꽃 냄새를 맡게 하거나 물 흐르는 소리를 듣게 할 수 있다. 15분 정도 지난 다음에는 두 사람의 역할을 바꾸어서 하도록 한다.

(5) 토의 및 평가

집단구성원 모두가 두 가지의 역할을 해 본 다음에 각자 느낀 점이나 의견을 교환한다. 반드시 실내에서만 할 필요는 없고, 교실 밖의 복도나 계단, 또는 야외로 나갈 수 있으나, 절대 장난은 금하도록 하여 안전사고를 예방하여야 한다.

제 4 회 상대방의 장점 소개하기

(1) 목적

본 활동은 아동 자신의 강점을 올바르게 이해하고 인식함으로써 자기수용 능력을 증진시키고, 자신에 대해 긍정적인 느낌을 갖는 것이 다른 사람들과의 관계 개선에 적용될 수 있다는 것을 경험하도록 하는데 목적이 있다.

(2) 준비사항 : 필기도구와 종이

(3) 강의

아동 자신의 흥미, 적성, 강점 등을 올바르게 이해하고 이를 통해 자기 자신에 대해 자긍심을 갖는 것은 인간적 성장을 위해 매우 중요한 과정이라고 하겠다. 이 과정은 나아가서 이에 부합되는 방향으로 직업과 진로를 선택할 수 있게 되면서 사람은 만족스럽고 행복한 삶을 영위할 수 있다. 자기 자신에 대해 충분히 탐색해 보고 여러 가지 대안을 고려해 보면서 인생을 설계해 보는 것은 아동 자신의 삶을 보다 풍요롭게 인도하는 길잡이 역할을 하게 될 것이다.

(4) 활동 및 진행절차

먼저 2인 1조로 편성하여 아동들로 하여금 자기 자신이 잘하는 일, 자랑스럽게 생각하는 일, 그리고 성취감을 느끼는 모든 일들을 곰곰이 생각해 보도록 한다. 아동은 자신이 가지고 있는 장점과 특별한 능력, 그리고 과거의 경험에서 이루어 놓은 업적을 적어 보고, 이를 토대로 짝과 대화를 나눔으로써 자기 자신이 가지고 있는 잠재능력을 발견해 보도록 한다. 집단상담자는 아동들로 하여금 자신의 장점이나 업적을 지나치게 크고 거창한 것을 찾으려 하지 말고, 조그맣고 사소한 사건들 속에서 찾아내는 것이 중요하다는 점을 강조할 필요가 있다. 예를 들면, 믿음직한 외모, 친절하고 따스한 마음씨, 유머, 운동 실력 등 가급적 구체적으로 묘사하도록 한다. 그리고 아동은 자신의 짝의 장점과 특별한 능력 및 과거의 경험에서 이룬 업적에 대해 전체 집단구성원 앞에서 소개한다. 이 때 유의할 점은 사실적인 내용뿐만 아니라 상대와의 대화 도중 발견한 상대의 장점에 대해서도 발표내용에 포함시킨다.

(5) 토의 및 평가

상대의 장점을 발견하여 발표할 때의 느낌과 상대로부터 자신의 장점을 들었을 때의 소감을 전체 집단에서 나눈다.

제 5 회 자기노출하기

(1) 목적

자기 자신을 다른 사람에게 표출함으로써 무엇보다도 자신에 대해 다른 사람이 이해할 수 있는 기회를 주고, 그것을 통해 친밀감을 형성하여 좋은 친구를 만날 수 있게 한다. 뿐만 아니라 내면적으로 품고 살았던 긴장감이 불안감을 방출하게 되는 한편, 내적 자유를 누릴 수 있게 된다. 이는 참된 자기와의 만남을 경험하는 기회가 되고, 심리적인 갈등으로부터 자유로워질 수 있게 된다. 본 활동을 통해 아동들은 자기표출 이외에도 상대방을 이해한다는 것이 얼마나 어려운 일이고, 특히, 낯선 사람에게 자신의 사적인 내용을 토로한다는 것이 얼마나 큰 용기를 필요로 하는가를 이해한다는 점을 강조한다.

(2) 준비사항 : 종이와 필기도구

(3) 강의

우리는 매일의 인간관계 속에서 참된 자기의 모습을 보여 주지 않고 피상적인 인간관계만 유지하다 보면 아무리 많은 세월을 같은 공간에서 함께 생활하였다 할지라도 자신을 다른 사람에게 알릴 기회가 없다. 그러므로 자기의 경험한 바와 느끼고 생각하는 바를 남에게 공개할 때에 의미있는 인간관계가 형성될 수 있다. 자기노출을 통해 우리는 상대방으로 하여금 자신을 이해하고 좋아하게 하는 기회를 제공한다. 상호 신뢰와 사랑의 관계는 자기노출을 통해 이루어진다.

또한 지금까지 나 혼자만이 느껴왔던 갈등이나 불안을 허심탄회하게 누군가에게 토로함으로써 정서적으로 내면의 자유를 느낄 수 있다. 이는 자기이해와 성장의 좋은 경험이기도 하다.

자기 자신을 드러내 보일 때 주의할 점은 위선적이고 가식적인 모습이 아니라 진실한 자신의 모습이어야 한다는 점이고, 조금씩 개방하는 것이 안전하다는 사실이다. 완전한 자기노출은 상대방에게 신뢰감을 느낄 때에만 가능하다. 여러 사람이 모인 집단 속에서 자기 사생활에 대해 어느 정도의 심각한 내용을 공개해야 할지는 각자의 마음 속에서 결정하는 것이 바람직하다. 처음 알게 된 사람에게 자신의 내면적 비밀을 송두리째 털어놓았을 때, 상대방이 진지하게 들어주고, 이해와 격려를 보내 온다면, 진솔하고도 참 만남의 계기가 될 수 있다. 하지만 용기를 내서 자기 자신에 대해서 노출을 했으나 수용하지 못하면 오히려 자기노출을 하지 않는 것만 못하다. 그러므로 집단상담자는 아동 개개인으로 하여금 용기를 내어 극적인 수확을 거두는 모형을 시도해 보도록 격려할 필요가 있으나, 후회할까

봐 두려운 아동은 자기노출을 점진적으로 시도해도 좋다는 점을 인정해야 한다.

(4) 활동 또는 진행절차

1 활동 1

2인 1조가 되어 최근에 자신에게 일어난 중대한 경험에 대해 약 20분 정도 이야기를 나누도록 한다. 그리고 나서 전체 집단 앞에서 자기 짝의 이야기를 서로 바꾸어 대신 발표해 주도록 한 뒤에, 그 문제를 놓고 다른 구성원들이 상호 피드백을 보내도록 한다. 이 때 집단상담자는 상대방의 이야기를 듣는 자세로서 구성원이 진지하고 이해적, 공감적인 태도를 취하도록 지시하며, 아동 각자에 대한 사적인 정보를 집단 외부에 알리지 않도록 주지시킨다.

2 활동 2

집단상담자는 전체 구성원에게 종이를 나누어 주고 자신의 고민거리를 익명으로 적도록 한다. 고민거리를 다 적은 아동들은 종이를 동일한 크기로 접은 다음, 제출한다. 집단상담자는 한데 모은 종이를 잘 섞어서 집단 한가운데에 놓아둔다. 아동 개개인은 그 종이를 한 장씩 집어서 집단 내에서 발표하도록 한다. 아동은 고민거리를 읽을 때에 그 고민이 마치 자신의 일처럼 상상하면서 발표하도록 한다. 발표가 끝난 다음에는 다른 구성원들로부터 그 문제에 대한 질문을 받는다. 이 때에는 마치 자기가 그 일을 경험한 것처럼 질문에 대답하고 상호작용한다.

(5) 토의 및 평가

활동 1과 활동 2를 통해 경험한 바에 대한 소감을 나눈다.

제 6 회 가치관 명료화

(1) 목적

아동 개개인이 중요하게 여기는 가치관을 순서대로 정리해 봄으로써 자신의 가치관을 보다 분명하게 인식하도록 돕기 위한 활동이다. 본 활동은 아동 자신이 평소에 중요하게 여기는 가치가 무엇인가를 확인하여 일상생활에서 자신에게 적합한 삶을 선택, 결정하는 힘을 갖출 수 있도록 준비시켜주는 데에 목적이 있다.

(2) 준비사항 : 가치관 명료화 용지와 필기도구

(3) 강의

우리는 매일매일 자신의 생활방식과 행동을 스스로 결정하면서 살아간다. 그런데 우리는 무의식적으로 선택한 어떤 행동이나 생활양식이 평소에 자기 자신이 가지고 있는 가치관이나 인생관과 잘 부합되지 않을 때는 의문과 가치 혼돈과 갈등의 감정을 겪게 된다. 그러나 자기 자신이 무엇을 좋아하고 어떻게 살기를 원하는가에 대해 명확히 인식하고 있는 사람은 특별한 곤란이나 갈등을 느끼지 않는다. 따라서 자기에 대한 충분한 이해를 갖고 중대한 시기에 자신에게 적합한 방향을 선택할 수 있는 힘, 또는 자기결정 능력을 배양할 필요가 있다.

(4) 활동 또는 진행절차

Rokeach의 가치관 검사의 항목들을 제시하여 아동들로 하여금 가장 중요한 것에서부터 중요도에 따라 등위를 매겨 나가도록 한다. 가장 높은 순위가 매겨진 것 몇 개를 골라 그 항목의 선택 이유를 밝히고 다른 아동들과 비교하여 자신의 가치가 어떠한가를 명확히 알도록 한다.

① 다음 중 되고 싶은 사람의 순서대로 번호를 기입한다.

________ 커다란 꿈과 희망을 가지고 열심히 일하는 사람
________ 마음이 넓고 숨김이 없는 사람
________ 능력 있고 쓸모 있는 사람
________ 쾌활하고 명랑한 사람
________ 깨끗하고 단정한 사람
________ 자신이 믿는 바를 밀고 나가는 용기를 가진 사람
________ 남의 잘못을 용서할 수 있는 너그러운 사람
________ 남을 도와 주려고 애쓰는 사람
________ 정직하고 성실한 사람
________ 상상력이 풍부하고 창의성이 있는 사람
________ 자주적인 사람
________ 지적인 사람
________ 사리를 분별할 수 있는 사람
________ 남을 사랑할 수 있는 사람
________ 순종적인 사람
________ 예의바른 사람
________ 책임감이 있는 사람
________ 자신을 스스로 다스릴 수 있는 사람

② 다음 중 소원이 성취되기를 바라는 항목의 순서대로 번호를 매긴다.

________ 1억원을 받는다.
________ 85세까지 행복하고 건강한 인생을 산다.
________ 앞으로 50년동안 세계에서 전쟁이 없어진다.

_______ 범죄가 점점 줄어들어 2050년에는 완전히 없어진다.
_______ 지금 당장 공해와 오염이 없는 세계가 된다.
_______ 내가 원하는 직업을 갖게 되고, 그 직업에서 성공하고 유명하게 된다.
_______ 모든 종류의 암, 심장병과 같은 질병의 치료 방법을 발견한다.
_______ 지금 상태로 우리의 인생이 영원히 지속된다.
_______ 나만이 간직한 소원이 이루어진다.

(5) 토의 및 평가

집단상담자는 위의 항목과 관련된 아동의 가치관을 쉬운 말로 풀어서 설명해 줄 필요가 있다. 만일 "내가 원하는 친구와 함께 살고 싶다"의 항목에 1번을 기입한 아동에 대해서는 "영희는 친한 친구와 함께 지내는 것을 가장 소중한 일로 선택했구나"라는 말로 반영한다. 그리고 집단원 사이에 가치관이 어떻게 다른가에 대한 소감을 나눈다.

제 7 회 나의 인생 계획

(1) 목적

아동 자신의 가치관에 입각하여 앞으로 자신의 인생에서 성취하려는 목표와 그 목표를 달성하기 위해 취해야 할 행동을 계획하여 설정해 봄으로써 자신의 가치관을 행동화할 수 있도록 조력하는 데 그 목적이 있다.

(2) 준비사항 : 인생 계획표, 필기도구

(3) 강의

우리는 우리 자신의 흥미, 적성, 강점과 약점, 인생경험, 가치관 등을 올바르게 이해하고 그에 부합되는 방향으로 진로를 선택한다면, 스스로에 대해 만족스럽고 행복한 삶을 영위할 수 있는 가능성이 그만큼 높아진다고 하겠다. 이러한 프로그램을 통해 자기 자신에 대한 통찰을 얻고, 인생 설계의 기회를 미리 가져보는 것은 자신 있게 삶의 토대를 구축해 나갈 수 있게 한다.

(4) 활동 또는 진행절차

아동으로 하여금 현재, 5년 후, 10년 후, 20년 후, 30년 후, 그리고 65세 이후로 구분하여 그 때쯤이면 자신은 무엇을 하고 있을 것인가? 자신의 미래에 무엇을 성취하고자 하는가? 그리고 그 때쯤이면 뭘 하기를 원하는가에 대해 조용히 생각하면서 인생계획표를 작성하도록 한다. 아동은 자신의 인생계획표를 작성한 다음, 집단 내에서 돌아가면서 발표하도록 한다.

집단지도자는 사전에 목표설정 범위를 교육에 관한 것, 진로에 관한 것, 사회적 측면, 개인적인 것, 신체적 측면, 여가생활 등을 고려해서 정할 수 있다는 것을 주지시킨다.

예 시

단 계	소망 / 꿈
5년 후 10년 후 20년 후 30년 후 65세 이후	

(5) 토의 및 평가

아동 자신의 인생 설계 내용과 구성원들의 발표 내용을 비교해 보면서 느낀 소감을 나눈다.

제 8 회 인정자극 나누기, 마무리 피드백 주기

(1) 목적

사람을 인정하는 방법은 언어적인 방법뿐만 아니라 비언어적인 방법을 통해서도 이루어진다. 본 활동은 아동 개개인에 대한 다른 사람의 인정과 수용을 인정자극과 같은 비언어적인 방법을 통해 경험할 수 있는 기회를 제공함에 목적이 있다.

(2) 준비사항 : 없음

(3) 강의

집단원 개개인마다 인정하고 수용한다는 비언어적인 표현은 집단을 종결하는 최종 단계에서의 일종의 절정 경험의 기회를 마련한다. 그리고 나서 지금까지의 집단 경험을 토대로 그 동안 자기 자신을 정리해 보고 다른 집단원들과 진지한 우정과 제언을 주고받는 시간이므로 될 수 있으면 솔직한 피드백을 제공함으로써 타인에게 비춰진 자신의 모습은 어떠한지, 자기가 갖고 있는 장점과 단점이 무엇인지를 발견하여 더 나은 '나'로서의 발전을 꾀하도록 돕는다. 또한 다른 구성원들에게 관심을 가지고 그들의 성장을 도와 주기 위해 솔직한 느낌과 건설적인 제언을 주고받도록 한다.

(4) 활동

집단상담자를 포함한 모든 구성원은 둥그렇게 선다. 집단에 참여하고 있는 아동들 중 한 사람이 그 원의 한가운데 눈을 감고 선다. 집단원들은 원 가운데 눈을 감고 서 있는 사람에게 한 사람씩 다가가서 말을 사용하지 않고 그를 인정하고 수용한다는 뜻으로 긍정적인 감정을 비언어적인 방법으로 표현한다. 즉, 등을 어루만져 주거나 꼭 껴안아 주는 등 아동 각자의 긍정적인 느낌을 잘 표현할 수 있는 방법을 사용하도록 한다. 여기서 주의할 점이라면, 아동들로 하여금 시종일관 진지하게 행동하도록 강조하고, 지나치게 방어적인 태도를 갖지 않도록 하면서 지나칠 정도의 신체적 접촉은 피하도록 해야 한다.

활동이 모두 끝나면, 집단상담자는 아동들로 하여금 집단상담을 통해 경험한 점에 대해 정리하여 발표하게 하고, 서로에게 피드백을 제공하는 활동을 통해 마무리 작업을 한다. 최종적으로, 집단상담자는 아동 개개인에게 제공하는 최종적 피드백은 지금까지 열심히 참여해 준 아동들에 대해 감사와 격려, 그리고 그 동안의 노고에 대한 찬사의 뜻이 포함된 긍정적인 것이어야 한다.

(5) 토의 및 평가

집단원들이 한 번씩 원 가운데 서서 긍정적인 인정자극을 받은 다음에는 이 경험에 대해 다음과 같은 점들을 중심으로 의견을 나누도록 한다.

① 다른 아동들로부터 수용과 인정을 받은 느낌이 어떠한가? ② 원의 한가운데 서 있었을 때의 기분은 어떠했는가? ③ 특정한 비언어적인 자극에 대해 왜 그렇게 반응했는가? ④ 자기 자신에 대해 무엇을 배웠는가? ⑤ 다른 아동에게 그렇게 많은 수용과 인정을 베푼 느낌이 어떠한가? ⑥ 각자의 반응은 어떠했는가? ⑦ 사람마다 다른 인정자극을 준 이

유는 무엇인가? 그리고 ⑧ 본 활동을 통해 얻은 점이 있다면, 그것은 무엇인가에 대해 논의한다.

6. 논의 및 결론

아동 대상의 성장 집단상담은 예방적이면서도 문제해결적인 목적으로 사용된다. 아동성장 집단상담 프로그램은 지극히 정상적인 아동들에서부터 발달과정에 있어서 흔히 발생할 수 있는 행동상의 문제들을 지닌 아동들, 즉 지나치게 수줍어하거나 소심한 아동들에서부터 다툼을 일삼거나 또래들과 잘 어울려 놀지 못하는 아동들까지 권장할 만하다. 특히, 소집단의 경우, 아동들로 하여금 자신의 행동과 이와 관련된 문제들에 대한 감정을 표현할 수 있는 기회를 제공한다는 점에서 매우 효과적이라고 할 수 있다. 어떤 의미에서는 심각한 정서문제와 행동상의 문제들이 심화되고 있는 아동들을 찾아내는 것만으로도 이러한 활동의 중요성을 인식할 수 있겠다. 이는 문제의 소지가 있는 아동이 심리적인 문제에 대해 조기에 전문적인 도움을 받는다면, 그들이 곧 직면하게 될 발달과업들을 효과적으로 대처해 나갈 수 있는 가능성이 그만큼 높아진다는 점에서 그 중요성을 인식할 수 있다.

제 7 장

청소년을 위한 자기존중감 집단상담 프로그램*

1. 자기존중감 증진프로그램 지침서

제 1 회기 : 들어가기

1) 프로그램의 소개

(1) 프로그램의 목표

개인에게 있는 무한한 잠재능력을 이끌어 내는 것이 교육의 중대한 역할

* 김옥엽(전북청소년상담실) 박사학위논문에서 발췌하였음.

이라고 볼 때 하워드 가드너가 주장하는 다중지능 가운데 개인내지능(intrapersonal intelligence)과 대인간지능(interpersonal intelligence)을 개발하여 자기존중감 증진을 목표로 한다.

목표를 구체적으로 서술하면 다음과 같다.

1 자기긍정(Self-Affirmation)

자기를 사랑할 수 있는 능력으로 당황하거나 부끄러움없이 자신감을 가질 수 있도록 한다.

2 자기결정(Self-Determination)

자기가 가치가 있다고 생각하는 방향으로 일생을 이끌어갈 수 있는 능력으로 다른 사람에게 말해 주기를 기다리거나 자신의 과거와 현재를 다른 사람 탓으로 돌리거나 환경의 탓으로 돌리지 않고 자기선택의 결과였음을 받아들이게 한다.

3 자기동기(Self-Motivation)

스스로 결정한 일을 용기 있게 추진하는 능력으로 다른 사람이 무슨 일인가 하게 만들어 주기를 기다리지 말고 자신이 하고 싶어서 하게 한다.

4 타인에 대한 이해의 증진(Increasing Empathetic Regard for Other)

상대방의 입장에서 이해할 수 있는 능력이며 그와 더불어 느낄 수 있는 능력이다.

(2) 프로그램의 내용

본 프로그램에서는 자기긍정, 자기결정, 자기동기, 다른 사람에 대한 이해의 증진이라는 목표를 달성할 수 있도록 6회 동안 다음과 같은 내용으로 운영된다.

건강한 사람들이 깨닫지 못하고 있는 올바르게 키워져 나가야 할 개인지능, 즉 개인내지능과 대인간지능을 14가지 하위 영역을 구성하고 구조적으로 잘 짜여진 내용에 따라 훈련된 상담자에 의해 효과적으로 운영되는 작은 집단(10~15명)의 교육상담 프로그램이다.

개인내지능이란 자기 자신에 대한 객관적 이해 및 지식과 그에 기초하여 잘 행동할 수 있는 능력을 의미한다. 이 지능에는 자기 자신에 대한 장점과 단점, 내면의 의도, 기분, 동기, 욕구 등에 대한 이해, 자기통제, 자기관리, 자존감을 유지하려는 의지와 능력이 포함된다.

대인간지능에는 타인의 기분, 의도, 동기, 감정을 지각하고 구분하는 능력, 즉 상대방에 대한 민감성으로 단서를 읽고 구분할 수 있는 능력과 단서들에 대해 효과적으로 잘 대응하여 사람들의 생각이나 행동에 영향을 주는 능력이 포함된다.

매회 중요한 개념을 간단한 강의, 각자의 경험 나누기, 적용을 위한 작업, 프로그램에 참여하고 느낀 점 나누기, 새롭게 배운 점 나누기, 다음 시간 예시로 운영된다.

즉, 이 프로그램을 통해서 자기 자신을 이해하고 자신을 있는 모습 그대로 깊이 있게 사랑하며 자기긍정, 자기결정, 자기동기를 가지고 행동하며 타인에 대한 이해가 향상되어 자기존중감 증진에 도움을 받게 될 것이다.

(3) 프로그램의 구성

제 1회기 들어가기	
자기이해(self-understanding)	집단원과 친밀감을 형성하고 신뢰감을 느끼며 자신을 긍정적으로 이해한다.
프로그램 소개 (20분)	프로그램의 목표 프로그램의 내용 프로그램의 구성

자기소개(60분)	자기소개 / 자기소개를 듣고 느낀 점 나누기 프로그램에 대한 기대 / 다른 사람의 기대를 듣고 느낀 점 나누기 프로그램에서 집단 규칙 소개
휴식시간(10분)	
특별한 경험나누기(40분)	특별하고 즐거웠던 경험 다른 사람의 경험을 듣고 느낀 점 나누기
정리(20분)	이번 시간을 마치며 새롭게 배운 점 나누기 다음 시간의 예시

제 2회기 자기긍정	자신을 사랑하고 당황하거나 부끄러움 없이 자신감을 갖는다.(Self-Affimation)
지난 주 모임회상(20분)	자신에게 공감이 갔던 지난 주의 이야기를 회상하고 그 사람과 자리 바꾸어 앉기
귀뚜라미 이야기(40분)	귀뚜라미 이야기를 듣고 느낀 점 나누기
휴식시간(10분)	
나를 탐색하기(50분)	자기가 좋아하는 것 찾아서 적고 이야기 나누기 자기가 잘하는 것, 찾아서 적고 이야기 나누기 잘하는 것과 좋아하는 것에 대한 이해
좋은 경험느끼기(50분)	가장 좋았던 경험(peak experience)느끼기, 절정의 순간(high movement)을 느끼기
정리(20분)	이번 시간을 마치며 새롭게 느낀 점, 새롭게 배운 점, 다음 시간의 예시

제 3회기 자기결정	자기가 가치 있다고 생각하는 방향으로 일생을 이끌어 갈(Self-Determination) 수 있는 능력으로 다른 사람이 말해 주기를 기다리거나 자신의 과거나 현재를 다른 사람의 탓으로 돌리지 않고 긍정적인 선택을 한다.
지난 주 모임회상(20분)	지난 주 생활에서 갈등을 일으켜 그 상황에서 선택을 이야기하고 그 경험을 같이 느껴본다.
자기탐색2(50분)	나는 어떤 생각을 갖고 있고 어떻게 행동할까요? 같은 유형끼리 모여 장점 찾아서 벽보 만들기
휴식시간(10분)	
자기 선택(40분)	가치관 경매 후 느낌 나누기
기쁨 나누기 게임(10분)	기쁨 나누기 게임 1, 2, 3
정리(20분)	이 시간에 느낀 점, 새롭게 배운 점, 다음 시간의 예시

제 4회기	자기동기 스스로 결정한 일을 용기있게 추진할 수 있는 능력으로 다른 사람이 끌어(Self-Motivation)주기를 기다리거나 무슨 일을 하도록 만들어 주기를 바라지 않고 보상받기를 원하지 않는다.
지난주 모임회상(20분)	지난 주 일상생활에서 의미있거나 새롭게 느낀 점을 이야기하고 느낌 나누기
좋은 경험으로 바꾸기(40분)	가슴 아픈 경험, 상처받은 경험을 좋은 경험으로 바꾸기 0세~7세 사이 : 8세~12세 사이 : 13세~15세 사이 : 16세~18세 사이 :
휴식(10분)	타임머신을 타고 미래 세계로 가요. 오늘의 나의 모습 쓰고 소개하기 일주일 후의 나의 모습 쓰고 소개하기 한 달 후의 나의 모습 쓰고 소개하기
목표 세우기(50분)	1년 후의 나의 모습 쓰고 소개하기 5년 후의 나의 모습 쓰고 소개하기 10년 후의 나의 모습 쓰고 소개하기 30년 후의 나의 모습 쓰고 소개하기 50년 후의 나의 모습 쓰고 소개하기
편지 쓰기(10분)	내가 죽었을 때 내 아들이 나를 기억해 주는 글을 쓰고 발표하기
정리(20분)	이 시간 느낌 나누기, 새롭게 배운 점 나누기, 다음 시간의 예시

제 5회기 타인에 대한 이해의 증진(Increasing Empathetic Regard for Others)	상대방의 모습을 있는 그대로 수용하며 같은 점에 일체감을 느끼며 차이에 대해서는 신선한 아름다움을 상대방과 더불어 느낄 수 있는 능력을 증진한다.
지난 주 모임회상(20분)	지난 주 생활에서 자신이 찾은 기쁨을 소개하고 느낌 나누기
장점 찾기(40분)	장점 찾아주기
휴식시간(10분)	
같음과 차이의 이해(50분)	나에게 긍정적인 영향을 준 사람과 나의 같은 점과 차이점, 나에게 불쾌감을 준 사람의 나와 같은 점과 차이점, 가족과 나의 같은점과 차이점 이해하기
시감상(20분)	시(이제보니) 읽고 느낌 나누기
정리(20분)	이 시간 느낌 나누기, 새롭게 배운점 나누기, 다음 시간의 예시

제 6회기 통합 및 정리	자기긍정, 자기결정, 자기동기, 타인에 대한 이해의 증진을 통합하고 정리한다.
인사나누기(10분)	6번째 만남에 대한 인사나누기 이번 시간의 목표
우선순위 정하기(30분)	지난주 일상생활 내린 선택 1가지를 소개하고 우선순위 정하기 우선순위 정하기 게임
좋은 경험 만들기(20분)	기쁨 나누기 게임 4 (그룹작업)
휴식시간(10분)	
자기관리(50분)	명상을 통한 자기긍정 긍정적 사고를 통한 자기암시법 활용하기 렌즈활용법 소개 손가락으로 사람 들어올리기 게임 자신의 목표에 대한 명상문 만들기
시감상(10분)	생각의 느낌, 마음의 평화시 감상하고 느낌 나누기 발표하기
정리(20분)	집단에서 새롭게 배운 점 나누기, 작별의 인사나누기

2) 자기 소개 및 프로그램의 기대 나누기

(1) 두 사람씩 짝이 되어 별칭짓고 소개하기

자기소개의 과정을 통해서 집단원 사이에 Rapport가 형성되어 친밀감을 느끼면 신뢰감이 생긴다.

① 별칭( )

② 자기가 좋아하는 것 3가지( )

③ 자기가 소중하게 여기는 것 3가지( )

④ 자기가 갖고 싶은 것 3가지( )

⑤ 이번 프로그램에서 얻고 싶은 것( )

(2) 짝에 대한 기록

① 별칭(   )
② 자기가 좋아하는 것 3가지(   )
③ 자기가 소중하게 여기는 것 3가지(   )
④ 자기가 갖고 싶은 것 3가지(   )
⑤ 이번 프로그램에서 얻고 싶은 것(   )

(3) 전체적으로 소개하기

① 전체적으로 소개할 때의 느낌(   )
② 전체적으로 소개받을 때의 느낌(   )

3) 집단프로그램 참여하면서 지켜야 할 규칙

① 비밀을 지킬 권리
② 통과할 권리
③ 잘 들어주기
④ 언어적・비언어적 긍정적으로 반응하기
⑤ 솔직하고 진지한 마음으로 참여하고 표현하기
⑥ 지각 및 결석에 대한 사전 연락 등 기타 논의

4) 특별하고 즐거웠던 경험 회상하고 나누기

(1) 오관을 통해 느끼는 기쁨 상기하기

조용히 눈을 감고 우리의 오관을 통해 경험되는 좋은 일들 사소하지만 기쁨을 느끼게 해 주는 일들을 상기한다. 이 때 상담자는 사소한 일을 회상하는 실마리로 다음과 같은 문구를 얘기하고 참가자들이 자연스럽게 떠오르는 일을 적고 말하도록 이끌어간다.

① 좋아하는 꽃 냄새
② 힘들게 학교 수업을 마치고 돌아갔을 때 반겨주는 엄마의 미소
③ 실수했을 때 감싸주고 용기를 주는 아버지의 너그러운 눈빛
④ 혀 끝에 녹는 아이스크림의 맛
⑤ 더위를 식혀주는 살랑이는 솔바람
⑥ 맑고 깨끗한 옹달샘 물
⑦ 청아한 새소리
⑧ 살아서 움직이는 생명체라는 존재의 기쁨
⑨ 기쁨도 아픔도 느낄 수 있는 살아있다는 생의 기쁨

(2) 느낀 경험 적고 발표하기

자신의 삶에서 인식할 수 있는 기쁨, 만족, 성취감과 자기 긍정은 직접적으로 관련된 것이므로 가능한 한 긍정적인 경험을 자기 이해와 동일시해 보도록 한다. 만족, 성취감, 기쁨 등의 개념은 개인에 따라 다르기 때문에 모두가 공감할 수는 없으나 중요한 핵심은 어떤 경험을 했느냐가 아니라 그 경험을 통해서 어떻게 기쁨, 성취감을 느끼느냐 하는 점이다.

(3) 다른 사람의 경험을 들으며 새롭게 배운 점 나누기

다른 사람의 경험을 통한 긍정적인 느낌을 들으며 자신은 같은 경험을 부정적으로 인식하거나 느끼는 점을 새로운 관점으로 이해하도록 돕는다.

5) 정 리

(1) 이번 시간을 마치며 프로그램에서 새롭게 배운 점 나누기

집단과정의 방법은 다음과 같은 기준에 맞추어 참가자들이 스스로 만족, 성취, 성공을 인식하게 하는 것이 바람직하다.

① 나는 내가 하는 일이 중요하다고 느꼈다.
② 나는 새로운 경험을 시도하고 싶다.
③ 나는 오늘 과정을 즐겼다.
④ 나는 그 일에 사랑과 애정을 두었다.
⑤ 나는 그 일을 하는 기술과 방법을 알았다.
⑥ 나는 내가 무엇을 어떻게 할 것인가 자유로이 선택했다.
⑦ 나는 새로운 점을 배웠다.
⑧ 나는 내가 한일에 대해 존경과 인정을 받았다.
⑨ 나는 심리적인 안정감을 얻었다.
⑩ 나는 다른 사람에게 인정을 받았다.
⑪ 나는 다른 사람에게 사랑과 애정을 받았다.
⑫ 나는 창의적이었다.
⑬ 나는 내가 하는 일의 중요성을 알았다.

(2) 다음 시간의 예시

다음 주 과제는 자신을 사랑하기이므로 모일 때까지 자신을 사랑하는 일 한두 가지를 적어오게 한다.

상담자가 유의할 점은 첫 번째 모임이 과업중심적으로 흐르는 느낌을 주지 않도록 이야기 나눌 때 강요하지 않는 자세가 필요하며, 끝맺으면서 오늘 모임에서 나눈 이야기를 밖에까지 끌고나가지 않도록 하는 것이 중요하다.

제2회기 : 자기긍정

(1) 지난 주 모임 회상 적고 발표하기

① 자기에게 공감이 갔던 지난 주 이야기를 발표하고 그 사람과 자리를 바꾸어 앉아 본다.

② 지난 주 동안 자기 사랑하기 과제를 어떻게 실천했는지 이야기 나누어 본다. 이 과정을 통해서 자신이 어떤 일들에 더 공감을 느끼고 있는지 그 경험을 자신이 어떻게 긍정적으로 수용하는지 알게 한다.

(2) 이번 시간 목표

자신을 사랑하고 당황하거나 부끄러움 없이 자신감을 갖는다.

(3) 귀뚜라미 이야기 동화듣고 느낀 점 말하기

[1] 귀뚜라미 이야기

돌이네 마을 뒤 나지막한 야산 뒤로 햇님이 뉘엿뉘엿 넘어가고 있었습니다. 야산 밑 풀숲에 사는 꼬마 귀뚜라미가 막 잠에서 깨어나 기분 좋게 기지개를 폈습니다. 하늘엔 어느 덧 저녁노을이 찾아오는 것이 보였습니다.

"어쩜 저렇게 예쁘고 고울 수가 있을까……"

꼬마 귀뚜라미는 하늘을 아름답게 수놓고 있는 노을의 치마를 보며 이렇게 생각했습니다. 노을이 사과빛 웃음을 머금고 꼬마 귀뚜라미에게 다가왔습니다.

"안녕! 귀뚜라미야, 아주 귀여운 꼬마로구나."

"노을 아가씨의 치마는 너무 멋져요. 아가씨는 그렇게 아름다운 치마를 갖고 있으니 참 행복하겠어요. 나도 그런 치마가 있었으면……"

그러나 노을은 고개를 가로 저으며 다정한 목소리로 이렇게 말했습니다.

"호호호, 아니야. 너는 새 옷을 입고 있잖아. 그리고 넌 또 아름다운 노래를 부를 수 있으니 얼마나 기쁘겠어. 내일 만나면 너의 노래를 들려주렴."

그리고 노을은 꼬마 귀뚜라미를 남겨 두고 훌쩍 떠나갔습니다.

"그렇지 않아. 내 옷 색깔은 칙칙하고, 노래는 부를 줄도 몰라. 노을 아가씨는 괜히 자기를 뽐내려고 그래."

귀뚜라미는 은근히 심술이 나서 풀잎에서 펄쩍 뛰어내렸습니다. 그 때 사르르 어둠이 다가왔습니다. 그러나 꼬마 귀뚜라미는 시무룩해져서 어둠을 못 본체 했습니다.

"잘 있었니? 꼬마야."

어둠이 꼬마 귀뚜라미에게 속삭였으나 꼬마 귀뚜라미는 얼굴을 찡그리며 말했습니다.

"싫어요. 난 어둠 할아버지가 싫어요. 할아버지는 노을 아가씨처럼 이쁘지 않아요. 난 할아버지의 까만 얼굴이 보기 싫어요."

"하하하. 이 할아버지가 그렇게 싫어?"

어둠은 크게 웃었다. 웃으면 웃을수록 어둠의 얼굴은 더욱 검어졌습니다. 이제 저녁이 지나고 깜깜한 밤이 되었습니다. 어느 새 달님이 떠올라 풀숲에 달빛이 피어올랐습니다. 밤하늘엔 수많은 별님도 얼굴을 내밀고 총총히 빛났습니다. 그러나 꼬마 귀뚜라미는 여전히 시무룩해 있었습니다.

"꼬마야, 그건 네가 몰라서 하는 소리야. 이 할아버지가 이 숲 속에 찾아오니까 저렇게 달도 뜨고 별도 빛나지. 그리고 저 앞집 돌이도 잠을 자고, 들꽃들도 잠을 자고 쉴 수 있잖아. 그건 다 내 덕분이지."

어둠이 꼬마 귀뚜라미에게 이렇게 이야기하자, 꼬마 귀뚜라미는 더욱 마음이 아팠습니다.

"그래요. 노을 아가씨는 아름다운 치마를 갖고 있고, 할아버지는 그렇게 훌륭한 일을 하시는데 전 뭐예요. 난 아무 것도 못하는 못난이야……"

"아니다. 그렇지 않아. 넌 아직 세상에 나온지 얼마 되지 않아 잘 모르는 거야. 너는 너 나름대로 훌륭한 일을 할 수 있어. 넌 아주 귀엽고 사랑스런 귀뚜라미야."

어둠은 꼬마 귀뚜라미를 좀더 꼭 껴안아 주며 위로해 주었습니다.

"넌 대신에 훌륭한 넓이뛰기 선수가 될 수 있어. 그리고 너의 배를 뒷다리로 긁어보렴. 그러면 아주 고운 노래를 부를 수 있어. 어서 해봐."

고개를 파묻고 슬픔에 젖어있던 꼬마 귀뚜라미는 마지못해 어둠이 시키는대로 하기 시작했습니다. 그러자 놀라운 일이 생겼습니다. 꼬마 귀뚜라미 배에서 고요하고 달콤한 소리가 나기 시작한 것입니다. 처음에 놀랐던 꼬마 귀뚜라미가 차츰 신이 나서 더욱 힘있게 노래를 불렀고, 그 노랫소리는 풀숲 사이로 낭랑하게 퍼져 나갔습니다.

"귀뚤 귀뚤 귀뚤 귀뚤 또르르 또르르르……"

"그것 봐. 너도 아주 훌륭한 노래를 부를 수 있어. 너의 노래소리에 풀꽃들은 일어나 기분좋은 명상에 잠기고, 나무들을 쑥쑥 자라난단다. 그리고 저 반딧불들도 너의 노래 가락에 맞춰 더 아름다운 춤을 출 수 있지."

어둠은 흡족한 웃음을 지으며 꼬마 귀뚜라미에게 이렇게 말했습니다. 꼬마 귀뚜라미는 아주 기뻤습니다. 자기도 이렇게 아름다운 노래를 부를 수 있고 그 노래 소리에 어둠도, 풀꽃들도, 반딧불도, 달님 별님들도 다 좋아하고 즐거워한다는 것을 깨닫자 정말 행복했습니다.

"내일 노을 아가씨가 찾아오면 내 노래를 들려줘야지. 참 기뻐할거야."

꼬마 귀뚜라미는 이렇게 결심하며 열심히 노래를 불렀습니다. 꼬마 귀뚜라미의 사랑스러운 노래소리가 울려퍼지는 돌이네 마을은 무척 아름답고 평화스러웠습니다.

2 느낌 나누기

이 때 이야기 요약이나 교훈적으로 흐르지 않고 동화를 통해서 받은 느낌을 표현하도록 이끈다.

(4) 나를 탐색하기

[1] 자기가 좋아하는 것 찾아서 적어 보기

①	⑥
②	⑦
③	⑧
④	⑨
⑤	⑩

[2] 자기가 잘하는 것 찾아서 적어 보기

①	⑥
②	⑦
③	⑧
④	⑨
⑤	⑩

[3] 좋아하는 것과 잘하는 것 이야기하고 느낀 점 적어 보기

좋아하는 것과 잘하는 것이 어떻게 다른지, 어떻게 같은지 알게 한다. 청소년들은 흔히 좋아하는 것(흥미)과 잘하는 것(적성)을 혼돈하는 경향이 있으므로 좋아하는 것과 잘 하는 것을 알게 함으로서 자기를 바르게 긍정하는 기회를 경험하게 한다.

[4] 다른 사람의 잘하는 것과 좋아하는 것 듣고 느낀 점 나누기

다른 사람의 잘 하는 것과 좋아하는 것을 들으며 자신이 잘 하는 것임에도 미처 생각이 나지 못한 것을 깨닫기도 하고 자신이 한 이야기가 다른

사람에게 어떤 형태로 어떤 느낌으로 전달되는지를 체험하게 하고 어떤 방법으로 표현하는 것이 효과적일 수 있는지 시도하도록 격려한다.

5 좋은 경험 느끼기

가장 좋았던 경험(peak experience)이 뜻하는 내용을 인생에 있어서의 가장 긍정적인 절정의 순간들(high moments) 중 하나의 경험이다. 사람들은 이러한 경험에 초점을 맞출 때 지난날의 성장하고 변화해 온 과정을 보게 되고 따라서 스스로에 대한 긍정적인 감정이 생겨 건전한 자기 긍정에 접근하게 된다.

(5) 이번 시간을 마치며

1 새롭게 느낀 점

오늘 모임에서 기억해 두고 싶은 이야기를 하게 한다.

2 다음 모임에 대한 예시

일주일 동안

① 내가 하는 일이 중요하다고 느끼기

② 내가 새로운 경험 시도해 보기

③ 내가 하는 일을 즐기기

④ 내가 새로운 것을 배우기

⑤ 내가 오늘 무엇을 하고 어떻게 할 것인지 자유롭게 내가 정해 보기를 상담자 참여자에게 부담을 느끼지 않으면서도 자신의 행동에 주체가 자신이며 자신의 선택임을 느껴보도록 설명한다.

제3회기 : 자기결정

(1) 지난 주 모임 회상

지난 주 생활에서 선택했던 행동을 이야기하고 분석해 본다.

상황 :

자신의 기대, 바램 :

선택한 행동 :

기대나 방법은 실현가능한 일인가?

선택한 행동은 자신에게 유익했는가?

선택한 행동은 상대방에게 도움이 되는가?

'이제 이번 시간은 자신과 상대방에게 도움이 되는 행동을 선택해 보자'로 이끌어 간다.

(2) 이번 시간 목표

자기가 가치있다고 생각하는 방향으로 인생을 이끌어갈 수 있는 능력으로 다른 사람이 말해 주기를 기대하거나 자신의 과거나 현재를 다른 사람 탓으로 돌리지 않고 긍정적인 선택을 한다.

(3) 나는 어떤 생각을 갖고 어떻게 행동할까요?

순	내 용	그렇다	아니다
1	나는 중요한 결정을 할 때 체계적으로 한다.		
2	나는 중요한 결정을 해야 할 때 누군가 올바른 방향으로 이끌어 주었으면 한다.		
3	나는 내자신의 즉각적인 판단에 따라 매우 독창적으로 결정한다.		
4	나는 대체로 현재보다는 미래의 내 입장에 맞춰서 일을 결정한다.		

순	내 용	그렇다	아니다
5	나는 여러 가지 정보를 수집하지 않은 상태에서는 중요한 결정을 하지 않는다.		
6	나는 왜 그렇게 결정했는지 잘 모르지만 결과가 올바른 결정을 잘 한다.		
7	나는 어떤 결정을 할 때 그것이 나중에 미칠 결과까지 생각하고 결정한다.		
8	나는 어떤 결정을 할 때 친구의 생각을 중요시한다.		
9	나는 부모님의 도움 없이는 중요한 결정을 하기가 힘들다.		
10	나는 중요한 결정이라도 매우 빨리 한다.		
11	나는 어떤 결정을 할 때 나 자신의 감정에 따라한다.		
12	내가 좋아서 결정하기보다는 남의 의견에 따라 결정한다.		
13	충분한 시간을 두고 생각한 후 결정한다.		
14	어떤 일을 점검해 보거나 알아보지도 않고 결정할 때가 있다.		
15	친구와 상의해 보지 않고는 결정을 내리지 않는다.		
16	결정하는 것이 어려워 연기하거나 미루는 일이 많다.		
17	중요한 결정을 할 때 충분한 시간을 갖고 계획을 세우며 실천할 일들을 골똘히 생각한다.		
18	나는 결정에 앞서 충분한 시간을 갖고 계획을 세우며 실천할 일들을 골똘히 생각한다.		
19	나는 진지하게 생각하고 결정하기보다는 마음 속에 갑자기 어떤 생각이 떠오르는 대로 결정한다.		
20	중요한 일을 할 때 미리 세밀한 계획을 세운다.		
21	다른 사람들이 격려하고 지지해 줄 때 그 일을 결정한다.		
22	어떤 일을 결정한 후에도 마음에 들지 안 들지 상상해 본다.		
23	나는 평판이 좋지 않을 것 같은 일을 결정하는 것은 의미가 없다고 생각한다.		
24	내가 내리는 결정에 굳이 합리적인 이유를 따질 필요가 없다고 생각한다.		
25	나는 참으로 올바른 결정을 하고 싶기 때문에 성급하게 결정하지 않는다.		
26	내 결정에 감정적으로 만족스러우면 옳은 결정이라고 생각한다.		

순	내 용	그렇다	아니다
27	나는 훌륭한 결정을 내릴 자신이 없어 다른 사람의 의견을 듣는다.		
28	내가 내린 결정 하나하나가 최종 목표를 향해 발전해 가는 단계라고 생각한다.		
29	친구가 내 결정을 지지해 주지 않으면 자신이 없어진다.		
30	어떤 결정을 하기 전에 그 결정이 가져올 결과를 가능한 한 많이 알고 싶다.		

합리(1, 5, 7, 13, 17, 20, 22, 25, 28, 30)

직관(3, 4, 6, 10, 11, 14, 18, 19, 24, 26)

의존(2, 8, 9, 12, 15, 16, 21, 23, 27, 29)

나의 유형은(　　　　형)

(4) 같은 유형끼리 모여서 잘하는 점에 대해 이야기를 나누고 벽보를 만들기

준비물 : 모조지, 크레파스

상담자 주의해야 할 점 : 장점과 강점을 찾아 이야기할 때 이것이 뽐내거나 거만스럽게 보일까봐 불편감을 느낄 수 있으므로 강점을 찾는 목표를 잘 설명해 주고 보통 사람들은 약점을 찾는 것에 더 익숙한 경향이 있으므로 잘 이끄는 지혜를 설명해야 한다.

(5) 가치관 경매

이 과정의 목적은 개인이 중요하게 여기는 가치를 명료하게 시험해 보는 것이다. 우리는 모두 가치관을 가지고 있다. 쉽게 말하면 우리가 가치 있다고 느끼는 물건이나 성격적인 특성을 가치관이라고 할 수 있다. 우리가 가진 가치관은 일상생활에서 선택과 행동을 결정하는 요소이다.

우리나라 풍습으로는 경매놀이가 익숙하지 않으므로 방법을 잘 설명해 주어야 한다. 먼저 원하는 가치관을 첨가시키고 모든 가치관을 벽에 붙이고 모두에게 돈을 300만원(100만원 1장, 50만원 2장, 10만원 10장)씩 나누어 주고 사고 싶은 것을 위해 예산을 세우게 한다. 경매에 붙여진 가치관을 팔 때 그 가치관이 재미있고 명료하게 들어나도록 설명을 붙인다.

예 : 자 모두 부자되세요. 일생을 보장하는 경제적인 안정을 팔겠습니다. 10만원부터 시작합니다.

· 일생을 보장하는 경제적인 안정
· 행복한 가족관계
· 용기
· 병이 없는 건강한 삶
· 해외여행
· 민주화
· 정직한 사람
· 친구로부터의 사랑과 존경
· 만족스러운 종교관
· 완전하게 정비된 개인도서관
· 긍정적으로 인생을 바라볼 수 있는 자신감
· 세계에서 가장 매력적인 사람이라는 인정
· 문화적인 행사나 운동경기에 자유로이 참석할 수 있는 자격(티켓)
· 운동선수로서 금메달 획득
· 자선사업을 하는 것
· 대통령이 되는 것
· 가수
· 통일
· 탈랜트
· 시장

경매가 끝난 후 산 물건에 대한 느낌 나누기

(6) 기쁨 나누기 게임

① 은영이는 태어날 때 어머니를 잃고 아버지와 살았습니다. 그런데 13세가 되던 어느 날 불의의 교통사고로 아버지를 잃었습니다. 은영이가 찾은 기쁨은 무엇이었을까요?

부모, 형제는 자신의 선택으로 결정할 수 있는 문제가 아니다. 즉 부모도, 형제도 선택할 수 없는 영역이므로 받아들이는 수용의 자세가 필요하다. "하느님! 감사합니다. 이렇게 좋은 아버지와 13년간이나 같이 살게 해 주셔서!"

② 9살 영희 생일날 지팡이를 선물받았습니다. 어떤 기쁨을 가졌을까요?

"감사합니다. 지팡이가 필요하지 않을 만큼 건강하고 튼튼한 두 다리를 가지고 있어서."

③ 처음으로 서울 외삼촌댁에 혼자서 가게 되었습니다. 터미널에 마중나오기로 약속한 외삼촌께서 나오시지 않으셨습니다. 회사에 전화를 걸어보니 급한 회사일로 회의 중이어서 연락이 안 됩니다. 그래서 혼자서 외삼촌댁을 찾아가야 합니다. 어떤 기쁨을 가졌을까요?

"모험심, 자립심, 위기는 기회다."

(7) 정리

[1] 새롭게 배운 점

매주 반복되는 형식이므로 자칫 타성에 빠지거나 성의 없이 진행되지 않도록 카운슬러는 자기결정과 관련된 반응에도 섬세한 피드백을 주어 진지해지도록 노력해야 한다.

[2] 다음 시간의 예시

일주일 동안 하루에 한 번씩 누가 말하기 전에 스스로 남을 돕는 일을 하거나 칭찬받기를 기대하지 말고 도울 기회가 주어진 것을 감사해 하기를 실천해 보자.

제4회기 : 자기동기

(1) 지난 주 모임 회상

지난 주 일상생활에서 의미 있거나 새롭게 느낀 점 이야기하고 나누기

(2) 이번 시간 목표

스스로 결정한 일을 용기있게 추진할 수 있는 능력으로 다른 사람이 끌어 주기를 기다리거나 무슨 일을 하도록 만들어 주기를 바라지 않고 보상받기를 원하지 않는다.

(3) 좋은 경험으로 바꾸기(Reframe)

[1] 가슴아픈 경험, 상처받은 경험을 좋은 경험으로 바꾸기

· 0세~7세 사이 :

경험을 적어 보게 하고 그 경험이 준 교훈이나 그 경험 후 자신에게 긍정적인 영향을 준 점을 찾는다.

· 8세～12세 사이 :

예 : 엄마는 나만 미워했다. 동생과 문제가 있으면 네가 언니니까 양보하라고 했고 다 큰 것이 동생도 이해 못한다고 나무래셨으며, 오빠와 문제가 있을 때는 작은 것이 윗 사람을 이기려고 대드는 못된 아이라고 나만 야단쳤다.

바꾸기 : 나를 인정하고 양보하기를 기대하셨다.

· 13세～15세 사이 :

· 16세～18세 사이 :

[2] 좋은 경험으로 바꾸고 난 후 느낌 나누기

합리적 사고, 기대, 기준으로 바라보기(합리적 자기대화하기)
논리성, 현실성, 실용성, 융통성→적절한 정서, 적응적 행동

[3] 생각 전환하기

아픈 경험이나 상처가 없었으면 더 좋았겠지만 아픈 경험도 자신의 일부이며 아픈 경험이나 상처를 억압하거나 미워하지 않고 내가 사랑해야 할 안쓰럽고 불쌍한 자신의 그림자임을 알게 한다.

(4) 목표 세우기

자신의 삶에 대한 조망능력을 갖게 하고자 함이 목적이다.

[1] 타임머신을 타고 미래세계로 가요.

· 오늘의 나의 모습 쓰기

· 일주일 후의 나의 모습 쓰기

· 한 달 후의 나의 모습 쓰기

· 1년 후의 나의 모습 쓰기

· 5년 후의 나의 모습 쓰기

· 10년 후의 나의 모습 쓰기

· 30년 후의 나의 모습 쓰기

· 50년 후의 나의 모습 쓰기

2 70살이 되어 내가 죽었을 때 내 아들이 나를 기억해 주는 글 쓰기

저의 어머니는 1980년 4월 30일에 태어나셔서 2080년 4월 30일에 돌아가셨습니다. 저의 어머니는 가정을 가장 소중하게 여기셨으며……

③ 느낌 나누기

자신의 생을 미리 바라보고 난 느낌을 나누어 본다.

자신의 강점을 인정하고 긴 안목으로 자신의 인생설계를 해본 느낌을 나누어 본다.

(5) 정리

① 새롭게 배운 점

참가자들 스스로 정리해 보는 기회를 준다. 자신에 대한 새로운 사실, 새로운 인식 등 자신의 마음의 움직임을 찾아보도록 돕는다.

② 다음 시간의 예시

다음 일주일 생활 속에서 자신과 같은 점이 있어서 느끼는 긍정적인 면과 자신과 다르기 때문에 느끼는 신선함, 색다른 특이한 점을 찾으며 생활해 본다.

제5회기 : 타인에 대한 이해의 증진

(1) 지난 주 회상하기

지난 주 생활에서 자신이 찾은 기쁨을 소개하고 느낌 나누기

집단 과정을 통해서 개인이 가지고 있는 강점과 건전한 가치관을 발견하고 키우는데 목적이 있음을 기억하면서 성실하게 피드백을 주고받도록 이끌어야 한다.

(2) 이번 시간 목표

상대방의 모습을 있는 그대로 수용하며 같은 점에 일체감을 느끼며 차이에 대해서는 신선한 아름다움을 상대방과 더불어 느낄 수 있는 능력을 증진한다.

(3) 강점 찾아주기

자신에게는 약점이라고 느끼던 점이 타인의 눈에는 강점으로 비쳐지는 것을 느끼도록 돕는다.

1 적어 보고 읽어 주기

이 름	강 점

2 느낌 나누기

자신의 느낌과 다른 사람에게 비쳐진 자신의 모습을 검토하면서 느낌을 말하도록 한다.

(4) 같음과 차이의 이해

1 차이에 대한 설명

그림을 보여주고 어떻게 보이는지 이야기를 나누어 본다.

네 눈에는 ○○○으로 보이는 구나

내 눈에는 △△△으로 보이는데……

우리 사이에는 서로 다른 눈을 가졌구나(시각)
서로 다른 생각을 가졌구나(사고)

2 나에게 긍정적인 영향을 준 사람과 나의 같은 점과 차이점 찾기

	같은 점	
	차이점	

3 나에게 불쾌감을 준 사람의 나와 같은 점과 차이점 찾기

	같은 점	
	차이점	

4 가족과 나의 같은 점과 다른 점 찾기

	같은 점	
	차이점	

	같은 점	
	차이점	

5 느낌 나누기

같음과 차이가 주는 느낌을 나누도록 한다.

(5) 시감상

시를 읽고 느낌 나누기 : 자유스럽게 자신의 느낌을 말한다.

그러나, 이제보니…

내 마음이 메마를 때면 나는 늘 남을 보았습니다. 남이 나를 메마르게 하는 줄 알았기 때문입니다. 그러나 이제보니 내가 메마르고 차가운 것은 남 때문이 아니라 내 속에 사랑이 없었기 때문입니다.

내 마음이 불안할 때면 나는 늘 남을 보았습니다. 남이 나를 불안하게 하는 줄 알았기 때문입니다. 그러나 이제보니 내가 불안하고 답답한 것은 남 때문이 아니라 내 속에 사랑이 없었기 때문입니다.

내 마음이 외로울 때면 나는 늘 남을 보았습니다. 남이 나를 버리는 줄 알았기 때문입니다. 그러나 이제보니 내가 외롭고 허전한 것은 남 때문이 아니라 내 속에 사랑이 없었기 때문입니다.

내 마음에 불평이 쌓일 때면 나는 늘 남을 보았습니다. 남이 나를 불만스럽게 하는 줄 알았기 때문입니다. 그러나 이제보니 나에게 쌓이는 불평과 불만은 남 때문이 아니라 내 속에 사랑이 없었기 때문입니다.

내 마음에 기쁨이 없을 때면 나는 늘 남을 보았습니다. 남이 내 기쁨을 빼앗아 가는 줄 알았기 때문입니다. 그러나 이제보니 나에게 기쁨과 평화가 없는 것은 남 때문이 아니라 내 속에 사랑이 없었기 때문입니다.

내 마음에 희망이 사라질 때면 나는 늘 남을 보았습니다. 남이 나를 낙심시키는 줄 알았기 때문입니다. 그러나 이제보니 내가 낙심하고 좌절하는 것은 남 때문이 아니라 내 속에 사랑이 없었기 때문입니다.

—월간 "좋은생각" 발췌

(6) 정리

1 새롭게 배운 점 나누기

Group dynamics을 통해 새롭게 얻은 점을 이야기 나누도록 이끈다.

2 다음 시간의 예시

마지막 모임 전의 일주일 동안 나를 이해하고 타인을 이해하는 가장 중요한 것(같음, 차이)을 알고 체험해 보기

제6회기 : 통합 및 정리

(1) 인사 나누기

마지막 시간을 맞이하는 인사를 나누어 본다.

(2) 이번 시간의 목표

자기이해, 자기긍정, 자기결정, 타인에 대한 이해의 증진을 통합하고 정리한다.

(3) 우선순위 정하기

1 우선순위 정하기 게임

어느 한가로운 농촌 마을에 저녁이 되어 집집마다 저녁짓는 연기가 솔솔 올라오고 있었습니다. 나그네는 가까운 어느 집에 들러 길을 물을 생각으로 집주인 아주머니를 찾아보니, 마침 그 아주머니가 아무 일도 하지 않고 서 있는 지라 반가운 마음에 이야기를 걸었습니다. 그러나 놀랍게도 아주머니는 아주 화난 음성으로 말했습니다.

"이봐요, 나그네 양반. 지금 나는 정신이 없어요. 밤이 되어 깜깜해지고, 밥은 타고 국은 끓어 넘치고, 안방의 아기는 젖달라고 울고, 길손은 길을 묻고, 화장실에는 가야겠고, 마당에 고추를 널어 놓았는데, 비는 오려고 하고, 머리는 간지럽고, 신발은 벗겨지려고 하니 도대체 난 무엇부터 해야 합니까?"

위의 상황에서 여러분은 어떤 활동들을 우선적으로 하겠습니까? 그 활동들을 순서대로 왼쪽칸에 적어 보고 그렇게 정한 이유를 오른쪽 칸에 생각나는대로 써 보세요.

활동순위	그 이유

2 지난 주 일상생활에서 내린 선택 2가지를 소개하고 우선순위 정하기

긴급한 것을 먼저 했는지, 소중한 것을 먼저 했는지 분석하고 긴급한 것을 먼저 하는 사람은 바쁘게 살지만 자신의 소중함을 잃고 살므로 소중한 것을 먼저 하는 선택을 하도록 돕는다.

(4) 기쁨나누기 게임 4

1000원으로 남을 도울 수 있는 일 찾아보기(그룹작업)
그룹작업 후 발표하고 느낌 나누기

(5) 자기관리

1 명상을 통한 자기 긍정

뇌의 활동을 활발하게 하여 정신에너지를 활용하고 기억력을 증진시키는 방법으로 명상이 큰 비중을 차지한다.

명상이란 흔히 선 요가의 수행법을 전부로 생각하지만 틀에 박힌 것도 아니고 머리를 깨끗이 비우는 등의 어려운 것만은 아니다. 기분이 좋다고 느끼는 자체로 하나의 명상이며 좋은 사람 생각에 젖거나 아름다운 경치를 보거나 아름다운 음악이나 그림을 감상하고 산새소리, 시냇물소리, 바람 부는 소리를 조용히 듣는 일도 명상의 하나이다. α(알파)파를 발산하도록 자극하는 대상이라면 모두 명상의 자료가 된다. 누구에게나 생각만해도 기분좋은 어떤 대상을 머리에 떠올리는 것을 명상이라 해도 무방하다.

명상의 목적은 뇌파를 α파로 만드는 데 있다. α파가 많아지면 뇌내 모르핀이 나온다. 뇌내 모르핀을 증진시켜 뇌세포를 지키고 튼튼하게 유지하는 방법 중의 하나가 하루 5,000보에서 13,000보를 걷는 것이다. 걸으면서 장래의 계획을 상상해 보거나 5년 후, 10년 후의 자기 모습을 떠올려 보고

몰두한다. 몰두한다는 것은 우뇌가 그만큼 바쁘게 활동한다는 의미이며 α 파는 우뇌에서 나오므로 우뇌를 활동시키려면 좌뇌를 진정시킬 필요가 있다. 좌뇌를 진정시키는 가장 효과적인 방법이 바로 걷는 운동이다.

가만히 앉아서 하는 명상이 좋다고 하지만 수련이 될 때까지는 오히려 잡념이 많이 생기므로 걸으면서 좋은 일을 생각하는 습관을 일상화하면 α 파가 나오고 뇌의 정신에너지는 보다 적극적으로 활용된다.

뇌는 신경세포로 가득 차 전기회로처럼 얽히고 설켜 세포와 세포를 연결하는 전선같은 돌기가 뻗쳐 있어 뇌의 명령을 전달한다고 알고 있으나 호르몬이 없으면 아무런 활동도 할 수 없다. 신경세포와 신경세포 사이의 틈새를 연결하여 정보를 전달하는 호르몬의 역할은 생각하고, 행동하고, 느끼는 전달자의 역할이다.

이러한 뇌내 호르몬 중에서도 뇌내 모르핀, 그중에서도 가장 강력한 β (베타)엔돌핀이 뇌 안에 분비되면 면역력이 높아지고 기억력의 강화, 인내력 향상 등 사고의 영역에 효능이 있다고 미국 체스터대학의 신경생리학 교수 데이비드 펠톤의「뇌와 면역력에 관한」논문에서 밝히고 있다.

－春山茂雄,「뇌내혁명」에서 인용함

2 긍정적인 사고를 통한 자기암시법 활용하기

잠재의식은 만능기계이다. 그러나 그것은 제멋대로 움직이지 않는다. 움직이는 것은 현재의식이다. 잠재의식을 배라고 한다면 의식하는 마음이 선장이다. 수십만톤의 배도 선장의 지시하나로 방향을 바꾼다.

긍정적이고 희망에 찬 의식을 가지면 긍정적으로 실현되고, 나는 되는 것이 없어 하면 부정적으로 되는 것이 없다.

잠재의식은 풍부한 토양과 같으며 의식하는 마음은 씨앗과 같다. 좋은 씨앗에는 좋은 열매가, 나쁜 씨앗에는 나쁜 열매가 열린다. 종자가 잠재의식에 넘어가면 파종이 되고 싹이 트고 성장한다. 종자가 싹을 틔우기 위해서는 햇빛이 필요하고 햇빛은 신념에 해당한다. 제초작업도 필요하다. 안 된다라는 마음이 들 때 그것을 잘라내는 결단이 필요하다. 긍정적 생각을 가지고 확신하며 반복해야 한다. 비관적인 생각이 들 때는 과감히 잘라내야 한다. 파종에는 적절한 시기가 있듯, 잠재의식에 생각이라는 씨앗을 뿌리기 가장 좋을 때는 잠자리에 들기 전 의식적으로 근육이 느슨하게 이완되었을 때 아침에 일어나 눈을 떴지만 의식이 불분명한 때가 적합하다.

—大島淳一, 5분 명상에서 인용함

③ 렌즈 활용법

- 평면렌즈법 : 빛이 통과한다.
- 오목렌즈법 : 빛이 통과하여 흩어진다.
- 볼록렌즈법 : 빛이 통과하여 모아진다.

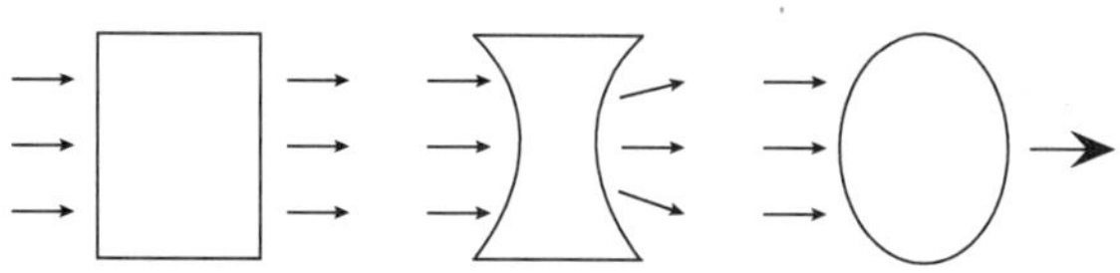

시간정신 에너지를 활용하는 법을 설명한다.
시간정신 에너지를 모아서 시너지효과를 창출해서 사용하자.

④ 손가락으로 사람들어 올리기 게임

시간과 정신에너지를 모아서 의자에 앉은 사람을 4명의 손가락을 모아서 들어 올려 본 후 느낌 나누기

⑤ 자신의 목표에 대한 명상문 만들기

학습의욕이 좋아지는 묵상

나는 나의 잠재의식이 기억의 보고인 것을 깨달았습니다.

내가 읽거나 선생님이 가르쳐 주신 지식은 모두 기억해 두겠습니다.

나는 완전한 기억을 가지고 있습니다.

그리고 잠재의식 속의 무한한 지성은 필기시험이든, 구두시험이건 어떤 시험에서도 내가 알고 있지 않으면 안 되는 것을 나에게 가르쳐 줍니다.

나는 모든 선생님 그리고 학급의 학우에게도 사랑과 선의를 베풉니다.

나는 마음으로부터 그들에게 성공과 좋은 일이 있도록 기도 드립니다.

제목 : ______________________________   자신이 가지고 있는 희망을 적어 본다.

(6) 시감상하고 느낌 나누기

느낌을 서로 나누어 본다.

생각의 기쁨 · 마음의 평화

예전에는 몰랐지만 시간이 지날수록 제 삶이 아름답다는 것을 알았습니다.

사노라니 몸이 힘들고 마음에 아픔도 많지만

그 때마다 용서하고 사랑해 주는 당신이 있어

제 삶이 아름답다는 것을 이제는 알게 되었습니다.

예전에는 몰랐지만 시간이 지날수록 제 인생길이 순탄하다는 것을 알았습니다.

사노라니 가시밭길 많지만
그 때마다 내 삶의 길섶에서 따뜻하게 손잡아주는 당신이 있기에
제 인생길이 순탄하다는 것을 알게 되었습니다.

예전에는 몰랐지만 시간이 지날수록 저의 이름이 귀하다는 것을 알았습니다.
사노라니 실패와 유혹 많지만
그 때마다 주저앉지 않고 도전하도록 부드러운 힘을 주는 당신이 있기에
제 이름이 귀하다는 것을 알게 되었습니다.

예전에는 몰랐지만 시간이 지날수록 저의 모습이 건강하다는 것을 알았습니다.
사노라니 눈물 흘릴 때 있지만
그 때마다 눈물 그치고 열심히 살아가게 다정한 마음 나누는 당신이 있기에
제 모습이 건강하다는 것을 알게 되었습니다.

예전에는 몰랐지만 시간이 지날수록 제가 바른 사람이라는 것을 알았습니다.
사노라니 나쁜 생각할 때 있지만
그 때마다 후회하고 내마음 밭에 좋은 생각의 터를 넓혀 주는 당신이 있기에
제가 바른 사람이 되었다는 것을 알게 되었습니다.

(7) 정리

1 집단에서 새롭게 배운 점

자신에게 약점이라고 느꼈던 점이 타인에게는 강점으로 활용되고 있으며 자신에게 불만이라고 생각했던 점들이 타인에게는 행복으로 체험되고 있음을 알게 한다.

2 작별의 인사 나누기

집단상담자는 매주의 모임이 끝날 때마다 스스로의 전문적인 발전을 위

하여 아래와 같은 점에 대해서 생각해 볼 필요가 있다.

① 이번의 집단과정에서 다루어진 내용 그 자체에 나는 얼마나 깊이 관여했는가? 지나치게 참가자들의 상호작용(interaction)에만 집착하지는 않았는가?

② 이번의 집단과정에서 나는 얼마나 적극적이었는가? 나 자신의 개인적인 감정이나 요구에 치우쳐서 집단 전체의 흐름에 어떤 방해는 되지 않았는가?

③ 나는 집단참가자들과 대화하는데 어려움은 느끼지 않았는가? 특별한 어떤 개인과의 갈등은 없었는가?

④ 나는 참가자들 각자가 가지고 잇는 독특한 성격이나 취향 또는 가치관을 있는 그대로 받아들였는가? 나는 개인이 가지고 있는 독특성과 존엄성을 근본적으로 인정하고 있는가?

⑤ 나는 집단과정이 서서히 성숙해 간다는 사실을 인정하고 있는가? 너무 조급하게 서두르면서 이 과정을 진행시키려는 무의식적인 의도는 없었는가?

⑥ 나는 이 집단과정에서 일어나는 긴장감을 불안하지 않은 마음으로 경험할 수 있었는가? 개인의 행동이 변화하려 할 때 생기는 위협하는 듯한 느낌이나 긴장감을 이해하고 있는가?

⑦ 나는 이 집단과정에서 참가자들 각자가 집단운영에 대해 그들 나름대로의 책임감을 느낄 수 있도록 힘썼는가? 그래서 집단과정은 상담자 혼자의 힘에 의해서만 운영되는 것이 아님을 인식시킬 수 있었는가?

이러한 상담자 자신을 위한 자문자답식의 훈련은 부담스럽게 느껴지지만, 매주의 모임마다의 기록을 정리할 때 참고로 하면 많은 도움이 된다.

평가 설문

우리는 자기발견을 통한 자기존중감 증진 집단프로그램을 마쳤습니다. 그동안 시간을 내고 열심히 참석하느라 수고 많으셨습니다. 이 프로그램의 내용과 진행에 대하여 평가하여 더 개선하고자 합니다. 다음을 읽고 비교적 간결하게 답해 주셨으면 합니다.

(1) 자신의 참 모습을 발견하는데 가장 도움이 된 점은 무엇이었습니까?

(2) 자신을 이해하고 단점을 사랑하는 과정에서 가장 어려운 점은 무엇이었습니까?

(3) 타인에 대한 이해를 돕기 위해 집단에서 가장 좋았던 점은 무엇이었습니까?

(4) 이 집단프로그램의 장점은 무엇이라고 생각합니까?

(5) 더 나은 프로그램이 되기 위해 개선되어야 할 점은 무엇입니까?

(6) 더 나은 프로그램이 되기 위해 어떤 점이 삭제(생략) 또는 보완되어야 합니까?

(7) 프로그램 참여 전 자신에 대해서 가졌던 감정과 생각과 행동과 프로그램을 마친 현재 자신에 대해 갖는 감정과 생각과 행동을 비교해 볼 때

(조금이라도) 변화가 있다면 무엇입니까?

〈프로그램 참여 전 자신에 대한〉

감정 :
생각 :
행동 :

〈프로그램 참여 후 자신에 대한〉

감정 :
생각 :
행동 :

2. 자기존중감 증진프로그램 워크북

제1회기 : 들어가기

1) 프로그램의 소개

(1) 프로그램의 목표

개인에게 있는 무한한 잠재능력을 이끌어 내는 것이 교육의 중대한 역할이라고 볼 때 하워드 가드너가 주장하는 다중지능 가운데 개인내지능(intrapersonal intelligence)과 대인간지능(interpersonal intelligence)을 육성하여 자기발견을 통한 자기증진을 프로그램의 목표로 한다.

목표를 구체적으로 서술하면 다음과 같다.

[1] 자기긍정(Self-Affirmation)

자기를 사랑할 수 있는 능력으로 당황하거나 부끄러움없이 자신감을 가질 수 있도록 한다.

[2] 자기결정(Self-Determination)

자기가 가치가 있다고 생각하는 방향으로 일생을 이끌어갈 수 있는 능력으로 다른 사람에게 말해주기를 기다리거나 자신의 과거와 현재를 다른 사람 탓으로 돌리거나 환경의 탓으로 돌리지 않고 자기선택의 결과였음을 받아들이게 한다.

[3] 자기동기(Self-Motivation)

스스로 결정한 일을 용기있게 추진하는 능력으로 다른 사람이 무슨 일인가 하게 만들어 주기를 기다리지 말고 스스로 하게 한다.

[4] 타인에 대한 이해의 증진(Increasing Empathetic Regard for Other)

상대방의 입장에서 이해할 수 있는 능력이며 그와 더불어 느낄 수 있는 능력이다.

(2) 프로그램의 내용

본 프로그램에서는 자기긍정, 자기결정, 자기동기, 다른 사람에 대한 이해의 증진이라는 목표를 달성할 수 있도록 6회 동안 다음과 같은 내용으로 운영된다.

건강한 사람들이 깨닫지 못하고 있는 올바르게 키워져 나가야 할 개인지능, 즉 개인내지능과 대인간지능을 14가지 하위 영역을 구성하고 구조적으로 잘 짜여진 내용에 따라 훈련된 상담자에 의해 효과적으로 운영되는 작은 집단(10~15명)의 교육상담 프로그램이다.

개인내지능이란 자기 자신에 대한 객관적 이해 및 지식과 그에 기초하여 잘 행동할 수 있는 능력을 의미한다. 이 지능에는 자기 자신에 대한 장점과 단점, 내면의 의도, 기분, 동기, 욕구 등에 대한 이해, 자기통제, 자기관리, 자존감을 유지하려는 의지와 능력이 포함된다.

대인간지능에는 타인의 기분, 의도, 동기, 감정을 지각하고 구분하는 능력, 즉 상대방에 대한 민감성으로 단서를 읽고 구분할 수 있는 능력과 단서들에 대해 효과적으로 잘 대응하여 사람들의 생각이나 행동에 영향을 주는 능력이 포함된다.

매회 중요한 개념을 간단한 강의, 각자의 경험 나누기, 적용을 위한 작업, 프로그램에 참여하고 느낀 점 나누기, 새롭게 배운 점 나누기, 다음 시간 예시로 운영된다.

즉 이 프로그램을 통해서 자기 자신을 이해하고 자신을 있는 모습 그대로 깊이 있게 사랑하며 자기긍정, 자기결정, 자기동기를 가지고 행동하며 타인에 대한 이해가 향상되어 자기존중감 증진에 도움을 받게 될 것이다.

2) 자기소개 및 프로그램의 기대 나누기

(1) 두 사람씩 짝이 되어 별칭짓고 소개하기

① 별칭(   )
② 자기가 좋아하는 것 3가지(   )
③ 자기가 소중하게 여기는 것 3가지(   )
④ 자기가 갖고 싶은 것 3가지(   )
⑤ 이번 프로그램에서 얻고 싶은 것(   )

(2) 짝에 대한 기록

① 별칭(   )
② 자기가 좋아하는 것 3가지(   )
③ 자기가 소중하게 여기는 것 3가지(   )
④ 자기가 갖고 싶은 것 3가지(   )
⑤ 이번 프로그램에서 얻고 싶은 것(   )

(3) 전체적으로 소개하기

① 전체적으로 소개할 때의 느낌(   )
② 전체적으로 소개받을 때의 느낌(   )

3) 집단프로그램 참여하면서 우리가 지켜야 할 규칙

4) 특별하고 즐거웠던 경험 회상하고 나누기

(1) 조용히 눈을 감고 우리의 오관을 통해 경험되는 좋은 일들 사소하지만 기쁨을 느끼게 해 주는 일들을 상기한다.

(2) 느낀 경험 적고 발표하기

(3) 다른 사람의 경험을 들으며 느낀 점 나누기

5) 정 리

(1) 이번 시간을 마치며 프로그램에서 새롭게 배운 점 나누기

(2) 다음 시간의 예시

제2회기 : 자기긍정

(1) 지난 주 모임을 회상하여 적고 발표하기

자기에게 공감이 갔던 지난 주 이야기를 발표하고 그 사람과 자리 바꾸어 앉아 본다.

(2) 이번 시간 목표

자신을 사랑하고 당황하거나 부끄러움 없이 자신감을 갖는다.

(3) 귀뚜라미 이야기 동화 듣고 느낀 점 말하기

1 귀뚜라미 이야기

돌이네 마을 뒤 나지막한 야산 뒤로 햇님이 뉘엿뉘엿 넘어가고 있었습니다. 야산 밑 풀숲에 사는 꼬마 귀뚜라미가 막 잠에서 깨어나 기분 좋게 기지개를 폈습니다. 하늘엔 어느 덧 저녁노을이 찾아오는 것이 보였습니다.

"어쩜 저렇게 예쁘고 고울 수가 있을까……"

꼬마 귀뚜라미는 하늘을 아름답게 수놓고 있는 노을의 치마를 보며 이렇게 생각했습니다. 노을이 사과빛 웃음을 머금고 꼬마 귀뚜라미에게 다가왔습니다.

"안녕! 귀뚜라미야, 아주 귀여운 꼬마로구나."

"노을 아가씨의 치마는 너무 멋져요. 아가씨는 그렇게 아름다운 치마를 갖고 있으니 참 행복하겠어요. 나도 그런 치마가 있었으면……"

그러나 노을은 고개를 가로 저으며 다정한 목소리로 이렇게 말했습니다.

"호호호, 아니야. 너는 새 옷을 입고 있잖아. 그리고 넌 또 아름다운 노래를 부를 수 있으니 얼마나 기쁘겠어. 내일 만나면 너의 노래를 들려주렴."

그리고 노을은 꼬마 귀뚜라미를 남겨 두고 훌쩍 떠나갔습니다.

"그렇지 않아. 내 옷 색깔은 칙칙하고, 노래는 부를 줄도 몰라. 노을 아가씨는 괜히 자기를 뽐내려고 그래."

귀뚜라미는 은근히 심술이 나서 풀잎에서 펄쩍 뛰어내렸습니다. 그 때 사르르 어둠이 다가왔습니다. 그러나 꼬마 귀뚜라미는 시무룩해져서 어움을 못 본체 했습니다.

" 잘 있었니? 꼬마야."

어둠이 꼬마 귀뚜라미에게 속삭였으나 꼬마 귀뚜라미는 얼굴을 찡그리며 말했습니다.

"싫어요. 난 어둠 할아버지가 싫어요. 할아버지는 노을 아가씨처럼 이쁘지 않아요. 난 할아버지의 까만 얼굴이 보기 싫어요."

"하하하. 이 할아버지가 그렇게 싫어?"

어둠은 크게 웃었다. 웃으면 웃을수록 어둠의 얼굴은 더욱 검어졌습니다. 이제 저녁이 지나고 깜깜한 밤이 되었습니다. 어느 새 달님이 떠올라 풀숲에 달빛이 피어올랐습니다. 밤하늘엔 수많은 별님도 얼굴을 내밀고 총총히 빛났습니다. 그러나 꼬마 귀뚜라미는 여전히 시무룩해 있었습니다.

"꼬마야, 그건 네가 몰라서 하는 소리야. 이 할아버지가 이 숲 속에 찾아오니까 저렇게 달도 뜨고 별도 빛나지. 그리고 저 앞집 돌이도 잠을 자고, 들꽃들도 잠을 자고 쉴 수 있잖아. 그건 다 내 덕분이지."

어둠이 꼬마 귀뚜라미에게 이렇게 이야기하자, 꼬마 귀뚜라미는 더욱 마음이 아팠습니다.

"그래요. 노을 아가씨는 아름다운 치마를 갖고 있고, 할아버지는 그렇게 훌륭한 일을 하시는데 전 뭐예요. 난 아무 것도 못하는 못난이야……"

"아니다. 그렇지 않아. 넌 아직 세상에 나온지 얼마 되지 않아 잘 모르는 거야. 너는 너 나름대로 훌륭한 일을 할 수 있어. 넌 아주 귀엽고 사랑스런 귀뚜라미야."

어둠은 꼬마 귀뚜라미를 좀더 꼭 껴안아 주며 위로해 주었습니다.

"넌 대신에 훌륭한 넓이뛰기 선수가 될 수 있어. 그리고 너의 배를 뒷다리로 긁어보렴. 그러면 아주 고운 노래를 부를 수 있어. 어서 해봐."

고개를 파묻고 슬픔에 젖어 있던 꼬마 귀뚜라미는 마지못해 어둠이 시키는대로 하기 시작했습니다. 그러자 놀라운 일이 생겼습니다. 꼬마 귀뚜라미 배에서 고요하고 달콤한 소리가 나기 시작한 것입니다. 처음에 놀랐던 꼬마 귀뚜라미가 차츰 신이 나서 더욱 힘있게 노래를 불렀고, 그 노랫소리는 풀숲 사이로 낭랑하게 퍼져 나갔습니다.

"귀뚤 귀뚤 귀뚤 귀뚤 또르르 또르르르……"

"그것 봐. 너도 아주 훌륭한 노래를 부를 수 있어. 너의 노래소리에 풀꽃들은 일어나 기분좋은 명상에 잠기고, 나무들을 쑥쑥 자라난단다. 그리고 저 반딧불들도 너의 노래 가락에 맞춰 더 아름다운 춤을 출 수 있지."

어둠은 흡족한 웃음을 지으며 꼬마 귀뚜라미에게 이렇게 말했습니다. 꼬마 귀뚜라미는 아주 기뻤습니다. 자기도 이렇게 아름다운 노래를 부를 수 있고 그 노래소리에 어둠도, 풀꽃들도, 반딧불도, 달님 별님들도 다 좋아하고 즐거워한다는 것을 깨닫자 정말 행복했습니다.

"내일 노을 아가씨가 찾아오면 내 노래를 들려줘야지. 참 기뻐할거야."

꼬마 귀뚜라미는 이렇게 결심하며 열심히 노래를 불렀습니다. 꼬마 귀뚜라미의 사랑스러운 노래소리가 울려퍼지는 돌이네 마을은 무척 아름답고 평화스러웠습니다.

(4) 나를 탐색하기

[1] 자기가 좋아하는 것 찾아서 적어보기

①	⑥
②	⑦
③	⑧
④	⑨
⑤	⑩

[2] 자기가 잘하는 것 찾아서 적어보기

①	⑥
②	⑦
③	⑧
④	⑨
⑤	⑩

[3] 좋아하는 것과 잘하는 것 이야기하고 느낀 점 적어 보기

4 다른 사람의 잘하는 것과 좋아하는 것 듣고 느낀 점 나누기

5 잘하는 것과 좋아하는 것의 이해

(5) 좋은 경험 느끼기

1 절정의 순간을 느껴 보기

(6) 이번 시간을 마치며

〈새롭게 배운 점〉

제3회기 : 자기결정

(1) 지난 주 모임 회상

지난 주 집단에서 의미있거나 새롭게 느낀 점 이야기하고 경험을 같이 느껴 본다.

(2) 이번 시간 목표

자기가 가치있다고 생각하는 방향으로 인생을 이끌어갈 수 있는 능력으로 다른 사람이 말해 주기를 기대하거나 자신의 과거나 현재를 다른 사람 탓으로 돌리지 않고 긍정적인 선택을 한다.

(3) 나는 어떤 생각을 갖고 어떻게 행동할까요?

순	내 용	그렇다	아니다
1	나는 중요한 결정을 할 때 체계적으로 한다.		
2	나는 중요한 결정을 해야 할 때 누군가 올바른 방향으로 이끌어 주었으면 한다.		
3	나는 내 자신의 즉각적인 판단에 따라 매우 독창적으로 결정한다.		
4	나는 대체로 현재보다는 미래의 내 입장에 맞춰서 일을 결정한다.		
5	나는 여러 가지 정보를 수집하지 않은 상태에서는 중요한 결정을 하지 않는다.		
6	나는 왜 그렇게 결정했는지 잘 모르지만 결과가 올바른 결정을 잘 한다.		
7	나는 어떤 결정을 할 때 그것이 나중에 미칠 결과까지 생각하고 결정한다.		
8	나는 어떤 결정을 할 때 친구의 생각을 중요시한다.		
9	나는 부모님의 도움 없이는 중요한 결정을 하기가 힘들다.		
10	나는 중요한 결정이라도 매우 빨리 한다.		
11	나는 어떤 결정을 할 때 나 자신의 감정에 따라 한다.		
12	내가 좋아서 결정하기보다는 남의 의견에 따라 결정한다.		
13	충분한 시간을 두고 생각한 후 결정한다.		
14	어떤 일을 점검해 보거나 알아보지도 않고 결정할 때가 있다.		
15	친구와 상의해 보지 않고는 결정을 내리지 않는다.		
16	결정하는 것이 어려워 연기하거나 미루는 일이 많다.		
17	중요한 결정을 할 때 충분한 시간을 갖고 계획을 세우며 실천할 일들을 골똘히 생각한다.		
18	나는 결정에 앞서 충분한 시간을 갖고 계획을 세우며 실천할 일들을 골똘히 생각한다.		
19	나는 진지하게 생각하고 결정하기보다는 마음 속에 갑자기 어떤 생각이 떠오르는 대로 결정한다.		
20	중요한 일을 할 때 미리 세밀한 계획을 세운다.		
21	다른 사람들이 격려하고 지지해 줄 때 그 일을 결정한다.		
22	어떤 일을 결정한 후에도 마음에 들지 안 들지 상상해 본다.		
23	나는 평판이 좋지 않을 것 같은 일을 결정하는 것은 의미가 없다고 생각한다.		

순	내 용	그렇다	아니다
24	내가 내리는 결정에 굳이 합리적인 이유를 따질 필요가 없다고 생각한다.		
25	나는 참으로 올바른 결정을 하고 싶기 때문에 성급하게 결정하지 않는다.		
26	내 결정에 감정적으로 만족스러우면 옳은 결정이라고 생각한다.		
27	나는 훌륭한 결정을 내릴 자신이 없어 다른 사람의 의견을 듣는다.		
28	내가 내린 결정 하나하나가 최종 목표를 향해 발전해 가는 단계라고 생각한다.		
29	친구가 내 결정을 지지해 주지 않으면 자신이 없어진다.		
30	어떤 결정을 하기 전에 그 결정이 가져올 결과를 가능한 한 많이 알고 싶다.		

합리(　　　　)　직관(　　　　)　의존(　　　　)

나의 유형은 (　　　　　　　　형)

(4) 같은 유형끼리 모여서 잘하는 점에 대해 이야기를 나누고 벽보를 만들어 봅시다.

(5) 가치관 경매

① 일생을 보장하는 경제적인 안정

② 행복한 가족관계

③ 용기

④ 병이 없는 건강한 삶

⑤ 해외여행

⑥ 민주화
⑦ 정직한 사람
⑧ 친구로부터의 사랑과 존경
⑨ 만족스러운 종교관
⑩ 완전하게 정비된 개인도서관
⑪ 긍정적으로 인생을 바라볼 수 있는 자신감
⑫ 세계에서 가장 매력적인 사람이라는 인정
⑬ 문화적인 행사나 운동경기에 자유로이 참석할 수 있는 자격(티켓)
⑭ 운동선수로서 금메달 획득
⑮ 자선사업을 하는 것
⑯ 대통령이 되는 것
⑰ 가수
⑱ 통일
⑲ 탈랜트
⑳ 시장

(6) 기쁨 나누기 게임

① 은영이는 태어날 때 어머니를 잃고 아버지와 살았습니다. 그런데 13세가 되던 어느 날 불의의 교통사고로 아버지를 잃었습니다. 은영이가 찾은 기쁨은 무엇이었을까요?

② 9살 영희 생일날 지팡이를 선물받았습니다. 어떤 기쁨을 가졌을까요?

③ 처음으로 서울 외삼촌댁에 혼자서 가게 되었습니다. 터미널에 마중나오기로 약속한 외삼촌께서 나오시지 않으셨습니다. 회사에 전화를 걸어보니 급한 회사일로 회의 중이어서 연락이 안 됩니다. 그래서 혼자서 외삼촌댁을 찾아가야 합니다. 어떤 기쁨을 가졌을까요?

(7) 정리

1 이 시간에 느낀 점

2 새롭게 배운 점

3 다음 시간의 예시

제4회기 : 자기동기

(1) 지난 주 모임 회상

지난 주 일상생활에서 의미있거나 새롭게 느낀 점 이야기하고 느낌 나누기

(2) 이번 시간 목표

스스로 결정한 일을 용기있게 추진할 수 있는 능력으로 다른 사람이 끌어 주기를 기다리거나 무슨 일을 하도록 만들어 주기를 바라지 않고 보상받기를 원하지 않는다.

(3) 좋은 경험으로 바꾸기(Reframe)

[1] 가슴아픈 경험, 상처받은 경험을 좋은 경험으로 바꾸기

· 0세~7세 사이 :

· 8세~12세 사이 :

· 13세~15세 사이 :

· 16세~18세 사이 :

② 좋은 경험으로 바꾸고 난 후 느낌 나누기

③ 생각 전환하기

(4) 목표 세우기

① 타임머신을 타고 미래세계로 가요.

· 오늘의 나의 모습 쓰기

· 일주일 후의 나의 모습 쓰기

· 한 달 후의 나의 모습 쓰기

· 1년 후의 나의 모습 쓰기

· 5년 후의 나의 모습 쓰기

· 10년 후의 나의 모습 쓰기

· 30년 후의 나의 모습 쓰기

· 50년 후의 나의 모습 쓰기

2 내가 죽었을 때 내 아들이 나를 기억해 주는 글 쓰기

(5) 정리

1 이 시간 느낌 나누기

2 새롭게 배운 점

3 다음 시간의 예시

제5회기 : 타인에 대한 이해의 증진

(1) 지난 주 회상하기

지난 주 생활에서 자신이 찾은 기쁨을 소개하고 느낌 나누기

(2) 이번 시간 목표

상대방의 모습을 있는 그대로 수용하며 같은 점에 일체감을 느끼며 차이에 대해서는 신선한 아름다움을 상대방과 더불어 느낄 수 있는 능력을 증진한다.

(3) 강점 찾아주기

이 름	강 점

(4) 같음과 차이의 이해

1 차이에 대한 설명

2 나에게 긍정적인 영향을 준 사람과 나의 같은 점과 차이점 찾기

	같은 점	
	차이점	

3 나에게 불쾌감을 준 사람의 나와 같은 점과 차이점 찾기

	같은 점	
	차이점	

④ 가족과 나의 같은 점과 차이점 찾기

	같은 점	
	차이점	

(5) 시감상

시를 읽고 느낌 나누기

그러나, 이제보니…

내 마음이 메마를 때면 나는 늘 남을 보았습니다. 남이 나를 메마르게 하는 줄 알았기 때문입니다. 그러나 이제보니 내가 메마르고 차가운 것은 남 때문이 아니라 내 속에 사랑이 없었기 때문입니다.

내 마음이 불안할 때면 나는 늘 남을 보았습니다. 남이 나를 불안하게 하는 줄 알았기 때문입니다. 그러나 이제보니 내가 불안하고 답답한 것은 남 때문이 아니라 내 속에 사랑이 없었기 때문입니다.

내 마음이 외로울 때면 나는 늘 남을 보았습니다. 남이 나를 버리는 줄 알았기 때문입니다. 그러나 이제보니 내가 외롭고 허전한 것은 남 때문이 아니라 내 속에 사랑이 없었기 때문입니다.

내 마음에 불평이 쌓일 때면 나는 늘 남을 보았습니다. 남이 나를 불만스럽게 하는 줄 알았기 때문입니다. 그러나 이제보니 나에게 쌓이는 불평과 불만은 남 때문이 아니라 내 속에 사랑이 없었기 때문입니다.

내 마음에 기쁨이 없을 때면 나는 늘 남을 보았습니다. 남이 내 기쁨을 빼앗아 가는 줄 알았기 때문입니다. 그러나 이제보니 나에게 기쁨과 평화가 없는 것은 남 때문이 아니라 내 속에 사랑이 없었기 때문입니다.

내 마음에 희망이 사라질 때면 나는 늘 남을 보았습니다. 남이 나를 낙심시키는 줄 알았기 때문입니다. 그러나 이제보니 내가 낙심하고 좌절하는 것은 남 때문이 아니라 내 속에 사랑이 없었기 때문입니다.

– 월간 "좋은생각" 발췌

(6) 정리

1 이 시간 느낌 나누기

2 새롭게 배운 점 나누기

3 다음 시간의 예시

제6회기 : 통합 및 정리

(1) 인사 나누기

(2) 이번 시간의 목표

(3) 우선순위 정하기

① 지난 주 일상생활에서 내린 선택 2가지를 소개하고 우선순위 정하기

② 우선순위 정하기 게임

어느 한가로운 농촌 마을에 저녁이 되어 집집마다 저녁짓는 연기가 솔솔 올라오고 있었습니다. 나그네는 가까운 어느 집에 들러 길을 물을 생각으로 집주인 아주머니를 찾아보니, 마침 그 아주머니가 아무 일도 하지 않고 서 있는 지라 반가운 마음에 이야기를 걸었습니다. 그러나 놀랍게도 아주머니는 아주 화난 음성으로 말했습니다.

"이봐요. 나그네 양반, 지금 나는 정신이 없어요. 밤이 되어 깜깜해지고, 밥은 타고 국은 끓어 넘치고, 안방의 아기는 젖달라고 울고, 길손은 길을 묻고, 화장실에는 가야겠고, 마당에 고추를 널어 놓았는데, 비는 오려고 하고, 머리는 간지럽고, 신발은 벗겨지려고 하니 도대체 난 무엇부터 해야 합니까?"

위의 상황에서 여러분은 어떤 활동들을 우선적으로 하겠습니까? 그 활동들을 순서대로 왼쪽칸에 적어 보고 그렇게 정한 이유를 오른쪽 칸에 생각나는대로 써 보세요.

활동순위	그 이유

(4) 좋은 경험 만들기

매일의 생활에서 느끼는 기쁨과 만족 나누기

(5) 자기관리

1 명상을 통한 자기 긍정

뇌의 활동을 활발하게 하여 정신에너지를 활용하고 기억력을 증진시키는 방법으로 명상이 큰 비중을 차지한다.

명상이란 흔히 선 요가의 수행법을 전부로 생각하지만 틀에 박힌 것도 아니고 머리를 깨끗이 비우는 등의 어려운 것만은 아니다. 기분이 좋다고 느끼는 자체로 하나의 명상이며 좋은 사람 생각에 젖거나 아름다운 경치를 보거나 아름다운 음악이나 그림을 감상하고 산새소리, 시냇물소리, 바람부는 소리를 조용히 듣는 일도 명상의 하나이다. α(알파)파를 발산하도록 자극하는 대상이라면 모두 명상의 자료가 된다. 누구에게나 생각만해도 기분좋은 어떤 대상을 머리에 떠올리는 것을 명상이라 해도 무방하다.

명상의 목적은 뇌파를 α파로 만드는 데 있다. α파가 많아지면 뇌내 모르핀이 나온다. 뇌내 모르핀을 증진시켜 뇌세포를 지키고 튼튼하게 유지하는 방법 중의 하나가 하루 5,000보에서 13,000보를 걷는 것이다. 걸으면서 장래의 계획을 상상해 보거나 5년 후, 10년 후의 자기 모습을 떠올려 보고 몰두한다. 몰두한다는 것은 우뇌가 그만큼 바쁘게 활동한다는 의미이며 α 파는 우뇌에서 나오므로 우뇌를 활동시키려면 좌뇌를 진정시킬 필요가 있다. 좌뇌를 진정시키는 가장 효과적인 방법이 바로 걷는 운동이다.

가만히 앉아서 하는 명상이 좋다고 하지만 수련이 될 때까지는 오히려 잡념이 많이 생기므로 걸으면서 좋은 일을 생각하는 습관을 일상화하면 α 파가 나오고 뇌의 정신에너지는 보다 적극적으로 활용된다.

뇌는 신경세포로 가득 차 전기회로처럼 얽히고 설켜 세포와 세포를 연결하는 전선같은 돌기가 뻗쳐 있어 뇌의 명령을 전달한다고 알고 있으나 호르몬이 없으면 아무런 활동도 할 수 없다. 신경세포와 신경세포 사이의 틈새를 연결하여 정보를 전달하는 호르몬의 역할은 생각하고, 행동하고, 느끼는 전달자의 역할이다.

이러한 뇌내 호르몬 중에서도 뇌내 모르핀, 그 중에서도 가장 강력한 β (베타)엔돌핀이 뇌 안에 분비되면 면역력이 높아지고 기억력의 강화, 인내력 향상 등 사고의 영역에 효능이 있다고 미국 체스터대학의 신경생리학 교수 데이비드 펠톤의 「뇌와 면역력에 관한」 논문에서 밝히고 있다.

―春山茂雄, 「뇌내혁명」에서 인용함

2 긍정적인 사고를 통한 자기암시법 활용하기

잠재의식은 만능기계이다. 그러나 그것은 제멋대로 움직이지 않는다. 움직이는 것은 현재의식이다. 잠재의식을 배라고 한다면 의식하는 마음이 선장이다. 수십만톤의 배도 선장의 지시하나로 방향을 바꾼다.

긍정적이고 희망에 찬 의식을 가지면 긍정적으로 실현되고, 나는 되는 것이 없어 하면 부정적으로 되는 것이 없다.

잠재의식은 풍부한 토양과 같으며 의식하는 마음은 씨앗과 같다. 좋은 씨앗에는 좋은 열매가, 나쁜 씨앗에는 나쁜 열매가 열린다. 종자가 잠재의식에 넘어가면 파종이 되고 싹이 트고 성장한다. 종자가 싹을 틔우기 위해서는 햇빛이 필요하고 햇빛은 신념에 해당한다. 제초작업도 필요하다. 안 된다라는 마음이 들 때 그것을 잘라내는 결단이 필요하다. 긍정적 생각을 가지고 확신하며 반복해야 한다. 비관적인 생각이 들 때는 과감히 잘라내야 한다. 파종에는 적절한 시기가 있듯, 잠재의식에 생각이라는 씨앗을 뿌리기 가장 좋을 때는 잠자리에 들기 전 의식적으로 근육이 느슨하게 이완되었을 때 아침에 일어나 눈을 떴지만 의식이 불분명한 때가 적합하다.

—大島淳一, 5분 명상에서 인용함

3 렌즈 활용법

· 평면렌즈법 : 빛이 통과한다
· 오목렌즈법 : 빛이 통과하여 흩어진다.
· 볼록렌즈법 : 빛이 통과하여 모아진다.

4 손가락으로 사람 들어 올리기 게임

5 자신의 목표에 대한 명상문 만들기

학습의욕이 좋아지는 묵상

나는 나의 잠재의식이 기억의 보고인 것을 깨달았습니다.
내가 읽거나 선생님이 가르쳐 주신 지식은 모두 기억해 두겠습니다.
나는 완전한 기억을 가지고 있습니다.
그리고 잠재의식 속의 무한한 지성은 필기시험이든, 구두시험이건 어떤 시험에서도 내가 알고 있지 않으면 안 되는 것을 나에게 가르쳐 줍니다.
나는 모든 선생님 그리고 학급의 학우에게도 사랑과 선의를 베풉니다.
나는 마음으로부터 그들에게 성공과 좋은 일이 있도록 기도 드립니다.

제목 : ______________________________

(6) 시감상하고 느낌 나누기

생각의 기쁨 · 마음의 평화

예전에는 몰랐지만 시간이 지날수록 제 삶이 아름답다는 것을 알았습니다.
사노라니 몸이 힘들고 마음에 아픔도 많지만
그 때마다 용서하고 사랑해 주는 당신이 있어
제 삶이 아름답다는 것을 이제는 알게 되었습니다.

예전에는 몰랐지만 시간이 지날수록 제 인생길이 순탄하다는 것을 알았습니다.
사노라니 가시밭길 많지만
그 때마다 내 삶의 길섶에서 따뜻하게 손잡아주는 당신이 있기에
제 인생길이 순탄하다는 것을 알게 되었습니다.

예전에는 몰랐지만 시간이 지날수록 저의 이름이 귀하다는 것을 알았습니다.
사노라니 실패와 유혹 많지만
그 때마다 주저앉지 않고 도전하도록 부드러운 힘을 주는 당신이 있기에
제 이름이 귀하다는 것을 알게 되었습니다.

예전에는 몰랐지만 시간이 지날수록 저의 모습이 건강하다는 것을 알았습니다.
사노라니 눈물 흘릴 때 있지만
그 때마다 눈물 그치고 열심히 살아가게 다정한 마음 나누는 당신이 있기에
제 모습이 건강하다는 것을 알게 되었습니다.

예전에는 몰랐지만 시간이 지날수록 제가 바른 사람이라는 것을 알았습니다.
사노라니 나쁜생각 할 때 있지만
그 때마다 후회하고 내마음 밭에 좋은 생각의 터를 넓혀 주는 당신이 있기에
제가 바른 사람이 되었다는 것을 알게 되었습니다.

(7) 정리

1 집단에서 새롭게 배운 점

2 작별의 인사 나누기

평가 설문

우리는 자기발견을 통한 자기존중감 증진 집단프로그램을 마쳤습니다. 그 동안 시간을 내고 열심히 참석하느라 수고 많으셨습니다. 이 프로그램의 내용과 진행에 대하여 평가하여 더 개선하고자 합니다. 다음을 읽고 비교적 간결하게 답해 주셨으면 합니다.

① 자신의 참 모습을 발견하는데 가장 도움이 된 점은 무엇이었습니까?

② 자신을 이해하고 단점을 사랑하는 과정에서 가장 어려운 점은 무엇이었습니까?

③ 타인에 대한 이해를 돕기 위해 집단에서 가장 좋았던 점은 무엇이었습니까?

④ 이 집단프로그램의 장점은 무엇이라고 생각합니까?

⑤ 더 나은 프로그램이 되기 위해 개선되어야 할 점은 무엇입니까?

⑥ 더 나은 프로그램이 되기 위해 어떤 점이 삭제(생략) 또는 보완되어야 합니까?

⑦ 프로그램 참여 전 자신에 대해서 가졌던 감정과 생각과 행동과 프로그램을 마친 현재 자신에 대해 갖는 감정과 생각과 행동을 비교해 볼 때 (조금이라도) 변화가 있다면 무엇입니까?

프로그램 참여 전 자신에 대한

감정 :

생각 :

행동 :

프로그램 참여 후 자신에 대한

감정 :

생각 :

행동 :

제 8 장

대학생을 위한 자기성장 집단상담 프로그램*

1. 프로그램의 성격과 목적

본 프로그램은 대학생들로 하여금 집단활동을 통하여 가족 내의 자신의 정서적 위치와 의사소통 유형을 인식하고 자기존중감을 획득하도록 하여 청년기의 발달단계를 성공적으로 성취하도록 한다. 이를 바탕으로 청년들로 하여금 ① 자신을 현실적으로 이해하고, ② 자신을 있는 그대로 용납하고 수용하며, ③ 남에게 있는 그대로의 나를 개방함으로써 자신의 말과 행동에 책임질 수 있고, 생산적인 인간관계를 발전시킬 수 있는 인간으로 성

* 전종국(한국발달상담연구소) 박사의 청소년 자기성장 프로그램 자료를 요약 · 정리하였음.

장할 수 있도록 돕기 위한 것이다.

2. 프로그램의 이론적 배경

1) 대학생의 특성

청년은 성인기로 접어들었으나 학문적으로 경제적으로 독립하지 못하고, 삶에서 부모와 다른 중요한 사람에 대해 계속적인 의존의 욕구가 일어나면서도 독립의 욕구가 나타나고 이 둘간의 균형을 유지하고자 할 때 내적 갈등과 위기를 경험한다.

청년기는 사회적 적응의 시기로 많은 스트레스, 사회부적응, 이성과 감성의 부조화, 정신적 분열, 동료들의 압력 등이 교차되는 시기이므로 많은 변화를 경험하게 되고 달성해야 할 발달과업도 다른 시기에 비해 크다. 그러므로 청년들이 다음의 발달단계로 성공적으로 이행하기 위해서는 자신에 대한 객관적인 이해와 수용, 진정한 자신의 모습을 진실하게 개방하여 자기성장을 도모하는 것이 필요하다.

2) 청년의 자기성장

심리적으로 성숙한다는 것은 첫째, 자기 자신을 현실적으로 정확하고 올바르게 이해하고(자기이해), 둘째, 있는 그대로의 자신을 수용하며(자기수용), 셋째, 있는 그대로의 자신을 남에게 개방할 수 있는 태도와 능력(자기개방)을 갖는 것이다(이형득, 1979). 이러한 세 가지 요소를 구체적으로 살펴보면 다음과 같다.

(1) 자기이해

자기를 이해한다는 것은 자기의 심신에 관한 여러 가지 상태, 대인관계의 양과 질, 가치관 및 이와 관련된 자기의 행동 등에 관하여 현실적으로 이해하는 것을 말한다. 내가 여기-지금에서 느끼거나 생각하는 것, 그리고 행동하는 방식들을 이해하는 것은 지금 내가 화를 내고 있는지, 불안이나 긴장을 경험하고 있는지, 나는 지금 무엇을 존중하고 가치 있게 보고 있는지, 무엇을 바라고 무엇에 심신을 투입하여 행동하고 있는지, 내가 지금 하고 있는 행동은 있는 그대로의 나인가? 아니면 다른 사람의 기대에 응하기 위하여 꾸며낸 것인가? 이와 같은 나의 행동이 나 자신의 학업성취와 일반적인 삶, 나아가서는 타인과의 관계에서 어떤 결과를 초래케 하고 있는가에 대해서 이해하게 되는 것이다.

(2) 자기수용

자기 자신에 대해서 정확한 이해를 바탕으로 자기 자신을 있는 그대로 인정하고 받아들이는 여유를 갖는 것이 자기성장에 필요불가결하다. 자기수용을 위해서는 첫째로 우선 자신의 신체조건이나 생리적 현상을 있는 그대로 경험하고 받아들이는 것이다. 둘째로 자신의 느낌, 생각, 행동 등 여러 가지 심리적 현상을 자기의 것으로 인정하고 책임을 질 수 있어야 한다. 즉, 자기수용이란 두려워하고 불안해하고 분노를 느끼고 있을 때 자기 자신이 지금 그와 같은 감정을 느끼고 있다는 사실을 솔직히 인정하고 받아들이는 태도를 말한다. 마지막으로 자신의 처지를 현실로 인정하고 현실직면의 용기를 필요로 한다.

(3) 자기개방

자기개방이란 다른 사람에게 있는 그대로의 자기를 솔직하게 나타내 보이는 것을 말한다. 즉, "이것이 바로 자신이다. 이것이 바로 나의 현재의 느낌이고 생각이다. 이것이 바로 내가 좋아하거나 싫어하는 것이다. 이것이 바로 나의 신념이다"라고 남에게 내어 보이는 것을 말한다. 개인이 자기 자신을 이해하고 수용할 수 있을 때, 남에게 자신을 열어 보일 수 있다. 자신의 못난 모습을 보여주지 않으려고 노력하면, 결국은 생산적인 삶을 영위하기보다는 자신의 못난 모습을 감추는데 힘을 쓰게 마련이다. 있는 그대로의 자신을 자기와 타인에게 개방할 때, 개개인 성장이 극대화될 수 있다.

3) 가족체계이론과 집단상담

개인의 행동은 개인적 특성의 산물이기보다는 가족체계 내에서 이미 존재하는 상호작용에서 나타나는 체계의 산물이다(Kerr, 1981).

이러한 체계적 접근은 가족이라는 범주에서 생활하던 청소년에서 성인의 상황으로 이동한 청년들의 행동을 이해하는데 특히 도움이 된다. 청년들은 가족체계 내의 다른 가족성원에게 영향을 주기도 하고, 이들로부터 영향을 받기도 한다.

가족체계 내에서의 가족성원들의 자기존중감과 정서발달에 관한 주장은 가족체계 이론가들 중에서도 Stair 모델에 의해 제시되었다(Stair, 1972, 1975). Stair 모델에 의하면, 다음과 같은 세 가지 핵심개념을 중요하게 다루고 있다.

가족체계는 ① 자신에 대해 갖고 있는 자기가치 또는 자기존중감, ② 서로간의 의미를 주고받는 관계인 의사소통 ③ 가족성원들이 느끼고 행동하는데 기준이 되는 가족 규칙에 의해 유지된다고 했다. 문제가족의 공통적인 특징은 자기존중감이 낮았고, 의사소통이 일치되어 정직하게 이루어지는 것이 아니라 혼란스럽고 애매모호하였고, 가족규칙은 엄하고 비인간적이고 비타협적이었다(Stair, 1972).

이러한 체계적 관점에서 집단상담에 참석하고 잇는 구성원들은 집단에서의 행동은 사회적 상황에서의 행동을 반영하고 있다. 집단으로 구성된 상담은 사회적 행동에 기초하여 집단원을 다루는 이점을 가지고 있다. 집단은 실제 세계의 작은 사회이고, 개인상담보다 일상의 삶을 더 일반화할 수 있는 가능성이 있다.

이러한 경험은 집단을 넘어서 더 큰 사회적 체계로 나아가게 하며 청년들로 하여금 동료들이나 가정에서 더 강한 정체감을 경험할 수 있도록 한다. 이렇게 함으로써 청년들은 성인의 세계로 이동하는 거대한 도전에 직면하는 힘을 기를 수 있다.

Yalom(1985)에 의하면, 집단원들의 습관적인 행동이 다른 사람에게 어떻게 영향을 미치는지에 대해 듣는 것은 자신의 행동 뿌리를 찾는 것 뿐만 아니라, 그들이 자신의 행동을 변화시킬 선택도 할 수 있다고 했다.

3. 프로그램의 준비와 유의사항

본 프로그램을 통하여 효과를 얻으려면 집단상담자는 사전에 준비해야 할 몇 가지를 고려하여 계획을 수립해야 한다.

1) 모임의 장소와 분위기

모임을 위한 장소의 위치, 크기, 분위기는 참여자의 수, 연령, 그리고 주된 활동의 성격에 따라 다를 수 있다. 그러나 대체로 심리적인 안정감을 줄 수 있도록 아늑하고 산만하지 않으며, 자유롭게 신체 활동을 할 수 있는 공간이어야 한다.

2) 집단의 크기

집단의 크기는 8~12명 정도가 적합하다.

3) 집단의 시간

90분에서 120분 정도가 적당하다.

4) 참여할 대상

모든 대학생이 대상이 될 수 있지만 정서적인 어려움을 갖는 청년들이 적합하다. 그러나 발달과정상 정상적이어야 하고 병리적인 증후를 보이는 대상은 제외되어야 한다.

5) 효과적인 집단상담을 위한 기본조건

(1) 자기투입과 참여

참여자들 스스로가 집단 내에서 자신들의 상호작용을 관찰하고 분석하는 것만으로 학습이 이루어진다. 따라서 효과적인 학습을 위해서는 참여자 개인이 심신을 투입하여 적극적으로 집단활동에 참여해야 한다.

(2) 여기－지금 중심의 활동

경험 중심적인 방법을 채택했기 때문에 여기－지금, 나와 너, 나와 집단

간에 일어나는 느낌, 생각, 행동을 상호간에 관찰, 분석, 지적해 주면서 자신의 가족 관계 및 의사소통 유형과 현재 집단 내에서 대인관계 유형을 이해해야만 한다.

6) 허용적인 분위기와 심리적인 안정감

참여자들이 도덕적 판단의 위협 없이 비교적 자유롭게 행동할 수 있어야 하고, 집단상담자를 포함한 모든 참여자들 상호간에 신뢰할 수 있는 분위기가 형성되어야 한다.

4. 프로그램전의 유의사항

프로그램에 들어가기 전 집단상담자는 반드시 집단의 목적, 학습방법, 참여하는 방법 등에 대한 상세한 오리엔테이션을 해야 한다. 집단상담자는 집단체계와 가족체계간의 유사성 및 Stair의 가족치료 모델을 명백하게 이해하고 있어야 하며, 또한 집단원들의 자존감을 유지시켜 줄 수 있어야 한다. 각 집단원은 가족체계에서의 자신의 역할과 위치에 대한 인식, 집단 내의 자신의 모습에 대한 자기이해와 자기수용, 나아가 자기노출에 힘 쓸 것과 이와 같은 목적 달성이 궁극에는 생산적인 삶과 대인관계 발전, 자신의 정체감 형성에 필수적인 조건이 된다는 것을 알려 주어야 한다. 그리고 집단원으로서 지켜야 할 비밀유지, 집단참여와 탈퇴에 대한 선택의 자유 등에 관해 상세히 설명한다.

5. 프로그램의 구성내용

본 프로그램은 주 1회 모임으로 9회기의 활동자료로 구성되어 있다. 그리고 매주의 모임은 1회 50분에서 120분까지 형편에 따라 운영하되 가능한 90분에서 100분 정도의 길이로 하는 것이 적당하다. 상담의 진행은 ① 목표의 제시, ② 강의, ③ 활동, ④ 토의 및 ⑤ 평가의 순서를 지닌다. 회기에 따라서는 활동을 먼저하고 그 뒤에 강의를 하는 경우도 있다. 먼저, 집단상담자는 그 시간의 주제와 집단상담의 목표를 제시한 후, 이에 관계되는 개념, 또는 필요성에 대한 강의를 10분 내지 15분간 해줌으로써 참여자들에게 중요성을 인식시키고, 동기유발을 자극한다. 강의가 끝나면 활동에 대한 자세한 지시를 해 주고 곧 활동에 들어가게 한다. 집단의 크기나 시간의 길이에 따라 활동의 내용이나 방법을 적절하게 조절하여 실시하면 보다 효과적인 상담을 할 수 있을 것이다.

그리고 모임의 종료 전 20분 여분 동안 활동경험에 대한 소감의 교환과 아울러 그 날 모임의 평가시간을 갖는다. 집단상담자는 집단원들 간에 오늘의 집단경험을 통하여 자기 자신이나 다른 집단원들에 대하여 깨달은 점, 새롭게 배운 점을 돌아가며 간단히 한 마디씩 하게 한다. 이 경우 집단상담자가 먼저 자기 자신이 배우고 깨달은 점을 간략하게 이야기하여 시범을 보이면 효과적이다.

6. 프로그램의 실제

제1회 자기소개

(1) 목 표

① 집단원들 간의 이해 및 친밀감을 형성한다.
② 자신의 특징에 대하여 이해한다.

(2) 강의

① 프로그램의 진행에 대한 오리엔테이션
② 자기소개의 의미와 방법

(3) 활동

[1] 자기소개 내용

이름, 별명과 그 이유, 가족관계, 흥미, 관심거리, 장래희망, 기타 자신을 가장 잘 나타낼 수 있는 특징 등이다.

[2] 자기소개 방법

다음과 같은 3가지 방법 중 하나를 선택한다.
① **자기소개 :** 자신이 소개내용을 적어서 집단원들에게 직접 소개한다.
② **타인소개 :** 서로 잘 모르는 집단원을 둘씩 짝을 지워 서로 10분간 대화한 후 서로가 상대편을 소개한다.

[3] 다음과 같은 방법을 소개할 수도 있다.

사전에 가로 30cm, 세로 50cm 정도의 두꺼운 도화지와 매직펜을 참여자의 수만큼 준비한다(집단상담자도 포함). 그리고 도화지 위 부분에 두 개의 구멍을 뚫고 긴 끈을 묶어서 각자의 목에 걸 수 있도록 한다. 집단원들에게 도화지와 펜을 나누어 준 후, 그 종이 위에 자기 자신을 잘 나타내는 글귀나 그림 등을 그리게 한다(10분 정도). 이렇게 자신이 묘사된 그림을 목에 걸고 모든 동료들을 차례대로 만나 인사하면서 그림에 대한 설명과 아울러 자기소개를 하게 한다.

(4) 토의 및 평가

① 활동 이전과 도중, 그리고 끝난 후를 관련지워 자신의 느낌이나 생각하고 싶은 말을 한다.

② 이번 활동을 통하여 새롭게 발견한 것이나 그밖에 각자가 새롭게 배운 점을 돌아가면서 보고한다.

☞ **집단상담자 유의사항 :** 이번 모임의 집단과정을 요약하고 다음 시간을 예고한 후 집단을 마친다.

제 2 회 정서적 거리감 이해하기

(1) 목표

① 집단 내에서 집단원과의 정서적 거리를 확인한다.

② 집단전체 공간과 개인적 공간의 심리적 차이를 인식한다.

(2) 강의

활동을 하고 난 후 집단체계와 가족체계의 유사성 강의

(3) 활동

1 활동 1

집단원들을 원 밖에 서 있게 하고 가능한 한 신체적으로 서로 가까이 앉을 수 있도록 배치한다. 서로 앉아 있도록 하면서 가능한 한 침묵을 지키게 한다.

☞ **집단상담자의 과정 질문 :** 집단원들에게 다음과 같은 질문을 통해 자유롭게 이야기하도록 한다.

① 이 활동을 하면서 불편한 점은?

② 마음 속에 무엇을 느꼈는가?

[2] 활동 2

활동 1에 대한 느낌을 서로 이야기한 후 일어서게 한 후 의자를 앞, 뒤, 옆으로 처음보다는 약간 더 거리를 두고 늘어놓는다.

☞ **집단상담자의 과정 질문 :** 집단원들에게 다음과 같은 질문을 통해 자유롭게 이야기하도록 한다.

① 이 활동을 하면서 불편한 점은?

② 마음 속에 무엇을 느꼈는가?

[3] 활동 3

마지막으로 참가자들로 하여금 집단을 위해 적절하다고 생각되는 공간으로 의자를 배열하도록 한다.

☞ **집단상담자의 강의 :** 집단상담자는 참가자들에게 이 활동에서 신체적 및 심리적 친밀감과 거리감에 대해 얘기하고 집단체계와 가족체계간의 유사성을 설명한다.

(4) 토의 및 평가

① 활동 이전과 도중, 그리고 끝난 후를 관련지워 자신의 느낌이나 생각하고 싶은 말을 한다.

② 이번 활동을 통하여 새롭게 발견한 것이나 그밖에 각자가 새롭게 배운점을 돌아가면서 보고한다.

☞ **집단상담자의 유의사항 :** 이번 모임의 과정을 요약하고 다음 시간을

예고한 후 집단을 마친다.

제 3 회 동물가족 벽화를 통한 가족관계 이해

(1) 목적

가족성원에 대한 지각의 이해

(2) 강의

가족성원에 대한 지각과 나의 위치와 역할

(3) 활동

여러 가지 동물그림이 그려진 활동지를 나누어 주고 가족성원들(과거에 함께 살았던 사람도 포함)의 이미지를 생각하고 그 이미지에 적절한 동물을 오려 붙이면서 동물가족화를 그려낸다. 집단원들에게 소개한다.

☞ **집단상담자의 과정 질문 :** 집단원들에게 다음과 같은 질문을 통해 자유롭게 이야기하도록 한다.

관계가 가장 밀접한 가족원은?

① 나와 가장 소원하거나 갈등이 심한 가족 구성원은?
② 가장 무서운 가족 구성원은?
③ 가장 애처롭고 도움을 주고 싶은 가족 구성원은?

(4) 토의 및 평가

① 활동 이전과 도중, 그리고 끝난 후를 관련지워 자신의 느낌이나 생각

하고 싶은 말을 한다.

② 이번 활동을 통하여 새롭게 발견한 것이나 그밖에 각자가 새롭게 배운점을 돌아가면서 보고한다.

☞ **집단상담자 유의사항 :** 이번 모임의 과정을 요약하고 다음 시간을 예고한 후 집단을 마친다. 그리고 다음 회기에 참여할 때 〈가족 도표〉를 작성해 오게 한다.

제 4 회 가족조각 기법

(1) 목적

자존감 획득 및 일치된 의사소통을 위한 변화 방향을 이해한다.

(2) 강의

<가족 내 의사소통 유형>

① **회유형 :** 수동적이고 미약하며 자신을 내세우지 않으며 다른 사람에게 동의한다.

② **비난형 :** 무엇이든지 반대하고 언제나 다른 사람의 잘못을 찾아내며, 독선적으로 조소를 많이 한다.

③ **산만형 :** 의사소통이 아무런 연관도 없이 이루어지며 의사소통 과정에서 자신은 물론 다른 사람도 전혀 고려하지 않는다.

④ **초이성형 :** 겉으로 보기에 매우 논리적이고 지적이며 감정을 잘 나타내지 않는다.

⑤ **일치형 :** 말과 감정이 일치하는 메시지를 보내며, 자신이나 상대방을 부인하지 않는다.

(3) 활동

[1] 활동 1 : 현재 가족의 조각

① 지난 시간에 나누어 주었던 〈가족 도표〉에 가족의 의사소통 유형을 기록하게 한다.

② 기록이 끝나면 집단원 중 자원자를 받아서 '가족조각기법'으로 가족의 모습을 만든 후 가족관계에 대해 설명하도록 한다.

[2] 활동 2

① 기록이 끝나면 집단원 중 자원자을 받아서 '가족조각기법'으로 이상적인 가족의 모습을 만든다.

② 만들고 난 후 이상적인 가족관계에 대해 설명하도록 한다.

☞ **집단상담자의 과정 질문 :** 집단원들에게 다음과 같은 질문을 통해 자유롭게 이야기하도록 한다.
가족구성원과 현재 집단원과의 관계가 유사한가?

(4) 토의 및 평가

① 활동 이전과 도중, 그리고 끝난 후를 관련지워 자신의 느낌이나 생각하고 싶은 말을 한다.

② 이번 활동을 통하여 새롭게 발견한 것이나 그밖에 각자가 새롭게 배운점을 돌아가면서 보고한다.

☞ **집단상담자 유의사항 :** 이번 모임의 과정을 요약하고 다음 시간을 예고한 후 집단을 마친다.

제 5 회 생활사건의 회상

(1) 목표

① 생활사건의 이해
② 집단의 응집성 촉진 및 개인 성장

(2) 강의

① 과거 경험과 현재 자신과의 관계
② 과거 가족구성원과의 관계가 현재 집단 내의 관계에 미치는 영향

(3) 활동

① A4 용지를 나누어 주고, 종이 중간을 기준으로 수평선을 긋는다. 수평선의 위부분은 행복했던 시간, 아랫부분은 슬펐던 시간을 기록한다. 수평선의 가장 왼쪽부터 출생, 현대, 미래(가장 끝부분)를 표시한다. 이러한 사건이 얼마나 행복하게 또는 불행하게 지각하고 있는지에 따라 선 위 또는 아래(수평선의 위쪽으로 갈수록 더 행복하고 수평선의 아래쪽으로 갈수록 더 불행한 사건을 표시)에 기록하고 각 사건을 선으로 연결한다(꺾은 선 그래프 형태).

② 회상된 사건들은 출생에서 사용하여 현재, 미래까지 확장되어야 한다.

③ 집단원들은 그래프의 가장 높은 점과 낮은 점을 간단히 설명한다.

참가자들은 동료들이 보고한 사건들이 서로 다를지라도 대체적으로 유사한 경험을 가지고 있음을 확인한다.

☞ **집단상담자의 과정 질문 :** 집단원들에게 다음과 같은 질문을 통해 자유롭게 이야기하도록 한다.

▶ 집단에서 여러분의 생활사건을 이야기할 부분은 무엇인가?
▶ 이러한 나눔에 의해 집단에서 어떻게 지지를 받았는가?
▶ 미래를 계획하는 데 스스로를 도울 수 있는 자신의 자원은 무엇인가?

(4) 토의 및 평가

① 활동 이전과 도중, 그리고 끝난 후를 관련 지워 자신의 느낌이나 생각하고 싶은 말을 한다.

② 이번 활동을 통하여 새롭게 발견한 것이나 그밖에 각자가 새롭게 배운점을 돌아가면서 보고한다.

☞ **집단상담자 유의사항 :** 이번 모임의 과정을 요약하고 다음 시간을 예고한다.

제 6 회 나와 만나는 사람들에 대한 지각

(1) 목표

실제 생활에서 만나는 사람들의 지각을 통해 나를 객관적으로 이해한다.

(2) 강의

① 청소년기의 사고특징 – 자기중심성

② 타인들의 관점 이해의 중요성

(3) 활동

[1] 활동 1 : 내 주변의 사람은 나를 어떻게 지각하는가?

자신의 주변 사람들 중 부모 또는 친구들(내가 호감을 가지고 있는 친구와 내가 호감을 갖지 않는 친구)들이 나에게 좋아하는 점과 싫어하는 점이 무엇인지를 생각하게 해서 기록하게 한다.

[2] 활동 2 : 남이 보는 나, 내가 보는 내 모습

집단원 각자 빈 상자를 하나씩 선택하여 겉모습은 '남이 보는 나'의 모습을 만들고 상자 속은 '내가 보는 나'를 만든다.

(4) 토의 및 평가

① 활동 이전과 도중, 그리고 끝난 후를 관련지워 자신의 느낌이나 생각하고 싶은 말을 한다.
② 이번 활동을 통하여 새롭게 발견한 것이나 그밖에 각자가 새롭게 배운 점을 돌아가면서 보고한다.
☞ **집단상담자 유의사항 :** 이번 모임의 과정을 요약하고 다음 시간을 예고한 후 집단을 마친다.

제 7 회 유사점과 차이점

(1) 목표

① 구성원들간에 유사점과 차이점 발견
② 자신을 있는 그대로 이해하고 수용

(2) 강의

청년기의 공통점과 집단 개개인의 차이점

(3) 활동

집단활동을 통해 자신과 유사한 경험을 사람, 현재 자신과 비슷하다고

생각되는 사람, 그리고 자신과 차이가 있다고 생각되는 사람을 한 사람씩 이야기하도록 한다.

☞ **집단상담자의 과정 질문** : 집단원들에게 다음과 같은 질문을 통해 자유롭게 이야기하도록 한다.

▶ 어떤 점에서 유사하다고 생각하는가?

▶ 나와 차이점은 생각, 정서, 행동 측면에서 어떤 것인가?

(4) 토의 및 평가

① 활동 이전과 도중, 그리고 끝난 후를 관련지워 자신의 느낌이나 생각하고 싶은 말을 한다.

② 이번 활동을 통하여 새롭게 발견한 것이나 그밖에 각자가 새롭게 배운 점을 돌아가면서 보고한다.

☞ **집단상담자 유의사항** : 이번 모임의 과정을 요약하고 다음 시간을 예고한다.

제 8 회 피드백 주고받기

(1) 목표

남에게 비쳐진 자신의 모습이 어떠한 것인지 알아보는 기회를 가지며 바람직한 피드백의 방법을 학습한다.

(2) 강의

① 상호 피드백 체계 속에서 영향을 주는 인간의 삶

② 진정한 자기성장과 피드백의 관계

③ 효과적인 피드백의 원리

- ▶ 상대방의 행동을 강제고 바꾸도록 하는 것은 바람직하지 못하다. 그러므로 하나의 지각적인 사실이 주어져야 하고 도덕적 혹은 가치의 판단이 개입되어서는 안 된다.
- ▶ 구체적으로 관찰 가능한 행동에 대하여 그 행동이 일어난 직후에 하는 것이 효과적이다.
- ▶ 변화 가능한 행동에 대해서 피드백을 주어야 하며 가능하면 대안까지 마련해서 주는 것이 좋다
- ▶ 한 사람에게서 보다는 집단의 여러 사람들에게서 주어진 피드백이 더욱 의미가 있다.
- ▶ 피드백을 받을 때는 관심을 기울이고, 상대방 말의 내용을 확인해 보는 것이 중요하다. 그리고 일단 감사하게 받아서 시험해 보려는 태도로 임해야 하며 화를 내거나 공격하거나 합리화하려는 태도는 바람직하지 못하다.

(3) 활동

집단상담자가 집단상담자의 왼쪽, 그 다음 왼쪽의 순서로 한 사람에 대해 피드백을 한다. 그 다음 집단상담자가 왼쪽으로 돌아가면서 전체로부터 피드백을 받는다. 이러한 순서로 한 사람씩 전체적으로 피드백을 받는다.

(4) 토의 및 평가

① 활동 이전과 도중, 그리고 끝난 후를 관련지워 자신의 느낌이나 생각하고 싶은 말을 한다.

② 이번 활동을 통하여 새롭게 발견한 것이나 그밖에 각자가 새롭게 배운 점을 돌아가면서 보고한다.

☞ **집단상담자 유의사항 :** 이번 모임의 과정을 요약하고 다음 시간을 예고한 후 집단을 마친다.

제 9 회 마무리

(1) 목표

지금까지의 학습경험을 토대로 자기 자신을 정리해 본다.

(2) 강의

① 가족 내에서의 나의 위치
② 상호관계성의 중요성 및 의사소통 유형
③ 자신의 경험에 대한 시각의 중요성

(3) 활동

집단상담자는 다음의 질문을 하고 자유롭게 반응하도록 한다.
① 집단활동을 통해 자신에 대해 무엇을 알았는가?
② 가족체계에서의 자신의 위치는 어디인가? 집단에서의 같은 점은?
③ 집단의 종결에 대한 감정공유

(4) 토의 및 평가

① 프로그램을 통하여 새롭게 발견한 것이나 그밖에 각자가 새롭게 배운 점을 돌아가면서 보고한다.
② 각자 집단을 떠나는데에서 오는 상실감이나 고마움을 나눈다.
☞ **집단상담자 유의사항 :** 추후모임 시간을 예고한 후 집단을 마친다.

제 9 장

교사를 위한 교사 효율성 집단상담 프로그램*

가르치는 일, 인간이라면 누구나 행하는 보편적인 일이다. 그런데 어떻게 하면 좀더 잘 가르칠 수 있을까?

늘 학생들을 만나야 하는 교사들이 자신의 지도 방법을 점검하고, 날로 새로워지는 아이들과 신선하게 만날 수 있는 방법은 무엇일까?

최근 외국에서 좋은 반응을 얻고 있는 교사 효율성 훈련을 소개하고자 한다.

교사 효율성 훈련은 주로 교사와 학생간의 대화 기술을 다룬 것으로, 미국에서 1970년에 토마스 고든 박사에 의해 개발되어 80년대에 서강대학교

* 서강대학 집단상담 프로그램 자료집에서 발췌 요약, 정리하였음.

김인자 교수에 의해 한국에 효율적인 부모역할훈련(PET)으로 소개되었다. 한국과 미국의 문화 차이에서 오는 문제를 안고 있어, 아직 우리 학교 현장에 그대로 적용하는 것은 한계가 있지만 많은 부분에서 교사에게 유용한 것이라는 판단으로 정리하였다.

교사 효율성 훈련은 교사는 물론 학생들도 인간이라는 인간 관계에 기초하여 학생이 하는 말을 잘 들어주는 반영적 경청과 내 기분, 나의 말을 잘 전하는 나전달법을 중심으로 하는 올바른 대화 기술을 연습하는 과정이다.

학교에서 학생들 지도에 어려움을 지닌 교사나 좀더 나은 학생 지도 방법에 관심이 있는 10명 내외 교사들이 소모임으로 학습할 수 있도록 구성하였다.

설명을 많이 생략하고 실습 중심으로 꾸며 보았다. 부족한 부분은 책을 참고로 이용하기 바란다. 주 1회 규칙적으로 시간을 정하여 이론을 공부하면서, 실습을 하고, 또 실습한 것을 학생들에게 적용하여 본 후 다음 번 모임에서 느낀 점을 교환하는 과정이다.

1. 나는 어떤 문제로 고민하는가?

수많은 직업 중에서 교직은 가치 있고, 즐거운 것이며, 일반 사람들은 비교적 신선한 마음으로 인정해 준다. 하지만 실지 우리 교사들은 그렇게 생각할 수가 없다.

매일매일 숨막히는 일들이 벌어지고, 아이들은 교사들과는 아무 상관없이 천방지축인 듯이 움직인다. 거기에 수업 외의 잡무가 늘 우리들을 지치게 만들어 교직을 시작하기 전에 꿈꾸었던 기쁨과 성취감 대신 좌절감을 경험하고, 아이들과 싸우고 있는 자신을 발견하곤 한다.

교사 효율성 과정은 교사와 학생과의 관계에서 일어나는 실제적인 문제를 대화로 풀어가고자 한다.

처음이라서 다소 어색하고, 혹은 이것이 효과가 있을까 하는 회의가 있어도 용기를 가지고 실천하는 자세가 중요하다.

■ 실습문제 1-1 ■

먼저 프로그램에 들어가기 전에, 개인적인 소개를 먼저하고, 집단프로그램에 거는 기대나 현재 느낌을 말해 보자.

■ 실습문제 1-2 ■

선생님은 학생들과의 관계에서 구체적으로 '누구의, 어떤 행동'이 변화되기를 희망하고 있는지 점검해 보자.

학생과의 관계에서 대응하기 어려웠던 상황을 구체적으로 5가지를 적어 보자.

이 문제는 실습문제 1-3에서 구체적인 대상을 찾아내고, 또 실습문제 2-3에서 누구의 문제인가를 분류해 보기 위한 것이다.

모두 적었으면 발표하고 느낌을 나눈다.

예 진도는 나가야 하는데 학생이 엉뚱한 질문을 하면서 시간을 지연시킬 때 속이 상한다.

① ______________________________

② ______________________________

③ ______________________________

■ 실습문제 1-3 ■

예 이제 구체적으로 내가 만나는 학생 중 자주 나를 불편하게 하는 행동을 하는 학생은 누구인가? 세 명만 골라 이름을 적어 본다.

① ______________________________

② ____

③ ____

그 학생의 행동 중 마음에 안 드는 것을 구체적으로 적어 보자.
다 적었으면 아주 짧게, 그리고 가장 속이 많이 상했던 순간을 발표하자.
발표할 경우 중복된 내용은 피하고, 다양한 경우를 모아 정리하여 보자.

① ____

② ____

③ ____

2. 누구의 문제인가?

(네모꼴 수용도식)

교사와 학생간의 좋은 관계란 개방되고 투명하며 서로 숨김없이 무슨 이야기든 솔직하게 말할 수 있고, 서로 관심을 가지고 존중하고, 상호의존성을 지닌 관계이다.

이상적인 교사−학생간의 관계를 중심으로, 그것이 실현 가능한 것인지 혹은 자신이 받아 들이기 어려운 것은 무엇인지 살펴보자.

우선 교사들이 학교에서 아이들과 어떻게 하면 갈등을 줄여 갈 수 있을까?

갈등의 원인을 누구의 문제로 보는가에 따라 해결방법을 달리하고 있다.

그래서 고안해 낸 모델이 '네모꼴 수용도식'이며, 직사각형 모양을 이용하여 설명을 해 나간다.

네모꼴 수용도식의 이해

〈그림 1〉을 보자. 간단한 직사각형이다.

이것은 교사가 학생을 바라보는 「창」으로, 이 사각형 속에 우리는 학생이 저지를 수 있는 모든 행동을 설정하고, 많은 점들로 표현해 보자.

여기서 행동이라고 말하는 것은 말하고, 표정짓고, 생각하고, 행동하는 모든 것을 말한다.

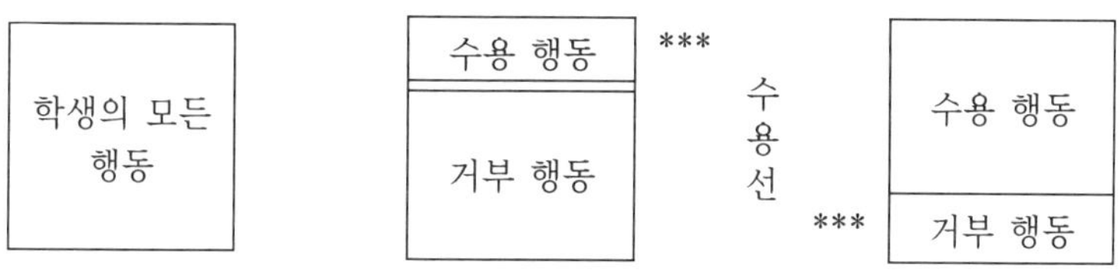

〈그림 1〉 〈그림 2〉 〈그림 3〉

〈그림 2〉와 〈그림 3〉은 학생의 모든 행동을 어떻게 받아들이는지 상대적으로 표현한 것이다. 〈그림 2〉와 같이 수용선이 올라가면 거부 영역이 넓은 교사이고, 〈그림 3〉은 교사가 학생의 행동을 대부분 수용하여 수용선이 낮은 그림이다.

그러나 수용선은 절대적인 것이 아니고, 수용 영역과 거부 영역의 문제는 수시로 변화한다. 인간이기에 수용선이 변하는 것이 오히려 당연하기도 하다.

수용선은 3가지 요인에 의해 영향을 받는다. 행동을 하는 학생에 따라 수용선은 오르내릴 수 있다. 같은 행동을 하더라도 어떤 학생은 수용되는데, 어떤 학생은 거부감을 느낄 수 있다. 또 자기의 조건에 따라 달라질 수 있다. 건강하고 하는 일이 순조로울 때는 수용선은 낮지만 몸이 괴롭거나 스트레스를 받고 있을 때는 수용선이 높이 올라갈 것이다.

다른 하나는 환경의 영향으로 운동장에서 그 행동을 할 때는 수용이 되지만 교실에서는 허락할 수 없는 경우가 있다.

〈그림 4〉에서 좀더 자세히 「네모꼴 수용도식」을 공부하여 보자.

학생의 모든 행동을 직사각형에 설정하고 그 행동을 수용한다는 의미와 거부한다는 의미를 공부해 보자.

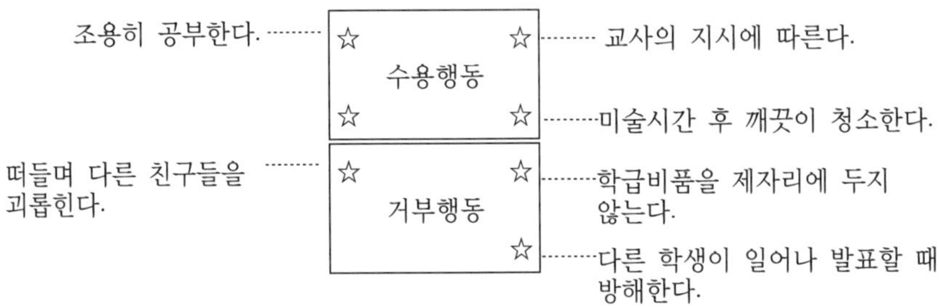

〈그림 4〉

이 교사는 3가지 행동은 수용하였고, 3가지는 거부하였다.

즉 수용행동 속에 있는 3가지 행동은 충분히 이해가 되며 교사 자신을 괴롭히지 않는 문제이지만, 거부행동 영역에 있는 3가지는 그 행동을 하는 아이들이 못 마땅해 보이고, 교사로서 그 아이들의 행동을 수정해 주고자 마음먹게 된다.

이미 공부한 것과 같이 수용선은 절대 불변이 아니고 학생에 따라 자신의 상태에 따라, 그리고 환경에 따라 수시로 변하며 앞으로 가가 영역에서 사용하는 효과적인 기술을 훈련하게 된다.

▣ 실습문제 2－1 ▣

학생의 행동이 수용되는 것인가, 아니면 거부감이 생기는가를 판단하여 보자.

아래의 상황을 읽고 수용할 수 있으면 (　)안에 v표시하여 보자. 정답은 없다.

① 학생이 지각을 한다.

영미는 늦잠을 자면서 지각을 한다. (　　)

미경이는 새벽시장에 나가시는 엄마 일을 마치고 등교하기에 지각을 한다. (　　)

② 학생이 복도에서 장난을 한다.

영미는 중 1이다. (　　)

미경이는 중 3이다. (　　)

③ 아침 조회를 하러 들어갔는데 학생들이 기마전을 하고 있다.

선생님은 직원회의 시간에 교감선생님께 공개적으로 꾸중을 들었다. (　　)

선생님은 어제 운전시험에 합격을 하여 기분이 좋았다. (　　)

④ 학생들이 이야기해 달라고 조른다.

수업 전 좋은 책을 읽어, 해 주고 싶은 이야기가 있다. (　　)

좋은 이야기 거리가 없어 난감하다. (　　)

⑤ 학생들이 농구를 하고 있다.

운동장에서 농구를 하고 있다. (　　)

교실에서 농구를 하고 있다. (　　)

⑥ 학생들이 껌을 씹고 있다.

수업 중에 껌을 씹고 있다. (　　)

소풍 때 야외에서 씹고 있다. (　　)

네모꼴 수용도식의 완성

「네모꼴 수용도식」을 잘 이해한다는 것은 학생과 교사의 관계를 선명하게 이해하고 대응하는데 많은 도움을 줄 수 있다.

직사각형 아래 부분에 놓이는 행동은 교사의 욕구를 방해하며 욕구좌절이나 불만, 노여움을 일으킨다. 학생은 아무렇지도 않은 문제를 교사가 답답하게 생각하는 것이기 때문에 교사가 문제를 소유한다.

그러나 반대로 교사에게는 아무 문제도, 학생들이 슬픔이나 괴로움을 경험하는 경우는 학생이 문제를 소유한 것이다.

그럼 학생이나 교사 모두에게 아무 문제가 되지 않는 경우는 없는가?

그런 경우도 있다. 갈등이 없는 경우로 엄밀히 학생 문제 영역도 교사문제 영역도 아닌 문제없음 영역이 생기게 된다.

「네모꼴 수용도식」을 다시 정리하며 〈그림 5〉와 같이 된다.

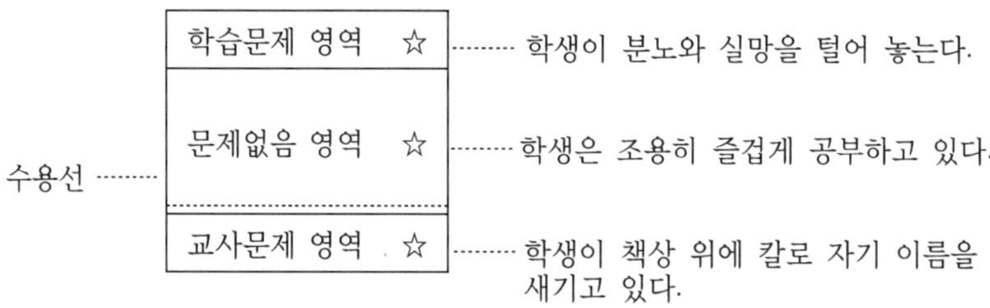

〈그림 5〉

문제 소유 개념은 문제를 해결하는데 중요한 열쇠이다.

그 문제를 어떤 영역에 배치하느냐에 따라 대응하는 기술과 방법이 달라진다.

학생 문제는 도와 주는 기술로, 교사문제는 도움을 받는 기술로 대응하는 것이다.

우선, 교사에게 문제가 있는지의 여부를 알아보기 위해서는 다음과 같은 자기 반영을 하면 좋다.

"이 학생의 행동이 나에게 실질적이고 구체적으로 어떤 영향을 끼치지?

그 행동으로 방해받는 내 욕구는 무엇이지?"라는 자기 반영에 "그래 이러이러하기 때문에 화가 나!"하는 답이 나오면 그 학생의 행동은 교사 문제 영역에 속하는 것이다.

그러나 "실제 문제되지도 않는 것을 내가 생각한 대로, 혹은 바라는 대로 행동해 주기를 원하는 이유만으로 그 행동을 거부하고 있는 것"이라면 그것은 학생 문제 영역에 속하는 문제이다.

그리고 문제없음 영역은 학습영역이라고도 한다.

즉 교사가 학습활동을 할 수 있는 영역이기 때문에 교사들은 수용선을 낮추면서 학생들의 행동을 이해하며 받아들이고 학생들은 자신의 고민을 해결해 나가면서 학생문제 영역을 좀더 나가면, 자연적으로 문제없음 영역이 넓어져 효과적인 학습시간이 되는 것이다.

▣ 실습문제 2－2 ▣

네모꼴 수용도식을 모두 공부하였다.

이제는 구체적으로 다음과 같은 상황을 어떤 영역에 넣을 것인지 공부하여 보자.

아래 상황의 번호를 학습문제 영역, 문제없음(학습)영역, 교사문제 영역으로 나누어 배치한 그림을 발표해 보자. 정답은 없다.

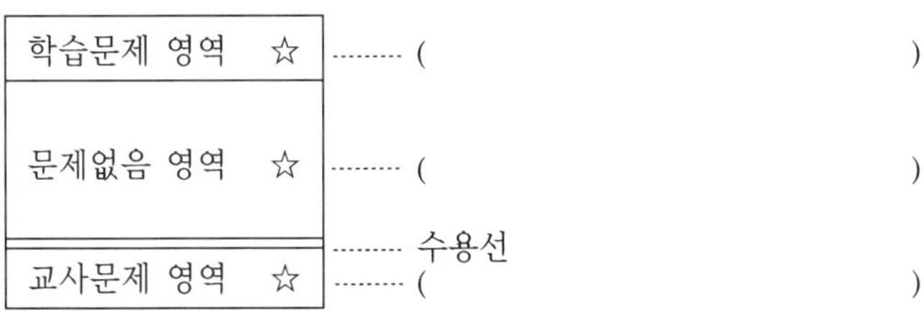

〈그림 6〉

① 영선이는 기말 고사를 망칠까 바 두렵다고 한다.

② 기영이는 하기로 약속한 화장실 청소를 며칠 째 안하고 도망쳤다.

③ 아름이는 교실에서 감기약을 먹으며 쓰다고 운다.

④ 영선이는 성적표가 나쁘게 나왔다고 짜증을 내고 앉아 있다.

⑤ 기영이는 오늘까지 제출해야 할 입학 원서에 붙일 증명 사진을 안 가지고 왔다.

⑥ 영선이가 문제를 풀면서 콧노래를 부르고 있다.

⑦ 아름이가 비오는 날 밖에서 놀고, 흙묻은 신발을 신은 채 들어 왔다.

⑧ 영선이는 기영이의 머리 스타일이 너무 촌스럽다고 쫓아다니면서 놀린다.

⑨ 아름이가 껌을 씹으며 내 수업을 듣고 있다.

⑩ 기영이는 수업을 꼭 시작한 후 교실 문을 덜컹 열고 들어 온다.

▣ 실습문제 2-3 ▣

실습문제 1-3에서 발표하였던 학생들의 구체적 행동을 한 장의 종이에 정리한 다음「네모꼴 수용도식」으로 정리하여, 그 문제가 누구의 문제인가를 밝혀 보자.

각 영역에 배치된 문제들을 어떻게 해결해 나갈 것인가를 다음에서 배운다.

(1) 학생문제 영역
(2) 문제없음 영역(학습영역)
(3) 교사문제 영역(거부영역)

3. 대화의 방해 요소

(의사소통 걸림돌)

인간 관계는 대화로 연결된다. 우리들이 일상적으로 사용하고 있는 말에는 대화를 촉진하여 진실한 이해에 이르게 하는 것도 있지만, 오히려 대화를 방해하고 오해나 갈등을 일으키는 것도 있다.

어떤 문제를 가지고 있는 학생들에게 때로는 성급하게 해결책을 주려고 하거나, 잘 듣기 보다는 하고 싶은 말만하면서 상대방을 무력하게 만들기도 한다.

또 심리적으로 좌절감이나 저항감을 일으키는 말도 곧잘 쓰게 된다.

여기에서는 어떤 문제로 고민이 있는 학생이 자신의 문제를 언어나 표정 등의 비언어적으로 표현한 정보를 교사가 받았을 때, 교사인 내가 어떻게 반응해 왔는가를 집중적으로 살펴보고, 효과적으로 대응하는 방법을 찾아 나가고자 한다.

▣ 실습문제 3－1 ▣

최근 경험 가운데, 교사로서 다루기 곤란하였던 학생과의 대화 상황을 생각해 보자.

상대 학생은 누구인가？ 대화 내용은 무엇이었는가？

대화 상대자 :

____

다루기 곤란하였던 문제 :

____

대화 과정 :

____

■ 실습문제 3-2 ■

두 명이 한 조가 되어 한 사람은 학생, 다른 한 사람은 교사가 되어 〈상황 1〉〈상황 2〉에서 어떻게 할까 대화해 보고, 다른 사람들은 두 사람이 대화하는 내용을 들어 본다. 참가한 모든 사람이 한 번씩은 해 본다.

녹음기가 준비되면 녹음을 하면서 들어 보자. (실습문제 3-4에서 방해하고 있다)

상황 1

미술시간이었는데 한 학생이 준비물을 가지고 오지 않았다.

그 학생이 자꾸 돌아다니면서 다른 아이 학습을 방해하고 있다.

상황 2

교실에서 실내화를 신기로 되어 있는 규칙을 어기고, 자주 신발을 신는 학생이 오늘도 또 신발을 신고 아무 일도 없다는 듯이 나에게 인사를 한 후, 내 앞을 지나가고 있다.

■ 실습문제 3-3 ■

다음과 같은 상황에 당신은 어떻게 대응하겠는가? 맨 처음 어떤 말을 하게 될지 문장으로 적어 보자.

(1) 고 2 남학생 :

"학교 오기 싫어요! 수업은 따분하고 지루해요. 대학 진학은 안 할래요. 뭐 대학 나오고도 취직 못하는 사람이 많다면서요? 저, 그런데 관심 없어요."

교사 반응 : ______________________________

____

(2) 중 1 여학생 :

"나는 귀엽게 생긴 모범생이고 공부도 잘 하잖아요? 그런데 학교에서는 친구들이 왜 나를 싫어하는지 모르겠어요. 나는 걔들에게 잘 해 줄려고 무척 노력하는데도 애들은 나를 따돌리기만 해요. 저는 지금의 내가 싫어요."

교사 반응 : ______________________________

____

(3) 국 2 남학생 :

"내가 먼저 싸움 건거 아니란 말예요! 선생님은 알지도 못하시면서 괜히 저만 야단치고, 반장은 한 번도 야단 안 치시면서…… 선생님은 너무 사람 차별을 하셔요!"

교사 반응 : ______________________________

____

모두 적었으면 돌아가면서 자신이 적은 것을 읽는다.

(1)번을 각자가 모두 발표하고, 다음은 (2)번, 다음은 (3)번 순으로 진행한다.

다 끝나면 서로 느낌을 교환한다.

의사소통 걸림돌

여기에서 제시하는 12가지 '도움을 주려는 노력들'은 학생들의 문제를 도와줄 수 있을 뿐 아니라 대화의 걸림돌로 작용하여 대화가 단절되고, 원만한 인간관계 형성에도 도움이 안 된다.

예를 들어, 한 중학교 여학생이 "선생님, 미경이가 나와 절교하자고 했어요." 이 때 교사가 "내 생각에는 네가 그 친구에게 좀더 잘 해 주었더라면 이런 일은 일어나지 않았을 거야. 네가 먼저 가서 사과하면 어떨까?"라고 말하면, 학생은 다음과 같은 의미로 짐작하여 받아들일지도 모른다.

"너는 비난받아 마땅해."

"네가 무엇인가 잘못 했어."

"너는 사물을 바르게 보지 못하고 있어."

"너는 좋은 친구가 아니야."

"너는 나만큼 현명하지 못해."

"너는 친구도 제대로 사귀지 못하니?"

이런 오해가 생기는 것을 막기 위하여 우리가 흔히 쓰고 있는 대화의 걸림돌에 대해서 알아보자.

(1) 명령, 강요

"너는 반드시", "너는 꼭"

"~해야 할 것이다."

· 공포감이나 심한 저항을 유발시킨다.

· 저지당하는 것을 시도해 보도록 만든다.

· 반항적인 행동, 말대꾸를 증가시킨다.

(2) 경고, 위협

"만약 ~하지 않으면, 그 때는……"

"……하는 게 좋을 걸, 그렇지 않으면……."

· 공포감, 복종을 유발시킬 수 있다.

· 위협받는 결과를 시험하게 만든다.

(3) 훈계, 설교

"너는 ……해야만 한다."

"……하는 것이 너의 책임이야."

· 의무감이나 죄책감을 일으킨다.

· 자기 입장을 고집하고 방어하게 한다.

(4) 충고, 해결방법 제시

"내가 말하고자 하는 것은……."

"……하는 게 어떻겠니?"

"내가 너에게 충고하자면……."

- 학생의 자율적 문제해결책을 방해한다.
- 의존성이나 저항을 유발시킬 수 있다.

(5) 논리적 설득, 논쟁

"네가 왜 틀렸냐 하면"

"문제가 되는 것은"

- 방어적 자세와 반론을 유발시킨다.
- 학생들에게 열등감, 무력감을 느끼게 한다.

(6) 비평, 비난, 비판

"넌, 신중하게 생각하지 않아……."

"너는 게을러서……."

- 무능력하다고 어리석고 형편없이 판단한다
- 말대꾸를 유발한다(그래 나는 나빠. 그럼 너는 뭐 그리 잘났어?)

(7) 칭찬, 찬성

"야, 너 참 잘했다."

"내가 맞아."

- 선심 쓰는 것처럼 보인다.
- 칭찬받지 못할 행동으로 불안감이 생긴다.
- 칭찬받고자 억지로 행동한다.

(8) 욕설, 조롱

"이 울보야."

"그래 너 잘났구나!"

· 자신이 가치없는 인간으로 비하한다.

· 자아정체감 형성에 악영향을 미친다.

· 종종 말대꾸를 유발한다.

(9) **분석, 진단**

"무엇이 잘못되었느냐 하면……."

"내가 진정 말하려는 것은 그것이 아니지."

"아마 너는 단지 회피하고 싶은 것이야."

· 위협과 좌절을 줄 수 있다.

· 학생은 궁지에 몰리고 불신을 느낀다.

· 교사의 왜곡에 두려움을 느끼며 항의한다.

(10) **동정, 위로**

"걱정하지마."

"앞으로 좋아질 꺼야."

"기운 내!"

· 교사에게 이해받지 못하다고 느낀다.

· 강한 적개심을 나타낼 수 있다(말이야 쉽지).

· '공연한 걱정'을 한다는 인식을 준다.

(11) **캐묻기와 질문**

"왜?", "누가"

"무슨 일이 있었니?"

· 회피하거나 거짓말을 한다.

· 혼란에 빠져 두려워한다.

· 문제의 초점을 흐리고 방향을 잃게 된다.

(12) 화제바꾸기, 빈정거림, 후퇴

"즐거운 이야기나 하자."

"그래, 세상일에 다 개입해 보시지."

· 회피하는 방법을 암시하게 된다.

· 쓸모없는 문제라는 느낌을 준다.

· 학생이 어려움이 있을 때 찾아오지 않는다.

▣ 실습문제 3－4 ▣

실습문제 3－4와 실습문제 3－3에서 자신이 반응한 것은 어떤 걸림돌을 사용한 것인지 평가해 본다.

그리고 자신은 주로 대화에서 어떤 걸림돌을 사용하는가 관찰하여 보자.

실습에서 녹음한 것을 다시 들으면서 대화 과정을 분석해 보자.

▣ 실습문제 3－5 ▣

직접 의사소통 걸림돌을 사용하면 어떤 느낌을 받는지 경험하여 보자.

우선 다음과 같은 말을 학생이 할 때 어떻게 할 것인가?

학생의 말 : "선생님, 교실이 너무 더워서 짜증이 나요."

교사 반응 : ______________________________

____

참가자가 돌아가면서 학생의 말을 하고, 교사 역할을 한 사람 정하여 아래 내용의 이야기를 학생 역할을 하는 사람에게 해 준다. 실습할 때 실감나게 서로 얼굴을 마주 보고 실제 교실 상황으로 대화를 한다. 이 때 아래의 말을 들은 사람은 그 말을 듣는 순간 되돌려 주고 싶은 말로 대응한다. 다 끝나면 돌아가면서 느낌을 발표한다.

학생 : 선생님 교실이 너무 더워서 짜증이 나요.

교사 : 더운 것 신경 쓰지 말고 공부나 해!

학생 : 신경 쓰고 싶어서 신경 쓰나?

① 더운 것 신경 쓰지 말고 공부나 해!

② 자꾸 그런 얘기로 수업 방해하면 너 내 보낼꺼야.

③ 올 여름 전기사용이 너무 많을 것으로 예상된다는데, 우리는 지금 애국하는거야.

④ 덥다고? 집에서 시원하게 있지 뭐하러 학교 왔냐?

⑤ 지구가 점점 더워지고 있데. 최후까지 살아 남으려면 이 정도는 아무것도 아니야.

⑥ 너처럼 불평 많은 아이는 처음 본다!

⑦ 온도에 민감한 것을 보니 학습에 대한 열의도 높겠는데? 기대해 보겠어.

⑧ 이 정도 더위도 못 참는 사람이 무슨 공부를 하냐.

⑨ 어머 그래. 덥구나. 선풍기를 하나 살까?

⑩ 아침에 화통을 삶아 먹었나보군. 이 정도로 덥다고 하는 걸 보니.

⑪ 저런 가엾어라. 그렇게 짜증이 나는데 잘도 참았군.

⑫ 더위에 무척 약한데. 그럴 만한 이유라도 있니?

▣ 실습문제 3-6 ▣

실제 아이들은 교사의 반응을 듣고 직접 말로 대응하기는 어렵다.

그렇지만 그들은 마음 속으로 하고 싶은 말들을 삼키고, 그런 기억을 오래 하며 차츰차츰 체념하고, 교사 곁을 떠나는 것은 아닐까?

평소 자신이 많이 사용하는 말을 5가지씩 적어 보고, 그 말을 듣는 학생들의 기분을 짐작해 보고 발표해 보자.

교사의 일상용어 : "몇 번 말해야 알아듣겠니?"

학생들의 느낌 : "어휴 지겨워 또 저 소리!"

(1) 일상용어 학생들의 느낌

________________ ________________

(2) 일상용어　　　　　　학생들의 느낌

________________　　________________

(3) 일상용어　　　　　　학생들의 느낌

________________　　________________

4. 반영적 경청(적극적 경청)

학생이 문제를 소유하였을 때, 즉「네모꼴 수용도식」에서 제일 위쪽은 학생이 어떤 이유든 괴로움을 표현하는 것이다.

학생들이 문제를 소유하고 있을 때, 교사들이 학생들을 적극적으로 도와주는 기술은 "반영적 경청"이다. 경청하는 것만으로 학생의 문제를 도와줄 수 있다는 것은 믿기 어려운 사실이다. 그러나 경청은 고민하는 사람으로 하여금 무엇이 문제인지 말하게 하고, 그의 감정과 정서를 정화시켜 주고, 자신의 문제를 책임지게 하고, 자기 자신의 깊고 근본적인 감정을 탐색하게 촉진시켜 준다.

그래서 여기서는 문제를 가지고 있는 학생에게 어떤 방법으로 대응하는 것이 효과적인가를 훈련하고자 한다.

반영적 경청

한 학생이 "오늘 수업 다 하나요?"하고 물을 때, 그 학생이 그 말을 한 의도를 생각해 보면 공연히 그런 말을 하지 않았을 것이다.

어떤 행동이든 다 목적이 있는 것이니까 말이다. 그 학생의 마음 속에는 무엇인가 충족되지 않은 욕구가 있음을 알 수 있다. 즉 마음의 평화가 깨지고 있음을 마음 밖으로 내보내는 것이다. 이 때 표현하는 수단은 언어일 수 있지만, 비언어적인 반응으로도 표현한다.

학생들은 깨어진 마음의 평화를 세세히 표현할 수 없기 때문에 아주 간단하게 "오늘 수업 다 하나요?"하고 묻게 되는 것이다.

이 때 교사가 "무슨 얘기니?"혹은 "쓸데없는 말하면 혼날 줄 알아"라고 반응하면 그 학생의 감정은 많은 상처를 입는다.

교사는 여기서 그 말을 들으면서 느꼈던 자기 기분을 접어 놓고, "이 아이가 왜 이런 말을 할까"를 생각하면서 접근하면, 다음과 같이 말을 할 수 있다.

그러면 학생은 자신이 교사에게 이해받고 있다고 느끼면서 속상한 감정을 정리할 수 있다.

"오늘 수업 다 하나요?"

고통 ———— "짜증이 나는 구나."

학생마음 교사 추측(생각)

"수업을 다해야 한다고 생각하니, 짜증이 나는구나?"

반영적 경청은 내용반영과 느낌 반영으로 구체적인 반응 공식은 다음과 같다.

공식 : ① 당신(너)은 …내용…(학생이 한 말, 행동)하군요(하구나) ② 당신(너)은 …내용…(학생이 한 말, 행동)때문에…느낌…하군요(하구나)

■ 실습문제 4-1 ■

두 명이 한 조가 되어 서로의 이야기를 들어 준다.

우선 학생 역을 할 사람은 귀를 막게 하고, 교사 역을 하는 사람에게 역할을 준다.

학생 역 : 자신의 고민을 이야기한다.

교사 역 : 잘 들어주다가 상대방의 이야기가 절정에 이르면 의도적으로 다른 짓을 한다.

적당한 시간 (약 5분)이 지나면 마치고, 상대방의 느낌을 들어 본다.

느낌 나누기를 하면서 평소 자신이 학생들의 이야기를 이런 식으로 듣고 있지는 않은지 생각해 본다.

▣ 실습문제 4-2 ▣

다음을 읽으면서 올바르게 반영한 것을 골라 보고, 반영적 경청의 기술을 익혀 보자.

(1) 학생 : 나도 민경이처럼 때때로 감기 좀 걸렸으면 좋겠어. 그 애는 운이 좋았어.

교사 : a 별 것을 다 부러워하네. 그런 말하면 못 써.
b 너도 아팠으면 하는 기분이 드는구나.
c 너는 민경이를 부러워하는구나.

(2) 학생 : 그래요, 그애는 결석을 하게 되었지만 난 안 되잖아요.

교사 : a 너도 가끔은 학교에 안나오고 싶은게로구나.
b 너는 그 아이가 더 잘 학교에 나오길 바라는구나.
c 너는 그 아이가 학교에서 혼나길 바라는구나.

(3) 학생 : 그래요, 나도 매일매일 학교에 오고 싶지 않거든요. 이제 싫증이 났어요.

교사 : a 그러나 학교는 다녀야만 하는 곳인 줄은 알겠지?
b 그런데 넌 대체로 잘 적응하는 것 같은데……
c 학교에 오는 것이 싫증이 나서 학교 오고 싶지 않은 날도

있다는 것이구나.

(4) 학생 : 저는 가끔 학교에 오는 것이 지겨워져요.

교사 : a 그럼 어떻게 되는 줄 알기나 하니?

b 음, 학교 오기가 싫다는 것 같지는 않구 다만 가끔 지겹다는거구나.

c 웃기네 언제나 그랬잖아.

(5) 학생 : 맞아요. 숙제도 싫고 수업시간도 재미없고, 선생님은 다 싫어요.

교사 : a 무슨 일이 있었구나.

b 그런 부정적인 태도로 무슨 공부를 하겠니?

c 넌 지금 학교와 관련된 모든 것이 싫은게로구나.

(6) 학생 : 선생님이 모두 싫은 것은 아니예요. 단지 두 분, 그 중에서도 한 선생님은 정말 견딜 수 없어요.

교사 : a 나까지 싫지는 않구나.

b 아! 특별히 싫어할 만한 선생님은 한 분이구나.

c 누구를 싫어한다면 아마 상대방도 네가 미울꺼야. 그런 생각 안해 보았니?

(7) 학생 : 그 미술선생님 있잖아요. 꼴도 보기 싫은데 1년이나 보아야 해요.

교사 : a 좋아하지 않는 선생님이 담임이 되어 속상하구나.

b 난 그 선생님 괜찮아 보이던데!

c 무슨 일이 있으신지도 모르잖아. 네가 잘 적응해 봐.

(8) 학생 : 전 그 선생님을 어떻게 참아야 할지 모르겠어요. 끊임없는 잔소리……

사사건건 '공부를 잘하려면' 시리즈를 외워요. 어휴 역겨워요.

교사 : a 공부를 잘하는 것은 나쁜 것이 아니잖니.

b 넌 그 선생님의 얘기가 잔소리로 들려 너무 싫다는 것이구나.

c 듣고 보니 오히려 감사해야겠다. 괜히 공부하기 싫으니까 그렇지 ?

(9) 학생 : 그 선생님 과목을 '수'를 받는다는 것은 거의 불가능해요. 천재이거나 귀여움받는 아이가 아닌이상은요.

교사 : a '수'를 받을 가능성이 없어. 해 보지도 않고 패배한 느낌을 갖는구나.

b 미술 그거 점수 안나오면 어때. 너 영어 잘하잖아 영어 열심히 해.

c 그런 문제 신경 쓸 시간에 공부를 더 하겠다.

(10) 학생 : 그 선생님에게 귀여움받는 아이가 되지 않을꺼예요. 다른 애들은 그런 애들을 싫어하거든요. 그런데 난 애들과 잘 지내는 방법을 모르겠어요.(침묵) 애들이 나를 좋아하지 않는 느낌을 받거든요.(눈물)

교사 : a 넌 선생님 문제보다는 아이들이 너를 좋아하지 않는 것 같아 더 속상하구나.

b 그런 문제 신경 쓰지 말고 공부나 열심히 해.

c 그런 일로 울다니 이제 보니 울보잖아.

(11) 학생 : 우리 반에 같이 놀고 싶은 애가 있는데, 어떻게 그 집단에 들어가야 할지 모르겠어요.

교사 : a 그 애들 몰려다니는 것 나는 안 좋아 보이더라.

b 넌 그 집단에 소속되고 싶은데 어떻게 해야 할지 몰라 괴롭

다는 얘기구나.

c 공부만 잘 해봐. 그 애들이 너에게 접근하지.

(12) 학생 : 전 아이들이 어떻게 그 집단에 들어갔는지 모르겠어요. 그 애들이 모두 잘난 것도, 공부를 다 잘하는 것도 아니거든요.

교사 : a 넌 그 집단에 끼어 들어가기 위해 무엇이 필요한지 궁금해하고 있구나.

b 참 별 걱정 다 하는군. 야 그만 두고 떡볶이나 먹자.

c 넌 생각을 많이 하는 것이 장점이면서 단점이야.

▣ 실습문제 4－3 ▣

학생이 다음과 같은 말을 하였을 때 학생은 무슨 감정을 가지고 있을까. 가능한 많은 감정을 추측하여 보자.

그리고 그 감정의 하나를 이용하여 반영적 경청을 연습하여 보자.

학생 : "정말로 곧 시험을 봅니까?"

느낌 : 걱정스러움, 두려움, 불안함, 초조함……

반영적 경청 : 시험을 곧 보게 될까봐 무척 걱정이 되는구나?

시험을 곧 치르게 되면 잘 볼 수 있을까 두렵구나?

(1) 선생님, 우리 부모님은 왜 우리 삼형제만 두고 돌아가셔야 했지요?

느낌 : ______________________________

반영적 경청 : ______________________________

(2) 어떤 때는 엄마, 아빠가 화나신 것 같으면 숨어버리고 싶어요.

느낌 : ______________________________

반영적 경청 : ______________________________

(3) 엄마에게 성적이 떨어진 것을 어떻게 말씀드려야 할지 모르겠어요.

느낌 : ______________________________

반영적 경청 : ______________________________

(4) 나는 밴드부에서 탈퇴하고 싶어요. 글쎄, 그 답답한 밴드 선생님은 우리가 연습 이외에는 아무것도 할 일이 없는 줄 알고 있거든요.

느낌 : ______________________________

반영적 경청 : ______________________________

(5) 만일 할아버지가 내 머리 모양에 대해 한 마디만 더 하시면, 한바탕 해댈거예요.

느낌 : ______________________________

반영적 경청 : ______________________________

(6) 영어 선생님은 불공평해. 내가 질문을 하면 받아 주지도 않으면서 여자 애들이 질문을 하면 대답을 잘해줘.

느낌 : ______________________________

반영적 경청 : ______________________________

(7) 시험도 끝나고, 답답한 마음을 달래려고 롤러 스케이트장 한번 간 것을 가지고 선생님은 너무하셔요.

느낌 : ______________________________

반영적 경청 : ______________________________

(8) 전 담임한테 찍혔어요. 잘 보이고 싶었는데 이상하게 일이 꼬여요. 이제 5월인데 언제나 시간이 다 갈지…… 휴우, 빨리 3학년이 되었으면 좋겠어요.

느낌 : ______________________________

반영적 경청 : ______________________________

감정의 이해

공포감 : 위험하거나 위협적인 상황을 느끼면서 그것을 피할 방법을 모를 때 유발된다.

불안감 : 공포의 원인 혹은 원천을 모를 때 우발되는 공포의 일반적인 상태라고 할 수 있다. 즉 어떤 사람이 불편함을 느끼면서도 그 원천을 모르는 상태를 말하며 일정한 대상이 없이 전반적으로 걱정이 많은 상태이다.

기쁨 : 바라던 목표가 달성되었을 때 생기는 것으로 그 강도는 목표의 중요성, 획득 과정에서의 어려움, 획득의 우연성에서 결정된다.

분노 : 분노는 목표달성과 관련이 있으며, 목표획득을 좌절시키는 사람과 사물에 의해 유발된다. 공포, 기쁨, 분노를 기본적 정서라 하며, 일반적으로 목표달성과 관련되어 있다.

성공감과 실패감 : 자기의 수행 결과를 자기 기대와 비교해 볼 때 생긴다.

자긍심과 수치심 : 자기의 행위가 자기의 기대에 어떻게 미치는가를 평가하여 자기를 좋게 혹은 나쁘게 지각할 때 생긴다.

죄책감 : 수치심과는 다른 것으로 수치감이 바른 행동을 달성할 능력이 없어서 유발되는데 반하여 죄책감은 자기 행동이 잘못 되었거나 비도덕적인 것으로 지각되었을 때 유발된다.

사랑 : 타인에게 이끌리고, 상대방을 위해 변하고 싶은 욕망을 느낄 때 생긴다.

증오 : 타인을 싫어할 뿐 아니라, 그 대상을 파괴하고 싶은 욕망이 있는 정서이다.

질투 : 사랑하는 사람이 타인에게 애정을 준다고 느낄 때 생긴다.

시기 : 자신이 바라는 어떤 것을 타인이 소유하고 있다고 지각할 때에 생긴다.

▣ 실습문제 4－6 ▣

반영적 경청을 하면 어떤 느낌이 드는지, 실시한 경험을 토대로 좋은 점이나 실수한 경험, 또는 사용이 어려웠던 경험을 중심으로 이야기 나누어 보자.

5. 나－전달법

부모들은 만나면 '아이 공부 잘해요?'하고 묻듯이, 교사들은 만나면 '학생들이 속 안 썩여?'하고 묻는다. 그 만큼 교사들은 학생들이 말을 안 들어 속상해 한다.

지금까지 교사는 반영적 경청으로 학생들이 문제를 소유하고 있을 때, 권위적인 교사의 자세를 버리고 그들과 고통을 함께 하는 자세로 감정을 받아 주었다.

그렇지만 교육 현장에서는 이 방법만으로는 갈등을 풀 수 없는 경우가 많다.

즉 반영적 경청은 교사의 감정은 완전히 배제하고 학생들 중심으로 감정을 받아주는 방법이다. 그러나 교사가 늘 전지전능한 신처럼 화도 안내고, 학생들을 지도할 수는 없는 것이다.

따라서 이번에는 학생이 교사에게 문제를 일으켜 어떤 형태로든 교사가 불평을 겪고 있을 때, 문제를 소유한 교사가 문제를 해결하는 기술인 「나－전달법」을 다루고자 한다.

나－전달법

문제 상황에서 학생 보다 교사가 더 괴롭고 불편을 느껴 분노하고, 정신이 산란하고 심난한 경험을 하는 경우가 종종 있다.

이런 경우에는 교사가 문제를 소유한 것인데 흔히 교사들은 「너－전달법」을 사용한다.

「너－전달법」으로는 효과적으로 대화할 수 없지만, 자기의 마음과 감정을 솔직히 표현하는 「나－전달법」은 교사의 어려움을 학생에게 전하고 도움을 요청할 수 있다.

너－전달법과 나－전달법을 비교하여 보자.

너－전달법	나－전달법
"네가 이 문제를 나에게 가지고 온 것은 잘한 일이야."	"네가 이 문제를 나에게 의논하러 와서 기분이 좋아."
"왜? 내가 말한 것이 말 같지 않니?"	"내가 네게 말할 때, 아무 대답없이 쳐다보기만 하니까 무시당하는 기분이 들어."
"너는 참 착하고 용감한 애야."	"네가 나의 말을 들어 주니까 일이 빨리 끝나 기분이 좋구나."
"너희들은 강아지띠니? 왜 매일 교실에서 뛰는거야?"	"너희들이 교실에서 뛰니까 난 정신이 없고, 먼지가 나서 목이 아픈데."

나－전달법의 3가지 구성요소

나－전달법 공식

학생의 구체적 행동의 표현 …… 결과(명백, 구체적인 것) …… 교사(나)의 느낌표현

_____A_____ _____B_____ _____C_____

A : 학생의 구체적 행동표현 : 문제가 되는 학생의 행동과 상황을 구체적으로 말한다.

이 때 어떤 평가, 비판 비난의 의미를 담지 말고, 객관적인 사실만을 말하는 것이 좋다.

① 네가 문을 잠그지 않고 귀가할 때

② 네가 통로에 발을 내놓고 있으면

③ 난 책상이 정돈되어 있지도 않고, 바닥에 휴지가 떨어져 있으면

B : 행동의 구체적 결과 : 학생의 행동이 자신에게 미친 영향을 구체적으로 말한다.

① 가끔 내 물건을 도난 당하지

② 내가 발에 걸려 넘어지기 쉽고

③ 수업 준비가 안된 것 같고, 나를 무시하는 것 같아서

C : 교사의 느낌 : 행동의 구체적 결과로 생겨난 감정을 솔직히 말한다.

① 그러면 당황되고 또 다시 사야하니까 속상해.

② 그리고 넘어지면 다칠까 걱정이 되거든.

③ 학교를 그만 두고 싶을 정도로 우울해져.

종합

① 네가 문을 잠그지 않고 귀가할 때, 가끔 내 물건을 도난 당하지. 그러면 당황되고, 또 다시 사야 되니까 속상해.

② 네가 통로에 발을 내놓고 있으면 내가 발에 걸려 넘어지기 쉽고 그리고 넘어지면 다칠까봐 걱정이 되거든.

③ 난 책상이 정돈되어 있지도 않고, 바닥에 휴지가 떨어져 있으면 수업 준비가 안된 것 같고, 나를 무시하는 것 같아서 선생을 그만 두고 싶을 정도로 우울해져.

▣ 실습문제 5－1 ▣

교실에서 일어나는 상황을 다음과 같이 표현할 때, 그 문장은 각기 무엇을 의미하는지 ( )속에 학생의 구체적 행동 A, 행동의 결과 B, 교사의 느낌 C 등을 적어 놓아 보자.

(1) 네가 책상 위에서 뛰면(　　) 나는 걱정이 되는데……(　　)

그 의자가 망가지면 바꾸어 와야 하고 (　　), 아저씨들이 그것을 고칠 때 선생님이 학생지도를 잘못했다고 비난할까봐 두렵거든(　　).

(2) 내가 수업을 시작하고 나서 네가 들어오면(　　), 나는 수업을 중단해야 하기 때문에(　　)짜증이 나(　　).

(3) 자전거를 차고 앞에 놓아두면(　　), 나는 차를 넣을 수 없어서(　　) 내가 차에서 내려서 자전거를 치워야 하므로(　　) 정말 짜증나(　　).

(4) 나는 네가 친구와 싸우는 것을 보면(　　), 겁이나 죽겠어(　　).

왜냐하면 서로 다치기라도 하면 병원에 가야하고(　　), 교감선생님께 싫은 소리를 듣게 될까봐 두렵거든(　　).

(5) 교실에서 휴지가 여기저기 떨어져 있으면(　　), 거기에 신경이 쓰여서(　　) 공부를 하기 싫어지는데……(　　).

■ 실습문제 5-2 ■

다음과 같은 상황에서 학생의 행동 결과가 나에게 혹은 타인에게 미치는 구체적 영향이 무엇인지 생각해 보자. 그리고 그로 인하여 생기는 내 감정은 무엇인가를 찾아 「나-전달법」으로 표현해 보자.

(1) 수업 시간에 선생님이 수업을 하고 있는데 학생이 껌을 씹으며 짝이랑 떠들고 있다.

구체적 행동의 표현 : ________________________

행동의 결과 : ____________ 교사의 느낌 : ____________

나-전달법 : ________________________

(2) 수업시간에 자주 조는 학생이 오락실 들어가는 것을 그럴 수도 있다는 생각으로 몇 번 못 본 척 넘어 갔다. 그런데 오늘 담배 피는 것을 보았다. 그냥 넘어 갈 수 없다.

구체적 행동의 표현 : ______________________________

행동의 결과 : ______________ 교사의 느낌 : ____________

나-전달법 : ______________________________

(3) 내일은 소풍이다. 학생들이 모두 들떠 있다. 그러나 다가오는 중간고사 시험 진도가 걱정되어 수업을 꼭 해야 할 상황이다.

구체적 행동의 표현 : ______________________________

행동의 결과 : ______________ 교사의 느낌 : ____________

나-전달법 : ______________________________

(4) 철기는 학교를 자주 결석하는데, 어제도 결석을 하고 오늘 학교를 왔다. 일단 안심은 되지만 지적을 하고 싶다.

구체적 행동의 표현 : ______________________________

행동의 결과 : ______________ 교사의 느낌 : ____________

나-전달법 : ______________________________

(5) 민숙이는 1주일에 한 시간밖에 없는 생물 시간마다 엎드려 자고 있다.

다른 과목을 잘 하지만 생물을 잘 이해 못하여 입시에 영향을 줄지도 모른다.

구체적 행동의 표현 : ______________________________

행동의 결과 : ______________ 교사의 느낌 : ____________

나-전달법 : ______________________________

(6) 성적을 올리기로 약속한 학생이 이번 시험에서도 성적이 형편없게 나왔다. 본인은 체념을 하지만 나는 도와 주고 싶다.

구체적 행동의 표현 : ______________________________

행동의 결과 : ______________ 교사의 느낌 : ____________

나-전달법 : ____

▣ 실습문제 5-3 ▣

각자 경험하고 있는 괴로운 상황을 찾아내어 어떻게 나-전달법으로 표현할 수 있는지 연습하여 보자.

(1) 상황 : ____

구체적 행동의 표현 : ______________________________

행동의 결과 : ________________ 교사의 느낌 : ____________

나-전달법 : ____

(2) 상황 : ____

구체적 행동의 표현 : ______________________________

행동의 결과 : ________________ 교사의 느낌 : ____________

나-전달법 : ____

(3) 상황 : ____

구체적 행동의 표현 : ______________________________

행동의 결과 : ________________ 교사의 느낌 : ____________

나-전달법 : ____

주의할 점

(1) 나-전달법을 사용한 다음에는 학생의 기분을 다시 들어 보는 반영적 경청의 자세를 취하도록 한다.

〈상황〉 수업시간에 잡담하고 있는 학생에게

교사 : 수업시간에 짝이랑 이야기를 하니까 다른 학생들의 공부에 방해가 될까 봐 걱정인데……(나-전달법)

학생 : 이해가 안 가는 내용이 있어서요.

교사 : 꼭 할 이야기였는데 떠든다고 하는 얘기를 들어 기분이 상했겠구나. (반영적 경청)

(2) 학생의 행동으로 빚어진 부정적인 감정만을 강조하지 말고, 학생의 입장을 이해해 보려는 시도를 함께 표현하면 더 좋은 나-전달법이 된다.

〈상황〉 과제물을 제출하지 않은 학생에게

교사 : 네가 숙제를 제대로 해 오지 않으니까 몹시 화가 난다.

교사 : 네가 숙제를 해 오지 않아, 무슨 일이 있는지 걱정이 되었어.(좋은 반응)

(3) 학생의 행동으로 생기는 진정한 마음을 표현하도록 하여야 한다.

〈상황〉 가출한 학생이 학교에 등교한 상황에서

일반적 반응 : 화를 표현한다.

"너는 학교 다닐 생각이 있는거니? 나가서 뭐하다가 왔니?"

나-전달법 : 교사의 진정한 마음은 안심이다.

"학교에 이렇게 오니까 안심이 되는구나. 오늘도 안 나오면 걱정이 많이 되었을거야. 나쁜 일이 일어나는 것은 아닌가 하고 말야."

(4) 학생의 습관적인 행동이 문제가 되는 경우에는 나-전달법으로 해결하기보다는 반영적 경청을 하면서 앞으로 공부할 승승기법으로 해결한다.

〈상황〉 시험 준비를 항상 미루다가 시험 때가 되어서야 서두르는 학생이 성적이 오르지 않는다고 낙심하는 경우

교사 : 네가 그렇게 나오니 참으로 답답한 노릇이다.

교사 : 너와 이야기할 수 있을까?

우선 네가 생각하는 것을 구체적으로 듣고 싶군.(좋은 반응)

6. 환경적 재구성

교사 효율성 훈련은 문제없는 영역을 넓혀 나가면서 인간관계의 효율을 높이는 것이다. 그래서 학생들이 문제를 소유하고 있을 때, 교사가 도와 주는 방법으로 반영적 경청을 배웠고 교사의 문제 영역에서는 교사가 학생들에게 도와 달라고 요청하는 기술로써 나-전달법을 배웠다. 그리고 또 교사 문제 영역에서는 교사가 도움을 받을 수 있는 환경 재구성 방법이 있다.

학생들이 느끼는 문제를 줄이고 사전에 예방하거나 최소화하기 위해 환경을 재구성할 수도 있다. 교실 환경을 바꾸는 방법을 알아보자.

(1) 환경에 더해 주기(+)

1 풍요롭게 하기

학생들의 흥미를 끌 수 있는 활동 공간이나 기구 교재를 도입한다.

2 확대하기

학생들의 행동을 촉진할 수 잇도록, 활동할 수 있는 영역을 넓혀 준다.

(2) 환경을 정돈하기(−)

1 축소하기

바람직하지 못한 행동을 일으키는 자극, 또는 물리적인 요인을 정돈한다.

2 제한하기

학생들의 행동을 제한하기 위해 허용하는 일이나 활동 장소를 규제한다.

(3) 환경을 바꿔주기(c)

[1] 단순화하기

학생이 효과적이고 독립적으로 활동할 수 있도록 교실이나 특별실 환경을 바꾸어 준다.

[2] 체계화하기

학급에서 필요한 기본 원칙이나 특별실에서 필요한 행동 원칙을 학생들의 동의를 얻어내 정리한다.

[3] 재배열하기

문제가 되는 기구나 교재들을 진열하거나 저장하거나 다른 곳으로 옮겨본다.

(4) 주어지 환경을 계획하기(p)

[1] 시간표 작성하기

교실에서 학생들이 하고 싶어하는 행동을 시간을 정하여 허락한다.

[2] 정보교환하기

앞으로 일어날 일을 학생들에게 설명하여 미리 준비하도록 한다.

▣ 실습문제 6-1 ▣

교실에서 혹은 특별실에서 환경개선으로 학생들이 일으키는 악순환을 피할 수 있었던 경험은 무엇이었는지 생각해 보고 정리하여 보자.

(1) 더해주기 방법의 적용(+)	
문제점 :	해결방법 :

(2) 빼주기 방법의 적용(−)	
문제점 :	해결방법 :

(3) 바꾸어 주기 방법의 적용(c)	
문제점 :	해결방법 :

(4) 계획하기 방법의 적용(p)	
문제점 :	해결방법 :

7. 승승기법

갈등이란 무엇인가?

사람들의 행동이나 욕구가 서로 간섭을 받을 때나 서로의 가치관이 일치하지 않을 때 사람들 사이에 발생하는 싸움이나 충돌을 의미한다.

학교에서 교사와 학생들의 욕구 사이에는 많은 차이가 있다. 그래서 교사와 학생들의 갈등은 불가피하며 필연적이라고 말할 수도 있다. 간혹 훌륭한 교사는 갈등이 없는 것처럼 착각할 수 있다. 갈등은 꼭 나쁘게 작용하는 것만은 아니고, 어떻게 풀어 가느냐에 따라 더 긍정적인 관계로 나아갈 수 있는 계기가 된다. 즉 인간관계에서 갈등의 빈도보다는 해결하기 위해 사용하는 방법 등이 더 중요하다.

교사와 학생의 욕구가 부딪히는 경우, 어느 한쪽이 이기고 다른 쪽은 패배하는 승패법을 사용한다. 그래서 힘을 가진 쪽이 이기면, 패배한 쪽은 늘 자기의 욕구가 좌절되고 분노가 쌓인다. 이 장에서는 욕구 갈등을 원만하게 해결하는 무패법을 배워 보자.

승승기법

과거의 승패법을 그림으로 표시하면 다음과 같다.

제 1의 방법은 교사가 권위적인 자세로 학생이 희생하는 방법이고, 제 2의 방법은 오히려 학생이 교사에게 너무 많은 것을 요구하여 교사의 욕구가 좌절되는 경우이다.

제1의 방법(승패법) 권위형 교사 / 제2의 방법(승패법) 허용주의형 교사

■ 실습문제 7-1 ■

승패법으로 교육받고 자라난 학생들이 성격상 어떤 특징을 가지게 되는지 생각하여 보자.

* 권위형 교육의 결과 : ______________________________

____

* 허용주의형 교육의 결과 : ______________________________

____

▣ 실습문제 7－2 ▣

과거 자신의 기억 속에 교사나 부모, 형이나 선배에게 제 1, 제 2 방법으로 고통당한 기억을 생각해 보자. 그리고 그때 자신이 상대방에게 가졌던 느낌은 어떠했으며, 어떻게 행동했는가?

(1) 제1의 방법

구체적 상황	상대방에 대한 느낌	행동결과

(2) 제2의 방법

구체적 상황	상대방에 대한 느낌	행동결과

▣ 실습문제 7－3 ▣

교사나 학생의 욕구가 너무 강하여, 반영적 경청이나 나－전달법 또는 환경 재구성으로 그 갈등을 해결할 수 없다면 악순환이 일어난다.

지금까지 배운 방법으로도 해결되지 않는 문제를 아래 표에 적어 보자.

이 중에서 승승기법으로 풀 수 있는 문제는 어떤 것인지 평가해 보자. 승승기법으로 풀 수 있는 문제는 학생도 그 문제가 교사에게 괴로움을 줄 수 있다고 인정하는 문제이다.

(1) ____________________

(2) ____________________

(3) ____________________

승승기법의 전제조건

① 교사가 반영적 경청에 능숙하여야 한다.

반영적 경청으로 학생들의 발언을 촉진하여 학생의 욕구를 자연스럽게 이끌어내야 한다. 학생들은 자기의 욕구가 교사에게 이해되고, 받아들여지고 있다고 판단될 때 문제해결 논의에 적극적으로 참여한다.

② 교사가 자신의 욕구를 나－전달법을 사용하여 명확히 표현할 수 있어야 한다.

분명하고도 정직하게 자신의 감정을 전달하면서 동시에 타인의 요구를 신뢰하고 존중하여야 한다. 너－전달법으로 학생을 비난하거나 비판하고 모욕하면 학생은 승승기법 역시 승패법과 차이가 없다고 생각한다.

③ 학생들이 승승기법을 정확히 알고 있어야 한다.

학생들을 괴롭히려고 하는 것도 교사의 욕구를 관철시키려 하는 것도 아닌 전혀 새로운 방법임을 학생들이 신뢰할 수 있도록 설명하여야 한다.

④ 승승기법으로 문제로 돌아가지 않게 하려는 의지가 공유되어야 한다.

교사나 학생, 어느 쪽에서든 자신의 의견만을 관철시키려고 작정을 하면 실패하게 된다.

승승기법의 문제해결 과정

제 0단계 · 필요한 경우에는 승승기법을 설명한다.

· 문제를 해결하는데 서로 충분한 시간이 있는지 점검한다.

· 목적이 의심을 품고 있거나 오해한다면 반영적 경청을 한다.

제 1단계 · 나-전달법으로 자신의 욕구를 말한다.
· 반영적 경청으로 학생의 욕구를 말한다.
· 드러난 모든 문제를 해결책으로 제시하는 차원이 아님을 말하고 정리한다.
(문제를 정의한다 : 문제를 실제로 이해하기 쉽게 한다.)

제 2단계 (가능한 모든 해결책을 생각해 낸다.)
· 상대방에게 가능한 해결책을 생각하도록 북돋아 준다.
· 자유롭게 자신의 해결책도 내놓는다.
· '갑자기 떠오른 생각', '엉뚱한 생각'도 그대로 수용한다.
· 이 과정에서 누구의 의견이든 평가하지 않는다.

제 3단계 · 생각할 때는 정직해야 한다.
· 해결책에 대한 상대방의 만족이나 불만을 나타내는 비언어적인 단서를 찾아라.
· 실행하거나 수용할 수 있을 듯한 해결책을 지적하라.
· 반대로 수용할 수 없는 해결책도 수용할 수 있도록 노력해라.

제 4단계 · 상호 결정한 해결책을 명확하게 이해하는지 확인한다.
· 선택한 해결책을 적어 놓는다.
(상호 수용할 수 있는 해결책을 결정한다.)

제 5단계 · 필요하다면 언제 누가 무엇을 할 것인가를 정한다.
· 그 해결책에 관련된 다른 사람을 확인하여 본다.
· 약속이 잘 지켜지지 않을 때는 상대방에게 나-전달법으로 직면하라.
(그 방법을 시도해 본다.)

제 6단계 · 해결책에 잘못된 점이 나타나거나 새로운 사실이 알려지면 언제든지 자유롭게 조정한다.
· 해결 방안이 상대방이나 자신에게 어떻게 활용되고 있는지

확인하는 시간을 갖는다.
(문제가 해결되었는가 확인해 본다.)

승승기법 활용의 예

학생 : 선생님, 지금 시험 보실꺼예요?
교사 : 그러고 싶은데……
학생 : 그러면 책을 펴놓고 할 수 있게 해 주세요.
교사 : 오, 책을 보고하면 시험을 잘 치를 수 있다고 생각하는구나.
학생 : 그래요, 전에 한번 그렇게 책을 보고 하니까 쉬웠어요.
교사 : 그래, 모두 책을 펴고 시험 친 날이 있었지. 그러나 오늘은 전혀 다른 상황인데……
학생 : 한 번만 더 그렇게 해 주셔요. 이 단원은 정말 모르겠어요.
교사 : 우리는 서로 문제를 가지고 있구나. 우리 서로 만족할 만한 해결책이 필요해. 난이 시험을 책을 보게 할 수는 없거든. 실제로 기계 조작 방법을 알고 있는지 확인하고 싶거든.
학생 : 그러시겠죠.
교사 : 너의 문제는 무엇이지? 한번 써 볼까?
학생 : 그게 무슨 뜻이지요? 하지 않으면 안 돼나요?
교사 : 우리 둘이 힘을 합쳐 해결 방법을 찾아보자는 거야.
학생 : 그거야 어렵지 않지요.
교사 : 좋아, 너는 이 단원은 잘 이해가 가지 않아 책을 보고하고 싶다는 것이지. 맞니?
학생 : 예, 그래요.
교사 : 그러면 대안을 생각해 보자. 네 생각은?
학생 : 책을 보고 시험을 치르고 싶은데 선생님이 싫다고 하셨잖아요.
교사 : 그래 그것도 검토해 볼 만한 제안이지. 그것말고는 다른 방법은

없니?

학생 : 없는데요.

교사 : 여러 가지 생각나는 대로 말하다 보면, 서로 만족하는 좋은 방법이 떠오를 거야.

학생 : 알았습니다.

교사 : 이런 것은 어떨까? 먼저 예상문제를 풀어보는 거야.

학생 : 그것은 점수에 안 넣으실 것인가요?

교사 : 성적에 넣지는 않고, 모르는 부분을 정확히 알게 되겠지.

학생 : 예, 그게 좋겠어요. 충분한 시간 약 20분 정도를 주시면요.

교사 : 또 다른 생각은 없니?

학생 : 전 지금까지 얘기한 것 중 한두 가지가 마음에 드는데요.

교사 : 그러면 한번 얘기된 것을 적어 보자.

ㄱ. 책을 보고 시험 치른다.

ㄴ. 예상 문제를 먼저 풀어 본다.

ㄷ. 시험볼 부분을 다시 읽어 본다.

ㄹ. 충분한 시간(약 20분 정도)을 정한다.

학생 : 저는 ㄱ, ㄷ, ㄹ이 좋은데요.

교사 : 그러면 한 가지씩 검토해 보자.

ㄱ은 실제로 네가 알고 있는지 모르고 있는지 판단이 불가능해서 내가 싫어.

ㄴ은 어때?

학생 : 싫어요, 예상문제 역시 부담스럽거든요.

교사 : ㄷ은 받아들일 만한데, 너는 어떠니?

학생 : 저도 나쁘진 않아요.

교사 : 그러면 ㄷ에 합의했고, ㄱ과 ㄴ은 지울게.

학생 : 예.

교사 : 그런데 ㄹ은 문제가 있어. 벌써 수업 시작한 지 10분이 지났거든.

만약 20분을 주면 이 시간에 시험을 볼 수가 없지 않니?

학생 : 그렇겠네요. 그러면 10분으로 줄이면 어때요?

교사 : 그래, 그러면 ㄹ로 정하면서 시간을 10분으로 줄여 보자.

학생 : 그렇게 해 주시겠어요?

교사 : 그래, 혹 모른 것이 있으면 여기 있을테니까 질문해.

학생 : 고맙습니다.

▣ 실습문제 7-4 ▣

다음과 같은 상황에서 욕구를 언어로 표현하여 보자.

(1) 당신은 지금 진도를 나가야 한다.

며칠 후 시험을 보는데 다른 반보다 진도가 많이 떨어졌다. 그런데 교실은 덥고 짜증이 나서 능률이 오르지 않을 것 같은데, 더군다나 학생들은 야외 수업을 하자고 한다. 당신은 야외수업으로는 학습의 효과를 올리기 어렵다고 생각한다.

교사의 욕구 : ______________________________

학생들의 욕구 : ______________________________

가능한 해결책들 : ______________________________

(2) 실습문제 7-3에서 아직 해결되지 않은 각자의 사황을 말하고 그 상황에서 교사와 학생의 욕구를 생각해 보고 가능한 해결책을 찾아보자.

교사의 욕구 : ______________________________

학생들의 욕구 : ______________________________

가능한 해결책들 : ______________________________

승승기법의 이점

① 갈등이 해결되며 제1, 제2방법과는 달리 패자가 없기 때문에 원한을

갖지 않는다. 교사와 학생이 모두 곤경에서 벗어나 자신의 욕구가 충족되어 관계가 좋게 유지되며, 또 상대방의 희생없이 이루어졌다는 행복감을 느낀다.

② 자신이 어떤 결정에 참여한 경험은 그 과정에 대한 책임감을 느끼면서 해결책으로 선택된 방법을 실행해 보고싶은 의지가 생긴다.

③ 승승기법으로 서로의 욕구를 정리하는 과정에서 떠오르는 해결방법은 창의적인 의견이 모아져 서로 생각하지 못했던 방법이 찾아져 시너지효과를 경험하게 된다.

④ 제1, 제2 방법에서 사용되는 흥정이나 어떤 설득이 필요하지 않다.

따라서 교사의 권위는 필요하지 않다.

⑤ 학생의 행동이나 교사의 생각의 실제 문제로 접근할 수 있다.

승승기법을 이용하면 추측한 내용과 다른, 실제 문제를 쉽게 발견할 수 있다.

예를 들어 보면 다음과 같다.

a. 행동 : 학생이 수업시간에 지각을 한다.
　교사추측 : 내 수업을 싫어하는가 보다.
　실제문제 : 특별실 수업이라서 교실로부터 너무 멀리 있다.

b. 행동 : 지시에 따르지 않는다.
　교사추측 : 반항하고 있다.
　실제문제 : 청각장애로 선생님의 이야기를 전혀 들을 수 없다.

8. 가치관 극복방법

교사－학생간의 갈등 중 승승기법으로도 해결이 불가능한 것이 있다. 반영적 경청, 나－전달법, 환경개선, 그리고 승승기법으로도 해결이 불가능한 것은 서로의 가치관 차이로 생긴 것이다.

가치관이란 사람들이 자기 삶의 질을 더 높여 준다고 믿는 것들이다. 자유가 삶의 질을 향상시킬 수 있다고 믿는 것과 같이 추상적일 수도 있고, 음식이나 돈과 같이 구체적인 것도 인간이면 각자가 다를 수도 있다.

교사들은 학생들의 삶이 자신들의 삶만큼이나 향상될 것이라는 믿음에서 학생들이 자신들의 가치관을 받아들이기를 원한다. 또 부모들도 똑같은 이유에서 학생들이 자신의 가치관을 받아들이기를 원한다. 또 부모들도 똑같은 이유에서 학생들이 자신의 가치관을 수용해 주기를 기대하고, 또 강요한다.

학생들은 부모의 감정이나 교사의 감정을 무시하고, 여러 가지 이유에서 용감하게 자신의 가치관을 고수하려고 한다.

이 때 단순히 부모나 교사들은 학생들의 가치를 변화시켜 줄 것을 요구할 수 없다. 학생들의 변화하려는 동기는 결코 외부에서 주어질 수 없는 것이다. 그래서 가치 갈등이라고 생각되는 문제는 교사가 먼저 변화를 보여야 한다. 다음과 같은 해결방안이 있다.

(1) 모델 학습

우리 학생들은 좋은 것을 언제나 받아들일 줄 안다고 믿어 주자.

교사의 가치관이 분명 아이들에게 바람직한 것이라면 아이들은 교사의 가치를 강력하게 모방할 것이다. 가치관을 말로 가르치려는 노력보다는 더욱 열심히 자신의 삶을 가꾸어 나갈 때 아이들은 자연스럽게 당신의 가치를 따를 것이다.

(2) 의논하기

과거 교사 자신의 삶을 되돌아볼 때 누군가와 의논하여 결정한 일이 있는가?

누군가와 의논하고 싶다는 말은 그 사람과의 관계가 우선 좋아야 한다.

만약 학생들이 교사와 의논하기를 거부한다면, 이미 학생들은 교사를 의논 상대로 생각하지 않는다는 것이다.

교사는 일단 조언을 해 줄 수 있을 뿐(반복하지 않고 짧게, 한 번만), 그 후 선택여부는 학생들에게 있다는 사실을 학생들에게 알려주고, 또 교사도 그 사실을 깊이 느끼며, 받아들일 준비를 하여야 한다.

두 번 말하면 아무리 좋은 소리도 '잔소리!'라고 학생들은 생각한다. 특히 어떤 결정이 일어난 후에는 더욱 그렇다. 그리고 잔소리는 다른 가치에 관한 문제가 생길 때 교사를 찾지 않는다는 사실을 명심하자.

(3) 자기수정

'내가 너보다 더 경험도 많고 현명하단다'라는 방식의 접근은 교사도 괴롭고, 학생들도 괴롭히는 것이다. 노력한 결과, 학생들이 교사의 가치를 받아들이지 않을 때는 학생들의 가치도 의미있을 수 있다는 수용의 자세가 필요하다.

즉 교사가 가지고 있는 가치는 정말 시대에 뒤떨어졌을 수도 있고, 또 고정관념일 수 있기 때문이다.

학생들이 말하는 데로, 자신의 사고를 변화시켜 보려는 시도도 가치갈등을 해결할 수 있는 방법 중의 하나이다. 그래도 안 되면 '평화를 구하는 기도'를 하라고 권한다.

'내가 받아들일 수 없는 일들을 받아들일 수 있는 평온을 주옵시고, 내가 할 수 있는 일들을 변화시킬 수 있는 용기를 주옵시며, 그리고 그 차이를 알 수 있는 지혜를 주소서.'

▣ 실습문제 8-1 ▣

참가한 사람의 특징을 잡아내어 비판하면서 자기의 가치관을 말해 주고,

이 말을 들은 상대방은 자기의 생각을 고집하여 보자. 그리고 어떤 느낌이 들었는지 발표한다.

청바지를 입고 있는 교사에게 상담자가 "선생님 왜 바지를 입으셨어요? 이런 모임에 오시려면 교사의 품위를 지키셔야 하지 않아요?"

바지를 입고 있는 교사는 순간하고 싶은 말을 한다면 "바지 입으면 교사의 품위가 떨어지나요? 나는 그렇게 생각 안 해요. 옷은 편하게 입는 것이 최고예요." 느낌은?
"역할극으로 하는 것인데도 기분이 나쁘군요."

학생들의 행동을 보고 다음과 같이 얘기를 할 때, 선생님은 학생들과 가치 갈등을 느끼고 있는 것이다.

※ 참고 : 가치갈등을 알아내는 자기 반영 방법
① 상대방의 행동을 수용할 수는 없다. 그 행동은 나의 기준과는 거리가 멀다.
② 상대방은 아마도 그 문제가 나에게 엄청난 영향을 미치고 있는 줄 모를 것이다.
③ 내 생각으로는 학생에게 문제가 있다. 어떤 식으로든 해로울 것이다.
④ 그러나 그 행동은 네모꼴 수용도식 중 학생문제에 넣을 수 있다.
왜냐하면 그 행동은 내가 수용할 수 없고, 아이들도 자신들이 문제를 가지고 있다고 생각하지 않기 때문에 교사문제 영역의 문제이다.

▣ 실습문제 8-2 ▣

선생님은 자신이 느꼈던 과거 가치갈등을 어떻게 풀었는지 회상해 보자. 과거의 경험은 자신을 변화시키는데 좋은 도구가 된다.

(1) 〈모델 학습〉으로 갈등을 해결했던 경험 사례

• 과거의 행동 : ______________________________

• 새로운 행동 : ______________________________

• 모델이 된 사람은 : ______________________________

• 모델에게서 어떤 느낌을 받았는가? ______________________________

• 당신에게 어떤 변화가 일어났는가? ______________________________

(2) 〈의논하기〉로 갈등을 해결했던 경험 사례

• 과거의 행동 : ______________________________

• 새로운 행동 : ______________________________

• 의논 상대자 : ______________________________

• 의논 상대자에 대한 당신의 느낌은? ______________________________

• 그 충고를 받아들이고 실천한 이유는? ______________________________

• 당신에게 어떤 변화가 일어났는가? : ______________________________

(3) 〈자기 수정하기〉로 갈등을 해결했던 경험 사례

• 당신의 가치관이나 행동______________________________

____

• 상대방의 가치관______________________________

____

• 왜 당신은 상대방의 가치관을 받아들이게 되었나? ______________________________

____

• 상대방이 당신을 위해 자신의 가치관을 변경하거나 또는 당신의 가치관을 수용해 주었을 때 당시의 느낌은 어떠했는가? ______________________________

____

• 그런 일이 있은 후 그 사람에 대해 어떤 느낌을 갖게 되었는가? ____

____

9. 정 리

지금까지 교사 효율성 훈련과정을 경험하였다. 우리 사회에서 그대로 적용하기 곤란한 점도 있었겠지만 학생과 교사 관계를 개선할 수 있는 새로운 방법을 얻었을 것이다. 앞으로 학생과의 갈등을 풀고자 할 때 꼭 생각해야 하는 3단계를 다시 정리하여 본다.

제1단계 : 학생의 행동을 정의한다.

제2단계 : 학생의 행동을 네모꼴 수용도식에 넣는다.

제3단계 : 사용할 적당한 기술을 선택한다.

· 학생문제 영역－반영적 경청

· 문제없음 영역－어떤 특별한 기술이 필요 없다.

· 교사문제 영역－나－전달법, 환경 재구성, 승승기법 및 학생의 가치관 수용

기술은 알고 있어도 소용이 없다. 늘 연습하여 내 것으로 만들었을 때 효과가 나오는 것이다. 충분한 연습을 통하여 학생들과 즐거운 만남이 되기를 빌어 본다.

그리고 마지막으로 인간관계에서 가장 소중한 것은 사랑이다.

제 10 장

부모를 위한 가족성장 집단상담 프로그램*

1. 개 요

가정은 인간 삶의 사회적 시작을 의미하고 인격 형성의 기본 틀을 길러주는 교육의 출발지이다. 가족 성장 프로그램은 가족 성장 프로그램은 가정의 평화와 청소년의 건강한 삶을 이끌어 주고자 함에 그 목적이 있다. 인간에게는 제각각의 특성과 고유한 잠재능력이 있음을 이해하고 자녀가 부모를 일방적으로 따르기 보다는 서로의 특성을 이해하고 서로에게 맞는 대화기법을 익히며 잘못을 수정하고 지적하기 보다는 올바로 키워져야 할

* 김옥엽(전북청소년상담실)이 실시한 프로그램을 요약정리 하였음

잠재능력을 찾아 서로 마음을 나누고 격려하며 가족에 대한 이해, 나아가 타인에 대한 이해를 증진시키고자 한다.

2. 모임 1 : 부모와 청소년이 함께하는 가족 프로그램

(1) 우리는 한마음

〈방법〉

가족이름을 4자를 이용하여 만든다(예 : 아롱다롱, 얼렁뚱땅, 횡설수설 등)

(2) 마음 나누기

〈방법〉

가족끼리 둘러 앉아서 "내가(제가) 좋아하는 것은 ……입니다"라고 말하고 적어 본다. 가족 중에서 서기를 한 사람 정하여 기록을 한다.

자기가 좋아하는 것 3가지, 소중하게 여기는 것 3가지, 갖고 싶은 것 3가지

아버지 :

어머니 :

나 :

(3) 칭찬 나누기 게임

〈방법〉

서로 상대방의 좋은 점을 얘기하고 적어 본다.

서로 자신의 좋은 점을 얘기하고 적어 본다.

아버지 :

어머니 :

나 :

(4) 평화 나누기 게임

〈방법〉

서로 다른 점을 얘기하고 적어 본다. 서로 다른 점은 차별요소가 아니라 서로 다른 개성임을 인정한다. 서로 얼굴이 다르듯 의견이 다를 수 있고, 견해가 다르다고 해서 적은 아닌 것이다.

아버지와 어머니 :

아버지와 나 :

어머니와 나 :

(5) 기쁨 나누기 게임

〈방법〉

은영이는 태어날 때 어머니를 잃고 아버지와 살았습니다. 그런데 13살 되던 어느 날 불의의 교통사고로 아버지를 잃었습니다. 은영이가 찾은 기쁨은 무엇일까요?

영희는 생일 선물로 지팡이를 선물받았습니다. 어떤 기쁨을 찾았을까요?

(6) 마음의 선물 나누기

〈방법〉

서로 가장 귀하다고 느끼는 가치관을 마음의 선물로 나눈다.

예 : 행복한 가족관계, 용기, 건강한 삶, 정직한 사람, 친구로부터의 사랑

과 우정, 민주정신, 통일, 만족스러운 종교관, 긍정적으로 세상을 사는 자신감, 봉사정신, 성실함, 세계에서 가장 매력적인 사람이라는 인정, 일생을 보장하는 경제적 안정 등)

아버지께서 어머니께 드리는 선물 :

아버지께서 나에게 주시는 선물 :

어머니께서 아버지께 드리는 선물 :

어머니께서 나에게 주시는 선물 :

내가 아버지께 드리는 선물 :

내가 어머니께 드리는 선물 :

(7) 다함께 행복 느껴 보기

〈방법〉

눈을 감고 좋아하는 꽃냄새를 느껴 봅시다.

힘들게 학교를 마치고 돌아갔을 때 반겨주는 엄마의 미소

실수했을 때 감싸주고 용기를 주는 아버지

더위를 식혀주는 살랑이는 솔바람

맑고 깨끗한 옹달샘

어린 시절 가장 행복했던 기억을 떠올려 보고 서로 이야기를 나누어 봅시다.

3. 모임 2 : 정리하고 갑시다.

참고 문헌

서울특별시 교육연구원(1993). 정의교육을 위한 집단경험학습의 이론과 실제.

서울특별시 교육연구원(1989). 학생 인성교육 자료집 : 사랑의 물결.

이혜성(1988). 잠재력개발프로그램, 한양대학교 학생생활연구소.

이형득(1979). 집단상담의 실제. 서울 : 중앙적성출판사.

이형득(1981). 대학생지도의 이론적 배경과 최근동향, 지도상담, 7집 1-17.

홍경자 (1986). 성장을 위한 생활지도. 서울 : 탐구당.

Corey, M. S., & Corey, G.(1992). Group : Process and practice (4th ed.). Pacific Grove, CA : Brooks/Cole Publishing Company.

Kerr, J.(1981). Family systems Theory and Therapy. In A.S. Gurman & D. O. Kniskern (Eds.). Handbook of family therapy. New York : W.W. Norton & Company.

Stair, V.(1972). People making. Palo Alto, CA : Science & Behavior Books.

Stair, V.(1975). Self-esteem. Millbrae, CA : Celestial Arts.

Yalom, I. D.(1985). The Theory and Practice of Group Psychotherapy(3rd ed.). New York : Basic Books.

♠ 저자약력

▣ 김헌수(金憲洙)

· 중앙대학교 대학원

· 교육학 박사

· 현재, 원광대학교 교육학과 교수/원광대학교 교육대학원 원장/한국상담학회 이사/전북상당함회 이사/한국교육학회 이사

〈논문 및 저서〉

· 집단상담을 통한 주장훈련이 주장성 훈련 및 자기존중감에 미치는 효과/인성 및 교직관 확립을 위한 프로그램/중등학교 학생들의 집단 따돌림에 관한 조사연구/교직 윤리관 확립을 위한 프로그램과 그 효과/대학생을 위한 진로교육 상담 프로그램 개발과 그 효과

· 심리교육(교육부)/상담심리학(학습정보원)/생활지도(재동문화사)/교육학개론(교육출판사)/교과교육의 이론과 실제(재동문화사)/성인학습 및 상담(태영출판사)/상담의 이론과 실제(태영출판사) 외 다수

▣ 장선철(張善喆)

· 대구교육대, 대구대 사범대학 졸업/고려대에서 석사 학위, 건국대에서 교육학박사 학위 취득/초・중등, 특수학교 교사/부산교육대, 대구대, 조선대, 오산대, 상명대, 건국대 강사, 안산1대 겸임교수/부산경상대 교수/'빛과소금' 편집장, NGO ECC DIRECTOR/고려대 대학원, 상명대교육대학원, 건국대교육대학원 외래 교수

· 현재, 전주대학교 국제상담대학원 아동청소년상담 전공 주임교수/ 한국카운슬러협회 이사/한국진로교육학회 이사

〈논문 및 저서〉

· 상담심리학(동문사)/ 건전한 성격론(배영사, 교육신서 142)/교육심리학(동문사)/현대인의 정신건강(동문사)/아동상담(동문사)/특수아동상담(태영출판사) 외 저서 20권

집단상담 -이론과 실제-

초판발행 2006년 8월 25일
재판발행 2009년 8월 15일

저 자 김헌수 · 장선철
발행인 김현태
발행처 태영출판사

주 소 (152-705) 서울 구로구 구로동 104-10 동남오피스텔 201호
전 화 02 · 839-3757, 839-3752
팩 스 02 · 837-3754
등 록 2005년 5월 30일 제12-421호
홈페이지 http://www.taeyeongbook.co.kr
E-mail tys2005@paran.com
ISBN 978-89-91777-45-3 93370
정 가 18,000원

NAVER 태영출판사

* 잘못 만들어진 책은 교환해 드립니다.